The Law of
Refugee Status

難民の地位に関する法

James C. Hathaway
ジェームス・C・ハサウェイ

平野裕二＋鈴木雅子＝訳

現代人文社

日本語版発刊によせて

　1991年に『難民の地位に関する法』が発刊されて以来、国連難民の地位に関する条約に由来する難民の地位の解釈についてはまさに革命ともいうべき進展があった。専門法廷の裁判官やその同僚は、私が望んでいたさまざまな方法で、難民の定義を再び生きたものにしてきた。たとえば、「迫害される」という危険は国際人権法の中核的基準に関連して最も的確に評価されることや、関係する危険な状態にある団体の構成員であることが認められるかぎり「標的とされている」あるいは迫害の対象として「個別に選び出されている」証拠を示す必要がないこと、国家が危害を加えることを意図しているという証拠はなくとも国家の保護の欠如を示す証拠がある場合には、代理保護としての難民法は保証されるものであること、条約上の理由は広く捉えられるだけでなく、難民の地位の申請を損なうことなく他の危険の原因とも共存しうることは、いまや広く受け入れられている。これらの、あるいは他の方法において、決定権者は、UNHCR、研究者、そして多くの啓蒙的政策立案者の援助や支援を受けて難民条約が「生きた文書」であり続けることを確保してきた。

　実際、難民条約が起草されてから約60年が経つにもかかわらず、難民法は、毎年、他のすべての国際人権システムをあわせた以上の人々に直接の救済を提供しており、今日も世界において国際人権の保護の唯一の最も有力なよりどころである。こうして難民法は貴重なものとなっている。真の保護が自国で回復するまで少なくとも最も基本的に権利を奪われた人々が安全な場所へ逃れることを確保するという、国際社会の約束に本当の意味が与えられるには、難民法は、育まれ、維持されていかなければならない。

　この目的のために、日本の難民保護に携わる人たちから、『難民の地位に関する法』の日本語版を出版するプロジェクトに協力してほしいという依頼を受けた。主に翻訳を担当した平野裕二氏、本プロジェクトの調整を行った石川えり氏およびそのサポートにあたった小川昂子氏、編集を担当した西村吉世江氏および北井大輔氏、そして、この翻訳のプロジェクトを実現させるために全般的責任を引き受けた鈴木雅子氏に感謝をささげたい。

本日本語版の読者は、本書でとくに焦点が当てられている判決例は、約20年前のカナダ当局によってなされた決定であることがわかるだろう。もちろん、カナダや世界中により新しい判例法が存在する。その最も重要なものは、ミシガン―メルボルン難民判例法サイト（http://www.refugeecaselaw.org）において収集され、無料でアクセスすることができる。私はこの重要な情報源にあたるよう強く勧めたい。そこでは、本書における章番号による照会を含むさまざまな方法で検索を行うことが可能となっている。

　しかしながら、同様に重要なこととして明確にしておきたいのは、本書で示されている決定は、特定の法的ルールが個々の事実に基づいた状況の中で用いられる方法を示し続けているという点で、本質的価値を現在も有しているということである。つまり、本書は、カナダ法を紹介するものであるというより、難民の地位の決定に用いられている普遍的な指針を知る機会を提供するためにカナダ法を例として用いているものとして理解されるべきである。

　実際、難民の地位の解釈と適用は、根本的に比較を伴う作業である。留保や制限なしに同じ条約に基づく難民の定義を適用することに同意している国は約150カ国もある。すべての支援者や決定権者がこれら他国での経験を学ぶことは必要であり、また、ある管轄でなされた決定は、そこから他の者が引用しうる国際難民法の集積をより高めていくことに貢献するのである。カナダ連邦裁判所は、近時以下のように述べている。

　　もちろん、本裁判所は（他国の）判決に拘束されるものではない。同時に、可能な場合には、ある国際条約の署名国の裁判所が、同条約の規定について同じ解釈を採用することが望ましいのもまた当然である（Zrig v. Canada, 2003 Fed. Ct. App. Lexis 222 (Can. Fed. Ct. App., April 4, 2003)）。

　最後に、本書で推奨している難民の地位の定義の理解へのアプローチについて簡潔に述べたい。

　難民の定義の用語はそれのみで解釈されるべきでなく、難民条約全体の文脈、対象や目的から特色を引き出すべきであるという考えから、しばしば難民の定義の解釈は「包括的」作業を伴うといわれる。しかしながら、実際には、「包括的」方法は、単に反動的な、さもなければ法律的に根拠のない理由づけを正当化する手

段として狭く用いられていた。このことから、『難民の地位に関する法』では、その代わりに、支援者や決定権者が明示的に難民の地位の重要な要素——これらの要素は本書の構成に反映されている——のそれぞれに注意を向け、個々の定義の要素の要件について注意深い独立した検討がなされた後にはじめて難民の地位を与えるか否かの決定に到達することを勧めている。非常に多くの点が難民の地位の決定において重要なのであり、そのどれが欠けても十分ではない。

　Sedley控訴院裁判官も以下のように説得的に述べている。

　経験は、以下のことを示している。すなわち、審判官や審判所は、事実と主張について述べた後、ページを読み進める代わりにその要素を推測して他の者がわかりやすく説明しなければならないような簡潔にすぎる判示をするのでなく、順を追って論を進めていけば、より筋の通った明確な決定を行うことができる(U.K. Ct. App., January 31, 2002, *per* Sedley J.)。

2008年3月
　　　　　　　　　ジェームス・C・ハサウェイ
　　　　　　　　　メルボルン・ロースクール学長／ウィリアム・ハーン法律学教授

序　文

　条約難民とは、その市民的または政治的地位によって自身が自国において重大な危害を受ける危険にさらされており、自国政府によっては保護されえない、または自国政府に保護の意思がないと合理的に考えられるために自国の外にいる者をいう。

　条約難民の定義は、世界的に適用される難民協定としては唯一の難民条約において100以上の国々によって同意されているものであって、きわめて重要である。また、多くの国は、この基準を庇護および他の保護の決定の基礎として自国の移民法［出入国管理法］に取り入れている。

　しかしながら、この難民の法的定義は、通常社会的に考えられている難民の状況とは一致していない。一般には、自国内で他の地域に逃れることを余儀なくされた人々も難民と呼ばれる。また、通常、その国を逃れる原因となった不安が正しいものなのかを厳密に問うことなく、住み慣れた地、家族、安全を捨てざるをえない人が難民であると見られている。迫害の可能性と同様、自然災害または全般的に圧制的な政治体制から逃れざるをえないという理由も受け入れられている。そのうえ、国を出ることを強いられた人々への同情の念から、そうした人々に苦難を強いることとなった事情や、帰国や第一庇護国においてさらなる滞在ができない根拠をまず精査するより、彼らの苦難を和らげようとする方向に向かうというのが一般的であろう。

　本書は、条約の起草時、そして実務において発展してきた条約難民の定義の範囲を説明しようとするものである。この難民の定義は、強いられた移動を引き起こすすべての要因を取り上げることを意図したものではなく、また実際にもそのようにはなっていない。しかし、条約を広く解釈することにより、少なくとも、自国の国境の外にあって最も危険にさらされている人々の保護の必要性に応えるようにすることができる。しかし、実に悲しいことに、現在も、国際人権法——ある国によってその領域内で行われた違法行為に対し、国際社会が対応できるようにすることをめざす手段——は真に有効なものにまで発展できる状況にはなっていないというのが現状である。

条約難民の定義は、5つの本質的要素からなると見ることができる。地位が適切に認定されるには、各要素の意味が明確にされなければならない。第1章での国際的な難民の定義の発展の概観に続いて、本書は各章で5つの基準を取り上げる。

　難民の定義のうち最初の本質的な要素を、さまざまな関連する事項を含むものとして、ここでは、外国人性（alienage）という。条約の定義には、国籍国を離れている人、無国籍者の場合には以前の常居所国を離れている人のみが当てはまる。この基準に関連して以下のようないくつかの問題が生じる。国を離れた後の出来事に基づいてなされた申立て、他国へ移住することが正式に許可されていることとの関連、いわゆる直接渡航の要求（これは、最初の保護国となりうる地で保護を求める義務を示唆する）、適用される移民法に違反した庇護国への入国の影響、および難民の申立ての準拠国を特定する方法である。これらの問題はそれぞれ詳細に第2章で検討する。

　第2に、庇護申請者は、真に危険にさらされていなければならない。申請者本人が危険にさらされると本当に考えているというだけでは不十分であり、むしろ、他国に保護を求める原因となった不安の具体的根拠となる客観的事実が必要である。第3章では、条約が客観的な将来起こりうる危険の評価に焦点を当てており、単なる主観的危惧に基づく申立てを排除していることについての歴史的および実践的理由を取り扱う。人権に関するデータの検討、申請者の供述および同様の状況に置かれた人への危害の証拠を含む、この客観的危険を証明する手段とともに、その基準のテストの性質については、第2章で詳しく検討する。

　第3に、申請者の移動の動機は、「迫害」の見込み、つまり、重大な危害の危険があり、その危険に対し、出身国は保護を提供する意思がないまたは提供できないことが必要である。第4章では、この重大な危害を、国際的に認知された中核的人権の持続的または組織的侵害と定義する。市民的、政治的権利および社会的、経済的権利の両方の性質を検討し、人権侵害と、一般的苦難や機会の欠如との相違を指摘する。難民保護の中核に、国家がその国民を保護する義務を果たさないことがあるが、この義務の性質を説明することがこの章の最も重要な点である。さらに、ここから非国家主体による迫害行為に関する国家の責任および特定地域における保護の欠如の責任を考察していく。

　第4に、庇護申請者が直面する危険は人種、宗教、国籍、特定の社会集団また

は政治的意見に関係していなければならない。重大な問題は、まさにその市民的政治的地位のためにその者は重大な危害の危険にあると合理的にいいうるかという点である。一般に認められている個々の市民的、政治的地位の意味は第5章で検討する。とくに、この章は外部に表現されていない政治的意見や行為に内在する政治的意見の問題を検討する。社会的集団の基準の適用可能性についてはジェンダー、性的指向、家族、階級またはカースト制および任意団体の構成員の問題に関して検討する。最後に、刑事上の地位、兵役拒否および戦争または暴力からの逃避に基づく申立ては、市民的、政治的地位という要件に合致しうるのかという点について検討する。

　第5、そして最後に、保護は真に必要とされていなければならず、かつ、その申立ては正当なものでなければならない。条約の終止条項は、難民が自国の保護を再び受けることができる場合、または他の形態での恒久的な保護を受けている場合には難民の地位が保証されないことを規定する。除外条項は、重大犯罪を犯した者や、その行動が人間の尊厳の基本的規範を無視していたことを示す者は国際的保護を受けることができないことを規定する。第6章では、終止条項および除外条項それぞれを詳細に検討し、保護義務の例外として認められているものを明らかにする。

　条約の定義の5つの本質的要因の検討は、以下の3点をよりどころとしている。第1は、難民の保護体制の根底にある意図を理解する手段となる、条約の起草過程である。第2は、難民法の発展に寄与してきた法学者および他の学者の見解である。第3は、現実の可能な条約の射程を示す、1973年にカナダ国内法に条約の定義が組み込まれて以来、発展を遂げてきた豊富な難民についての先例である。本書を準備する過程で約3,000のカナダ最高裁判所、連邦控訴裁判所および出入国不服審査委員会の決定を検討したが、これらの決定例は、難民の定義をその文脈、背景を含めたうえで解釈し、その解釈を発展させていくうえで非常に貴重なものである。判例は1989年1月1日までのものを検討しているが、除外条項と終止条項（これらの条項は1989年1月1日になってカナダ法に組み込まれた）に関する新設の出入国難民委員会および最高裁判所の判決については1990年7月1日のものまで検討している。他国の決定機関の決定は、とくにカナダ法においては未だ十分に論じられていない定義の解釈に関連するものを選択して引用している。私は、これまで多くの学者、実務家および決定権者から、最もすぐれた関連す

る国際的な法文書、学術成果や判例を一冊にまとめる必要があるとの指摘を受けてきたが、本書では、かかる指摘に応えて、これらの出典をすべてその詳細とともに脚注に付している。

　私は本書の準備にあたった数年間すばらしい支援体制に支えられてきた。カナダ法情報評議会からは中核となる研究資金を寛大にも提供していただき、さらにこれを補完するものとして国連難民高等弁務官事務所(UNHCR)からの支援をいただいた。オスグードホール・ロースクールの研究科長ジョン・マックカマスとジム・マックファーソンそして上級職員ノーマ・ドーランには、このプロジェクトを実現する機会と設備を提供していただいた。ヨーク大学法学図書館の職員、とくにモーリン・ボイス、ノーマ・エーキンそしてマリアンヌ・ロジャーズは、検討する必要がある文書や文献は、たとえ探しにくいものであっても必ず見つけてくれた。ジョージ・ゴンサルブス、テリー・オーファン、ウェンディ・ランボー、カサンドラ・シャープ、そしてマーガレット・ストックトンは、常に忍耐強く事務的な面で私をサポートしてくれ、また、たびたび生じたコンピュータの問題への対処を手助けしてくれた。バターワースのチャーミアン・ハーベイはユーモアがあり、協力的な編集者の鑑といえよう。

　格別の感謝を以下の2人に捧げたい。私のアイディアをまとめるように勧め、ジュネーブのUNHCRの研究施設を紹介くださったガイ・グッドウィンギル、そして、自らのアイディアと執筆方法を寛大にも私に話してくださった故エートル・グラールマッセンである。ジャーヴェス・コールス、スーザン・デービス、ダイアン・パスクは難民保護に関する私の見解を具体化するのを助けてくれた。オスグード難民法研究ユニットの同僚たちにもたいへん助けられた。ステファン・トレスは膨大な資料を管理できるコンピュータ・システムをデザインし、自ら法曹界に進んだずっと後も彼のリサーチ・スキルを寛大にも提供し続けてくれた。スザンヌ・イーガン、ガリー・エバンズ、デービッド・ペットラスク、ロリー・ポープ、そしてモーリン・スミスには、研究資料の見直しや更新を行ったり、私の思想的枠組みを守り、またしばしば手を加えるにあたって多大な助力をいただいた。2人の外部の専門家も私がやり遂げるよう最善を尽くしてくださった。ハーバード・ロースクールのデボラ・アンカーからはアメリカ判例法を指導いただいた。そしてトロントの法曹家コーリン・キャンベルは弁護士の立場から有用な批評をいただいた。

　本書の準備中、私はカナダで新設された出入国難民委員会の職員、法務官そ

して審問官とともに働くことを特別に許された。立法者に研修を行うという、やや勇気のいる、しかし常に有益な体験から、条約の定義を公平な考え方をもって良心的に適用することで、きわめて不完全な国際的保護体制の再生へと近づけることができると確信した。

　私が最後に特別な感謝を捧げるのは、社会人類学者で作家、現在は難民認定官であるリサ・ジラードである。彼女は執筆中しばしば同情の言葉をかけ、最終原稿を気前よくそして注意深く見直してくれた。そしてもう1人、ジョン・モロー。彼の忍耐強い支援と気遣いによって、私は、このプロジェクトの完成させる決意を持続することができた。

トロントにて
1990年8月

目　次

日本語版発刊によせて　 1

序　文　 4

第1章　国際法における難民の定義の発展　 13

1. 1951年以前の国際的な難民の定義 …………………………………………… 14
   - (1) 法的見地　 15
   - (2) 社会的見地　 16
   - (3) 個人主義的見地　 17
2. 1951年条約における難民の地位の定義 …………………………………… 18
3. 1967年議定書が条約上の定義に与えた影響 ……………………………… 22
4. 難民の概念の国際的な拡大 …………………………………………………… 23
   - (1) 国連難民高等弁務官の権限の拡大　 24
   - (2) 領域内庇護条約の起草の試み　 26
   - (3) アフリカ統一機構における難民の地位に関する定義　 28
   - (4) 米州機構における難民の地位に関する定義　 32
   - (5) 欧州評議会における難民の地位に関する定義　 33
   - (6) 諸国の実務における難民の定義　 34
5. 慣習国際法における難民概念の拡大？ ……………………………………… 37

第2章　外国人性　 41

1. 後発的難民（Refugees *sur place*）………………………………………………… 45
   - (1) 出身国における事件を理由とする申請　 45
   - (2) 庇護希望者の国外活動を理由とする申請　 47

2. 出身国からの出国 ………………………………………………………… 53
     (1) 不法な出国または国外滞在　53
     (2) 出国の法律適合性を理由とする推定　57
  3. 庇護国の選択 ……………………………………………………………… 60
  4. 庇護国への不法な入国または庇護国における不法滞在 ……………… 66
  5. 準拠国の決定 ……………………………………………………………… 72
     (1) 二重国籍または多重国籍の保持者　74
     (2) 無国籍者　77

第3章　十分に理由のある恐怖　82

  1. 恐怖——危険の将来的見込みのための要件 ………………………… 83
     (1) 将来的危険評価の歴史的基礎　83
     (2) 危険の将来的見込みの実際的必要性　86
     (3) 「客観性の切り札」への消極的制限としての主観的恐怖　87
     (4) 危険の客観的評価の一側面としての恐怖　92
  2. 危険の十分に理由のある評価——テストの提示 …………………… 93
     (1) 人権の尊重に関する一般的証拠の関連性　99
     (2) 難民であると主張する者の供述の役割　102
     (3) 個別的な過去の迫害の証拠　106
     (4) 同様の状況にある人々への危害の証拠　108
     (5) 抑圧が一般化した状況下での危険の評価　110

第4章　迫害　119

  1. 国による保護の懈怠から生ずる基本的人権の
     持続的または組織的侵害としての迫害 ………………………………… 121
  2. 国の保護義務の性質 …………………………………………………… 126
  3. 市民的および政治的権利に対する危害のおそれ …………………… 132
  4. 経済的、社会的および文化的権利に対する危害のおそれ ………… 137
     (1) 苦難とは区別される迫害　139
     (2) 経済的、社会的、文化的権利の侵害の定義　141
  5. 基本的人権を保護する国の義務の懈怠 ……………………………… 147

(1) 迫害の主体　148
  (2) 国内の他の地域における保護の欠如　156

第5章　市民的または政治的地位との関係　159

1. 人種 166
2. 国籍 169
3. 宗教 170
4. 政治的意見 175
    (1) 表明されない政治的意見　175
    (2) 行動によって暗に示される政治的意見　179
5. 特定の社会的集団の構成員であること 185
    (1) ジェンダー　191
    (2) 性的指向　193
    (3) 家族　194
    (4) 階級またはカースト　196
    (5) 任意団体　198
6. 難民としての地位を主張するその他の事由 200
    (1) 刑事上の地位――訴追か迫害か？　200
    (2) 軍務の拒否　213
    (3) 戦争および暴力の被害者　221

第6章　適用終止と適用除外　226

1. 出身国の保護を回復した者 228
    (1) 国内的保護を任意に再び受けるようになること　229
    (2) 国籍を任意に再び回復すること　234
    (3) 迫害のおそれがあった国に任意に再び定住すること　235
    (4) 状況の変化　238
2. 国内的または国際的な代理的保護の利益を受けている者 244
    (1) 国連による保護または援助　244
    (2) 新たな国籍の取得　248
    (3) 国民としての権利および義務を有する形での居住　250

3. 保護に値しない者..253
    (1) 平和および安全に対する犯罪　255
    (2) 重大な非政治犯罪　261
    (3) 国際連合の原則および目的に反する行為　268

第7章　利己的世界における人道的保護の課題　273

　　参考文献　276

　　判例　284

　　索引　296

訳注）本書で引用されるUnited Nations High Commissioner for Refugees, *Handbook on Procedures and Criteria for Determining Refugee Status* (1979)は、その後若干の改訂がなされたうえで『難民認定基準ハンドブック——難民の地位の基準及び手続に関する手引き〔改訂版〕』（法律扶助協会、2000年）として日本語版も刊行されており、本書においても、同日本語版の訳を一部引用している。
訳注）本書において、原文のみではわかりにくい部分につき、翻訳者において［　］内に言葉を補足した。

第1章
国際法における難民の定義の発展

　難民の地位は、近年の西洋の歴史の産物として、法的に形成された。今世紀以前においては、「新世界」[アメリカ大陸]に移住しないことを選択したほとんどの人は、欧州や他の場所の支配者によって歓迎されていたため、正確な難民の定義にはほとんど関心が払われていなかった。逃れざるをえない人々を保護することは、負担と捉えられたのではなく、むしろ権力に必要なこととして、まさに共同体を強化する源として捉えられたのである。

　中央政府は、自国への移住を促進し、他国への移住を妨げ、あるいは禁じることによって自らの利益を追求した。納税、製造業や商業の成長への貢献、特別な知識の提供、あるいは軍隊への入隊といった方法によって、有能で裕福な外国人はしばしば社会に役立つものとみなされ、欧州の君主または地方政府は心から歓迎していた[1]。

　広義の難民に対するこの国際的な移動の自由は、20世紀初頭の西側諸国のインストルメンタリズムに基づく出入国政策が採用されたことによって狭められることになった[2]。ある国への移住は、個人の自己決定権行使を認める手段というより、国家が、技術や富といった具体的な方法で、自国の利益に貢献しうる新たな居住者を選択することを促進する手段としてみなされるようになった。国際的な移住は、もはや移住を希望する者の個々の必要性や野心の結果として生じるものではなく、代わりに、主権国家の利益を最大化するために厳重に管理されるものとなった[3]。

---

[1] M. Marrus, *The Unwanted: European Refugees in the Twentieth Century,* pp.6-7 (1985).
[2] 「20世紀は出入国法やその管理における実質的な発展の時代であった。国家は、追放する権利を主権に本来的に内在する権利とみなし……」(G. Goodwin-Gill, *International Law and the Movement of Persons Between States,* p.96 (1978))。
[3] 「国際法が国家主権という点から説明されるようになったのは、ナショナリズムが台頭し、その結果として国家権力が増大してからである。これは、すべての大国間の関係を調整する必要から生じたまったく自然な発展であった」(F. Krenz, "The Refugee as a Subject of International Law" (1966), 15 I.C.L.Q)。

欧州諸国は、国に利益をもたらさないと考えられる移民の到着を止めるための規範的基準や管理メカニズムを確立したいと考えた。しかし、それは、国を追われる人々が多数存在するという20世紀初頭の欧州の深刻な事態と真っ向から衝突するものであった[4]。最も大規模な移住は、1917年から1992年の間の100万人以上のロシア人の避難と、20世紀初頭にトルコ政府による迫害と大虐殺を避けるためになされたトルコからの数十万人のアルメニア人の集団移動であった[5]。大量難民の事実上の移住がもたらした社会的危機によって、各国政府は、人々が国際的な移住を強いられているという現実に即して法を作ることが必要であると確信するに至った。政治的混乱やその他の混乱は強制移動を不可避的に引き起こすのであり、このような状況を前にして、国家の利益のみに基づいて移民を選択する政策を維持することはできなかった。実際、複数の例において、関係国は人々の流入を管理する現実の力を持たなかったのである[6]。

　難民法は、移住を余儀なくされる人々が欧州国境を越えて流入し、その流入を多くは止めることができないという現実と、出入国管理における制限主義というより広い政治公約との妥協点を得るべく立案された[7]。少なくともその初期の形態において、難民法は、保護主義的な規範における人道上の例外となった[8]。保護を受けられない移民の大規模な集団には、入国にあたっての選別はなされなかったからである。

1.　1951年以前の国際的な難民の定義

　1920年から1950年の間に発効した国際難民に関する協定を分析すると、難民の定義には3つの異なるアプローチがあることがわかる。それぞれのアプローチ、

---

[4]　「第1次世界大戦とそれに引き続く大きな革命の結果として起こった真に差し迫った問題の1つは、他国に避難を求める大規模な人間の集団的移動であった」（A. Grahl-Madsen, "The League of Nations and the Refugees" (1982), 20 A.W.R. Bull. 86, at 86）。
[5]　Conférence des organisations russes, *Memorandum sur la question des réfugiés russes,* p.4 (1921); J. Simpson, *Refugees: Preliminary Report of a Survey,* pp.21-22 (1938).
[6]　「大量移住が生じる場合、国が国境を管理したいと考えても、実際にはそうすることなどまったくかなわないということがしばしばある。……庇護が国民国家の裁量として慣習法で認められているとしても、国境で野宿する数千人の人々に直面する場合、その国家が裁量を行使する余地はほとんどない」（M. Chamberlain, "The Mass Migration of Refugees and International Law" (1983), 7 Fletcher Forum 93, at 102）。
[7]　M. Marrus, *supra,* note 1, pp.51-81参照。
[8]　自国領域内への入国を管理する国家の専属的管轄は、人道的義務としての保護への認識が高まってきたことにより、今日では絶対的なものではなくなっている。G. Goodwin-Gill, *supra,* note 2, p.138.

すなわち、法的、社会的そして個人主義的見地は、難民法の初期の数十年のうちの一定期間においてそれぞれ優勢となった。

(1) 法的見地

1920年から1935年まで、難民はたいてい法的用語で定義されていた。難民は、出身国政府の正式な保護を実質的に剥奪された集団の構成員[9]であることを理由として難民として扱われたのである[10]。法的用語において想定された難民であることの意味は、外国にあって、責任を持って引き受けようとする国がないためにどこにも定住できない人の国際的移動を容易にすることにあった[11]。

この最初の難民の定義は、国家が保護を拒否することによって生じる国際的な法的ジレンマに応えて考案された。国籍を剥奪するという方法であろうと、旅券や領事代理のような外交上の便宜を与えないという方法であろうと、国家が保護を行わなくなると、国際法体系は機能不全に陥る。当時の国際法は、個人を国際的な権利義務の主体として認めておらず、国際的レベルでの責任の決定は主権国家にあり、個人はその保護を享受するにすぎなかった[12]。したがって、市民と国家の保護の絆が断絶した場合には、当該個人の行動に対し、いかなる国際的主体も責任を負うことはなかった。結果として、国家は、ある者に対して法的責任を負う国がない場合、その者が領域内に入国することを認めようとしなかった[13]。1920年から1935年の間に採択された難民の定義は、国際秩序におけるこの断絶を正すために考え出されたものであり、ここでの難民の定義には、国際的移動の自由を有することを望みながらも、いずれの国からの法的保護も受けられないという特異な状況にある人が含まれた。

いうまでもなく、国家による保護を法的に奪う最も基本的な形態は、国籍の剥奪である[14]。国際連盟は、国籍を非自発的に失った人の集団に保護の手を差し伸

---

[9] L. Holborn, *The International Refugee Organization: A Specialized Agency of the United Nations,* p.311 (1956); R. Nathan-Chapotot, *La qualification internationale des réfugiés et personnes déplacées dans le cadre des Nations Unies,* p.47 (1949); J. Simpson, *The Refugee Problem,* p.277 (1939); R. Jennings, "Some Internationa Law Aspects of the Refugee Question" (1939), 20 British Y.B. Intl. L. 98, at 99; P. Weis, "Legal Aspects of the Convention of 25 July 1951 relating to the Status of Refugees" (1953), 30 British Y.B. Intl. L. 478, at 480.
[10] *Report by the High Commissioner,* League of Nations Doc. 1927. XII. 3 (1927) at 13.
[11] R. Nathan-Chapotot, *supra,* note 9, p.20.
[12] 1 A. Grahl-Madsen, *The Status of Refugees in International Law,* p.57 (1966)
[13] J. Vernant, *The Refugee in the Post-War World,* p.14 (1953).

べることをその一般政策としていた[15]。国際連盟はまた、有効な旅券を得られない人は、国際的保護を受ける権利があることを認めていた[16]。そのため、これらの集団には、ともに、締約国によって旅券と同等の機能を有すると認められた国際連盟身分証明書が与えられた。

　この時期の定義には、申請者は、国家による法的保護を受けられない者であるという規定とともに、民族的または領域的出身の基準が含まれていた[17]。自国の外から庇護を求める者のみが難民認定を受けられる者とされた。これは、難民という概念が国際的な例外であることと整合する。つまり、保護されていない個人が自国の領域内に留まっている間は、他国が国際的な責任の範囲外にある者に対処しなければならないという問題は生じず、したがって、国際連盟の保護の範囲内にその人を含める必要はなかったのである。

(2) 社会的見地

　法的な点に重点が置かれた初期とは対象的に、1935年から1939年の間に採択された難民に関する諸協定は、難民の定義に社会的なアプローチを組み入れた。社会的な見地から定義される難民とは、住み慣れた社会から引き離された、広義の社会的、政治的出来事による無力な犠牲者[18]である。移住にあたっての援助は、国際的な法システムにおける例外の調整といった法的観点からではなく、難民の安全または福祉を確保するために難民に提供された。国際的援助を受けることができる者のカテゴリーには、国際法体系に関し共通の地位を有する人々だけでなく、特定の社会的または政治的出来事によって不利な影響を受けた集団を含んだ[19]。

　この第2の定義のアプローチの核心は、国による正式な法的保護を受けられな

---

[14] (1930) 11(11) League of Nations O.J. 1463.
[15] 「1929年、難民諮問委員会は、問題の特徴的および本質的特色は、難民とされる人が正規の国籍を有しておらず、それゆえ、正規の国民に与えられる通常の保護が剥奪されていることにあるとはっきりと指摘した」(*Report by the Secretary-General on the Future Organization of Refugee Work,* League of nations Doc. 1930. XIII.2 (1930) at 3)。
[16] *Minutes of the Inter-Governmental Conference on Refugee Questions,* League of Nations Doc. R/I.G.C.-10-1926 (1926) at 4; *Report by the High Commissioner,* League of Nations Doc. 1926. XIII. 2 (1926) at 5.
[17] *Report by the High Commissioner, supra,* note 10, at 13.
[18] J. Vernant, *supra,* note 13, p.3.
[19] 1935年のザール危機に対する国際連盟の対応は、保護が、単に形式的ではなく、事実上の国家保護の喪失に基づいて求められるものであることを国際法上初めて認めたものであった。(1935) 16(6) League of Nations O.J. 633.

い人を支援し続けると同時に、社会的、政治的出来事の犠牲者が、それにより国家の法的な保護を喪失するには至っていない場合でも、事実上保護を喪失するに至っている場合、かかる犠牲者もまた支援することであった。これらの協定のほとんどは、当時のドイツのナチス政権によって起きた政治的激変や混乱に巻き込まれた人々を保護しようとしたものだった[20]。この時代の定義は、敵対する社会的、政治的出来事に影響を受けた人々という、全体的、かつ、特定の状況にあるカテゴリーを集団で考慮することによって、その実質的な範囲を画したのである。

(3) 個人主義的見地

1938年から1950年の諸協定からなる国際的難民保護の第3段階は、難民の地位の集団的決定が否定されたという点で革命的なものであった。個人主義的基準による難民とは、不当な扱いを受けている人や自国との根本的対立から逃れようとする人をいう。ここでいう難民は、当局により、自国に居住し続けることを不可能にまたは耐えがたいものとされ、そのために当局への不信感を有し[21,22]、外国で新たな生活をする機会を望む者である。この見地における難民の地位は、個人の自由を求める人々の国際的移動を容易にする手段である。

この個人主義的アプローチは、はじめに決定手続に影響を与えた。つまり、難民であるか否かの決定はもはや厳密に政治的、社会的カテゴリーに基づいてなされるのではなくなった。むしろ、戦後初期の諸協定は、各申請者の事案の実体の審査を定めた[23]。加えて、難民性がより個人的なものであると理解されるようになることによって、難民についての実質的な概念も変化することとなった。個々の難民申請者の個人的な特性や信念と、出身国の政治体制が拠って立つ主義との不一致が、難民であることの本質となったのである。

---

[20] *Provisional Arrangement concerning the Status of Refugees coming from Germany,* July 4, 1936, 3952 L.N.T.S. 77; *Convention concerning the Status of Refugees coming from Germany,* February 10, 1938, 4461 L.N.T.S. 61; *Convention concerning the Status of Refugees from Sudetenland,* January 17, 1939, (1939) 20(2) League of Nations O.J. 73; *Additional Protocol to the Provisional Arrangement and to the Convention concerning the Status of Refugees coming from Germany,* September 14, 1939, 4634 L.N.T.S. 142.
[21] A. Grahl-Madsen, "Further Development of International Refugee Law" (1964), 34 Nordisk Tidsskrift for International Ret 159, at 160.
[22] A. Grahl-Madsen, *supra,* note 12, p.74.
[23] たとえば、国際避難民機関(1946〜1951年)で採用された定義では、「完全に自由な状態で、事実を十分に知った後に、出身国に帰国することへ有効な根拠ある異議を表明する」すべての人が難民として分類された。1(2) UNGAOR (67th plen. mtg.) at 1454.

とはいえ、どのような者が難民であるかについて、国際社会が一致した考えを受け入れたわけではなかった。たとえば、1946年の国連の議論で、社会主義国は、国際法によって保護される難民の地位に政治的反体制者を含めることは適切ではないと主張した[24]。個人的な被害を受けていない政治的移民は、国際社会全体の枠組みによって難民として保護されるのではなく、その政治的見解に親和性を有する国の援助を求めるべきであるというこの議論は、多くの賛同を得るには至らなかった[25]。そして、西側同盟国の票数と影響力によって、難民であることの判断方法は、法的または事実上市民権を剥奪された人々に焦点を当てる方法から、出身国と個人の権利と自由を求める難民申請者の対立についての個別的審査へ移行することとなった[26]。このイニシアチブは、より力を持つ国々のイデオロギーに一致した方法で難民概念を定義しようとするものであり、これが現代国際難民法の発展のための足場を築くこととなった。

2. 1951年条約における難民の地位の定義

今日の難民の地位に関する主たる基準は「1951年難民の地位に関する条約」から得られる[27]。本条約以前の国際諸協定[28]のいずれかの下で難民とみなされる人はすべて継続して保護を受けることができるが、それらの人々に加え、条約は以下の人を対象としている。

> 1951年1月1日前に生じた事件の結果として、かつ、人種、宗教、国籍若しくは特定の社会的集団の構成員であること又は政治的意見を理由に迫害を受けるおそれがあるという十分に理由のある恐怖を有するために、国籍国の外にいる者であって、その国籍国の保護を受けることができないもの又はそのような

---

[24]「彼は、難民・避難民と政治的移民とを区別しようとした。彼は、出身国が後者を支持することは期待しえないと考えたからである。それゆえ、彼は、締結しうる国際的合意に基づき、新たな機関が難民・避難民に責任を負い、受入国のみが政治的移民について責任を負うべきであると提案した」(1(2) UNESCOR Spec. Supp. 1 (1946) at 20, U.N. Doc. E/REF/75 (1946))。
[25] Id.
[26] 1(1) UNGAOR (8th mtg.) at 23.
[27] 189 U.N.T.S. 2545, 1954年4月22日発効。以下、難民条約。
[28]「この条約の適用上『難民』とは、次の者をいう。(1)1926年5月12日の取極、1928年6月30日の取極、1933年10月28日の条約、1938年2月10日の条約、1939年9月14日の議定書または国際避難民機関憲章により難民と認められている者……」(難民条約〔前掲注27〕1条A(1))。

恐怖を有するためにその国籍国の保護を受けることを望まないもの及びこれらの事件の結果として常居所を有していた国の外にいる無国籍者であって、当該常居所を有していた国に帰ることができないもの又はそのような恐怖を有するために当該常居所を有していた国に帰ることを望まないもの……[29]。

二重国籍または多重国籍についての規定[30]および難民であることが終止する事情[31]または難民の地位の恩恵から除外される事情[32]についての規定も設けている。

1951年条約は、国連機関、アドホック委員会および全権会議の共同作業によって1948年から1951年の間に起草された。1951年条約における難民の定義の2つの主要な特徴は、戦略的に概念化されているという点と、その焦点が欧州中心に当てられているという点にある。

定義の戦略的側面とは、国を逃れた動機が西側の政治的価値への支持にある人々に優先して保護を与えようという西側諸国の努力が結実したものである。ソビエトは、自らの弱点が露呈することを恐れて、条約の範囲から自国から出る政治的移民をなんとか除外しようとし[33]、同時に、より多数の、力のある西側諸国は、そうした政治的移民を国際的にできるだけ目立たせようとした[34]。結果として、第2次世界大戦後の難民に関する機関でなされたのと同様の方法[35]で保護の範囲

---

[29] 難民条約（前掲注27）1条A(2)。
[30] 「二以上の国籍を有する者の場合には、『国籍国』とは、その者がその国籍を有する国のいずれをもいい、迫害を受けるおそれがあるという十分に理由のある恐怖を有するという正当な理由なくいずれか一の国籍国の保護を受けなかったとしても、国籍国の保護がないとは認められない」（難民条約〔前掲注27〕1条A(2)第2段落）。
[31] 難民条約（前掲注27）1条C。後掲第6章参照。
[32] 難民条約（前掲注27）1条D、E、F。後掲第6章参照。
[33] 「ソ連代表団はいかなる方法であろうと民主主義国という敵と協働する人は難民とみなすべきではなく、国連の保護を享受すべきでないと考える。代表団としては、国連の援助を受ける人のカテゴリーから、戦争中にソ連の人々および政府の敵として積極的に戦った人だけでなく、同胞市民とともにソ連の役に立つため自国に戻ることを拒否しているすべての反逆者を排除することが最も重要であると考える」（ソ連のSoldatov氏の発言。5 UNGAOR (325th Mtg.) at 671, December 14, 1950）。
[34] 「『難民』の定義は……世界は分断されているとの前提に立っている。しかし、1つの文書が、『鉄のカーテン』の外から庇護を求める西欧からの難民と、『鉄のカーテン』内の国から来て西欧で庇護を求める難民の双方を網羅すべきと考えるならば、このような文書の道義的意味合いはいかなるものであろうか、と私は考える。難民問題を抽象的に考えることはできず、逆に、歴史的事実に照らして考える必要がある。『難民』の定義を定めるにあたっては、いままで、主に影響を受けた難民は常に世界のある部分から来たという事実が考慮されてきた。したがって、このような定義は歴史的事実に基づいていた。当該文書に普遍的性格を与えようとする試みは、『開けごま』の呪文を唱えるようなものである」（フランスのRochefort氏の発言。U.N. Doc. A/CONF.2/SR.22, at 15, July 16, 1951）。
[35] 連合国救済復興機関（UNRRA）は、迫害の「具体的証拠」を要求し、その継承機関たる国際避難民機関（IRO）は、出身国への帰国に対する「有効な根拠のある異議」の表明を要求していた。UNRRA European Region Order 40(I), July 3, 1946; 国際避難民機関憲章第1部(C)(1), 18 U.N.T.S. 3.

を制限することで合意がなされ、市民的、政治的地位による「迫害」のおそれを有する人のみが国際的保護の枠内に入ることとなった。この規定の仕方は、一見中立的に見えるものの、これにより、国際法を通じてソビエト圏の政治を非難することが、以下の2つの意味で容易になった。

第1に、迫害の基準はよく知られており、戦後すぐにソビエト圏への反体制者を抱え込むためにすでに用いられていた[36]。「迫害の恐怖」という概念は、西側がイデオロギーに基づく反体制者を依然として国際的保護の対象とすることを可能とするものであると理解された[37]。

第2に、迫害の基準を明確に定めることにより、ソビエト圏が難民法を政治的利益のために利用することは困難になった。難民の定義は、人種、宗教、国籍、特定の社会的集団の構成員または政治的意見[38]、つまり、歴史的に東側ブロックの行いに問題があるとされることが[39]に基づいて自国から市民権を剥奪された人のみを含むよう、その表現には細心の注意が払われた。他方、西側諸国は、人権尊重の分野において、市民的、政治的権利の尊重よりも社会的、経済的権利[40]の確保については弱みがあった。しかしながら、市民的、政治的弾圧の犠牲者と

---

[36]「フランス代表は、新たな難民の定義が非常に広義に解釈される可能性があるとの所見を述べられたが、実際は、IRO憲章にはその意義がきわめて明確に示されており、難民条約も同じ意義を有するものでなければならない。その定義には、どこであろうとも難民であればすべての場合に当てはまるのではなく、第2次世界大戦勃発を受けて起こった出来事の帰結として難民となった人のみが当てはまる」(アメリカのHenkin氏の発言。U.N. Doc. E/AC.32/SR.5, at 5, January 30, 1950)。

[37]「条約草案および難民高等弁務官の見解からすると、現在も過去も東欧から中西欧にたどり着いた難民が現行の文書の対象とならないという懸念は不要であると考える」(アメリカのWarren氏の発言。U.N. Doc. A/CONF.2/SR.21, at 15, July 14, 1951)。イスラエルのロビンソン氏によれば、『出来事』という用語ははじめから含まれており、それは、ややカモフラージュした方法で、中東欧で起きた政治的変化の結果として生まれた戦後の難民という新たなカテゴリーを指すことを意図したものだった」(U.N. Doc. A/CONF.2/SR.22, at 6, July 16, 1951)。

[38] 難民条約(前掲注27) I 条A(2)第1段落。

[39] Amnesty International, *Report 1987*, pp.279-332 (1987) を参照。たとえば、ソ連に関して、同報告書(320頁)は次のように記している。「1986年には、良心の囚人の残酷で恣意的な待遇に改善は見られなかった。政治的逮捕は減っているものの、アムネスティ・インターナショナルは、ソビエトがその良心から公的政策に平和裏に反対している多くの市民を拘禁し続け、また、その他の者に対しても強制的な精神医学的な手段を用いていることを懸念している」。

[40]「われわれは2年、4年ないし6年ごとに公務員に投票するが、決して領土を支配する者を選べない。われわれは経済的民主主義の中で生活していない。現在裕福な人の多くは、優れた才能や勤勉や特性によってそうなったのではなく、王族の血を引く者や相続や他の人々の犠牲や彼らからの搾取によってそうなったにすぎない。……この世代は人権を切り離して政治的民主主義を語ることはできないし、開発を切り離して人権を語ることもできない。今日の大きな問題は、政党、人種、地域、宗教および性といった境界を超えて存在している」(J.Jackson, "Measuring Human Rights and Development by One Yardstick" (1985), 15 Ca. W. Intl. L.J. 453, at 456-60)。

は異なり、食糧、医療または教育のような基本的権利を拒否された人は、(その欠乏が市民的、政治的地位から生じている場合を除き)国際的難民の枠組みからは除外されている。1951年条約は、(西側が提起した)市民的、政治的権利が危険にさらされている人を保護の対象とし、他方で、(社会主義国が提起した)社会的、経済的権利が危機にある人は保護の対象外とするものであり、不完全で政治的に偏った人権原則を採用したものであった。

　難民の定義を戦略的な政治目的に役立てるのに加え、条約を起草した国の大半は、欧州が背負ってきた戦後の難民の負担の再分配をなしうる権利体制の創設を求めた[41]。欧州各国は、第2次世界大戦によって引き起こされた、人々の大規模な移動への対処を強いられてきたと訴え[42]、国連のすべての加盟国が、残されている戦争難民とソビエト圏からの難民の流入の双方の再定住に貢献する時期にあると主張した[43]。難民は、権利や恩恵についての伝統的な期待が欧州以外でも尊重されるという保証があれば、欧州以外へももっと移住しようとするだろう。そこで、難民条約は、欧州の難民の負担の分配を容易にするような安定した条件を創設するため考案された[44]。

　自国の難民への責任に直面する発展途上国数カ国の代表者からは強い反対が出されたものの[45]、条約上認められる国際的保護の範囲を欧州内で起こった1951

---

[41]「世界の中の一地域は国際的規模の難民問題に対処する準備ができている。その地域とは欧州である。1つの問題が国際条約の対象となろうとしている。すなわち、欧州難民の問題である」(フランスのRochefort氏の発言。U.N. Doc. A/CONF.2/SR.19. at 12, November 26, 1951)。インドのDesai氏は再分配の目的を簡潔にまとめている：「実際、地理的事情により責任の大部分が自らにかかることになる締約国の負担の軽減のため、すべての難民に同じ待遇を与えることを求める訴えが、すべての政府に対してなされた」(U.N. Doc. E/AC.7/SR.166, at 18, August 22, 1950)。

[42]「難民のために締結されたこれまでのすべての国際文書は欧州各国の観点から表現され、理解された。イタリアはその中の一国であって、真っ先に当該問題の影響を受け、それを軽減するため犠牲を払った。提案された地理的制限は欠くことのできないものである」(イタリアのDel Drago氏の発言。U.N. Doc. A/CONF.2/SR.21, at 4, July 14, 1951)。

[43]「事務局は、当該会議のため80の招待状を送付した。それにもかかわらず、会議には、欧州評議会がわずかに拡大した程度の出席しかなかった……それは、未だに問題となっているのはまさしく欧州難民であることを意味していた。つまり、領域内に欧州難民が住んでいる非欧州各国は、彼らについて関与することを望んでいないのである」(フランスのRochefort氏の発言。U.N. Doc. A/CONF.2/SR.3, at 12, November 19, 1951)。

[44]「出身国に関係なくすべての難民を支援することを目指して定義を起草するということと、その定義を条約の残りの規定に適合させるということはまったく別のことである。……第1条以外の条項を検討するときに、条約が区別なくすべての難民に適用されることになると気づいていたなら、当該会議は異なった進め方をしたであろうことは疑いがない。実際のところ、これまでに合意された規定は、とくに欧州各国からの難民へ適用するために適合が図られたのである」(アメリカのWarren氏の発言。U.N. Doc. A/CONF.2/SR.22, at 16, July 16, 1951)。イタリアのDel Drago氏も以下のように述べている：「条約が西欧の文化を保持したまま他国に定住を希望する欧州人を対象とするものであるならば、難民と受入国の権利義務について定めることは可能である」(U.N. Doc. A/CONF.2/SR.19, at 15, November 15, 1951)。

年以前の出来事により国を逃れた難民に限定することにより、この西側諸国の欧州中心的な目標は達成されることとなった[46]。世界の他の地域からの難民に保護を広げることを選択する国家もあるかもしれないが、採択された定義は、欧州難民の負担を配分することが目的とされ、それと引き換えに非欧州難民の権利の制定または援助の提供などの法的拘束力のある義務が課されることはなかった。「難民の地位に関する議定書」[47]が世界のすべての地域からの難民を含むよう条約の定義の範囲を拡大したのは、それから15年以上後になってからのことである[48]。

3. 1967年議定書が条約上の定義に与えた影響

1967年議定書は、難民の地位の条約上の定義を普遍化するものだったが、それは形式的なものであり、実質的なものではなかった。条約の定義における明らかな制限（申立てが欧州の1951年以前の事件に関連するものであるという条件）は、議定書により、将来の出来事にも適用されるよう撤廃された[49]。しかしながら、定義の実質的な内容に関して再検討されることはなかった。

時間的、地理的制限が撤廃された後も、条約に基づく保護システムの対象となったのは、市民的、政治的地位を根拠とする迫害のおそれ[50]によって移動した人の

---

[45]「このフランス語の原文は、問題を純粋な欧州の観点から捉えようとしているように思われ、それゆえ国際条約として完全にふさわしいものではないかもしれない。欧州大陸以外に存在する難民問題にも十分な考慮が払われるべきであると考える」（メキシコのCaledron Puig氏の発言。U.N. Doc. E/AC.7/SR.160, at 4, August 18, 1950）。パキスタンのBrohi氏も以下のように述べている：「パキスタン代表は、難民問題が欧州の問題だけではないと考えている。したがって、『難民』の定義は、その用語の範囲内に合理的に入るすべての人を含むべきであると考える」（11 UNESCOR (399th mtg.) at 215, August 2, 1950）。

[46]「この条約の適用上、Aの『1951年1月1日前に生じた事件』とは、次の事件のいずれかをいう。(a)1951年1月1日前に欧州において生じた事件　(b)1951年1月1日前に欧州又は他の地域において生じた事件　各締約国は署名、批准又は加入の際に、この条約に基づく自国の義務を履行するにあたって(a)又は(b)のいずれの規定を適用するかを選択する宣言を行う……」（難民条約〔前掲注27〕1条B(1)）。

[47] 606 U.N.T.S. 8791, 1967年10月4日発効。以下、難民議定書。

[48] しかしながら、欧州難民に管轄権における適用を制限するため、条約1条B(1)(a)の下ですでに宣言を行った国はその制限を維持することができた。難民議定書（前掲注47）1条3項。

[49]「この議定書の適用上、『難民』とは、……条約第1条を同条A(2)の『1951年1月1日前に生じた事件の結果として、かつ、』及び『これらの事件の結果として』という文言が除かれているものとみなした場合に同条の定義に該当するすべての者をいう。この議定書は、この議定書の締約国によりいかなる地理的な制限もなしに適用される。ただし、既に条約の締約国となっている国であって条約1条B(1)(a)の規定を適用する旨の宣言を行っているものについては、この宣言は、同条B(2)の規定に基づいてその国の義務が拡大されていない限り、この議定書についても適用される」（難民議定書〔前掲注47〕1条2、3項）。

[50]「迫害は未だに非常に頻繁に行われているが、迫害は、人々が自国を逃れまたは自国の保護を拒否せざるをえない唯一の理由ではない」（F. Julien-Laferrière, "Réflexions sur la notion de réfugié en 1978" (1978), A.W.R. Bull. 30, at 30）。

みであった。このことは、ほとんどの第三世界の難民が事実上排除されたままであることを意味していた。これらの者の逃亡は、自然災害、戦争または少なくとも西側の文脈で理解されている「迫害」[51]よりも広義の政治的、経済的混乱によって引き起こされていることのほうが多いからである[52]。これらの現象は、疑いなく、真のおそれを生じさせ、そこから自国から逃れ安全な避難場所を求める要求が生じているにもかかわらず[53]、逃亡が市民的、政治的地位に基づく迫害によって動機づけられていない難民は、条約で制定された権利体制から排除されている。

4. 難民の概念の国際的な拡大

　条約難民の概念は、国連難民高等弁務官［UNHCR］の組織的権限の拡大、国連の領域内庇護条約の準備に向けた努力、地域的難民保護の取決めや国家の実践を通して実務上拡大してきた。こうした発展は条約の定義を正式に改正するものではないが、国際的保護を真に必要としていると言いうる状況が拡大していることを示している。条約加盟国は、厳密には条約上の範囲の外にある人がどの程度難民として保護されるかを決定するにあたり、条約を採択した全権会議の勧告E[54]に沿ってこうした発展を考慮することが期待される。

---

[51]「政治的迫害、戦禍の損害に加えて、現代の難民は、内戦、政治的不安定および過酷な経済状態を含む植民地時代後の低開発に伴うすべての問題から逃れてくる。第2次世界大戦後の難民と現代の難民は……国際法の下で異なった扱いを受けるが、両者の実際の状態は同じである。それゆえ、両者は国際法の下で同じ権利を与えられるべきである」(E. Lentini, "The Definition of Refugee in International Law: Proposals for the Future" (1985), 5 Boston Coll. Third World L.J. 183, at 184)。
[52]「人の移動が大規模な場合、彼らは政治的迫害よりも経済的困窮から逃れるために逃亡したと推定され、これが誤っていると反証することは困難である……問題となる国家間に経済レベルの差があるか否かによって、一線を画す傾向があるかのようだ。たとえばハイチ人のアメリカへの入国の場合のように、人の流れが世界の最も貧しい国の1つから最も裕福な国の1つに起きた場合、その規模が新しく到着した者たちに圧倒的に不利に作用する」(A. Grahl-Madsen, "International Refugee Law Today and Tomorrow" (1982), 20 Archiv des Völkerrechts 411, at 422)。
[53]「条約と議定書そしていくつかの国内法は迫害から逃れた人のみを難民とし、自然災害からの逃亡者や内戦および戦争からの逃亡者を排除する。この難民という名称に関する制限は、難民が自国の保護を剥奪されているため国際的保護の必要がある人として示されている事実に依拠する。この論法と定義は、ある者が国際旅券を受けるべきか、そして高等弁務官の代表者によって与えられる外交的保護にふさわしいかを決定するという目的にはまったく適切かもしれない。しかしながら、申請者が庇護国への入国や『送還』からの自由を認められるにふさわしいかを決定する目的としては不適切のように思われる。迫害からの逃亡者の要求は、同情すべきものではあるが、結局のところ、地震や内戦による避難民のそれより大きいわけではないかもしれない」(R. Plender, "Admission of Refugees: Draft Convention on Territorial Asylum" (1977), 15 San Diego L. Rev. 45, at 54-55)。

(1) 国連難民高等弁務官の権限の拡大

　国連難民高等弁務官による難民の定義における発展[55]はとりわけ重要である。当該機関の定義と条約の定義は、国連の同一機関によって同時に起草されたからである。さらに、1967年議定書の採択以来、2つの定義はかなり類似している[56]。

　1950年のUNHCR規程[57]における難民の定義の個人主義的性格は、UNHCRが欧州以外の難民のニーズに意味のある方法で応えることを当初困難にしていた[58]。アフリカやアジアの難民は大きな集団で移動する傾向があるので、(条約に類似した) 規程によって意図されていたような、難民の定義を事例ごとに当てはめる個別化された方法は、単純に実施可能なものではなかった[59]。こうして、UNHCRは、普遍的権限を行使するのが技術的に不可能であったため、個人ごとの審査プロセスを含まないより集団的な方法で欧州以外の難民の状況を扱う権限を求めたのである[60]。

---

[54]「全権会議は、難民の地位に関する条約が、その条約上の範囲を超えていくひとつの例としての価値を有すること、および、すべての国家が、領域内にいるが条約の定義の範囲には入らない人々に対しても、可能なかぎり、条約が提供する待遇を与えることを望む」(*Final Act of the United Nations Conference of Plenipotentiaries on the Status of Refugees and Stateless Persons*, 189 U.N.T.S. 37)。

[55]「高等弁務官の権限は次の者にまで及ぶ……人種、宗教、国籍もしくは政治的意見を理由に迫害を受けるおそれがあるという十分に理由のある恐怖を有するために、国籍国、または無国籍者である場合には常居所を有していた国の外にある者であって、その国籍国の保護を受けることができない者またはそのような恐怖を有するために国籍国の保護を望まない者、または、無国籍者である場合には当該常居所国に帰ることができないかそれを望まない者」(*Statute of the Office of the United Nations High Commissioner for Refugees*, U.N.G.A. Res. 428(V), December 14, 1950〔以下、UNHCR規程〕)。

[56] 異なる点としては以下のようなものがある。(a)UNHCR規程には、特定の社会的集団の構成員を根拠とする主張への言及がないこと、(b)UNHCR規程は、現在または過去の迫害の恐怖を有する人を含めていること、(c)UNHCR規程においては、個人的便益または経済的性質に基づいて帰国を拒否する人を明白に除外していること、(d)UNHCR規程において、他の国連機関からの援助を受ける資格があるということよりも、実際にその援助を受けているという事実によって難民の定義から外れることになることが明確にされていること、(e)UNHCR規程において、犯罪に関連する除外はより狭められていること。UNHCR規程(前掲注55)および難民条約(前掲注27)参照。

[57] 前掲注55。

[58]「UNHCR規程は……明らかな矛盾を含んでいる。一方で、同規程は、事務所の職務は、原則として、難民の集団やカテゴリーに関連すべきであることを確認している。他方で、同規程は、主観的および客観的要素の事例ごとの審査を必要とする、本質的に個人主義的な難民の定義を提案している。最近の30年にわたる難民の危機の増大から、UNHCRはその権限の実施において柔軟である必要があった。結果として、『国際社会が懸念する難民』の概念とされるものは明らかに拡大した」(G. Goodwin-Gill, *The Refugee in International Law*, p.6 (1983))。

[59]「難民の適格性を判断する手続は、工夫されてはいるが、必然的に大変時間がかかるものである。UNHCR規程および条約が採択されたとき、個人ベースで難民認定を行うことは十分に可能であった。しかしながら、1951年以降、新たな難民問題が起こり、その難民数は、個人ベースでの難民認定を不可能にするほど大量であったのである」(G. Melander, "The Protection of Refugees" (1974), 18 Scandinavian Studies in Law 153, at 161)。

24　難民の地位に関する法

1957年以降、国連総会、同経済社会理事会およびUNHCR執行委員会は、さまざまな手段で、欧州以外で難民が生まれる状況に対応するために行動した[61]。UNHCRが「その支援を拡大する」という要請や国際社会が「懸念する」集団のために活動するという要請に合わせて、その事実上の責任の範囲は、比較的制限されていた規程上の権限から急速に拡大した。UNHCRは、人災[62]および自然災害[63]双方のすべての形態の犠牲者を含むすべての強制移住者を援助する権限を与えられるようになった。さらに、UNHCRは、出身国に留まっている難民を援助すること[64]および帰還する難民の再定住に貢献することも求められている[65]。UNHCRの保護下の難民の地位の本質的な基準は、単純に、強制移住を生み出す人的被害の存在である。この拡大された定義は主に物質的な援助の適格性に関連しているが、UNHCRには、そのより広げられた職務の範囲に属する人々に対し国際的な法的保護を広げる権限も認められるようになってきており、かつ、その頻度は増している[66]。機能的には、今日、規程の権限内の難民と拡大された権限内の難民について、UNHCRの権限はほとんど区別されていない。

---

[60]「高等弁務官は、当該個人がマンデート難民であるか否かを個人ベースで決定することなく難民を援助することを認められた。高等弁務官は、正式に、援助の必要な人に手を差し伸べることが認められたのである」(G. Melander, *supra*, note 59, at 161)。

[61]「国連難民高等弁務官（UNHCR）は、連続して出された総会決議の下で、その職務、責任および権限を拡大してきた。今日までに、その責任は、『難民』という伝統的国連の定義を超えて多数の『避難民』を含むまでに拡大している」(D. Martin in C. Sumbter, "Mass Migration of Refugees – Law and Policy" (1982), 76 A.S.I.L.P. 13, at 17)。全般的にはP. Maynard, "The Legal Competence of the United Nations High Commissioner for Refugees" (1982), 31 I.C.L.Q. 415を参照。

[62]「保護と援助に関連する高等弁務官の権能は、すべての人為的災害の犠牲者へと徐々に拡大されてきている」(G. Coles, *Problems Arising From Large Numbers of Asylum-Seekers: A Study of Protection Aspects*, p.15 (1981))。

[63] Independent Commission on International Humanitarian Issues, *Refugees: The Dynamics of Displacement*, pp.48-49 (1986).

[64]「1970年代初頭から、UNHCRは、難民が自国に帰還した後に難民を援助することを多くの場面で求められている。時には、自国内で追い立てられ、避難している人々を助けることも求められている」(Independent Commission on International Humanitarian Issues, *supra*, note 63. p.48)。

[65]「世界的か地域的かにかかわらず、自発的帰還を促進するための国際的な活動にとって、難民の移動に際して出身国内における状況を考慮することが必要である。……政治的であるか経済的であるかにかかわらず、時宜を得た有益な国際的なかかわりがなされることにより、出身国内の状況は実質的によい方向に改善しうる。このことは排除されるべきでない。国際社会によって出身国内で与えられる帰還者の再統合のための実質的な援助は、自発的帰還を促進する重要な要素として認識されている」(Executive Committee of the High Commissioner's Programme, "Refugee Aid and Development", U.N. Doc. A/AC.96/662 (1985) paras. 32 and 39)。

[66]「（マンデート難民でない人に）与えられる援助は、当初は制限され、しばしば財政支援がなされるのみであったが、そうした制限はまもなくなくなった」(G. Goodwin-Gill, *supra*, note 58, p.7)。

(2) 領域内庇護条約の起草の試み

　難民に対して領域内庇護が保障されるべき状況を定義する条約の起草への努力もまた、難民の地位の拡大を示すものであったが、これは実を結ばなかった。こうした条約の必要性は、難民条約に「ノン・ルフールマン」、すなわち、難民が重大な損害を受ける真の危険に直面する国への送還を避ける義務以外の何らの義務も含まれていないことから生じている[67]。迫害の待つ場所への送還に対する緊急の保護を提供しようとはしながらも、条約起草に参加した国々は、いかなる者が自国の領域に入国することを認められるべきか、いかなる者がそこに留まることが許されるべきか、そして最終的に誰が永久的に再定住するべきかについては、国が決定することが認められるべきであると主張した[68]。

　条約にこのような不完全な点があることから、世界人権宣言[69]および領域内庇護宣言[70]に含まれる庇護を求め、享受する権利を実現するために、領域内庇護条約草案が作成され、1977年全権会議に提出された[71]。提案された条約の目的は、本質的に条約難民が受けられる保護を強化することであった[72]。しかしながら、実際には、それが達成したなかで最も注目すべきは、国際的な法的保護の権利を与えることを目的とする難民の地位の定義の変更に関し、どの程度の意見の一致が見られたかという点であったかもしれない。

　提案された庇護条約の第2条の専門家草案は、難民条約に由来し、難民議定

---

[67]「条約は庇護の付与を取り扱ってはいない。その理由は2つあるように思われる。1つは、国際法の主体は国家であるので、個人は国際法上の権利を有するものではなく、また、これを利用するものでもないことである。さらに重要なのは、庇護を付与する権利は、主権に付随するものとして国家の自由裁量内にあるということである。これに反する条約上の義務がないので、国家は、いかなる人に政治的庇護を付与または拒否するかにつき拘束されない」(R. Sexton, "Political Refugees, Nonrefoulement and State Practice: A Comparative Study" (1985), 18 Vand J. Transntl. L. 731, at 737-738).

[68]「世界中の国家が一様に、いかなる者がその領域内に入ることを認められるか、そこに定住する権利を与えられるかを決定する主権を放棄することを強く拒んできた。国家は、庇護を付与する義務を課す国際文書への合意を拒んできた」(P. Hyndman, "Refugees Under International Law with a Reference to the Concept of Asylum" (1986), 60 Australian L.J. 148, at 153)。

[69]「すべての者は、迫害からの庇護を他国に求め、かつ、これを他国で享受する権利を有する。この権利は、もっぱら非政治犯罪または国際連合の目的および原則に反する行為から生ずる訴追の場合には、援用することができない」(*Universal Declaration of Human Rights,* U.N.G.A. Res. 217 A (III), December 10, 1948, at Art. 14)。

[70] U.N.G.A. Res. 2312 (XXII), December 14, 1967.

[71] 全般的にはP. Weis, "The Draft United Nations Convention on Territorial Asylum" (1979), 50 British Y.B. Intl. L. 151を参照。

[72]「提案された新たな条約、そして全権会議は、現存する難民の定義を広げることよりも、その定義に当てはまる人々の保護の程度を高めることに関心を持っていた」(R. Plender, *supra,* note 53, at 48)。

書によって修正された定義の基準につき重要な変更を行うことを推奨した。アパルトヘイトや植民地主義への反対を含む「政治的意見」の概念や、迫害の意図に基づいた訴迫を含む「迫害」の概念を明確にすることが提案された[73]。さらに、92カ国からなる会議において、とりわけ庇護は、親族関係に基づく迫害の重大なおそれがある人[74]や「外部からの占領、外国による支配およびすべての形態の人種差別」の結果として迫害の重大なおそれがある人[75]に対しても適用されるべきであることが合意された。各国代表が合意して定義を明確にしたものとして重要なのは、条約に基づく基準である「迫害を受けるおそれがあるという十分に理由のある恐怖」が、難民は「迫害を受ける明白な可能性に直面していなければならない」という要求に置き換えられたことである[76]。専門家グループ、および、賛成47、反対14、棄権21で採択された会議での修正案を含む、全体として拡大された保護の範囲は、次のように規定された。

(a) 人種、皮膚の色、民族的もしくは種族的出身、宗教、国籍、親戚、特定の社会的集団の構成員、または、植民地主義およびアパルトヘイトに反対する闘争、外部からの占領、外国の支配およびすべての形態の人種差別に対する闘争を含む政治的意見を理由とする迫害、または、

(b) (a)に掲げられた迫害に直接関連する理由のための訴追または厳罰の明白な可能性に直面している場合で、国籍国または国籍を持たない場合以前の居所または常居所国に帰還できないまたは帰還する意思を有さず、庇護を求める者に、各締約国は当該条約の利益を付与する[77]。

---

[73] 草案2条は、難民の概念の範囲を定めている。その内容は以下のようなものである。「(a)人種、宗教、国籍、特定の社会的集団もしくは植民地主義およびアパルトヘイトに対する闘争を含む政治的意見を理由とする迫害、または、(b)(a)に掲げられた迫害に直接関連する行為のために訴追されまたは処罰されるという十分に根拠のあるおそれにより、国籍国もしくは国籍を持たない場合、常居所を有していた国に帰還できない者もしくは帰還する意思を有しない者は、当該条約の利益を受ける権利を有する」(P. Weis, *supra*, note 71, at 155)。
[74] このオーストラリア修正案は、賛成40、反対24、棄権15で採択された。P. Weis, *supra*, note 7, at 162.
[75] アルジェリア、エジプト、イラク、ヨルダン、クウェート、レバノン、リビア、モロッコ、サウジアラビア、ソマリア、スーダン、シリア、チュニジア、アラブ首長国連邦およびイエメンの共同提案であるこの修正案は賛成45、反対21、棄権15で採択された。P. Weis, *supra*, note 71, at 162.
[76] Paul Weisは、以下のように論じている。「採択された修正案は客観的テストのみを定め、より制限的なものであり、多くの国家の現在の実行とは異なったものとなるだろう」(P. Weis, *supra*, note 71, at 162)。ここで提案された立場は、その逆である。前掲4(1)参照。
[77] P. Weis, *supra*, note 71, at 163-64.

領域内庇護条約の起草は結論を見ないままに終了したものの[78]、難民の地位の定義を拡大することへの賛成が裁決されたことは、国際社会において、難民の概念が難民条約および難民議定書に規定されているよりも広いものと捉えられようとしていることを示している。1967年に難民の定義の実質的な内容を再検討することを避けたのとは対照的に[79]、領域内庇護会議に出席した92カ国のうちの多くは、発展途上国における難民の移動に対応し、大量の難民を生み出す現象が集団的性質を有していることを認識する方向で、難民の定義を改めることに同意した。この修正された概念の範疇にある難民に対する拘束力のある条約上の責任は確立されなかったものの、1977年の会議の成果は、国際法における難民の地位の適切な範囲に関する国際社会の意見の一致が最も近時に表明されたものとして、いまも残っている。

　3つの地域機関は、UNHCRの職務の発展や庇護条約草案の範囲と同様の方向で難民条約上の定義を拡大する難民保護の基準を規定している。アフリカ統一機構、米州機構および欧州評議会の各作業を順に検討する。

(3)　アフリカ統一機構における難民の地位に関する定義

　最初の地域的協定は、1969年、アフリカ統一機構（OAU）によって制定された。「アフリカにおける難民問題特有の状況を規律するOAU条約」[80]は、難民の条約上の定義を尊重するだけでなく、それが迫害の恐怖と表現されるものであるか否かにかかわらず、人災を理由に国境を越えて逃れることを強いられたすべての人に対して保護を拡大することによって、新たな基礎を切り開いた[81]。

---

[78] 「委員会は4週間以上にわたって開催されたが、専門家草案の10カ条のうち3つのみが議論され投票されたにすぎなかった。……予測されていたとおり、大半の国家の関心事は、可能なかぎり、庇護の付与についての国家の主権を守るという点にあった」（E. Lapenna, "Territorial Asylum – Developments from 1961 to 1977 – Comments on the Conference of Plenipotentiaries" (1978), 16 A.W.R. Bull, 1, at 4）。
[79] 前掲注49参照。議定書を起草した会議は「緊急の要求に応えるためには、条約の改正はあまりに長い困難な道のりであると考え、それゆえ議定書の採択を勧告した。これは会議報告には現れていないが、会議のメンバーは、条約の改正もまた国連総会での政治的議論を招くかもしれず、望ましくないであろうことを率直に認めた」（UNHCR, "Draft Protocol to the 1951 Convention: Analysis of the present position", Internal memorandam, May 26, 1966）。
[80] U.N.T.S. 14, 691, 1974年6月20日発効。以下、OAU条約。
[81] 「定義の第2項は事実上すべての人災を含み、時に『避難民』と呼ばれる人々を含む」（G. Coles, "Background Paper for the Asian Working Group on the International Protection of Refugees and Displaced Persons", p.83 (unpublished, 1980)）。

難民という用語は、外部からの侵略、占領、外国による支配、またはその出身国もしくは国籍国の一部もしくは全部における公の秩序の著しい混乱のために、出身国または国籍国の外に避難する場所を求めて、その常居所地を去ることを余儀なくされたすべての者にも適用される[82]。

この基準は、難民の地位の中核的意味を発展途上国の現実に合わせることに成功しているという点で、条約難民の定義の重要な概念的適応を表している[83]。難民の地位は、その始まり以降、社会的、政治的状況に対応して発展してきている[84]。当初の法律上の無国籍者に対する懸念は、事実上保護されない集団に対しても向けられるようになり、さらには、本国とイデオロギーが対立する個人の保護へとも向けられるようになった。これらに共通するのは、集団および個人が本質的に不当な扱いをする国家共同体を離れることは合理的であるという認識である。そして、難民法はその点に関して国際社会による保護を与えるために存在する。不当な扱いの形態が、正式な保護の拒否、一般化された権利剥奪の組織的行動、個人に政治的自決権を許すことの拒否、または意図的に損害を与える計算された行為のいずれであるかにかかわらず、国際難民法の定義の枠組みは、基本的保護義務を怠る国家から逃れた強制移住者を保護するための緊急事態に対応して展開してきた。

OAUの定義は、この難民の地位に関する理論的基礎を受け入れている。たとえば、より一般的な人道的関与を支持し、国家の保護が適切になされているかという関心から移行することにより、自然災害や経済的逆境の犠牲者について国際社会が責任を負うべきとされることも考えられた。しかし、OAUの定義上そうされてはいない[85]。むしろ、OAUの定義からは、発展途上国における不当な取扱いの特

---

[82] OAU条約（前掲注80）I(2)。
[83] 「難民条約は、主に第2次世界大戦直後の欧州の避難民の状況に対処するため、そしてこれらの避難民に保護を提供するために作られた。条約加盟国が気にかけていたのは、加盟国が負う義務を特定のものにとどめること、および、それらの義務が曖昧に拡大されないことを確保することだった。今日、事情は変わり、難民条約によって提供されるような国際的保護を必要とする多くの人々は、その範囲に含まれていない」(P. Hyndman, *supra*, note 68, at 150)。
[84] 全般的にはJ. Hathaway, "The Evolution of Refugee Status in International Law: 1920-1950" (1984), 33 I.C.L.Q. 348, especially at 379-80参照。
[85] 「この (OAU) のより広い定義さえも、環境的または経済的災害を含む複数の原因がからむ複雑な難民の状況を処理することはできないであろう……人道的理由で、より広いアプローチがなされるべき場合がある……人の生命、自由または安全が脅かされた場合、そのおそれが迫害または危険の他の形態の帰結であるかどうかは重要ではない」(Independent Commission on International Humanitarian Issues, *supra*, note 63, p.46)。

第1章 国際法における難民の定義の発展

定の文脈に合わせるため、条約の定義を4つの重要な点で修正することが要求されていることがわかる。

　第1に、OAUの定義は、不当な取扱いの基本的な形態が、難民の出身国政府の計算された行為の帰結によって生じるだけでなく、外部からの侵略、占領または外国の支配によるその政府の権威の喪失の結果としても生じるという現実を認めたものとなっている。この場合に予想される損害は、当該政府自らによるというより、むしろ国家を支配する外国勢力によって与えられるものであって、その程度は政府自らによる場合と変わらない。この定義の修正は、出身国内の形式的な権限構造よりも、事実に基づいて難民の申立てを審査する必要を率直に認めている。

　第2に、OAUの定義は集団的権利剥奪の概念を認めている点で、第2次世界大戦以前の難民に関する協定の様式に戻っている[86]。外部の侵略、占領、外国の支配または公の秩序を著しく乱す出来事のような広範な現象の結果として自国を離れる人を含めることにより、OAUは、一般的な危険の存在する状況での逃亡を正当なものとして認めている。

　事実上の政府権力による不当な取扱いも定義に含めることは、難民条約の定義の意図から予測しうるものであり、集団的な難民認定は欧州の実行において歴史的先例があるが、OAUの定義には、国際難民法に先例のない2つの新たな特徴がある。

　難民条約とそれ以前のすべての難民についての協定は、難民の地位を、人または集団の特徴のある形態（条約の場合は、人の市民的、政治的地位）から生じる不当な取扱いの見込みと関連づけている[87]。一方、OAUの定義は、危害の現実的または理論的根拠が不確定である可能性を残している。何らかの予想される公の秩序の混乱のために避難を求めることを「強いられる」かぎりは、当該個人は、自らの地位（または構成員であるという集団の地位）と差し迫った損害の間の連関を証明する必要はない。このOAUの基準は、逃亡の動機よりむしろ公の秩序の混乱の深刻さの評価を重視しているため、個人は、逃避の正当な理由となるほどに危害が十分に迫っているかを自ら判断することがおおよそ可能である。

　OAU条約は、出身国の「一部又は全部における」公の秩序の混乱[88]から逃れる

---

[86] 前掲注10〜20参照。
[87] 条約難民は、自国の外にあって「人種、宗教、国籍、特定の社会的集団の構成員であること又は政治的意見を理由に迫害を受けるおそれがあるという十分に理由のある恐怖を有する」者である。難民条約（前掲注27）1条A(2)。

ことを求める人に対しても国際的保護を提供している。これも過去の実務からの新たな展開である。それまでは、逃避を強いられた人は外国に避難する場を求める前に、もし自国に安全な場所があればそこに保護を求めるための合理的な努力がなされるべきだと一般的に考えられていたからである[89]。少なくとも以下の3つの理由から、この変化は、現実的に考えて合理的である。第1に、逃避経路の距離または不通といった問題から、難民の自国の安全な地域への移動を妨げられる可能性がある。インフラストラクチャーが未整備であることや、個人の経済力が十分でないことからも、容易にたどり着ける外国への逃亡を選択する方向へ向かうことになる。第2に、多くの発展途上国の政治的不安定から、今日の「安全」地域が明日の危険地域になる可能性がある。権力の急速な移行や、その結果として安全な避難場所を確実に予想することが不可能であることから、問題ある国自体から離れることを決断することになる。最後に、植民地時代に押しつけられたアフリカの国境線の人為性から、しばしば、親族や他の自然な絆が国境を越えて存在している[90]。それゆえ、危険にさらされている人は、家族または近隣国で自分と同じ種族の人々と共にいることができるところを自然な安全地帯として考えるのかもしれない。

　OAUの定義が発展途上国の状況と関連づけられたことから、その定義は、難民条約の定義を除くと最も大きな影響を及ぼす概念上の基準となっている。この定義を基盤としてアフリカにおいてUNHCRは活動を広げ[91]、この定義は領域的庇護を与えられるべき人の条約上の定義の提案の基礎となり[92]、さらには難民保

---

[88] *OAU Convention, supra,* note 80, at Art. I(2).
[89] 「迫害されるおそれは、必ずしも難民の国籍国の全領域に及んでいるとはかぎらない……もしすべての事情を勘案してそうすることが期待しえないような場合には、単にその国の別の地域に避難を求めることができたという事実のみをもって難民の地位を否定することはできないであろう」（傍点引用者）(United Nations High Commissioner for Refugees, *Handbook on Procedures and Criteria for Determining Refugee Status,* pp.21-22 (1979))。
[90] 「領土的境界を越えることは、とくに西アフリカにおいては国家が政治的独立を果たし法的境界線が引かれるまでは頻繁になされていた。さらには、当初、植民地支配時の国境はほとんど影響がなかったことは強調すべきである。というのは、まったく自由に移動する多くの移民にとって、人工的な境界にはほとんど注意が払われることがなかったからである」(E.-R. Mbaya, *La communauté internationale et les mouvements des populations en Afrique,* p.17 (1985))。
[91] 「アフリカにおけるUNHCRの権限は、外部からの侵略、占領、外国の支配または公の秩序の混乱のために逃れる難民にも及ぶことが認められている」(G. Goodwin-Gill, "Refugees: The Functions and Limits of the Existing Protection System", in A. Nash, ed., *Human Rights and the Protection of Refugees under International Law,* p.150 (1988))。
[92] 庇護条約草案の目的につき、外部からの占領および外国の支配を理由とする申立てを含むためになされた定義の専門家草案の修正（前掲注75）は、OAUの定義に含まれた主な新しい点と類似している。前掲注81参照。

護に関するさまざまな地域的取決め[93]や国内法[94]をよりリベラルなものとするきっかけとなった。

(4) 米州機構における難民の地位に関する定義

難民の定義が地域レベルで最も新しく拡張されたのは、1984年にラテンアメリカ10カ国によって採択されたカルタヘナ宣言である[95]。難民条約の定義は、中央アメリカにおける一般化した暴力および弾圧による多くの強制移住者を含むには不十分であるとの認識から、これらの国家は難民の定義をアフリカ統一機構によって制定された定義と類似したものにすることに同意した。難民としての保護は、条約難民に加えて、次の者にも提供された。

生命、安全または自由が、一般化した暴力、外部からの侵略、国際紛争、大規模な人権侵害または公の秩序を著しく乱す他の事情によって脅かされる者[96]。

この定義は米州機構（OAS）の1985年総会によって承認され、そこでは「加盟国が援助を広げること、できるかぎり難民に関するカルタヘナ宣言の結論および勧告を履行することを強く促すこと」が決議された[97]。

OASの定義はOAU条約といくつかの新たな特徴を共有している。第1に、外部からの侵略から生じる逃亡をも含めることにより、外部からの権力による行為を根拠とした申立ての正当性を認めている。第2に、集団決定の概念および危害の現実的、理論的根拠が不確定な申請を、制限的にではあるが受け入れている。この制限は、一般化した現象はその国を逃れる有効な理由であり、申請を受け入れるにあたっては、申請者や申請者が属する集団のいかなる地位または特徴も前提とされないが、すべての難民の地位の申請者は、「生命、安全または自由が脅かされている」ことを示さなければならないという点から生じている[98]。難民と推定され

---

[93] 米州機構の難民の定義（後掲注95以下で述べる）は、迫害を受ける十分に理由のあるおそれが立証されうるか否かは別として、一般化した暴力および外国の侵略を理由として申立てをする人を含む。欧州評議会も、広い意味での抑圧から逃亡する人に及ぶ、より広義の事実上の難民の地位の概念を勧告した。後掲注104以下参照。
[94] 後掲注108以下参照。
[95] *Annual Report of Inter-American Commission on Human Rights 1984-85*, OEA/Ser.L/II.66, doc.10, rev.1, at 190-193参照。
[96] Conclusion 3, *Declaracion de Cartagena, supra*, note 95.
[97] UNHCR, "OAS General Assembly: an inter-American initiative on refugees" (1986), 27 Refugees 5.

る人が、一般化した騒乱のため危険にさらされていることが証明されなければならないというこの要件は、危険は個別的に認められなければならないという従前の考え方に対するOAU条約の配慮の仕方と対照をなしている[99]。最後に、OASの定義は、OAUの定義[100]とは異なり、自国の一部が影響を受ける公の秩序の深刻な混乱から逃れる人に対しては保護を明示的には与えていない。

「内乱」[101]および「大規模な人権侵害」[102]を理由とする申請に言及していることは、すでに確立された原則を明確化するのには役立つが、実質的な意味において申請の基礎となる理由を新たに広げるものではない。内乱のいかなる状況も確かに「公の秩序を乱す」[103]であろうし、それゆえ、OAUとOASの定義双方の一般的用語に含まれる。さらに、単に大規模人権侵害が存在することに基づいて難民の地位を付与することにしたのは大きな新しい点であるが、申請者が自らの生命、安全または自由をこのような人権侵害によって脅かされることを示すことを課していることを考えると、法文化されたこの申請の理由は条約の定義とほぼ変わらない。

結局のところ、難民の地位に関するOASの定義は、難民条約の基準とOAUの非常に広い難民の概念化のある種の妥協を示している。OASの定義は、発展途上国における社会的、政治的騒乱から生じうる侵害を考慮するため、難民条約の「迫害」基準を拡大している。しかしながら、他方で、保護義務が生じる場合を難民申請者と同様の状況にある人に対する現実の危険があることを示すのが可能な場合に限定している。

(5) 欧州評議会における難民の地位に関する定義

欧州評議会も難民条約の定義の範囲を超えた難民保護の基準を導入している。しかし、その変化はOAUやOASのそれと比べて著しくゆるやかなものである。1976年の議員総会の勧告773において、欧州評議会は、「事実上の難民」、すなわち、(条約の基準に合致しているが) 条約難民として正式に認められていないか「他の正当な理由のために、出身国に戻ることができないまたはそれを望まない」

---

[98] 前掲注96参照。
[99] 前掲注93以下参照。
[100] 前掲注88以下参照。
[101] 前掲注96参照。
[102] *Supra*, note 96.
[103] この基準はOAUの難民の定義に含まれている。前掲注80参照。

者[104]の状況に関してその懸念を表明した。加盟国政府は「条約の『難民』の定義を寛大に適用すること」[105]および「迫害の危険のない他の国によって入国が許可される場合でないかぎり事実上の難民を追放しないこと」[106]を求められた。

今日までに、この勧告はごくわずかしか履行されていない。閣僚委員会は、正式に認定されていない条約難民も、送還から保護されるべきであると規定したが[107]、条約の定義の範囲外のより広義の難民の権利に対処する文書は採択されていない。結局のところ、欧州評議会は、広義の難民の保護請求の正当性を認めているとは言いうるが、その地位や権利を正式なものとするための行動はとられていない。

(6) 諸国の実務における難民の定義

難民保護に関する正式な地域的取決めに参加していない国の実務においても、難民の地位の概念が拡大していることを示す証拠がある。一般化した危険または公の秩序の深刻な混乱から逃れた難民は、しばしば特別なプログラムまたは通常の枠組みを通して、または、受入国および再定住国の間で締結された負担の分担の取決めによって保護されている[108]。こうした自発的な取組みは、条約に基づいた保護制度に正式に拘束されるものではないので、国家は、自らの取組みの範囲を決定するにつき実質的な裁量の余地を有している。それにもかかわらず、難民条約上の正式な範疇には入らない難民に対してどのような保護を与えるかにつき、各国の実務が事実上一致していることは特筆すべきである。

欧州においては、条約難民でない人に対する一般的な道義的責任は欧州評議会決議[109]によって示され、これが多くの国内上の保護の取決めによって支えられている。おそらく最もよく知られているのは、スウェーデン法の「B」ステータスの概念である。これにより、正当な人道的理由のために海外に留まっている難

---

[104] Council of Europe, Parliamentary Assembly Recommendation 773 (1976).
[105] Id.
[106] Id.
[107] Council of Europe, Committee of Ministers Recommendation R(84) 1 (1984).
[108]「内戦、内乱、外部からの占領、自然災害または大規模人権侵害の一般的状況から生じる大規模な難民の移動に対し、特別プログラムまたは国内法規によって対応するという実務が締約国の間で広く行われている」(K. Hailbronner, "Non-refoulement and 'Humanitarian' Refugees: Customary International Law or Wishful Legal Thinking?" (1986), 26(4) Virginia J. Intl. L. 857, at 887)。
[109] 前掲注104以下参照。

民条約の範疇の外にある者は、暫定的に入国が許可され、在留許可が付与される[110]。同様に、ポルトガルは、武力紛争またはより広範な人権侵害から逃れる人に庇護を付与し[111]、西ドイツ法は、内戦、外部からの占領または自らの信念と相反する政治状況に直面する人の在留を容認し[112]、オランダ法は、自国の困難な政治的事情が、「迫害」には及ばない場合にも、そのため危険にさらされている者に庇護の付与を認めている[113]。イギリスの裁量的な難民政策において、条約難民の定義に該当するか否かにかかわらず、自国に戻らない正当な理由を有すると当局により認められた者は、庇護を付与される[114]。フランスの政策は、より難民条約の定義に近いが、厳密な難民の定義に該当するか否かにかかわらず、カンボジア、ラオスおよびベトナム国民の入国を許可してきた[115]。一般に、欧州各国は、より広い混乱から逃れた難民の入国に関して国家の主権を守る政策をとっているものの、内乱または武力紛争のため明らかに危険にさらされる国に人を帰さないというのが一般的な実務である[116]。

　同様の特別プログラムは伝統的な移民国にも存在する。オーストラリアでは、条約難民と他の難民の間に法的な区別は存在しない。結果として、公の秩序の著しい混乱によって避難した人は庇護を受けることができる[117]。さらに、ユダヤ系ソビエト人、東ティモール人、スリランカ人、レバノン人、ラテンアメリカ人および南アフリカのアパルトヘイトの被害者を含む、難民に類似する状況にある人の入国を容易にする特別人道プログラムを行っている[118]。カナダ法は「公共政策に基づき、または同情的もしくは人道的配慮のため」の入国を認めている[119]。かかる権限に基づいて、過去には、国内で自らの考えに相反する政治上の出来事が生じてい

---

[110] K. Hailbronner, *supra,* note 198, at 881-82. 同旨、A. Grahl-Madsen, *supra,* note 52, at 424。
[111] Act 38/80, August 1, 1980, Art. 5, para. 2, amended by Act 415/83, November 24, 1983. Cited in K. Hailrroner, *supra,* note 108, at 881.
[112] Deutscher Bundestag, 10 Wahlperiode, Drucksache 10/3346 (1985). Cited in K. Hailbronner, *supra,* note 108, at 882.
[113] K. Hailbronner, *supra,* note 108, at 881.
[114] R. Sexton, "Political Refugees, Nonrefoulement and State Practice" (1985), 18 Vand. J. Transntl. L. at 791.
[115] K. Hailbronner, *supra,* note 108, at 882-83.
[116] Note on the Consultations on the Arrivals of Asylum-seekers and Refugees in Europe, U.N. Doc. A/AC.96/INF.174 (1985).
[117] K. Hailbronner, *supra,* note 108, at 886.
[118] A. Nash, *International Refugees Pressures and the Canadian Public Policy Response,* p.99 (1989).
[119] *Immigration Act,* R.S.C. 1985, c. I-2, s.114(2).

る一定の国の国民も一時的庇護が享受できるよう、カナダの入国を許可する特別措置プログラムが制定されてきた。オーストラリアのように、カナダも、海外での難民選定プログラムを行い、同プログラムに基づき、地域別に定めた配分に従い、条約難民ではない「割当」難民の再定住が行われている[120]。アメリカは、人道的配慮および外交政策上の配慮の組合せに基づき、司法長官の臨時滞在許可に関する権限の下で、条約難民の定義の範疇に入らない人にも一時的に入国を認めている[121]。しかも、出国を猶予し、または裁量により免除する自発的出国手続が拡大され、アフガニスタン人、ポーランド人、ウガンダ人およびレバノン人のような難民に類似する人々に援用される[122]。

多くの発展途上国の実務はOAU[123]またはOAS[124]によって拡大された難民の概念によっている。しかし、いずれの体制にも属さない国でさえも、条約の定義には当てはまらない難民保護の意思があることを示す実例がある。たとえば、パキスタンとイランは、アフガン紛争から逃れることを余儀なくされた人々のため、世界中で最も大規模な人道的難民を受け入れた[125]。同様に、香港[126]、タイ[127]および他の東南アジアの国々[128]は、難民に類似した状況にあったインドシナ移民の外国への再定住が中断しているときにたいてい一時的避難を提供してきた。発展途上国での難民救済は、国際社会による物資援助または再定住の機会の提供がしばしば条件とされるが[129]、それにもかかわらず、いったん受入国の安全が確保されると、条約難民でない人に対して送還からの基本的保護を与えることがその行動パターンとなっている。

---

[120] 「評議会においてその長によって指定された集団の構成員であるいかなる人も、避難民や迫害された人に関するカナダの人道的伝統に従って、入国を付与されることができる」(*supra, Immigration Act,* note 119, at 6.s(2))。
[121] 8 U.S.C. 1182(d)(5)(A) (1982). Cited in K. Hailbronner, *supra,* note 108, at 883-84.
[122] G. Goodwin-Gill, "Non-Refoulement and the New Asylum Seekers" (1986), 26(4) Virginia J. Intl. L. 897, at 901.
[123] 前掲注80以下参照。
[124] 前掲注95以下参照。
[125] 「1987年末までに、アフガン難民の推定総数は500万から600万の間で、アフガニスタンの人口の約3分の1であった……自国を離れたアフガン人の大多数は、パキスタンおよびイランに避難した……これら2つの政府の公式な統計によれば、パキスタンとイランに避難したのはそれぞれ310万人および240万人に上る」(A. Billar, "An historic moment" (1988), 53 Refugees 8, at 9)。
[126] R. Mushkat, "Hong Kong as a Country of Temporary Refuge: An Interim Analysis" (1982), 12 Hong Kong L.J. 157.
[127] A. Nash, *supra,* note 118, at 107.
[128] D. Greig, "The Protection of Refugees and Customary International Law" (1983), 8 Australian Y.B. Intl. L. 108, at 127.

要するに、地域的取決めを通じた難民の地位に関する拡大された概念の適用を正式に表明していない国でさえも、条約の範疇に属さない難民に対する正当な保護を必要なものとして認めるという実務が一貫して見られる。こうした人道的な難民については裁量的および条件つきプログラムが支配的であるという状況からすると、より難しい問題は、これらの人道的難民は国際的保護に対する権利をどの程度享受しうるといいうるかという点にある。

5. 慣習国際法における難民概念の拡大？

　UNHCRの権限の拡大に関する意見の一致[130]、領域内庇護全権会議における難民概念を拡大することに関する合意[131]、難民保護に関する3つの地域的取決めにおける概念の進展[132]、そしてこれらの結果としての各国の実務の変化[133]を考えると、現代国際法は難民条約および同議定書で定められた難民よりも広義の難民に対し、何らかの国家の義務を認めているといえるだろうか。

　Guy Goodwin-Gillは、難民の新たな種類は慣習国際法上で認められていると論じている[134]。Goodwin-Gillによれば、「ノン・ルフールマン」原則は、切迫した危険に直面した場合の少なくとも一時的保護をも意味し、同原則を遵守するという国家の義務は、自らの選択やコントロールを超えた有害な出来事に対して政府の保護が欠如しているといいうるかぎり、難民条約の定義の範囲外の者にもいまや及ぶという[135]。騒乱、内戦または人権侵害の状況から逃れる人は、人道的必要の推定を享受すべきであり、避難国が予想される危険に対し反証できないならば

---

129 「発展途上国において、大量の被災者に少なくとも一時的避難を与えるよう管理がなされており、彼らの世話のための負担および彼らの苦境の恒久的解決を求めるための負担を国際社会が分担することを最近の国家実行が示している。インドシナのボートピープルの入国を当初は嫌がったいくつかの東南アジア諸国に政策の変更をさせたのが、この『負担分担』原則であった」(Independent Commission on International Humanitarian Issues, *Refugees: The Dynamics of Displacement,* pp.44-45 (1986))。
130 前掲注55以下参照。
131 前掲注67以下参照。
132 前掲注80以下参照。
133 前掲注108以下参照。
134 G. Goodwin-Gill, *supra,* note 122.
135 「この論文の主要なテーマは、難民を支援し、避難所または安全な場所を提供するという本質的に道義的な義務は、長い間に、一定の事情の下での(たとえ比較的低いレベルの責任であっても)法的義務へと発展してきたという点である。ノン・ルフールマン原則は、1951年難民条約の1条および33条の狭い範囲を越えて適用されるものとして今日理解されなければならない」(G. Goodwin-Gill, *supra,* note 122, at 898)。

送還されてはならないとするのである[136]。

　一方、Kay Hailbronner[137]は、広く行われている一定の国家実務というものは存在せず、また条約の範疇に当てはまらない難民に関する国際的権利の主張を正当化するに十分な法的信念も存在しないとして、このような考え方は「願望的法的思考」であるとした。Hailbronnerは、広義の難民のための国際的実行の大部分は、実際はUNHCRが行っている実務であって、国家をその活動において拘束するとはいえないとする[138]。さらに、地域的基準は拘束力ある条項にはなっておらず、人道的難民のための国家による活動は、入国管理に関する国家の権利の裁量的行使として注意深く定義されているという[139]。

　慣習に基づいて拡大した難民の地位の概念に関して国際法上の総意があるとするかぎり、Goodwin-Gillが認めるように、「相対的に低いレベルの同意」であることは確かである[140]。私は、Goodwin-Gillの「送還」に対する保護の権利という主張は、条約難民でない者に関する慣習法の範囲を広げて言い過ぎていると考える。Hailbronnerが述べるように、先進国は査証の要求、運輸会社への刑罰、海上封鎖や領域に到着する庇護申請者に対処する厳格な裁量的制度の設定により、より広義の庇護申請者を何ら縛られることなく拒否してきた[141]。発展途上国は、人道的難民を保護するにあたっては、国際社会が一時的庇護のコストを引き受け、難民を永続的再定住国に移転させることを引き受けるという合意をその条件としてきた[142]。UNHCRでさえも、法的保護の決定の文脈では、適用される難民の定

---

[136]「一時的避難が求められるときは常に、騒乱、内戦、または人権侵害によって引き起こされた危険の存在により、人道的必要性が推定されており、その推定は妥当なものである。このことは、個人または特定の集団に対して保護を与えるか否かを決定する過程において重要な関連を有する。とりわけ、推定により、立証責任は申請者から国家へと転換されるべきである」(G. Goodwin-Gill, *supra*, note 122, at 905)。
[137] K. Hailbronner, *supra*, note 108.
[138]「UNHCRは、国家の合意によってその機能を履行するが、結局のところ人道的任務を委任される特別機関なのである……UNHCRが事実上の難民の利益に関して対処し続けている事実は、国家の法的信念の証拠とはみなされない」(K. Hailbronner, "Non-Refoulement and 'Humanitarian' Refugees" (1986), 26(4) Virginia J. Intl. L. 857 at 869)。
[139]「人道的難民が送還されないという個人の権利が一般的に認められているということを示す証拠はまったくない。しかしながら、国家は、一般的に、外国人の大量流入に対応しうる範囲を狭めないように取り計らってきた……もはや国家は絶対主権を享受しないということは共通の理解である。実際に問題なのは、国家がどの程度外国人の入国に関する主権を国際公法に服させてきたのかという点である。実際、国内法は、1951年難民条約の定義に該当しない人々のかなりの部分を自国に帰すという最終的選択肢を前もって放棄しようとはしていないことを示している」(K. hailbronner, *supra*, note 138, at 887)。
[140] G. Goodwin-Gill, *supra*, note 122 at 898.
[141] K. Hailbronner, *supra*, note 138, at 875.
[142] 前掲注129。

義の範囲を超える主張に対してはためらいがちである[143]。

　一方、Hailbronnerは、公の秩序の著しい混乱の結果として出身国における危害を恐れる者がその領域内または国境でなす申立てに対し、何らかの方法で取り組もうとする普遍的、地域的および国レベルにおけるコンセンサスを見落としている。国際的な実務のいかなる側面においても、保護の必要性を検討する義務に関しては疑問を持たれていない。特別な考慮の性質はさまざまであり、「送還」の回避は普遍的ではない。それにもかかわらず、UNHCRの実務、領域内庇護全権会議での国際的コンセンサス、難民保護に関する3つの地域的取決め、および相当程度一致している国家実務は、いずれも出身国の公の秩序の著しい混乱による犠牲となり、ある国の領域内にいる人々に対しても、特別な考慮の機会を与えている。

　責任のレベルは、Goodwin-Gillによって示されたものよりも低いが[144]、難民保護の中間的なカテゴリーが今日存在する。それが正式な手続によるものであっても、行政的裁量によるものであっても、保護の必要性を基礎として一時的入国を検討されるという権利は、国際慣行に基づく慣習的規範となっている。つまり、慣習国際法は、公の秩序の著しい混乱が生じている国から来た人を、その人道的必要性に明確な注意を払わずに拒否または追放する決定を行うことを認めていない。この義務は、難民保護に関する3つの地域的取決めによって企図されるような正式な地位の付与、「B」ステータスという裁量的プログラム、特別措置、あるいは西側先進国にすでにある自発的出国の拡大によって果たされるかもしれず、または、実際に起こっているか今にも起ころうとしている難民の流入の負担を、他国や国際社会と分担するための支援を求めることによって果たされるかもしれない。この義務は、単に、公の秩序の深刻な混乱の犠牲者の人道的要求に対し、有意義な対応を提供する何かをすることである。しかしながら、われわれは、あらゆる場合に送還しない義務を規定することを目的として、こうした人々を条約難民に含めるまでには至っていない。

　要するに、国際法は4つの難民のカテゴリーを認めているといえる。第1は、難

---

[143]「1984年および1985年の国際的保護に関するUNHCR覚書は、これを送還を禁止しているという意味で解釈する者もあるかもしれないが、武力紛争または他の政治的社会的混乱を理由として出身国外に避難を求めることを余儀なくされた人が、一時的避難の個人の権利を有しているとはしていない。代わりに、難民高等弁務官は、少なくとも送還に対する保護および領域に留まるための許可を含むべき事実上の難民の法的地位の定義の困難性に言及している」(K. Hailbronner, *supra*, note 138, at 870)。

[144] 注135～136本文参照。

民条約および議定書によって定義される難民である。条約難民は、100以上の締約国から迫害のおそれがある国への送還に対し保護を申し立てる権利を有している。それらの者は、条約に制定されている権利として訴えることができ、UNHCRの制度上の援助を求めることもできる。第2は、地域的取決めにより保護される難民である[145]。こうした人々は、迫害よりむしろ、公の秩序の著しい混乱状況にある国への送還の危険にさらされている。しかしながら、少なくともアフリカおよびラテンアメリカでは、それらの者は一般的に送還から保護され、条約難民に与えられる権利に類似した他の有利な権利を有する。第3は、公の秩序の著しい混乱の結果として危害を恐れているが、特別な地域的取決めの保護を訴えることができない難民である。人災からの難民は出身国へ送還される前に特別に考慮されるという権利を有するが、庇護国の国内法に明文化されたものを除き、送還に対する保護を権利として主張できない。最後に、自然のまたは人為的原因により移住を強いられたすべての人は、物質的援助、自発的帰還や再定住における支援、あるいは一定の場合には法的保護といった形で、UNHCRの制度的支援を要求しうる。しかし、このカテゴリーの難民は、国際法に基づいて保護への特別な要求をすることはできない。

　本書は、条約および議定書に定義された難民の地位の研究に取り組む。他の法的および法の枠外での手段は、難民の保護システムにとって重要な推進力であるが、今日の国家実務が、いまだに根本的にはこれらの条約により制定された基本的、概念的枠組みに立脚したままであることは明らかである。以下の章では、現代の強制移住者の要求に直面することを通じて発展してきた難民の定義の理解について、明確に、その文脈を十分に考慮しながら詳しく述べていきたい。

---

[145] OASおよび欧州評議会決議はOAUの定義と同様の拡大した定義を支持しているが、OAUの基準だけが、法的拘束力のある条約で明文化されている。前掲注97（OAS勧告）および同104（欧州評議会勧告）参照。

第 2 章

外国人性

　条約難民としての地位の第1の要素は、申請者が出身国外にいなければならないということである[1]。この要件について、すんなり納得できる要素は何もない。安全な場所を求めて自分の家から避難することを余儀なくされた人々は、ほとんどではないにしても、多くが自国の境界内に留まっているからである[2]。このような人々の苦境は、国境を越えた人々のそれと、どの点から見ても同じぐらい深刻である場合もあるが、それでも、難民の地位に関する条約上の定義では国内難民は国際的保護の適用範囲から除外されている。

　この領域的基準が厳格に主張されてきた[3]ために、難民条約上の定義と、非自発的移住に必然的に伴う人間の苦しみとの間に齟齬が生じているという懸念が出されてきた[4]。ある意味では、国内難民を除外することは明らかに不公正である。そこでは、国際的保護を得られる場所まで万人が避難することを不可能にする社会的、法的、経済的障壁の存在が認識されていない[5]。したがって、難民の地位に関する条約上の定義は、同じように迫害を受けるおそれがある人々の保護のニーズに対し、決して公正とはいえない方法で対応しているのである[6]。

---

[1] 「難民は外国人でなければならないという第一の要件については争いがない」(G. Jaeger, "The Definition of 'Refugee': Restrictive versus Expanding Trends" (1983), World Refugee Survey 5, at 5)。
[2] 「難民と同様の状況にあり、また相当の距離を避難してきた人々も少なくないだろうが、国境を越えていなければ難民とはみなされない。このような状況にある人々の例としては、1970年代にベトナムで避難民となった多くの人々を挙げることができよう。アフリカの多くの人々もこの範疇に属する」(P. Hyndman, "Refugees Under International Law with a Reference to the Concept of Asylum"(1986), 60 Australian L.J. 148, at 149)。
[3] 「ある国の国籍を有している申請者が国籍国外にいなければならないというのは、難民としての地位を認められるための一般的要件である。この原則に対する例外はない」(United Nations High Commissioner for Refugees, *Handbook on Procedures and Criteria for Determining Refugee Status*, p.21 (1979))。J. Patrnogic, "Refugees – A Continuing Challenge" (1982), 30 Ann. de droit international medical 73, at 74も参照：「一般的概念としては、難民とは、避難先を見出すために逃げ出した者であって、いずれかの事情を理由として通常の居住場所から離れざるをえないと感じている者のことである。……国際法上の概念では、難民とは、重大な事情により出身国外または国籍国外にいる外国人のことである。……このように、国内法では難民の語を国民に適用することもできるが、国際法では難民とは外国人のことなのである」。
[4] 「法的定義と政府の行為との間に齟齬が生じていること、また人間の苦しみを前にして冷たい法的定義を用いることが不適切であることは、あまりにも明白である」(C. Keely and P. Elwell, *Global Refugee Policy: The Case for a Development-Oriented Strategy*, p.11 (1981))。

自国の外にいる者にしか条約難民の地位を得る資格は認められないという要件には、3つの歴史的根拠がある。第1に、難民条約は、国際的資源が限られた文脈の中で、ある特定の目的をもって起草されたということである。条約の意図は、あらゆる非自発的移住者の苦しみを救うことではなく、「法的な保護および地位の問題にのみ」[7]対応するところにあった。条約がめざしたのは、非自発的移住者のうち、「自らの国の外にあって政府の保護を受けておらず」[8]、そのため、国内的保護を新たにまたはあらためて受けられるようになるまでそれに代わる国際的権利を短期的に必要とする者を援助することであった[9]。国内難民の避難は、人道的関心の対象ではあるものの「性質が異なる別個の問題」[10]であり、その緩和のためには持続的な資源の投下が必要であって、国際社会にとってそれほどの資源は利用可能ではなかった[11]。

　第2に、きわめて実際的な懸念として、国内難民も国際保護体制の対象に含めるということになれば、国が自国民のかなりの部分の福祉に対する責任を国際社会に転嫁しようとするのではないかと考えられた[12]。これによって難民条約上の国の義務は増加し、そのため難民条約体制に参加する国が少なくなる可能性がある

---

[5] 「追放または避難によって引き起こされる難民の流出は、政治的迫害が引き起こす結果のひとつにすぎない。逆説的なことに、難民はそもそもの標的とされた層の中では幸運な部類に入るかもしれない。それ以外の者は、移動の禁止のみならず殺害さえも含む、いっそう運の悪い状態に置かれる可能性もある」(A. Zolberg, "The Formation of New States as a Refugee-Generating Process" (1983), 467 The Annals Am. Academy Pol. Soc. Science 24, at 27)。

[6] 同じ有利さにより、一部の難民はより快適な庇護国に行くことを追求することが可能である：「粘り強くて工夫の才のある（そして圧倒的多数が男性の）難民が、カナダに自発的に到着する人々の大部分を占めている。キャンプでは女性と子どもが多数派であり、彼女らをはじめとするキャンプ被収容者が、カナダを第一庇護国に選べるほどの資源や自立性を手にしていることはめったにない」(H. Adelman, "Refugee or Asylum – A Philosophical Perspective" (1988), 1(1) J. Refugee Studies 7, at 9)。

[7] アメリカのHenkin氏の発言。U.N. Doc. E/AC.7/SR.161, at 7, August 18, 1950.

[8] アメリカのRoosevelt夫人の発言。5 UNGAOR at 473, December 2, 1949.

[9] 「しかし経済社会理事会の提案は、社会的、宗教的または政治的理由から出身国外におり、出身国に帰還することができず、新たな国籍を取得または従前の国籍を回復するまで国際社会が主導する保護が必要な者のニーズを満たそうとするものである」（アメリカのRoosevelt夫人の発言。5 UNGAOR at 363, November 29, 1950)。

[10] アメリカのRoosevelt夫人の発言。前掲注8。

[11] 「できるだけ多くの難民が対象とされるように条約が起草されることを望むが、にもかかわらず、……特別委員会の言う白地の小切手を政府が切ることがいかに難しいかは理解している」(van Heuven Goedhart国連難民高等弁務官の発言。U.N. Doc. A/CONF.2/SR.21, at 12, July 14, 1951)。

[12] 「アメリカ政府は基本的にはあらゆる例外の撤回を望むものであるが、ドイツに居住するドイツ系難民についての例外は維持したいと考える。800万人近くに達するこの集団はドイツ政府の管轄とするのが正道であると考えるし、これらの難民を国際的保護下に置くことによってあらゆる責任を放棄するよう、政府に奨励したくはないからである」(アメリカのHenkin氏の発言。U.N. Doc. E/AC.32/SR.5, at 5, January 30, 1950)。

とされた[13]。

　第3の、最も根本的な理由は、国内難民のニーズに応えようとするいかなる試みも難民居住国の国家主権の侵害になるのではないかという不安があったことである[14]。難民法は、国際人権法の一部として、自国民については国が排他的管轄権を有するという長年にわたる規則の例外を構成するが、これは近年になって設けられた、注意深い制約に服する例外である[15]。1950年代初頭には、国際社会にはさまざまな国の人権状況について基準を設け、これを検証する正当な権利があるということがますます受け入れられるようになってはいたが、難民法がある国の領域に介入して市民を自国の政府から保護することなどは考えられなかった[16]。一般に受け入れられている国際法上の諸原則の枠内で達成できることは、せいぜい迫害を行う国の領域的管轄から自らを解放できた者を保護することぐらいだった。

　これらの3つの要因——資源の制約、国の参加に関する懸念または主権の尊重——によって国内難民の除外が決定されたわけだが、これはいずれも国際法の適用範囲が限られていることの表れにすぎず、概念的原則の問題ではなかった。Andrew Shacknoveが指摘したように、「外国人性は、難民としての地位を立証するのに必要な条件ではない。それは……より幅広いカテゴリー、すなわち保護を受けていない者による国際社会への物理的アクセスの一要素である」[17]。換言すれば、保護を受けていない者が物理的に出身国外にいることは、難民であることの構成要素なのではなく、国際的保護の実効的適用対象となるための実際的な

---

13 「[ベルギー・カナダ・トルコ共同]案[U.N. Doc. A/C.3/L.130]では国内難民も条約の適用対象に含まれることになるが、これでは外交官会議に何か別の定義を採用しろと言っていることにしかならないのではないかと感じる」(フランスのRochefort氏の発言. 5 UNGAOR at 391, December 4, 1950)。
14 「最終的にどのような[定義上の]表現が選ばれるかにかかわらず、それはいかなる場合にも、ある特定の国の市民であってその国の政府の保護を享受している国内難民には適用されないであろうし、適用されえない。このような難民を対象とする一般的定義は存在しない。どんな形で定義されるにせよ、それは国家主権の侵害を伴うからである」(フランスのRochefort氏の発言. U.N. Doc. E/AC.7/SR.172, at 4, August 12, 1950)。
15 「国際法の創始以来、その基本的原則のひとつは国家主権の原則である。この原則により、各主権国家には、ある行動が他国の権利を侵害せず、かつそれが他国の権利の侵害または他のいずれかの理由により国際法で禁じられていないという条件に従う限りにおいて、適当と考えるいかなる行動もとる排他的権利が留保される。……この原則から、いずれかの国の『国内的管轄』に属する事項については、国際法は他のいずれかの国によるいかなる干渉も、ましてやいかなる介入も認めないということになる」(P. Sieghart, *The International Law of Human Rights*, p.10 (1983))。
16 「難民法は、法的観点からは複数国家社会の存在と密接な関係にあり、多少なりとも堅固な複数の国家領域の中に種々の政治、行政制度が存在することを含意している。単一国家社会または国家連合においても無宿の徒は間違いなく存在するであろうし、彼らが政治的被害者である可能性もあるが、言葉の正確な意味での難民は明らかに存在しないことになろう」(J. Vernant, *The Refugee in the Post-War World*, p.4, (1953))。
17 A. Shacknove, "Who Is a Refugee?" (1985), 95 Ethics 274, at 277.

前提条件なのである。

　このように、難民の地位に関する条約上の定義が有する領域的側面は、国際法が当時有していた権限によって規定されたものである。その目的は、非自発的移住者を援助に値する者と値しない者に分けることではなく、難民法の適用範囲を現実的かつ実行可能なやり方で定義することにあった。人権に関わる国際社会の権限が時間の経過とともに増大する[18]につれて、難民法の適用範囲も少なくとも暫定的には広がり、一部の国内難民は保護の対象となっている。

　第1に、1972年以降、UNHCRは、自国の国境内にいる種々の難民集団に対して物質的援助を提供するよう求められてきた[19]。このような援助は、当該国の同意と、資金提供に関わる国際社会の意思があることが前提であるが[20]、にもかかわらず、国内難民の保護における国際社会の役割がますます認められるようになってきたことの表れである。第2に、より劇的な対応として、秩序立った出国のためのプログラムが難民を発生させた国と連携しながら設けられ、難民が、国際社会の後援による海外再定住のための申請を出国国内で行えるようになっている[21]。これらの進展はいずれも、条約難民の定義における領域的制約は「可能性の芸術」(the art of the possible)の作用であって、自国の中にあって保護を受けていない者による国際社会へのアクセス可能性が高まるにつれてその重要性は低まっていく可能性があるという、Shacknoveの立論[22]を証明するものである。

　外国人性の要件はいくつもの具体的問題を提起する。第1に、個人は迫害のおそれの結果として自国を離れなければならないのか、それとも、すでに国外にいる

---

[18] 「国際政府を誕生せしめうるのに十分な対外的主権の委譲を、われわれの生きている間に国民国家が行うか否かにかかわらず、……われわれの研究からはひとつの基本的事実が浮かび上がってきた。すなわち、人権の名の下でわれわれの世代に勃興した新しい法秩序の究極の目的は、主権国家ではなく個人だということである」(J. Joyce, *The New Politics of Human Rights*, p.225 (1978))。

[19] P. Hartling, "Concept and Definition of 'Refugee' – Legal and Humanitarian Aspects", Inaugural lecture given on April 23, 1979, at the Second Nordic Seminar on Refugee Law, University of Copenhagen 14-15 (unpublished, 1979).

[20] 注目に値するのは、権限を委ねられていない難民に援助を提供することに対するUNHCRのアプローチ全体が西側先進国の統制下にあることである。これは、国連がUNHCRに提供する唯一の中核的資金は恒常的管理費を賄うためのものであることによる。したがって、UNHCRの現地活動予算は、ほぼ全額がかなり少数の先進国の自発的拠出によるものである。Executive Committee of the High Commissioner's Programme, "Voluntary Funds Administered by the United Nations High Commissioner for Refugees: Accounts for the Year 1987 and Report to the Board of Auditors Thereon", U.N. Doc. A/AC.96/707 (1988).

[21] 「ベトナム人を対象とする秩序だった出国のための協定の呼びかけ、または1960年代におけるキューバ・アメリカ間の空輸協定は、自国にいる人々に対しても難民の呼称を拡大適用しようとする意思の表れである」(C. Keely and P. Elwell, *supra*, note 4, at 9)。

[22] 前掲注17本文参照。

ときにおそれが生じた場合でも条約難民としての地位の申請を認められる可能性があるのか。第2に、難民と推定される者が国を離れる際に国の公式な許可を得たか否かは問題となるのか。第3に、難民は自国に最も近い国と最初に避難した国のどちらで申請を行わなければならないのか。第4に、詐欺的手段によって、または適用される移民法に違反して庇護国に入国したときはどうなるのか。最後に、個人がたとえば二重国籍もしくは多重国籍である場合、または逆に無国籍である場合には、どの国の外にいれば条約難民としての地位を認められるのか。

1. 後発的難民（Refugees *sur place*）

　難民条約上の難民の定義においては、迫害の可能性を回避するために自国から避難した者と、すでに国外にいながら、国籍国または出身国で迫害を受けるおそれがあるという理由で帰国できない、または帰国しないと決断した者を区別していない[23]。難民条約は、申請者が「国籍国の外にいる」という要件を置いている[24]ので、後発的難民を、迫害のおそれがすでに明白となった後に国境を越えた者と平等に保護の対象としている。このような立場は、条約上の定義における領域的要件は非自発的移住者のうち国際法の実効的適用範囲内にある者を特定するためのものであるという、一般的原則に合致するものである。難民申請者は、すでに外国にいるかそこに到着しようとしているかにかかわらず、送還からの保護の利益を当然に享受できる。

(1) 出身国における事件を理由とする申請

　後発的難民であるという申請のうち古典的なもの[25]は、申請者が保護の必要とはまったく関わりのない理由で国外にいるときに、出身国で相当の状況の変化が生じたことによるものである[26]。出国時には、海外での休暇、留学または取引だけ

---

[23] 「理由の如何を問わず自国を離れ、その後、迫害を受けるおそれがあるという十分に理由のある恐怖を有するために自国の保護を受けることを拒否するに至った者もしくはそのような保護を受けることができなくなった者（無国籍者の場合、迫害を受けるおそれがあるという十分に理由のある恐怖を有するために常居所を有していた国の保護を受けることを拒否するに至った者もしくはそのような保護を受けることができなくなった者）は、等しく難民である。これらの者は『後発的難民』（*réfugiés sur place*）として知られるようになってきた」（P. Weis, "The concept of the refugee in international law" (1960), J. du droit international 928, at 972）。UNHCR, *supra*, note 3, at 22も参照。
[24] 難民の地位に関する条約（189 U.N.T.S. 2545、1954年4月22日発効。「難民条約」）1条A(2)。

第2章　外国人性　　45

が目的で、その後に帰国するつもりでいたかもしれない[27]。しかし、出国後に生じた事件のために帰国すれば重大な危害を受けるおそれが生じたときは、条約難民としての保護を請求することができる。

たとえば、*Chaudri v. Minister of Employment and Immigration* 事件決定[28]は、1979年に政権が軍により転覆させられる以前、与党パキスタン人民党の活動家であったパキスタン国籍の申請者に関わるものである。Chaudri氏は、クーデター前、3年ほどカナダにいた。同氏は1980年、パキスタンの新しい軍事政権が政治的思惑に基づく自分の逮捕状を発し、無期限に拘禁される可能性があることを知った。連邦控訴裁判所は、同氏について、後発的な条約難民とみなすのが適当であると判断した。迫害を受けることに対する同氏の恐怖は、パキスタンからの出国の時点では存在しなかったとはいえ、その後の事件により十分に理由のあるものとなったためである。同じ結果が *Almaz Isebella Kebede Fernandes* 事件[29]でも出ている。これは、ハイレ・セラシエ皇帝が軍によって追放されたときに留学していたエチオピア国籍の学生に関わる事件である。皇帝の警護にあたっていた申請者の父親は軍によって殺され、直近の家族はいずれも拘禁されるか他国で庇護を受けていた。このような事情を踏まえ、出入国不服審査委員会は、申請者が「現時点で帰国したとしても、軍事政権から望ましい扱いを受けることは期待できないおそれがある」[30]として、条約難民と認定した。

後発的難民の古典的状況のうち上記とやや異なるのは、すでに存在していた要因が自国からの出国後に劇的に激化した場合である。自国の憂慮すべき事件を申

---

[25] この種の申請を難民条約の起草者らが想定していたのは明らかである。たとえばフランスのRain氏は、条約上の定義は、「実際に迫害を理由として自国を離れた者だけではなく、迫害が開始される前にすでに自国の外におり、迫害のおそれのために帰国できなくなった者」に対しても適用されると述べている (U.N. Doc. E/AC.32/SR.17, at 3, February 6, 1950)。同様に、イスラエルのRobinson氏は、後発的難民の例として、「外交任務または留学のために国外に行き、まだ国外滞在中に革命に見舞われて帰国が不可能になった」者を挙げている (U.N. Doc. A/CONF.2/SR.23, at 9, July 16, 1951)。スウェーデンのPetren氏の発言 (U.N. Doc. A/CONF.2/SR.23, at 10, July 16, 1951) も参照。

[26] 「帰国すれば迫害を受けるおそれがあるという十分に理由のある恐怖を生ぜしめるような形で状況が変化したときに自国の外にいた者は、難民として分類される」(A. Fragomen, "The Refugee: A Problem of Definition" (1970), 3 Case Western Reserve J. Intl. L. 45, at 55)。

[27] 「自国の外にいるのであれば、出国の理由にかかわらず庇護申請を行うことができる」(G. Gilbert, "Right of Asylum: A Change of Direction" (1983), 32 I.C.L.Q. 633, at 646)。

[28] (1986), 69 N.R. 114. また *Mohammad Mushtaq*, Immigration Appeal Board Decision M81-1122, C.L.I.C. Notes 47.6, October 26, 1982も参照。同事件では、クーデター前に国外におり、ブット政権が転覆させられてはじめてカナダに到着したパキスタン国籍の申請者について、同じ結果が出されている。

[29] Immigration Appeal Board Decision 77-1036, October 6, 1977.

[30] *Id.*, at 3, *per* J.-P. Houle.

46　難民の地位に関する法

請者が承知していた可能性、またはそれを動機として出国した可能性さえあるという点で第1のカテゴリーとは区別されるものの、これらの事例は、帰国すれば迫害を受けるという合理的おそれを生ぜしめるのに十分な、事件の出国後の拡大として性格づけられる。

エリトリア系の船員に関わる一連の決定[31]で、出入国不服審査委員会は、エチオピア当局が長年続けてきたこの民族集団への不当な取扱いが申請者らの国外滞在中に激化し、帰国すれば生命または自由が危険にさらされるおそれがあると結論づけるのが合理的であると認定した[32]。同様に、*Thillainathan Srikanthan* 事件[33]では、「スリランカ国における最近の事件により、委員会は、申請者が、同国在住中の政治的事件への関わりは二義的なものであったとはいえ、帰国すれば若干の問題に遭遇する可能性があるので、……現時点では迫害を恐れる十分な理由を有すると考えるに至った」(傍点引用者)[34]と判断している。出入国不服審査委員会は、パンジャブ州において政府がますますシク教徒を敵視するようになっていると主張された多くの事件でも危害の激化原理に則った検討を行ったが、同州における政府の政策の変化は、危害を受けるおそれとして十分に重大な水準には至っていないと認定した[35]。

(2) 庇護希望者の国外活動を理由とする申請

出身国で新たな状況が生じたこと、またはすでにあった条件が劇的に激化したことを理由とする申請に加えて、後発的難民である旨の申請は、難民申請者の出国後の活動を理由として行われる場合もある[36]。個人が国外滞在中に行った意見

---

[31] *Tekeste Kifletsion*, Immigration Appeal Board Decision 79-1136, C.L.I.C. Notes 20.3, February 29, 1980; *Kidane Ghebreiyesus*, Immigration Appeal Board Decision 79-1137, C.L.I.C. Notes 20.3, March 21, 1980; *Isaak Afework*, Immigration Appeal Board Decision 79-1139, C.L.I.C. Notes 20.3, May 21, 1980; and *Kidane Tegegne*, Immigration Appeal Board Decision M80-1034, February 25, 1981.

[32] 「申請者は、船員として働くために自国を離れたときは難民となる意思はなかったが、状況が悪化するにつれ、エチオピアに帰国すれば自分の自由および生命が危険にさらされるおそれがあることを自覚した。国連[難民]条約は、後発的難民に該当するようになった者にも適用される」(*Id.*, [4つのいずれの決定にも共通] per R. Tremblay).

[33] Immigration Appeal Board Decision T83-10351, May 23, 1985.

[34] *Id.*, at 5, per B. Suppa.

[35] たとえば、次の先例を参照：*Lakhbir Gill Singh*, Immigration Appeal Board Decision V83-6279, February 13, 1986; *Mohinder Parmar Singh*, Immigration Appeal Board Decision V87-6247X, August 10, 1987; and *Santok Bhopal Singh*, Immigration Appeal Board Decision V87-6245X, August 17, 1987.

表明または活動により安全な帰国の可能性が脅かされる場合、条約難民とみなされる可能性があることは、国際法も認めている。中心的争点は、国外における活動について申請者の出身国の当局が知るに至る可能性があるかどうか、可能性があるとすれば当該活動についてどのような見解、対応がとられる見込みがあるかという点である。

　この点に関するカナダの主導的先例は、*Mohamed Ahmed Urur v. Minister of Employment and Immigration*事件における連邦控訴裁判所決定[37]である。出入国不服審査委員会が、オタワで行われた出身国大使館前でのデモに申請者が参加したことを示す証拠写真を受理しなかったことについて、裁判所は、「委員会によるこの不受理は明らかに誤っている。カナダにいる外国人は、到着後に生じた事実関係の結果として難民となる可能性もあるのである」と判示した[38]。後発的難民である旨の申請は、たとえば*Irfam Ismailovski*事件[39]でも認められている。申請者は、カナダのアルバニア人亡命者コミュニティを対象とした反政府宣伝物の出版を手伝ったことにより、自国の当局から投獄されるおそれを有していた。

　しかし、きわめてよく似た他の申請は却下されている。出入国不服審査委員会は、*Carlos Armando Guerra Morales*事件[40]において、「到着後、母国の現体制に反対する多くの活動に従事していた」[41]チリ国籍の亡命ジャーナリストに対して難民の地位を認めなかった。敵対的政治活動を行う亡命者グループへの参加も同じように懐疑的に扱われてきており[42]、このような活動が明確に公然化されている場合にもそれは変わっていない[43]。出入国不服審査委員会は、「ある者が自ら自国の法律に違反する危険を犯し、……それによって特別な地位を請求できるとすることは、難民としての請求権を創出したのが当該行為そのものであったとすれば、合理的ではない」と主張している[44]。

---

[36] 「ある者が自国の外にあるときに行った行為も、帰国と同時に迫害を受けるおそれがあるという十分に理由のある恐怖を生ぜしめる場合がある」（A. Fragomen, *supra*, note 26, at 55）。UNHCR, *supra*, note 3, at 22も参照。
[37] Federal Court of Appeal Decision A-228-87, January 15, 1988（Immigration Appeal Board Decision M86-1601X, April 8, 1987を他の事由により維持）。
[38] *Id.*, at 2, *per* Pratte J. にもかかわらず、委員会が同じ趣旨の口頭の証拠を受理していたので、連邦控訴裁判所はこの再審査申請を却下した。
[39] Immigration Appeal Board Decision 75-10266, June 8, 1976.
[40] Immigration Appeal Board Decision 76-1057, March 10, 1977. 条約難民の地位の請求は却下されたものの、委員会は、異常に困難な状況下での直接の上陸に関わって当時存在していた先例に基づき、Guerra Morales氏の入国を認めることにした。
[41] *Id.*, at 3, *per* F. Glogowski.

このような立場をとるのはカナダの意思決定担当者だけではない。アメリカ当局も、外交政策上の目標にかなう場合を除き、アメリカにおける政治活動を理由とするほとんどの申請を却下してきた[45]。ある者が、自らを危険な立場に置くことを唯一のまたは主たる目的として反政府活動に携わる可能性もあるため、このような請求権を認めることは、真に保護を必要としているわけではない者に対して濫用の明らかな機会を与えてしまうという懸念が存在する[46]。

欺罔の可能性に対するこのような絶対的こだわりは、すべての人が有している、自由に自己を表現し、好きな相手と関係を持ち、自分自身の人格の発達を追求する基本的権利を無視するものである[47]。論理的に考えれば、外国からの訪問者が

---

[42] たとえば*Meril Meryse*, Immigration Appeal Board Decision M73-2608, April 30, 1975を参照。本件では、反デュバリエ団体「モントリオール・ハイチ人キリスト教徒事務局」(Bureau de la communauté chrétienne des Haitiens à Montréal)に積極的に参加していただけでは難民の地位を認める十分な事由にはならないと判断された。また、*Charan Batth Singh*, Immigration Appeal Board Decision V86-6189, April 10, 1987は、シク教徒である申請者がカナダの国外在住者コミュニティで説教を行っていたことがインド当局に知られた事件である。このようなアプローチは、一般に受け入れられた学説に反している:「難民の出身国外で生じた状況によっても、難民の恐怖は十分に理由のあるものとされる場合がある。たとえば、申請者が、敵対的とみなされている亡命者集団とつながっている疑いを出身国当局からかけられていることを示すことができれば、出身国で迫害を受けるおそれがあるという十分に理由のある恐怖を有しているとみなされることがあろう」(P. Weis, *supra*, note 23, at 972)。

[43] *Leszek Adamczenko*, Immigration Appeal Board Decision 80-9339, November 20, 1980で申請を却下された申請者は、ポーランド系国外在留者コミュニティを対象とするカナダのテレビ番組に、報道記者、解説者、報道アナウンサーとして参加していた。後発的難民であることを理由とする難民申請は、*Manuel Antonio Rosario Estrella*事件でも却下されている。これは、申請者の写真がモントリオールの新聞に掲載された後、母国にいる家族の住居が家宅捜索されたという事件であった。Immigration Appeal Board Decision M85-1097, C.L.I.C. Notes 83.13, August 19, 1985.

[44] *Lech Jankowski*, Immigration Appeal Board Decision V80-6410, C.L.I.C. Notes 26.11, January 5, 1981, at 4, *per* B. Howard.

[45] 「母国の政権に反対する活動をアメリカ国内で行った結果として迫害を受けるおそれがあると主張する政治的難民については、裁判所は、共産主義国出身ではない申請者に対しては難民としての資格を一貫して認めてきていない」(J. Zimmer, "Political Refugees: A Study in Selective Compassion" (1978), 1 Loyola L.A. Intl. Comp. L. Ann. 121, at 134)。D. Roth, "The Right of Asylum Under United States Immigration Law" (1981), 33 U. Florida L. Rev. at 552-53も参照。また、後発的難民であるというイラン国籍の申請者の主張が、駐米イラン領事館職員との紛争から生ずる危険性を理由に認められた、*Matter of Mogharrabi*, Board of Immigraion Appeals Interim Decision 3028, June 12, 1987も参照。

[46] 「布石を打つ難民(bootstrap refugees)とは、出国前には母国で何の問題もなかったのだが、とにかく出国し、当地にやって来てそのまま留まろうと決心した人々のことである。最も露骨な形態をとる場合、布石を打つ難民とは、当地に留まりたいと決心し、それから母国の政府を非難する発言を行い、直ちにそれを庇護申請の理由として活用する人々である。彼らはもちろん、政府がこのことを耳にしたら帰国したときに自分を迫害するだろうと主張する」(D. Martin in C. Sumpter, "Mass Migration of Refugees – Law and Policy" (1982), 76 A.S.I.L.P. 13, at 15)。

[47] 「難民の地位は殉教者にだけ与えられるものではない。表明していれば迫害につながったであろう意見の表れとして避難してきたことをある個人が実証できたならば、送還と同時に迫害が行われるとしても庇護を認めないようなことがあってはなるまい」(K. Brill, "The Endless Debate: Refugee Law and Policy and the 1980 Refugee Act" (1983), 32 Cleveland State L. Rev. 117, at 135)。

自国政府に反対する発言を行う権利を行使し、反政府的亡命者グループと関係を持ち、または出身国が不適当とみなすような合法的活動にその他の形で参加したとして、これらの行動の結果として迫害を受ける重大なおそれが生じた場合には、送還から保護されなければならない[48]。自国に対する異議申立てを自発的に行うことそのものは明らかに違法ではないので、このような状況における保護の請求の有効性をいかなる形であれ認めようとしないことは、「憲法上保護された外国人の表現の自由を萎縮させることになる」[49]。

　反対意見の表明は違法ではないので、自発性の問題そのものに焦点を当てる十分な理由は存在しない[50]。これらの申請を認めようとする際の概念上の問題はむしろ、自発的離反の事例が、難民条約に掲げられた5つの形態の市民的または政治的地位のいずれかと容易に結びつけられるような危害のおそれを常に生じさせるわけではないことから生ずる[51]。具体的には、このような事例において難民としての地位を付与することが正当なのは、申請者の出国後の活動がその真に政治的意見を反映したものであると真正に認められる場合、または、これらの活動によって、母国の当局から、申請者がある政治的意見を有しているとみなされるおそれがあることが証明される場合のみである。これ以外の場合には、申請者の国外活動によってどのような帰結がもたらされようとも、それは申請者による根拠のないまたは真実ではない主張の結果にすぎないのであって、条約上の定義の適用範囲からは外れる苦境とみなされる。

---

[48] 「抑圧的な国からやって来た……ある学生の状況について考えてみよう。その学生は、自国における政治的変化についてあまり注意を払ったことはなく、あるいはその国の政治状況について真剣に考えたり公に発言したりする機会を持ったことがない。しかしわが国にやってきて、われわれが正当にも誇りに思っている……自由に耽溺し、政治的抑圧、すなわち自国に存在している問題について目覚め、公に発言するようになった。その学生が、帰国するとしたら生ずる危険を自ら作り出していることを承知しながら意識的にそのような行動をとったか否かにかかわらず、わが国はこの種の目覚めを──それが真の個人的変化の反映であり、出入国管理上の地位に影響を及ぼそうとする露骨な試みではないかぎりにおいて──奨励しているのも同然だという点について、おそらくわれわれの意見は一致するだろう。このような公の発言が、その学生が帰国と同時に迫害されることを強力に実証するのであれば、この学生を母国に送還することに賛成する者はほとんどいないと私は考える」(D. Martin in C. Sumpter, *supra*, note 46, at 16)。
[49] D. Roth, *supra*, note 45, at 553.
[50] ただし前掲注44の本文参照。Grahl-Madsenも同様に自発性の問題を重視している：「政治的に関連のある行為を知らず知らずにまたは不承不承に行った者と、それを難民であることの主張の前提として利用したいためだけに行った者とは……区別する必要があるかもしれない。前者は誠実であると主張できるかもしれないが、後者はそうではないといえるかもしれない」(1 A. Grahl-Madsen, *The Status of Refugees in International Law*, p.252 (1966))。このような二分法では、完全に真正な反対意見の表明が国外滞在中に自発的に行われる可能性もあることについて説明されていない。
[51] 後掲第5章参照。

50　難民の地位に関する法

出身国であえて政治的活動を行った者については、その活動の基盤となっている政治的意見が真正なものであることは一般的に推定される。当局の手の届く範囲にいる間に自国に不誠実な攻撃を行う可能性は低いであろうから、これは妥当な推定である。国に統制、処罰を行う力があることは、真正性を示す暗黙の尺度になる。逆に、出身国の管轄外にいる個人に対しては、そのような自動的かつ実効的な統制機構は働かない場合がある。したがって、反政府的立場は単に難民としての地位があることを装うためのもので[52]、条約上の定義で求められるような政治的意見を反映したものではないと考えることも、より容易である。そうなると、このような証拠法上の相違に対し、誠実に抱いている信念を国外滞在中に表明したことから生じた可能性がある保護のニーズを無視することなく、対応することが課題となる。

　このような対応を可能にするには、多くの争点を洗いざらい検討することである。第1に、申請者は自国の家族、友人または諸制度と緊密な個人的関係を維持しているか。そのような関係が存在するかぎりにおいて、それは誠実さの代替的指標となる。自分にとって重要な人々が危険にさらされるときに、申請者が根拠のない反政府活動に従事する可能性は低いからである。第2に、申請者が国外で行った発言または行動は、出国前のふるまいと合致しているか。そうであれば、このような一貫性は真実性の若干の証明となる。一貫性がないとすれば、申請者が国外に出たとたんに公然たる姿勢をとるようになった、または見解を変えた理由を、妥当な形で説明することができるか。第3に、申請者が新たに表明した確信がどれだけ堅固なものであるか、検証することはできるか。申請者が関連することがらおよび問題について明確に理解しており、かつその普及に相当に関与するようになっているのであれば、発言または行動の基盤となっている信念が真正なものである可能性は高まる。

　ただし、国外における活動が反政府的な政治的意見を真に示すものではないからといって、そのような者がすべて難民の定義に当てはまらないというわけではない。たとえ自発的な発言または行動が、庇護を得たいという意図を主たるきっか

---

[52] 「庇護法は、迫害からの保護を誠実に必要としている者を保護するものである。このような保護は、難民となるためだけに政治的発言を行う者まで対象とするものではない」（傍点引用者）(K. Petrini, "Basing Asylum Claims on a Fear of Persecution Arising from a Prior Asylum Claim" (1981), 56 Notre Dame Lawyer 719, at 729)。

けとしているという意味で欺罔的であることが明らかであっても、その結果として、申請者が否定的な政治的意見を有していると自国の当局からみなされるのであれば、条約上の定義に該当する可能性はある。難民法は基本的に不条理な国の行為からの保護を提供するためのものであるから、真正ではない政治的活動に国外滞在中に従事したことを理由として帰国してから危害を受ける可能性があるのであれば、その点についての評価が行われなければならない[53]。

この問題が最も端的な形で現れるのは、根拠のない庇護申請[54]を行ったという事実そのものが、迫害を受ける重大なおそれを生じさせる可能性があると主張される場合である。このような事案では「布石を打つ」（bootstrapping）[55]行為の可能性がおそらく最も明確な形で現れるといえるだろうが、にもかかわらず、容認できない政治的意見を申請者が有していると国からみなされるために生ずる可能性がある、帰国時の基本的人権侵害のおそれがはっきりと認知、評価されなければならない。申請者が何らかの処罰を受けるかもしれないというだけでは迫害に相当するほど重大であるとはいえないかもしれない[56]が、帰国によって、迫害を受けるおそれがあるという十分に理由のある恐怖を生じさせるような結果が待っているといえるような状況が存在するのは明白である。たとえば*Slawomir Krzystof Hubicki*事件[57]では、当時施行されていたポーランド刑法に基づき、申請者はカナダで難民申請を行ったために最長8年間の収監を言い渡されるであろうことを示す証拠が提出された。このような場合、申請の根拠は欺罔的活動または主張そのものではなく、申請者が有していると国によってみなされた、不忠を示す政治的意見である。申請者が母国によってこのようにみなされている場合には、その結果として生ずる危害の重大性およびその他の定義上の基準について評価を行ったうえで、難民としての地位を認めるのがふさわしいか否かを判断しなければならない。

---

[53] このようなアプローチは、Grahl-Madsenが提唱する、「どのような者を難民とみなすかについては迫害者の行動が決定的である」（A. Grahl-Madsen, *supra*, note 50, pp.251-52）という基本的原則にも合致する。
[54] 過去に却下された難民申請を理由とする事案そのものがすべて欺罔的であるわけではない。「過去に却下された申請を理由とする庇護申請について審理する場合、裁判所は、①出身国において申請者がどのような背景および状況を有していたか、②最初の庇護申請には誠実な実体的根拠があったか否か、③最初の庇護申請が第二の庇護申請のための布石にすぎなかったか否かについて判断しなければならない」（K. Petrini, *supra*, note 52, at 730）。
[55] Lech Jankowski, *supra*, note 44.
[56] 後掲第4章参照。
[57] Immigration Appeal Board Decision 81-6325, October 19, 1981. この難民申請は、ポーランドに帰国した場合に科される可能性がある刑事罰について明示的に考慮されることのないまま、委員会によって却下された。

2. 出身国からの出国

　外国人性の第2の側面は、難民申請者がどのような手段で出身国から出国したかに関わるものである。第1に、不法な出国または国外滞在は、それ自体で重大な危害を受ける真正のおそれを生じさせるということができるか。第2に、出国の許可を受けたか受けなかったかという問題は、難民申請が真正なものであることをどの程度証明するか。第3に、出身国が申請者の出国を許可するばかりか、ある意味でその便宜を図った場合には、難民としての地位の請求権は発生するか。

(1) 不法な出国または国外滞在

　個人が正式な許可を得ずに出国し、または国外に滞在したからといって、それだけで常に難民としての地位を得る権利が認められるわけではない[58]。しかし、2つの条件が満たされたときは、真正の難民としての請求権が確立される場合がある。

　第1に、出身国が、許可を得ない出国または国外滞在を、極端に厳しいまたは抑圧的な方法で処罰していなければならない[59]。たとえば、公正に運用されている旅券法の違反に対して合理的な処罰が行われる見込みがあっても、それは難民としての保護を正当化するのに十分な重大性を有する危害ではない[60]。他方、不法な渡航に対する制裁があまりにも厳しく、自国を離れ、かつ自国に戻る基本的人権を実質的に無効にするほどのものであるとき[61]は、難民としての地位を請求する根拠が存在する[62]。

---

[58] たとえばP. Nicolaus, "La notion de réfugié dans le droit de la R.F.A." (1985), 4 A.W.R. Bull. 158, at 159を参照。
[59] UNHCR, *supra*, note 3, at 16. 保護の必要性が認められる好例は、G. Gilbert, *supra*, note 27, at 644-45 に挙げられている：「しかし、訴追の対象となる可能性のある罪名が庇護国においては抑圧的である、または人権に反するとみなされるようなものであるときは、困難が生ずる。これは、ルーマニア人のStancu Papusoiuと関わって、最近イギリスで起きた事例である。Papusoiuは、帰国すれば、ルーマニアを不法出国したという理由で訴追される見込みであった。……Papusoiuの場合、強制送還というイギリス政府の判断は誤りであった可能性がある。彼は、ルーマニアを不法出国したという理由で、この11年のうち10年を刑務所で過ごしているのである」。
[60] たとえば*Jacek Marian Olszak*, Immigration Appeal Board Decision T87-9085X, October 26, 1987を参照。本件において出入国不服審査委員会は、ポーランド国籍の申請者について、ポーランド国外移民法違反を理由とする懲戒措置は軽微なものにすぎず、したがって難民として分類されるのに十分な危害を受けるおそれはないと認定した。これはアメリカの上訴審の判例とも一致している。*Coriolan v. I.N.S.*, 559 F. 2d 993, at 1000 (5th Cir. 1977), cited in K. Brill, *supra*, note 47, at 123-33参照。

第2に、不法な出国または国外滞在がはっきりと政治的動機に基づくものであるか、または出身国が、許可を得ない出国または国外滞在について、忠誠の欠如または反抗を暗に示す政治的表明とみなしていなければならない[63]。母国が、法律上か行政慣行上かにかかわらず不法な国外移民を認めておらず、また出国または海外渡航に関する規則に違反する者を国に従わない反体制派とみなしていることが明確でなければならない。このような見方のよい例となるのは、国外移民という手段によって国民共同体から身を引こうとすることが犯罪と捉えられ、国を離れるすべての者に国賊のレッテルを貼るような社会である[64]。申請は、そのきっかけが国外で庇護を確保しようという意図にあるという理由だけで却下されるべきではない。出国後の自発的行為によって後発的難民となったことを理由とする申請[65]の場合と同様、受け入れられない政治的意見を申請者が有しているとみなされたために[66]、申請者が帰国すれば重大な危害が生ずる可能性のあるときには、

---

[61]「すべて人は、自国その他いずれの国をも立ち去り、及び自国に帰る権利を有する」(世界人権宣言〔国連総会決議217A(III)、1948年12月10日〕13条2項)。市民的及び政治的権利に関する国際規約(国連総会決議2200 (XXI)、1966年12月19日、1976年3月23日発効。「自由権規約」) 12条2～4項も参照:「すべての者は、いずれの国(自国を含む)からも自由に離れることができる。……〔上述の〕権利は、いかなる制限も受けない。ただし、その制限が、法律で定められ、国の安全、公の秩序、公衆の健康若しくは道徳又は他の者の権利及び自由を保護するために必要であり、かつ、この規約において認められる他の権利と両立するものである場合は、この限りでない。……何人も、自国に戻る権利を恣意的に奪われない」。
[62] R. DeVecchi, "Determining Refugee Status: Towards a Coherent Policy"(1983), World Refugees Survey 10, at 13. またD. Gross, "The Right of Asylum Under United States Law"(1980), 80 Columbia L. Rev. 1125, at 1142-143も参照:「ある国を離れることは政治的表現行為とはみなされないのが通例であり、渡航制限に違反して出国することまたは帰国しないことを理由とする処罰も、政治的意見を理由とする迫害とはみなされないのが通例である。しかし連邦議会は、1965年の改正において、外国人が不法出国を理由とする処罰に直面する場合にはこれを保護したいという一般的意思を明らかにした。一部裁判所も同様に、このような外国人をアメリカで引き続き滞在させることについて積極的姿勢を示してきている。これは、不法出国を犯罪とすることは基本的人権である渡航権の行使に対する処罰であるとの考え方に基づくものである」。このような立場は最近、アメリカで法制化されるに至った:「庇護審査官または移民担当裁判官は、申請者の国籍国または直近の常居所国の政府が、自国の国民または居住者が許可を得ずにその国を離れ、または他国で庇護を求めたときにはこれを迫害するという証拠を、正当に考慮する」(8 C.F.R. 208. 13(b)(2)(B)(ii), July 27, 1990)。
[63] たとえばベトナムの「ボートピープル」についていえば、純粋に経済的理由で出国した者もいたかもしれないにせよ、次のように主張できる可能性がある。「彼らは、集団的移動に加わることにより、帰国すれば迫害を受ける可能性がある状況に自らを置いたのである。……ここでは、彼らの政治的意見が関連する理由として扱われなければならない。彼らは暗にベトナムの政治制度に対する嫌悪感を表明しているためである。……このような場合、母国の政府の態度が考慮されなければならない」(傍点引用者) (B. Tsamenyi, "The 'Boat People': Are They Refugees?" (1983), 5 Human Rts. Q. 348, at 369-70)。
[64]「一部の国は許可なく社会から身を引くことを犯罪としており('Republikflucht「共和国からの逃亡」)、なんとか逃亡できた者は、帰国すれば厳しい処罰に直面する可能性がある」(A. Grahl-Madsen, "International Refugee Law Today and Tomorrow"(1982), Archiv des Völkerrechts 411, at 421)。
[65] 前掲注49～52の本文参照。
[66] 前掲注53の本文参照。

54　難民の地位に関する法

難民としての地位が認められるべきである[67]。

難民申請者は、この2段階の基準を満たしているかぎりにおいて、難民条約上の定義に当てはまる。このような申請者が、極端に厳しくかつ抑圧的に処罰するという自国の政府の慣行が確立されているという理由で迫害を恐れるのは合理的である。さらに、このような申請者が危険な立場に置かれる理由は、許可を得ない出国または国外滞在によって明らかにされたと出身国政府がみなした申請者の政治的見解、ないし、申請者はその忠誠を欠いた行動によって自らを国民共同体から根本的に切り離したという出身国政府の見方と、直接に関連している。

北米では近年、不法に自国を離れ、または国外に滞在している者に対してそれほど寛容ではない対応がとられてきた。アメリカでは、出身国がどのような立場をとっているかにかかわらず、避難時の動機が決定的であると考えられている。したがって、難民が具体的な政治的理由で自国を離れたのでなければ、難民とはみなされない[68]。カナダの裁判所も同様の立場をとってきた。許可を得ない出国または国外滞在を理由として報復を受けることに対する恐怖は、請求の付随的事由として援用することはできても、それ自体としては難民の定義を満たすのに十分ではないのである[69]。

出入国不服審査委員会は一貫して、「ある国の法律に違反し、それがもたらす帰結に直面しなければならないからといって、人が難民となるわけではない」としてきた[70]。出国管理法令の違反に対する処罰が明らかに過度である場合さえ、委員会は立場を曲げていない。たとえば、ポーランド法が不法出国に対して5年の収監刑を科しているという証拠にもかかわらず、「適切な許可を得ずに自国を出国したために［申請者が］収監されるのであれば、これは迫害とはみなされず、むし

---

[67] 前掲注56以下の本文で関連する事項について論じている。
[68] K. Brill, *supra*, note 47, at 132.
[69] 出入国不服審査委員会は次のような見解をとっている：「人種、宗教、国籍、特定の社会的集団の構成員であることまたは政治的意見を理由として迫害を受けるおそれがあるという十分に理由のある恐怖のために自国から逃れてきた者が、不法に自国を出国したために報復を受けることに対する恐怖を、追加的事由として委員会に提示することは正当である。ただし、このような行為そのものを理由としてある者が条約難民となるわけではない」（傍点引用者）(*Stanislaw Julian Jodlowski*, Immigration Appeal Board Decision V81-6166, June 18, 1981, at 6-7, *per* D. Davey)。
[70] *Henryk Stanley Komisarski*, Immigration Appeal Board Decision V81-6162, May 28, 1981, at 2, *per* C.M. Campbell. また、たとえば、*Jean-Claude Delva*, Immigration Appeal Board Decision 74-1091, December 31, 1974; *Gizella Litter*, Immigration Appeal Board Decision M77-1051, April 25, 1977; *Lech Jankowski*, Immigration Appeal Board Decision V80-6410, C.L.I.C. Notes 26.11, January 5, 1981 も参照。

ろ通常の訴追である」とされた[71]。同様に、ソ連からの不法出国が「ロシア法に基づき反逆罪を犯したことになり、帰国すれば重い処罰の対象となる」[72]ことが示された場合でさえ、「当人にとっては重大であっても、これは[難民]条約にいう迫害ではなく、ロシア法に違反したことの帰結である」と認定されている[73]。このような、許可を得ない出国または国外滞在に対して国が（単に形式的にではなく）実質的にどのように対応するかという点を検討しようとしない姿勢は、難民条約と一致するものではない[74]。渡航制限違反に対して極端な、明らかに不合理な処罰が科されるとすれば、そうでなければ通常の訴追とみなされる可能性がある対応も、迫害の概念に包含された重大な危害の類型へと変化するのである。

　不法な出国または国外滞在を理由として厳しい処罰に直面している者の苦境が、しばしば冷淡に等閑視されるという傾向は、出身国のすべての国民が同一の制裁を科される可能性があるのだから[75]、このような制裁は本質的に迫害ではない[76]という、出入国不服審査委員会の見解によってさらにはっきりとする。制限が全面的に行われているのだから難民としての保護は妥当でない、または不適当であると主張するのは、単純に誤りである。他の例で考えてみると、多くの社会では、表現の自由を制限する規則がすべての者に適用されている。難民法は、このような社会で生きるすべての者ではなく、一般化された規則に抵抗したために重大な危害を受けるおそれが生じた者だけを援助しようとするものである。同様に、広範な

---

[71] *Jerzy Malek*, Immigration Appeal Board Decision 76-9092, March 10, 1076, at 3, *per* A.B. Weselak.
[72] *Viatcheslav Drozd and Tatiana Drozd*, Immigration Appeal Board Decision T79-9395, C.L.I.C. Notes 18.12, March 6, 1980, at 3, *per* C.M. Campbell.
[73] *Id.*
[74] 「ある者が、不法な出国または許可を得ない国外滞在のためにこのような厳しい処罰を科されると信じる理由があるときは」、難民条約に掲げられた保護の事由のいずれかとの因果関係が認められる場合、「難民として認定することが正当であろう」（UNHCR, *supra*, note 3, at 16）。
[75] 渡航制限が一般的に適用されることを理由として難民としての保護を適用することができない旨の判断は、出入国不服審査委員会の先例に数多く見られる。たとえば次の先例を参照：*Vladimir Stojka*, Immigration Appeal Board Decision 74-10198, September 12, 1974, at 5, *per* A.B. Weselak（「これは……すべてのチェコスロバキア人の運命である」）；*Edmund Kroszkini*, Immigration Appeal Board Decision 75-10374, December 15, 1975, at 3, *per* A.B. Weselak（「これは……あらゆるポーランド人の運命である」）；*Frantisek Horbal*, Immigration Appeal Board Decision T77-9138, April 27, 1977, at 4, *per* D. Petrie（「……これは、すべての者に適用される自国の法律に違反したことを理由とする訴追であり、迫害ではない」）。
[76] 「船から脱走したことを理由として控訴人が帰国後に訴追および収監されるとしても、これは迫害には相当せず、国を規律するポーランド法の実施にすぎない。この法律は船から脱走したあらゆる者に適用されるのであって、共産党員ではない者またはカトリック教徒が船から脱走した場合にのみ適用されるのではない。Mazur氏がポーランドの政治状況に同意していないからといって、やはり現体制に同意していない者が数千人は存在するに違いないのであるから、委員会は同氏を政治難民として認定することはできない」（*Jerzy Mazur*, Immigration Appeal Board Decision 76-9327, June 29, 1976, at 3, *per* U. Benedetti）。

移民制限の結果として危険な状態に置かれている者のうち、難民としての保護がふさわしいのは少数の者——すなわち当該基準に違反した者——だけにすぎない。しかし、真に危険な状態に置かれている少数者の現実を、当該社会のどの構成員も同様の状況に置かれれば危険にさらされることになるというだけの理由で無視するのは、配慮を欠いている。

(2) 出国の法律適合性を理由とする推定

　関連する問題として、出国の許可の有無が難民申請の真正性をどの程度明らかにするのかという点がある。一般的原則としては、もちろん、ある者が重大な危害を受けるおそれに直面しているのであれば、出身国をどのような手段で離れたかは本質的には無関係である[77]。とくに妨げられることなく出国し、渡航にあたって有効な旅券まで保持していたとしても、難民として認定するのが妥当であるという説得力のある証拠があれば、依然として真正な難民として認められよう[78]。さらに連邦控訴裁判所は、不法な出国も、文書偽造が伴う場合でさえ、難民としての地位の請求権を妨げるものではないと明確に判示してきた。*Benjamin Attakora v. Minister of Employment and Immigration*事件[79]で、裁判所は次のように述べている。

> 　委員会は、申請者がカナダ行きの飛行機の中で旅券、カナダ短期滞在査証および航空券（いずれも友人の名前で発行され、出国のために申請者が利用したもの）を破棄したという陳述により、申請者の信憑性は弱められたと認定した。委員会は、書類を破棄したのは発覚すれば逮捕、送還されることを恐れたためであるという申請者の発言に留意した後、詳細を述べることなく、申請者の証言に含まれたこの要素は信憑性に欠けるとの結論に達している。
> 　この点に関する委員会の認定は、控えめに言っても当惑を誘うものである。発覚および逮捕を避けるため、偽造書類の用が済んだと同時にこれを破棄した

---

[77] G.J.L. Coles, "Background Paper for the Asian Working Group on the International Protection of Refugees and Displaced Persons" 102 (unpublished, 1980).
[78] 「ある者が有効な旅券を保持して合法的に自国を離れたからといって、難民としての地位の認定が妨げられるものではない」(P. Weis, "The concept of the refugee in international law"(1960), J. du droit international 928, at 972)。
[79] Federal Court of Appeal Decision A-109-87, May 19, 1989 (Immigration Appeal Board Decision T86-10336X, October 14, 1987を破棄)。

という難民の発言は、本質的に信憑性を欠くものではまったくない。本件の事情においては、これらの文書を破棄したことが、委員会が決定しなければならないいずれかの問題と関連しうると考えることは不可能である。当職としては、この点が重要であると委員会が譲らないのは法律に関する何らかの謬見に基づいたものであると判断せざるをえない。委員会は、旅行書類を整えて到着した者だけが難民になりうると考えているのであろうか。それとも、偽装書類を保持して到着した者にはそれを保全する何らかの義務があると考えているのであろうか[80]。

にもかかわらず、次の2つの状況においては、出国のあり方に関する情報を検討するのが適当である。

第1に、正式な出国許可を得るのが困難であったという証拠は、申請者とその国との間に否定的関係があることを立証するものであり、したがって、危害を受ける真正の危険性を示しているのではないかと思われる他の証拠の裏づけとなる。たとえば*Joseph Khouri*事件[81]において、出入国不服審査委員会は、通常であれば政治的に曖昧さの残る一定の行動が政府からは国賊的なものとしてみなされているという主張を実証する目的で、シリアが申請者に出国査証を発給しなかった事実に着目した。また、旅行書類の取得のために賄賂または口利きが必要であるという証拠があれば、申請者とその国との間に正常な関係が成立していないことが推定されうるので[82]、難民としての地位の請求権があることの証明となる[83]。たとえば*Shahram Nassiribake*事件[84]において、出入国不服審査委員会は、イラン国籍の申請者が密出国のために相当額を支払わなければならなかったことについ

---

[80] *Id.*, at 3-4, *per* Hugessen J.
[81] Immigration Appeal Board Decision T82-9804, October 2, 1984.
[82] 「当局が、違法な収賄、旅行証明書の違法な発給または違法な見過ごしという手段によって避難国からの出国を援助した場合であって、そのような形でしか当局が援助する方法はなかったとすれば、このような事情は現実には迫害の状況を裏書するものである。ついでながら、一部当局が——金銭的または人道的理由で——出国を援助するために積極的に法律に違反するというのは、いかなる体制においてもお馴染みの現象であり、これまでのところ、これに関与した者の国際難民としての地位が疑われるような事態にはつながっていない」(I. Foighel, "Legal Status of the Boat People" (1979), 48 Nordisk Tidsskrift for International Ret. 217, at 224).
[83] 「委員会はまた、申請者が通常の方法では旅券を取得できなかった可能性も見過ごしているように思われる。旅券は、申請者の兄弟が政府部内に有するコネクションを通じて取得されたものだからである」(Pedro Enrique Juarez Maldonado v. Minister of Employment and Immigration, [1980] 2 F.C. 302 (C.A.), at 304, *per* Heald J.〔出入国不服審査委員会段階での、難民としての地位を認めないという決定を破棄〕).
[84] Immigration Appeal Board Decision V87-6134, April 23, 1987, at 15-16, *per* N. Mawani.

て、反政府派には旅券を発給しようとしないイラン政府の方針を踏まえ、証拠としての価値があることを認めた。

　第2に、これとは逆に、重大なおそれがあるという証拠がそれほど明白ではない場合には、あまりにも容易に出国できたという証拠により、国による重大な危害を受けるおそれがあるという主張の信憑性が認められにくい傾向にある。少なくとも、官僚制と情報集積検索システムが十分に整っている国については、旅券または出国査証の発給が、政府には申請者を迫害しようという特段の意図がないことを示している可能性がある。たとえば*Oscar Manuel Diaz Duran*事件[85]において、出入国不服審査委員会は、危害を受けるおそれがあるというチリ国籍の申請者の曖昧な主張の信憑性について、有効な旅券と出国査証を発給されたという理由で正当に疑問を呈した。政治的反対派には旅行書類を発給しないというのが、チリ政府の確立された慣行だったためである。*Bakhshish Gill Singh*事件[86]では、委員会は次のように指摘している。

　　［委員会は、］……難民認定事件においてインド警察が無能であるとの陳述を数多く耳にしてきたが、このような無能力の主張にも限界というものがあり、その限界を超えれば信憑性は失われる。これとの関連で、当局がGill氏を逮捕したいと真剣に考えていたのだとすれば、同氏が、デリー空港の出国審査場を無事に通過できたことに加えて、「異議不在証明書」の取得と旅券の更新にまで成功したとは考えにくい[87]。

　ただし、このような証拠は、申請者にとって有利であるか不利であるかにかかわらず決定的なものではない。難民申請者が実際のところどの程度の危険に直面しているかを判断するためには、これを他の事実関係とあわせて衡量することが必要である。残念なことに、自由に出国した申請者または有効な旅行書類を保持している申請者からの申請は反射的に却下する傾向がある[88]。出国にあたって積極

85　Immigration Appeal Board Decision 80-9116, April 16, 1980（他の事由により (1982) 42 N.R. 342 (F.C.A.)で維持された）。
86　Immigration Appeal Board Decision V87-6246X, July 22, 1987.
87　*Id*., at 5, *per* D. Anderson.
88　F.M. Marino-Menendez, "El concepto de refugiado en un contexto de derecho internacional general" (1983), 35(2) Revista española de derecho internacional 337, at 356.

的援助を受けた者は、とくに強く疑われやすい[89]。しかし、このように出身国が難民の出国の便宜を図ったような場合でも、難民としての地位に対する真正の請求権は確立されうるのである。Foighelは次の点を指摘している[90]。条約難民としての地位は基本的には申請者が直面している危険と関連するものであって、出国形態と関連しているのではないこと。母国の政府から出国の援助を受けた難民に対して一般的に保護を否定するという国の慣行は、成立していないこと。地理的または政治的制約により、一部の難民にとっては、政府と協力することが唯一の脱出の手段である場合もあること。難民条約には詳細な除外条項があるが、自国の当局が出国の便宜を図るという問題については何の言及もされていないこと。したがって、出国形態に関する証拠の役割は、証拠上の曖昧さが残る状況に注意深く限定されるべきであって、出身国に帰れば重大な危害を受ける真正のおそれに直面している者を特定するという基本的関心事まで覆すことが認められてはならない。

3. 庇護国の選択

難民条約には、難民は自国に最も近い国で保護を求めなければならないという要件はなく、避難した最初の国で保護を求めなければならないとさえ定められていない。申請者が、第一庇護国から、持続的な保護を求めようとしている国に直接渡航することも前提とはされていない[91]。議定書の採択によって難民法の適用範囲が普遍化されたことに伴い[92]、実質的に、ほとんどの難民は難民申請を行う国を自ら選択できるようになっている。

このような基本的前提は世界人権宣言から派生するものであり[93]、UNHCR執

---

[89] D. Roth, "The Right of Asylum Under United States Immigration Law" (1981), 33 U. Florida L. Rev. 539, at 554.
[90] *Supra*, note 82, at 224-25.
[91] たとえば、[1981] Recueil des decisions du Conseil d'Etat 20-21で報告されているB. Conté氏の事件を参照。本件は、フランスで庇護を求める前にセネガルに4年間居住していたガーナ国籍の申請者の事案を、フランス国務院（コンセイユ・デタ）が検討したものである。国務院は、1951年難民条約の趣旨および構造を検討したうえで、Conté氏は、1条Eに従って、セネガルの事実上の国民であると認定された場合にのみ除外の対象とすることができるという、妥当な判断を行っている。E. Vierdag, "The Country of 'First Asylum': Some European Aspects", in D. Martin, ed., *The New Asylum Seekers: Refugee Law in the 1980s*, pp.79-80 (1988)で引用されている判例。
[92] 前掲第1章3参照。

行委員会結論15号でも、若干の修正を加えて確認された。

> 庇護の申請を望む国に関する庇護希望者の意図は、できるかぎり考慮に入れられるべきである。庇護は、それを他国で求めることができるはずであるという理由のみによって拒否されるべきではないという考え方に、考慮が払われなければならない。ただし、ある者が、庇護を申請する前にすでに他国との関係または密接な結びつきを有していると思われるときは、当人に対し、それが公正かつ合理的であると思われる場合、当該他国からの庇護を最初に申請するよう求めることができる[94]。

この基本的基準は、いわゆる「直接渡航」要件の正当性にはっきりと異議を唱えるものである。「直接渡航」要件の下では、出身国から直接庇護国にやって来た者でなければ、保護を受ける資格は認められない[95]。この基準はむしろ、申請者がすでに他国との関係または緊密な結びつきを有している場合に、国が保護の義務を先送りする権利を確立するものである。このような場合、それが「公正かつ合理的」であるという両方の条件が満たされるときには、庇護を申請された国は手続を停止し、申請者が結びつきを有している国の当局の決定を待つことができる。たとえば *R. v. Immigration Appeal Tribunal, ex parte Steven Miller* 事件[96]において、イングランド高等法院合議部は、南アフリカ国籍のユダヤ人の申請について判断するにあたり、結論15号を検討した。申請者はイギリスに来る前にイスラエルに4年近く居住しており、帰還法に従ってイスラエルで移民としての資格を認められる権利があると思われたため、法廷は、他国で難民申請を行う前にイスラエルからの保護を求めるよう求めるのが合理的であると認定している。とはいえ、このような決定には手続保留の効力しかない。結論15号は、申請者が緊密な結び

---

[93] 「すべて人は、迫害を免れるため、他国に避難することを求め、かつ、避難する権利を有する」(世界人権宣言〔前掲注63〕14条1項)。
[94] Conclusion 15(XXX) of the Executive Committee of the High Commissioner's Programme, at para. (h)(iiii)-(iv), U.N. Doc. HCR/IP/2/Eng./REV.1986 (1979).
[95] Goran Melanderは、このような考え方の根底にある理由を次のように簡潔に説明している:「いかなる庇護希望者も、迫害を受けるおそれがあるという恐怖を有する国から避難した後、最初に入国した国で庇護を求めるべきであると考えられる。庇護希望者には庇護国を選択する権利はない。難民の移動は……統制されるべきである」(G. Melander, "Refugees in Orbit" (1978), 16 A.W.R. Bull. 59, at 60)。
[96] [1988] Imm. A.R. 1.

つきを有している国で最終的に保護が与えられなかった場合、認定手続を進めるよう求めているからである。

しかし、この原則はますます疑問視されるようになっている。国際的レベルでは、UNHCR執行委員会のある結論[97]が、「不正規な」庇護希望者、すなわち保護のニーズを他のいずれかの国で満たすことが可能な難民については除外することを臭わせている[98]。このような考え方はまだ完全には固まっていないものの、やがて、たとえば安全な中間国で家族的関係を有している者または長期の就労許可を受けている者からの申請を却下することが正当化されるようになるかもしれない[99]。

欧州諸国は、国際的レベルで進んでいるこのような動向を超えて、難民が地域共同体内で庇護先を選択する権利の制限を目的とした制度の構築に向けて、急速に歩みを進めている[100]。カナダの新法でも、該当部分はまだ布告されていないものの、他国で申請についての実体判断を受ける資格のある庇護希望者については当該国に送還することが認められている[101]。このような制度は難民条約の精神に合致するものではなく、迫害からの安全を確保する最も効果的な手段を自ら決定する難民の権利を守ろうという姿勢が弱まっていることの表れである。直接渡航制度は負担分担の原則にも違反している。難民移動地域に最も近い国々が、集団的保護義務を不均衡に多く負うことになるからである[102]。

以上のことから、現時点では、まず他国をあたるように求めることが国際法で認められているのは、依然として、結論15号[103]で定義されたごく限られたカテゴリーの者による難民申請のみであって、それも、それらの者と関係を有する国が保護を与えることに同意した場合に限られる。これ以外の場合、難民には、他国の国籍を実際にまたは事実上保持している場合を除き[104]、自ら選択した国で難民申請

---

[97] Conclusion 36(XXXVI) of the Executive Committee of the High Commissioner's Programme, at para. (j), U.N. Doc. HCR/IP/2/Eng./REV.1986 (1985).
[98] J. Hathaway, "'Irregular' Asylum Seekers: What's All The Fuss?"(1988), 8(2) Refuge 1参照。
[99] たとえば、E. Vierdag, *supra*, note 91, pp.81-82に引用されているMarie-Odile Wiederkehr博士（欧州評議会）のコメント参照。
[100]「欧州共同体のいずれかの加盟国において提出された庇護申請の審査担当国の決定に関する条約」(*Convention Determining the State Responsible for Examining Applications for Asylum lodged in one of the Member States of the European Community*.「ダブリン条約」. 1990年6月）参照。
[101] *Immigration Act*, 1976, now R.S.C. 1985, c. 1-2, s. 46.01(1)(b) [en. 1985, c. 28 (4th Supp.), s. 14].
[102] たとえばD. Hull, "Displaced Persons: 'The New Refugees' " (1983), 13 Georgia J. Intl. Comp. L. 755, at 772参照。
[103] *Supra*, note 94.
[104] 後掲第6章2(2)および(3)参照。

についての判断を受ける権利がある。

カナダでは、他の通過国または在留国で難民申請を行わなかった申請者についてはその信憑性を疑うことにより、直接渡航原則を間接的に編入しようという試みが行われてきた。いずれかの国[105]または複数の国[106]で相当期間を過ごしたことがある者、中間国で短期の在留資格を認められていた者[107]、あるいは単に他国を通過しただけの者[108]でさえ、カナダ到着前に難民申請を行わなかったことにより不信の目で見られることが多い。ガーナ国籍の申請者による*Anthony Appiah Asamoah*事件[109]で次のように述べられているとおりである。

　申請者が、いくつかの中間国を通過してきたにもかかわらず、カナダ以外のいかなる国でも庇護を求めなかったのは、……追及者から逃げようとする意図に

---

[105] たとえば次の先例を参照：*Jeno Pillmayer*, Immigration Appeal Board Decision V84-6254, November 20, 1986（スウェーデンでの9年間の滞在中に難民申請を行わなかったハンガリー国籍の申請者の申請を却下）; and *Guadalupe Quintanilla Ruiz*, Immigration Appeal Board Decision V87-6662X, April 26, 1988（エルサルバドル国籍の申請者が、アメリカでの2年間の不法滞在中に難民申請を行わなかったために信憑性を疑われた）.
[106] たとえば次の先例を参照：*Mahmoud Saddo*, Immigration Appeal Board Decision M80-1123, July 24, 1980（連邦控訴裁判所が他の事由により破棄。Federal Court of Appeal Decision A-574-80, January 19, 1981。申請は最終的に委員会によって1981年2月25日付で却下されたが、委員会はその際、エチオピア国籍の申請者がカナダにやってくる前にイラク、スーダン、サウジアラビアおよびクウェートで6年間過ごしていたことについて、否定的見解を示している）; *Munir Mohamad Adem Suleiman*, Immigration Appeal Board Decision V81-6246, July 23, 1981（連邦控訴裁判所が他の事由により1982年10月6日付で破棄。申請は最終的に委員会によって1983年11月16日付で却下されたが、委員会はその際、エチオピア国籍の申請者がスーダンとサウジアラビアで2年間過ごしていたことについて、難民としての地位と両立するものではないと批判している）; and *Jasbir Singh*, Immigration Appeal Board Decision T83-9400, April 14, 1983, at 5, *per* D. Davey（「委員会は一貫して、最初に到達した国で難民申請を行う必要はないと判示してきたところではあるが、船で15～16カ国に寄航しながら難民申請を行わなかった者については、迫害を受けるおそれがあるという真正の恐怖を有していると認められるものではない」）.
[107] たとえば次の先例を参照：*Alfredo Nelson Salvatierra Villarroel*, Immigration Appeal Board Decision T78-9173, October 31, 1978（連邦控訴裁判所が他の事由により(1979), 31 N.R. 50で維持。委員会は、チリ国籍の申請者が、就労許可を得て4カ月間滞在していたスペインに引き続き居住しなかったことから否定的推定を行っている）; and *Harjinder Dhillon Singh*, Immigration Appeal Board Decision T84-9049, October 21, 1985, at 5, *per* B. Suppa（「申請者は、スウェーデンに3カ月いる間に一度も難民申請を行わなかった。……これが、迫害を受けるおそれがあるという十分に理由のある恐怖を有している者の行動だろうか。委員会の見解では、否である」）.
[108] たとえば次の先例を参照：*Fernando Segundo Hidalgo*, Immigration Appeal Board Decision 74-10354, January 29, 1975（連邦控訴裁判所が他の事由により破棄。Federal Court of Appeal Decision A-71-75, May 26, 1975。申請は最終的に委員会によって1975年9月16日付で却下されたが、委員会はその際、アルゼンチン国籍の申請者がアメリカに1日立ち寄った際に保護を求めなかったことを批判している）; and *Rajinder Prashad Sharma*, Immigration Appeal Board Decision V82-6401, January 27, 1984（連邦控訴裁判所が他の事由により破棄した事件だが〔Federal Court of Appeal Decision A-1255-82, January 27, 1984〕、裁判所はその際、インド国籍の申請者がイギリスに立ち寄った際に申請を行わなかったことを考慮に入れている）.
[109] Immigration Appeal Board Decision T87-9902, January 19, 1988.

合致するものではなく、ひいては、このような意図に対応して生ずる、可能であるならばどこであれ避難場所を求めたいという切迫した気持ちにも合致しない。ある者に対し、都合のよい最初の場所で援助を求めるよう期待することが合理的であるのは当然である[110]。

直接渡航の有無をこのように信憑性に関わる問題として位置づけることにより、直接渡航原則が不当であるとの見解を公式には維持しつつ、同時に、直接到着したわけではない者の申請を却下することも可能となろう[111]。

申請者が十分に理由のある恐怖を経験していたとして、申請者にはそれを表明、立証する機会が少なくとも2回あった。……どうしようもない恐怖にとりつかれている者が、……その恐怖を霧消させる機会が生じたときにそのためのいかなる努力も行わないというのは信じがたい。当職が「信じがたい」という表現を用いるのは、最初に到達した港で難民申請を行うよう義務づける規定が［出入国管理］法には存在しないことを承知しているためである[112]。

幸い、連邦控訴裁判所の介入により、このような直接渡航原則の黙示的適用は制限されてきた。まず、裁判所は*Marcel Simon Chang Tak Hue v. Minister of Employment and Immigration*事件決定[113]において、難民申請を行わなかったことは、それがたとえばルフールマンから保護される急迫の必要がなかったことによって説明できるのであれば、信憑性の問題を生じさせるわけではないと認め

---

110 *Id.*, at 3, *per* J. Weisdorf.
111 「［難民］条約には、迫害の恐怖を理由として自国から避難した者に対し、最寄りの国または最初の到達国で保護を求めるよう義務づける規定は存在しない。条約は、単に、……国籍国の外にある者について言及するのみである」(*Juan Alejandro Araya Heredio*, Immigration Appeal Board Decision 76-1127, January 6, 1977, at 6, *per* J.-P. Houle)。
112 *Luis Omar Reyes Ferrada*, Immigration Appeal Board Decision T81-9476, September 18, 1981, at 4, *per* J.-P. Houle（連邦控訴裁判所も維持。Federal Court of Appeal Decision A-572-81, May 3, 1982）。また、*Farah Shire Abdurahaman*, Immigration Appeal Board Decision T82-9419, C.L.I.C. Notes 50.8, November 3, 1982, at 8, *per* G. Tisshaw（連邦控訴裁判所も他の事由により維持。(1983), 50 N.R. 315) も参照：「申請者が、訪れた西欧民主主義諸国のいずれにおいても当局に接触して難民としての地位を求めなかった場合、その恐怖は十分に理由のあるものといえるだろうか。このような状況下で自らの苦境を引き延ばすなどというのは信憑性にかける」。
113 Federal Court of Appeal Decision A-196-87, March 8 1988 (Immigration Appeal Board Decision M87-1079X, March 25, 1987を破棄)。

ている。

　委員会は、申請者がギリシアに行って船に乗務するようになった1981年に申請を行わなかったというだけの理由で……申請者の申請を却下した。このことは、委員会にとっては、申請者の恐怖が現実のものではなく、またその旨の主張は、申請までにこれほどの期間を費やしたことを踏まえれば、信頼できないということを示すものなのである。裁判所としては、難民申請の遅れが重要な要素のひとつであり、申請者の主張が真剣なものであるか否かを審理するうえで考慮に入れるべきものである点については争わないものの、本件における委員会の決定理由にはまったく賛同できない。申請者の恐怖はセーシェルに戻らなければならないことと関連しているのであって、船員手帳と乗船すべき船があれば申請者には保護を求める必要がなかったことは、裁判所にとっては明らかであるように思われる[114]。

　連邦控訴裁判所は、*Charles Kofi Owusu Ansah v. Minister of Employment and Immigration*事件[115]でこのようなアプローチをさらに押し進めた。これは、ガーナ国籍の申請者がカナダ到着前に訪れた3カ国のいずれにおいても保護を申請しなかったという理由で、出入国不服審査委員会がその信憑性を論難した事件である。裁判所は次のように述べている。

　確かに、申請者が5月30日にガーナを離れてから、7月23日にカナダに到着するまでに53日が経過している。そのうち16日間は海上にあったが、カナダ以外の国で条約難民の申請をできたであろう期間も、もちろんその国が［難民］条約の加盟国であり、何らかの国内手続を通じて条約を実施していたとして、37日はあった。……重要な点は、トーゴ、ナイジェリアおよびブラジルに留まろうとせず、またはそれらの国で難民申請を行わなかったことについて、申請者が説明を行っていることである。いずれの説明も妥当なように思われる[116]。

---

[114] *Id*., at 2, *per* Marceau J.
[115] Federal Court of Appeal Decision A-1265-87, May 19, 1989（Immigration Appeal Board Decision T87-9386X, November 10, 1987を破棄）.
[116] *Id*., at 3, *per* Mahoney J.A.

具体的には、Owusu Ansahがトーゴで申請を行わなかったのは、隣国のガーナ当局による誘拐を恐れたためである。ナイジェリアの軍事政権が人権尊重の点で信頼できるとは感じなかったので、ナイジェリア当局も避けた。ブラジルで申請を行わなかったのは、英語圏の国に行くほうがよいと考えたためである。

　これらの決定をあわせて解釈すれば、連邦控訴裁判所は、難民条約に加入している他の国の通過中またはそれらの国での滞在中に難民申請を行わなかったことについて合理的説明があれば、申請者の信憑性を減殺することはできないという立場をとっていることになる。裁判所がこれまでに妥当な理由として認めてきたのは、帰国に関して差し迫った脅威が存在しないこと、母国の当局による襲撃から距離を置きたいと考えたこと、保護が本当に十分なものであるかどうか懸念したこと、自分の言語が用いられている国で申請を行うほうがよいと考えたことなどである。同様に、家族、親友または民族共同体との再結合を望んでいること、庇護国の状況が個人的なニーズや目標に合わないこと、認定手続が十分に整っている国に行くまで申請をしないと決めたことといった要素も、考慮に入れなければならないということができよう。

　申請の遅れについて信頼できる説明が提出されない稀なケースでさえ、その難民申請には必然的に根拠がないということにはならない。遅れについて妥当な説明が行われない場合、申請者自身の証言は、それだけでは保護のニーズを立証するのに十分な信憑性を有しないとみなされるかもしれないが、にもかかわらず、危害の可能性を示す独立した証拠により、難民としての地位を認めるべき理由があることが判明する可能性もあるのである。

4. 庇護国への不法な入国または庇護国における不法滞在

　条約難民としての地位の請求権は、保護を求める国に不法に到着したからといって、いかなる意味でも損なわれるものではない。国境をこっそりと越えた者、あるいは入国時に真の動機を偽った者でも、他の面で定義上の要件を満たすのであれば、依然として真正の難民である可能性がある。

　不法に入国した者でも難民として認められる資格を有することは、難民条約において、難民としての地位を認める基準として合法的入国に何ら触れられていな

いことからも明らかである。このような基準を設ける可能性は全権会議で明示的に提起されたが、却下された。欺罔による入国を保護の対象から除外するというオーストラリアの提案が採用されなかったためである[117]。

逆に、不法に入国した者に対して難民資格を付与することは、「避難国に不法にいる難民」と題された31条[118]が難民条約に編入されたことにより、具体的に予定されていた。この条項では、領域内に不法に入国しまたは不法にいることを理由として行われる可能性がある通常の処罰の対象から難民を除外することまで、締約国に対して求められている。この条項は、危害を受けるおそれのない国に最終的に難民を送還することまで禁じるものではないが[119]、不法に入国したことは自己の難民申請についての判断を難民条約に従って受ける権利を否定するに足るほどの関心事ではないという立場を、十分に裏づけるものである。

このようなアプローチは、難民が置かれている苦境にも合致している。Sadruddin Aga Khanが指摘したように、ほとんどの難民は、通常のルートで入国するという贅沢を享受することができず、安全な国に不正規な手段で入国することによって庇護を求めざるをえない立場に置かれているのである[120]。ところが、近年の各国の対応は、難民申請者が庇護国にどのような方法で入国したかという点に、ほとんど強迫的なこだわりを見せていることが多い。歴史的にアメリカ法は、「申請者がアメリカにどのような方法で入国したかに関わる要素を、誇大なほ

---

[117]「この条約は、特定の目的で締約国の領域への入国を認められた者であって、入国時に当該領域における永住許可を申請しなかった者には適用されない。ただし、入国の日以降、この条約によって真正の難民に保障されるべき権利および特権を主張することを正当化する状況が生じたことを、締約国の納得のいく形で立証できる場合はこの限りでない」(オーストラリアが提出した新たな条文案。U.N. Doc. A/CONF.2/42, July 6, 1951)。この提案は、最終的には難民条約に盛り込まれなかった。

[118]「締約国は、その生命又は自由が第1条の意味において脅威にさらされていた領域から直接来た難民であって許可なく当該締約国の領域に入国し又は許可なく当該締約国の領域内にいるものに対し、不法に入国し又は不法にいることを理由として刑罰を科してはならない。ただし、当該難民が遅滞なく当局に出頭し、かつ、不法に入国し又は不法にいることの相当の理由を示すことを条件とする」(難民条約〔前掲注24〕31条1項)。

[119] とくにベルギーとカナダの代表は、不法な入国または滞在を理由とする刑罰を禁じた31条の規定は罰金または収監を意味するものであって、送還は含まれないと強調した (ベルギーのHerment氏およびカナダのWinter氏の発言。U.N. Doc. E/AC.32/SR.40, at 4-5, cited in 2 A. Grahl-Madsen, *The Status of Refugees in International Law*, p.210 (1972))。難民の追放を禁じた32条の規定も、不法に入国した者には適用されない。この禁止は「合法的にその領域内にいる」難民にしか及ばないためである。したがって、不法に入国した難民が依拠できる保護は主として迫害国への送還の禁止 (33条) ということになる。

[120]「難民の状況は、……国の旅券を所持しており、自国の当局の保護を享受でき、望めば帰国できる通常の外国人の状況とは……異なっている。難民の場合にはそうではない。難民は不正規な方法で入国している場合が多く、……受入国の当局と直ちに対立することとなる」(S. Aga Khan, "Legal Problems Relating to Refugees and Displaced Persons" (1976), Recueil des cours 287, at 313)。

ど——それどころか、ほぼその要素だけを——重視してきた」[121]。*Matter of Pula* 事件における最近の決定[122]によって不法入国の証拠を重視できる度合いが相当に制限されたとはいえ、出入国管理規則の違反は依然として、庇護申請について判断するに際して「適当かつ関連性のある裁量的要素」[123]とされている。

　カナダの対応は、アメリカよりはやや国際基準に一致しているが、それでもやはり、難民申請者が庇護国にどのように入国したかという点に不相応なほどの関心が示されることも多い[124]。とはいえ、不法に入国した者には条約難民としての地位の申請について法律に従って判断される資格があるという原則は、*Surujpal v. Minister of Employment and Immigration*事件における、MacGuigan連邦控訴裁判所判事の重要な傍論[125]に明らかである。

> 短期滞在者としてカナダに入国した後、カナダの社会保険カードを不法に取得し、摘発、逮捕されるまでおよそ1年にわたって不法に働き、その後に難民申請を行ったことは、申請者にとって有利な材料ではない。とはいえ、法律はこのような状況においてさえ難民として申請を行うことを認めているのであるから、法律の意図は、このような者による難民申請を……これらの本質的ではない事項に基づいて判断すべきであるというところにはないと結論づけなければならない[126]。

---

[121] D. Anker, "Discretionary Asylum: A Protection Remedy for Refugees Under the Refugee Act of 1980" (1987), 28(1) Virginia J. Intl. L. 1, at 4.
[122] Board of Immigration Appeals Interim Decision No. 3033, September 22, 1987, cited in D. Anker, *supra*, note 121, at 68.
[123] *Supra*, note 122, at 9.
[124] たとえば *St. Gardien Giraud*, Immigration Appeal Board Decision T81-9669, March 20, 1986, at 5, *per* B. Suppaを参照:「カナダへの入国を試みるにあたり偽造旅券を使用したことは、申請者の主張を到底裏づけるものではない」。また、*Harjinder Dhillon Singh*, Immigration Appeal Board Decision T84-9049, October 21, 1985 (逮捕されるまで難民申請を行わなかった); *Moustafa Salamat*, Immigration Appeal Board Decision M86-1142, April 13, 1987 (航空機内で旅券を破り捨てた); and *Santok Bhopal Singh*, Immigration Appeal Board Decision V87-6245X, August 17, 1987 (難民申請を行うまでに2年の遅延があった) も参照。
[125] (1985), 60 N.R. 73 (F.C.A.). この見解は、連邦控訴裁判所がそれまでに言い渡していた2つの判決を基盤とするものである: *Lloyd Oswald Forbes v. Minister of Employment and Immigration*, Federal Court of Appeal Decision A-655-83, November 8, 1983, *per* Thurlow J.; and *Rajinder Prashad Sharma v. Minister of Employment and Immigration*, Federal Court of Appeal Decision A-1255-82, January 27, 1984, *per* Stone J。
[126] *Id*., at 73-74, *per* MacGuigan J.

この立場は、難民法が基本的には保護を目的としている事実を尊重するものであるし、認定手続においては難民申請者が直面している危険を第一義的に考慮しなければならないという原則を強化するものである[127]。

　しかし、*Khemraj Surujpal*事件決定[128]では、不法な入国または滞在の証拠が、申請者の信憑性の評価においてより限定された役割を果たすことが暗黙裡に認められている[129]。不法な入国または滞在を理由として難民申請を認めないことが不適切なのは明らかだが、難民条約は、「遅滞なく当局に出頭し、かつ、不法に入国し又は不法にいることの相当の理由を示す」義務を難民に課しているのである[130]。したがって、難民申請が長期に遅延した場合には、申請者が真に保護のニーズを有しているかを評価するにあたってその状況を検討することは妥当なように思われる。*Jeno Pillmayer*事件[131]で次のように指摘されているとおりである。

　　委員会としては、申請者がカナダ移民法の詳細を承知していたと推定することはできない。しかし、難民申請を行う意思があったと申請者が述べていることに鑑みれば、カナダ到着後、申請を行うために申請者が何らかのしかるべき努力を行ったことを示すか、少なくとも委員会に対して遅延の理由を説明するよう期待するのは合理的である[132]。

　遅延の理由が合理的に説明されなければ、脱法行為の推定を信憑性の評価に及ぼすことも正当とされることが多い。受け入れられる説明としては、たとえば、申請手続を詳しく承知しておらず、もしくはこれを信頼していなかったこと[133]、ま

---

127 「許可を得ない入国または滞在を理由とする処罰に関する規定は……難民条約31条1項とあわせて解釈されなければならない。そこでは、その生命または自由が［難民条約］1条の意味において脅威にさらされていた領域から直接来た難民は、遅滞なく出頭することを条件として、不法に入国しまたは不法にいることを理由として処罰されてはならないと規定されている」(G. Melander, *supra*, note 95, at 61)。
128 *Supra*, note 125.
129 *Bakhshish Gill Singh*, Immigration Appeal Board Decision V87-6246X, July 22, 1987, at 11-12, *per* D. Anderson参照:「大臣側の主張によれば、申請者による難民申請の提出が長期にわたって遅延したことは、当該申請がとるに足らないものであることを示唆するものである。しかしこのような遅延はせいぜい、……申請者の信憑性を評価するにあたって考慮される可能性のあるひとつの要素にすぎない」。
130 難民条約(前掲注24)31条1項。この規定の全文は前掲注118に掲載してある。
131 Immigration Appeal Board Decision V84-6254, C.L.I.C. Notes 100.17, November 20, 1986.
132 *Id.*, at 10, *per* A. Wlodyka.
133 「たとえ申請が可能な最も早い機会に行われなかったとしても、申請者が信頼できる場合はある。申請者は、国内にしばらくいてからはじめて難民申請手続のことを知ったのかもしれない」(*Rajinder Kumar*, Immigration Appeal Board Decision T83-9484, March 31, 1987, at 6, *per* E. Rotman)。

たは根拠となる事件がカナダ到着後に初めて発生したものであったこと[134]などが挙げられる。

*Malik Abdul Majad*事件[135]は、どのような状況であれば、不法な入国または滞在の状況から信憑性に関する否定的評価を導き出すのが妥当となりうるかを示してくれる好例である。申請者はカナダに短期滞在者として入国し、査証の有効期限が切れても入国管理当局に出頭しなかった。その後、カナダにおける在留資格が切れてから1年以上経って逮捕され、特別審問の場で難民としての地位を申請したものである。Majad氏はカナダに到着さえしないうちから正式な難民認定手続について詳しく承知しており、また官吏に賄賂を渡して合法的滞在資格を得ようとしたという証拠があった。これらのあらゆる証拠に鑑み、出入国不服審査委員会は、申請者は「31条に定められた［難民］条約の精神に従わ」ず[136]、そのため保護を求める主張の信憑性は弱まったという妥当な結論に達している。

他方、Christopher Wydrzynskiが記しているように、出入国不服審査委員会はしばしば、「申請者の正直さと率直さの度合いを判定しようとするにあたり、実質よりも形式のほうを好んで参照しているように思われる。……申請者が到着時に嘘をつき、強制送還が避けられない段階になってはじめて難民申請を行う意思を固めた［場合］、これは申請者の主張にとっては致命的である」[137]。この種の絶対主義は、遅延について合理的説明が存在するときには妥当ではない。たとえば*Ashfaq Ahmad Sheikh*事件[138]では、パキスタン国籍を有する申請者が、自国の状況が近いうちに正常化して帰国が可能になるかもしれないので、カナダでは

---

[134]「ある者が難民であるかどうかは、その者の国籍国または常居所を有していた国で生ずる政治的出来事によって、劇的なほど多様であらざるをえない問題である。ある者が、ある週には条約難民の定義を満たしていながら、翌週には、数千キロ離れた場所で起きた政治的出来事のために定義を満たさなくなるということもありうる。2週間後に再び定義を満たすようになるということも、完全に想定可能である。したがって、このような状況にあっては、……委員会の継続的管轄権の概念は、少なくともある程度までは難民事件においても適用されるように思われる」(*Palwinder-Kaur Gill*, Immigration Appeal Board Decision V86-6012, July11,1986, at 8, *per* D. Anderson〔反対意見〕)。*Bakhshish Gill Singh*, Immigration Appeal Board Decision V87-6246X, July 22, 1987, at 11-12, *per* D. Andersonも参照:「申請者が後発的難民であると主張する場合、遅延が問題になりうる余地はほとんどなく、それ自体としては申請を却下する根拠には到底ならない」。
[135] Immigration Appeal Board Decision T76-9507, December 17, 1976.
[136] *Id.*, at 3, *per* D. Petrie. また、*Malkit Katnoria Singh*, Immigration Appeal Board Decision V84-6133, April 30, 1987, at 4, *per* B. Howardも参照:「さらに委員会は、逮捕されるまでカナダで難民申請を行わなかったことについての申請者の説明は、以前にヨルダンおよび西ドイツで難民としての地位を得ようと試みたとの主張に照らして不自然であり、信頼できないと考える」。
[137] C. Wydrzynski, "Refugees and the *Immigration Act*" (1979), 25 McGill L.J. 154, at 177.
[138] Immigration Appeal Board Decision 77-3021, September 6, 1977（連邦控訴裁判所も他の事由により維持。Federal Court of Appeal, [1981] 2 F.C. 161）。

目立たないようにしているようにとの助言を、到着と同時に弁護士から受けていた。にもかかわらず、出入国不服審査委員会は、申請者の主張が真正であるとすればカナダで難民申請を行おうとしなかったのは「信じられない」と認定し[139]、難民申請を却下したのである。*Oscar Manuel Diaz Duran*事件[140]では、チリ国籍の申請者が、短期滞在査証の期限が切れた翌日、自発的に入国管理当局に出頭して難民申請を行った。当局への接触が遅れたのはカナダ在住の友人の助言によるもので、カナダに合法的にいる間に難民申請を行った者に対しては暫定就労許可を与えないという、当時施行されていた規則を承知してのことと思われた。しかし、遅延に関するこの説明は「それほど筋の通ったものではない」とされ[141]、そのため出入国不服審査委員会は申請者の証言をあえて重視せず、申請者を難民とは認めなかったのである。出入国不服審査委員会の見方は、*Roberto Osvaldo Ramirez Rojas*事件[142]における次のような指摘に典型的に表れている。

> 申請者は、入国管理当局に逮捕され、強制送還または退去強制を免れない段階になってはじめて自分は条約難民であると主張した。このような形でなされた主張は、真正の短期滞在者または真の難民の主張ではない（傍点引用者）[143]。

Christopher Wydrzynski[144]とDeborah Anker[145]はいずれもこのようなアプローチを批判し、庇護希望者は強迫状態の下で暮らしているため、庇護国の官吏に対応し、または接触を図ったりすることさえ、決して直截な形でできるわけではないことが多いと指摘している。出身国の当局者と遭遇することへの恐怖感は受入国に到着してもそのまま残るのであって、そのため多くの難民はいかなる手段を用いても入国しようとし、未知の制度によって拒否されまたは強制送還される危険を

---

[139] *Id.*, at 6, *per* J. Campbell.
[140] *Supra*, note 85.
[141] *Supra*, note 85, at 1, *per* U. Benedetti.
[142] Immigration Appeal Board Decision M80-1010, January 29, 1980.
[143] *Id.*, at 10, *per* J.-P. Houle.
[144] 「生命が危険にさらされる場所に戻りたくないという思いが難民の主たる動機であることは多い。カナダの出入国管理手続についてほとんど知識のない者は、〔出入国管理〕法に基づき難民としての保護を請求する特権があることすら知らない場合がある。申請がどの時点で行われたかは、あらゆる事実の検討が終了するまでは、申請者の難民性を高めるものでも低めるものでもない」(C. Wydrzynski, *supra*, note 137, at 177)。
[145] 「入国手続における虚偽の事実の開示その他の不正規な対応は、容認してよい。出身国の保護を受けられない難民は特別な強迫状態に置かれており、出身国以外の場所で保護と安全を求めるために極端な手段をとることを余儀なくされるからである」(D. Anker, *supra*, note 121, at 53)。

回避するために地下に潜行するよう促されるのである。

　したがって、信憑性の評価にあたって不法な入国または滞在の証拠を考慮することが妥当か否かは、意思決定担当者の側に、これらの事実を文脈に即して検討するつもりがあるかどうかによる。移民法違反を理由とする強制送還が避けられない段階になって行われた難民申請は、すべて無視されるべきであるということにはならない。欺罔によって出入国管理規則違反が行われた事案を明らかにし、それに応じて申請者の信憑性を低く評価することに注意が向けられるべきである。他方、不法な到着または超過滞在が誤解、不適切な助言、官吏に対する不信、または報復、処罰に対する恐怖心を理由とするものであるときは、庇護国への不法な入国または庇護国における不法な滞在の状況を参照することなく、難民申請の実体審理が行われなければならない。

5. 準拠国の決定

　難民申請者が正式な国籍を保持しているのであれば、保護の申請は国籍国の状況に準拠して評価されなければならない。他国で代理的保護を受けられるのではないかという問題が認定手続の最終局面で浮上する可能性もあるが[146]、当初の審理は、申請者と、申請者が正式な国籍を保持している国との関連の検討に限定されるべきである[147]。

　この基本的原則は、*Hurt v. Minister of Manpower and Immigration*事件の連邦控訴裁判所決定[148]によってカナダ法に編入された。申請者はポーランドの市民権の持ち主で、カナダに来るまで5年間、西ドイツに在留していた人物である。出入国不服審査委員会は、申請者が西ドイツで迫害を受けるおそれはないと判断し、申請者は条約難民ではないとした。しかし連邦控訴裁判所は、申請の評価は

---

[146] たとえば、難民申請者が国籍国以外の国で在留権を有している場合、保護のニーズはすでに満たされていると考えられることもある。この問題については後掲第6章2(3)で取り上げている。
[147]「ある国の国籍を保持している者が資格を認められるためには、国籍国における迫害を恐れているのでなければならない。……したがって、資格認定手続においては、申請者の国籍を先決問題として決定しなければならない場合がある」(P. Weis, "The concept of the refugee in international law" (1960), J. du droit international 928, at 972)。
[148] [1978] 2 F.C. 340 (C.A.). この決定に先立ち、出入国不服審査委員会は、「申請についての判断は、国外移住のそもそもの原因となった国ではなく、申請者の居住国との関連で行われなければならない」と判示していた(C. Wydrzynski, *supra*, note 137, at 171)。

申請者の国籍国であるポーランドを準拠国として行われるべきであるとして、この決定を破棄した。裁判所によれば、西ドイツにおける代理的保護の問題は、関連性を有する問題ではあるものの、第一次認定を経た後、難民としての地位からの除外の問題として対応するのが適当であるとされた[149]。

この見解はUNHCRの勧告とも一致しており[150]、これによって、帰還に伴う危険という中心的問題が、庇護国による保護に代わる選択肢を精査する前に取り上げられるようになる。強制送還または追放は国籍国に向けて行われるのが通例なので[151]、国籍国における危害の可能性について評価することは必要不可欠である。

ほとんどの場合、申請者の国籍は申請者自身の証言から判断することができ、旅券、査証または交通機関の乗車券のような書証がその裏づけとなる。しかし、場合によっては、自国からの出国を成功させるために、または難民送出国の国民に対して一部庇護国が課している査証発給制限を回避するために、難民が偽造書類を用いなければならない場合もある[152]。このように、国籍に関して申請者の主張と補強証拠とが食い違う場合には、申請者が保持している旅行書類の発給国、または申請者が庇護国に向けて出発した国が、申請者の地位をどのように判断しているかが第一義的に考慮されるべきである。国際法上、誰が自国の国民であるかの決定は各国に委ねられているので[153]、難民申請者がある国の国籍を有しているという判断は、その国の当局がこれに反対の立場をとっている場合には成り立

---

[149] このような考え方に従った認定が行われていることは、たとえば出入国不服審査委員会の次のような決定に表れている：*Ashfaq Ahmad Sheikh*, Immigration Appeal Board Decision 77-3021, September 6, 1977（連邦控訴裁判所が他の事由により破棄。[1981] 2 F.C. 161 (C.A.). パキスタンの市民権を有しながらバングラデシュに在留していた申請者の申請について、パキスタンを準拠国として判断が行われた）; *Miwako Maejima*, Immigration Appeal Board Decision 80-1072, June 5, 1980（日本の市民権を有しながら南アフリカに在留していた申請者が直面している危険について、日本を準拠国として判断が行われた）。
[150] 「ある者がいったん難民と認定されれば、その地位は、その者が終止条項のいずれかに該当するようになるまで維持される。難民認定に対するこのような厳格なアプローチは、難民に対し、その地位が出身国の全般的状況の——根本的性質を有するものではない——一時的変化に照らして継続的に見直されることはないことを保証する必要性に由来するものである」(UNHCR, *supra*, note 3, at 26)。
[151] 国際法上、国籍国は一般的に、法律に従って追放されまたは強制送還された自国民を受け入れる義務を負っている。G. Goodwin-Gill, *International Law and the Movement of Persons between States*, p.136 (1978).
[152] 「［カナダの］現行移民法が成立してから15の査証要件が設けられているが、そのうち11は……難民申請の増加に対応して設けられたものである」(R. Girard, "Speaking Notes for an Address at the Conference on 'Refuge or Asylum – A Choice for Canada' at York University"(1986), p.4)。その結果、「査証要件のために、……申請者にとって最も自然な、そしてアクセスしやすい庇護国であるカナダへの重要な避難経路が閉ざされてしまうことも多い」(M. Schelew, "A Lawyer's Perspective on Canadian Refugee Policy"(1984), 3(4) Refuge 11, at 14)。
[153] P. Weis, *Nationality and Statelessness in International Law*, p.92 (1956).

たない。

　このように、国籍を示す書証その他の証拠が不正確であるとの主張が難民申請者から出された場合、庇護国の当局には、出身国と思われる国に照会して申請者の地位の確認を試みる義務がある[154]。申請者が自国民であることを書類の発給国が確認できないときは、保護のニーズについての判断は、申請者が出身国であると主張する国を準拠国として行われるべきである[155]。

(1) 二重国籍または多重国籍の保持者

　難民法に通底する前提として、国内的保護は、利用可能な場合には常に国際的保護に優先されなければならない[156]。難民条約の起草に参加した各国代表団は、自らが国民であるあらゆる国の保護を受けることを望んでおらず、またはそのような保護を受けることができない場合でなければ、いかなる者も難民として認められるべきではないという見解を明確にしていた[157]。たとえ、ある者が国籍国のひとつで迫害を受けるおそれがあるという真正の恐怖を有しているとしても、その者に保護を提供する用意がある別の国の市民権を有しているときは、難民としての地位を享受することはできないのである[158]。

　難民条約に掲げられたこの原則[159]は、カナダ移民法には明示的に編入されていない[160]。しかし裁判所は、たとえば、アンゴラの市民権を有しており、同国に居

---

[154] 申請者がジブチの旅券を所持しながら、実際にはジブチの国民ではないと主張していた3つの事件で、出入国不服審査委員会は、連邦控訴裁判所が命じた正式口頭審理において、カナダ政府は「ジブチの旅券が有効なものであるか否かをジブチ当局に確認することができたし、そうするべきであった。……このような懈怠は、……適当な事案においては決定的となる場合もある」とした (*Zahara Hassan Dembil*, Immigration Appeal Board Decision 80-1025, May 21, 1982; *Ismail Hassan Dembil*, Immigration Appeal Board Decision 80-1018, May 21, 1982; and *Hassan Ahmed Ali Dembil*, Immigration Appeal Board Decision 80-1026, May 21, 1982)。
[155]「立証責任は原則として申請者にあるが、関連するあらゆる事実を確認、評価する責任は申請者と決定担当者との間で共有される。それどころか、場合によっては審理官が、利用可能なあらゆる手段を活用しながら、申請を裏づけるために必要な証拠を揃えなければならないこともある。しかし、そのような独立の調査が常にうまくいくとはかぎらないし、立証不可能な陳述がある場合もある。このような場合、申請者の陳述が信頼できると思われるときは、そうではないことを示す十分な理由がある場合を除き、申請者に対して灰色の利益が与えられるべきである」(UNHCR, *supra*, note 3, at 24)。
[156] UNHCR, *supra*, note 3, at 24.
[157]「二重国籍、またはそれどころか多重国籍を保持している者は、その者がいずれの国籍国政府の保護も受けることができず、またはそのような保護を受けることを望まないことが確認された後にはじめて難民とみなされることになろう」(イギリスのFearnley氏の発言。U.N. Doc. E/AC.7/SR.160, at 6, August 18, 1950)。
[158]「ある者がいずれかの国の国籍を有しており、かつ当該国政府の保護を受けない理由がないかぎり、その者を難民とみなすことはできない」(アメリカのHenkin氏の発言。U.N. Doc. E/AC.7/SR.160, at 7, August 18, 1950)。

住している間に危険な状態に置かれたものの、ポルトガルで出生したためポルトガル国籍も保持していた者からの申請については、除外するのが適当であると判断してきた[161]。帰還を恐れるトルコ国籍保持者の申請も、子どもの頃に帰化によって市民権を取得していたオーストラリアでどのような危険に直面するかという観点から検討が行われている[162]。二重市民権を有する者が第二の国籍国に一度も足を踏み入れたことがない場合でさえ、難民法上は、国際的保護の前提条件として、第二の国籍国に危険性が存在するのであればその度合いを評価しなければならない[163]。この原則は最近、*Attorney General of Canada v. Patrick Francis Ward*事件の連邦控訴裁判所決定[164]で確認されている。裁判所は、難民条約1条A(2)第2段落を明示的に引用し、この規定は「カナダ法に編入されていないためわが国を拘束するものではないものの、……条約難民の定義の論理的解釈を形成するものとして説得力を有する」[165]として、次のように判示した。

申請者が2以上の国籍国を有していることが判明したときは、いずれの国籍国の保護も受けることを望まないことを立証する義務を申請者が果たさなければ、当該申請者を条約難民として認めることはできない[166]。

---

[159]「二以上の国籍を有する者の場合には、『国籍国』とは、その者がその国籍を有する国のいずれをもいい、迫害を受けるおそれがあるという十分に理由のある恐怖を有するという正当な理由なくいずれか一の国籍国の保護を受けなかったとしても、国籍国の保護がないとは認められない」(難民条約〔前掲注24〕1条A(2)第2段落)。
[160] 移民法には難民条約1条A(2)への言及がないとはいえ、出入国不服審査委員会のいくつかの決定においてはこの規定に依拠した判断が行われている。*Slobodan Popovich*, Immigration Appeal Board Decision M76-1081, March 4, 1977, and *Carlos Fernando Amara de Carvalho*, Immigration Appeal Board Decision 77-1071, May 19, 1977等。
[161] *Agostinho de Oliveira Duarte*, Immigration Appeal Board Decision 76-9051, February 6, 1976.
[162] *Gelil Nuh*, Immigration Appeal Board Decision T81-9273, July 5, 1981.
[163] アンゴラの市民権を有しており、独立前のアンゴラで出生したことによりポルトガルの市民権も維持していた申請者による3つの事件で、出入国不服審査委員会は、アンゴラとポルトガル両国の状況を参照して申請を評価するという正しい対応をとり、申請者はポルトガルによる実効的保護を受けられるという理由で難民申請を却下した(*Americo Antonio da Costa*, Immigration Appeal Board Decision 76-9401, August 26, 1976; *Jose Manuel Costa de Carvalho*, Immigration Appeal Board Decision T77-9040, February 10, 1977; and *Carlos Fernando Amara de Carvalho*, Immigration Appeal Board Decision 77-1071, May 19, 1977)。R. Plender, "Admission of Refugees: Draft Convention on Territorial Asylum" (1977), 15 San Diego L. Rev. 45, at 55も参照:「アンゴラやモザンビークにおける政権交代で避難を余儀なくされた者であって、ポルトガル国籍を請求しまたは維持する資格を有している者は、ポルトガルの保護を求める意思があるのであれば難民とは認められない。これらの者がポルトガルに移住した場合、たとえこれまでポルトガルに行ったことがなく、またポルトガル系ではないとしても、帰還民として扱われる」。
[164] Federal Court of Appeal Decision A-1190-88, March 5, 1990 (上告許可はカナダ最高裁判所によって1990年11月8日に与えられた。Supreme Court Bulletin 2347)。
[165] *Id*., at 19, per Urie J.

第2章　外国人性　75

ただし、申請者が市民権を有している国による保護を優先させるという原則には、形式的国籍にとどまらず、実質的国籍が確保されなければならないという重要な条件がある。たとえば、迫害を行わない国から発給された第二の旅券を申請者が保持していたとしても、当該国が実際には迫害国への送還からの保護を与えようとしない場合には、不十分である。反証がないかぎり、国籍国に保護の意思があることを推定するのは適当であるが、送還からの基本的保護の存在を疑わせる事実関係が存在するときはそれを注意深く評価しなければならない。

たとえば*Harbans Rai Singh*事件[167]において、出入国不服審査委員会は、出生国インドで迫害を受けるおそれがあるという申請者の主張を、同人がイギリスの旅券を保持しており、したがってイギリスによる保護を期待できるという理由で却下した。しかし提出された証拠によれば、申請者の旅券は変更されてイギリスにおける居住権が抹消されていたのであるから、申請者がイギリス国籍を有しているからといって、決して完全に実効的な保護が提供されるわけではない可能性があることは明らかであった。このような場合、委員会は、申請を却下する前に、第二の国籍とされるものに依拠することが正当であることを確認するべきであった。

同様に、二重国籍があるからといって、第二の国籍の請求権があるとそのまま判断することはできない。*James Patrick Gillen*事件[168]において、出入国不服審査委員会は、申請者にイギリスの旅券の取得権があると思われたことについて、申請者が市民権を有しているアイルランド共和国とイギリスの両方を準拠国として扱う十分な根拠になるものとして対応した。申請者が北アイルランド以外のイギリス領への入国を認められたという証拠はなく、さらに、同様の立場に置かれた他の複数の者が実際にはイギリスへの入国を拒否されたという、矛盾のない証言も申請者から提出されていた。ここに生じるジレンマは、難民申請の妥当性を評価する前に実質的国籍を確認しなければならないという関心から当然に生じるものである。申請者の再入国を認める義務があるとわかっている国々にどの程度の危険が存在するか、ここではそれだけが関連性を有する。難民と推定される者は、

---

[166] *Id.*, at 19, *per* Urie J. またMacGuigan判事の補足意見も参照。*id.*, at 18.
[167] Immigration Appeal Board Decision T82-9359, C.L.I.C. Notes 44.7, July 8, 1982.
[168] Immigration Appeal Board Decision T83-9750, August 15, 1984. また*Attorney General of Canada v. Patrick Francis Ward, supra*, note 164も参照。

避難国に受け入れられなかったときは、ほとんどの場合、これらの国々のいずれかに送還されることになるはずだからである。

(2) 無国籍者

難民法は、国の政府がその国内的管轄下にある個人または集団を保護できない場合に、国際的制度による保護を提供するために存在する。したがって、無国籍者の立場は変則的である。無国籍者はそもそも国内的保護を享受していないのだから、全員が難民なのだろうか。それとも逆に、無国籍者が苦しい状況に置かれるのはいずれかの国の政府が彼らを保護しないからではなく、彼らに対して保護の義務を負う国が存在しないことによるのであるから、無国籍者は難民としての地位から除外されるのであろうか。

このような概念上の混乱については歴史的説明が可能である。国際難民法の第一段階では、正式に無国籍であることが難民として認められる前提条件であった[169]。第2次世界大戦に至る過程で難民法の適用範囲は拡大され、保護が事実上欠けていることも、国際的保護を与える根拠として同様の急迫性を有すると認められるようになったが、国際的制度の中を漂流する無国籍者も引き続き難民として保護された[170]。法律上の無国籍と難民としての地位が分離されるに至ったのは、1951年難民条約の起草中のことにすぎない。

1949年に国連事務総長が準備した背景研究[171]では、国内的保護を受けていないあらゆる者の地位に関する統一的な改正条約が提案されていた。国連経済社会理事会は、正式なまたは法的な保護に欠けている者(「無国籍者」)と、特定の国の国籍を維持しているにもかかわらず事実上の保護に欠けている者(「難民」)の双方に対して包括的な人道的保護を与える条約の起草を承認した[172]。しかし全権会議は、難民のほうが人道的ニーズに関わるより深刻な問題を提起しているとの見解をとった[173]。無国籍者の問題は性質が異なっており[174]、難民が抱える

---

[169] 前掲第1章1(1)参照。
[170] 前掲第1章1(2)参照。
[171] U.N. Doc. E/1112, February 1, 1949.
[172] Id., at 1.
[173] 「条約案の適用は……難民に限定されるべきである。難民が有する人道的諸問題と、主として法的性質を有する無国籍者の問題との混同に基づいて条約が作成されるべきではない。後者の問題は法律専門家機関によって対応されるべきであるが、現在提案されている条約に含まれるべきではない」(アメリカのHenkin氏の発言。U.N. Doc. E/AC.32/SR.2, at 6, January 26, 1950)。

第2章 外国人性

ニーズほど緊急性を有するものではなく[175]、基本的に難民の国際的保護ほどの社会問題にはつながらない[176]と位置づけられたのである。このようにして、難民条約の適用範囲は、公式には送還されるべき国から保護されなければならない者に限定し、無国籍者の問題は、その後に作成される、それほど包括的ではない条約体制[177]によって対応することが合意された。

このように、無国籍であることそれ自体が難民としての地位の請求権を生じさせるわけではないことは明らかである[178]。他方、難民条約の起草者らは、無国籍者も状況によっては難民として認められることを、同じように疑問の余地なく明らかにしていた[179]。無国籍者が、一定期間継続して居住する目的でいずれかの国への入国を認められ[180]、その後、その国の保護を奪われる立場に置かれたときは、その苦境は国籍を有する難民のそれに匹敵する場合がありうる。ただし、これに該当するのは、無国籍者に「常居所を有していた」国があるといえる場合のみである。これは、無国籍者がその領域内に留まることを認めることについて一定の積極的意思を示しており、かつ難民としての保護が付与されなければ送還先となるであろう国のことを意味する[181]。

ということは、無国籍者が難民として認められるためには、市民と国籍国との関

---

[174]「フランス政府と同様に、アメリカ政府は、難民の問題は無国籍者の問題とは異なっており、別個に検討されなければならないと考える」(アメリカのHenkin氏の発言。U.N. Doc. E/AC.32/SR.2, at 5, January 26, 1950)。
[175]「難民と事実上の無国籍者が法律上の無国籍者よりも不運な状況に置かれていることは……争いようがないのであって、前者の状況を是正することのほうが喫緊の課題である」(ブラジルのGurreiro氏の発言。U.N. Doc. E/AC.32/SR.3, at 4, January 26, 1950)。デンマークおよびトルコの代表を含む他の数カ国の代表団も、これに同意した(U.N. Doc. E/AC.32/SR.3, at 6, January 26, 1950)。
[176]「難民ではない無国籍者を対象とする規定を条約に含めることは、難民ではない無国籍者の状況はいかなる緊急の社会的または人道的問題をも提起するものではないという意味で、二義的なことである」(フランスのRain氏の発言。U.N. Doc. E/AC.32/SR.3, at 4, January 26, 1950)。
[177] 無国籍者の地位に関する条約(*The Convention relating to the Status of Stateless Persons*, 360 U.N.T.S. 5158)は、1960年6月6日まで発効しなかった。2つの条約の構造は非常によく似ているものの、「難民の地位に関する条約案のほうがやや多くの利益を保障している。無国籍者一般よりも難民の場合のほうがより多くの人道的要素が関わってくることに鑑み、前者について国がより積極的に対応することが前提とされているためである」(アメリカのHenkin氏の発言。U.N. Doc. E/AC.7/SR.158, at 13, August 15, 1950)。
[178]「しかし、難民ではない無国籍者の問題は難民の問題とは別個のものとしておくべきである。これは、とりわけ、国際連合による保護をまったく必要としない無国籍者がいるのは間違いないためである」(アメリカのHenkin氏の発言。U.N. Doc. E/AC.32/SR.2, at 8, January 26, 1950)。
[179]「無国籍者には2つの範疇がある。難民でもあり無国籍者はもちろん条約案の利益を享受できるが、難民ではない無国籍者も存在する。難民はほぼ全員が困窮した状態にあり、そのためにこの問題には特別の緊急性が備わっている。同時に難民ではない無国籍者については、同様に言うことはできない」(フランスのRain氏の発言。U.N. Doc. E/AC.32/SR.2, at 7, January 26, 1950)。
[180] イギリスのLeslie Brass卿の発言。U.N. Doc. E/AC.32/SR.3, at 3, January 26, 1950。

係に概ね匹敵する関係を、いずれかの国と有していなければならないということである。「常居所を有していた［国］」という概念は、無国籍である難民申請者が、国籍国に相当する機能を果たす準拠国を確定するためのものなので[182]、そこでは難民と推定される者の保護に対して一定の公式な責任を負っていることが暗黙のうちに前提されている[183]。「常居所を有していた［国］」の目的主義的解釈においては、申請者の再入国が可能な1つまたは複数の国を明らかにするという特定の目的で、申請者と、申請者が居住したことのある国がどのような結びつきを有しているかという点に焦点が当てられる。難民法は、本質的には迫害のおそれが存在する国に個人を送還することを防止するための手段なので、準拠国として適当なのは、申請者が庇護国に受け入れられなかった場合に帰還することが通常期待されている国である。

このような理解に従えば、従前の常居所国は通常、無国籍の申請者が最初に迫害を経験した国と同視されるべきであるというAtle Grahl-Madsenの主張[184]は全面的には支持できない。最初の避難元である国が、難民申請者が最も強い公式な法的関係を有している国であることが多いのは確かである。これは単純に、避難後、迫害に対する恐怖を理由として当該申請者を受け入れた国が、自国に無条件に帰還する権利までは認めていない場合があることによる[185]。他方、難民申

---

[181] 「難民と無国籍者の真の違いは、前者は何らかの旅行証明書を有しており、特定の国から忠誠を要求される可能性があるのに対し、［同時に難民ではない］無国籍者は旅行証明書も忠誠を誓う国も有していないという点にある」（イスラエルのRobinson氏の発言。U.N. Doc. A/CONF.2/SR.31, at 19, July 20, 1951)。
[182] 適当な準拠国としての「常居所を有していた国」という概念が適用されるのは無国籍者のみである（難民条約〔前掲注24〕1条A(2)第1段落参照）。このような構造がとられたのは、起草過程中に国際避難民機関（IRO）事務局長が表明した懸念に対応するためであった：「IROとしては、『常居所を有していた［国］』の文言は無国籍者に対してのみ適用されると解釈してきた。……したがって、A(2)(i)の文言を再検討することが提案されるところである。『常居所を有していた［国］』という文言を維持しなければならないのであれば、少なくとも『無国籍者の場合には』という文言によって限定することが適当であろう」(U.N. Doc. E/AC.32/L.16, at 3, January 30, 1950)。
[183] 「この号の意図は、受入国への入国時には効力を有する諸条約の対象ではなかったものの、受入国によって難民資格を付与された者を含めるところにある」（アメリカのHenkin氏の発言。U.N. Doc. E/AC.32/SR.17, at 7, February 6, 1950）。
[184] 「無国籍者が最初にそこから避難することを余儀なくされた国は、その後、事実上の居住状態がどのように変化したかにかかわらず、当該無国籍者が難民として人生を送る過程を通じて『常居所を有していた国』であり続ける」(1 A. Grahl-Madsen, *The Status of Refugees in International Law*, p.162 (1966))。
[185] 庇護を提供してくれていた国から離れることを選択した難民は、国民の場合とは対照的に、必ずしもその国への再入国を認められるとはかぎらない。難民条約〔前掲注24〕28条に従い、国には、ほとんどの場合、合法的にその領域内に滞在する難民に対して条約旅行証明書を発給する義務があるが、帰還についての期間制限を課す権利も認められている（難民条約〔前掲注24〕附属書13項〔訳注：原著では「3項」となっているが、誤植と思われる〕）。定められた期間内に発給国に戻らなかった難民は、その国の保護を失う可能性がある。さらに、条約旅行証明書または庇護国が発給した証明書のいずれかを使用して旅行しなかった難民は、再入国の権利をまったく認められない場合がある。

請者が他の国(々)と強いまたはより強い公式な関係を有していることもあるのであって、このような場合、保護を必要とするという申請は、当該申請者が公式に送還されうるすべての国との関係で評価されなければならない。このような立場は、国籍を有する者と有しない者を均整のとれた形で取り扱う必要性を尊重するものである。難民条約は、前者について、すべての国籍国で保護が欠けていることの証明を要求しているからである[186]。

　逆に、無国籍の難民申請者が第一迫害国または他のいずれの国にも帰還する権利を有していない場合、迫害を受ける場所に送還されるおそれがないので難民としては認められない。第一迫害国に送還されることについての申請者の恐怖を評価することは、いずれにせよ送還することができない以上、意味のない行為である。したがって、申請者がいずれの国にも帰還する権利を有しておらず、したがって「常居所を有していた」国もないと認定されたときは、そのニーズへの対応は難民法ではなく無国籍者を対象とした条約体制[187]に基づいて進められなければならない。

　カナダの実務においては、「常居所を有していた[国]」が明確に無国籍者による申請の文脈で解釈されているとはいえ、この概念は従前の保護との関連で定義されてきた。第1に、判例は、推定上の準拠国における事実上の居住が相当期間に達することを求めている。1年という期間が合理的な最低基準として受け入れられているように思われるが[188]、関連するほとんどの決定は、実際には、外国に数年間居住していた者に関わるものである[189]。第2に、常居所を有していた国とは単なる一時的な短期滞在ではなく、事実上の居住を含意している[190]。第3に、そして最も重要な点として、ある国が常居所を有していた国となるのは、申請者が

---

[186] 前掲第2章4(1)参照。
[187] 前掲注177参照。
[188] 「控訴人の宣誓宣言から、控訴人がフランスに避難したことは明らかである。控訴人が実際にフランスを庇護国に選んだのか、または家族とともに同国に行ったのかは関係がない。控訴人が実際にフランスに避難し、カナダに到着する前の少なくとも1年間、そこを最後の常居所にしていたという事実は残る」(傍点引用者) (*Thi Chien Le*, Immigration Appeal Board Decision 77-1099, June 20, 1977, at 3, per J.-P. Houle)。
[189] たとえば次のような先例がある：チェコスロバキア国籍を有する者がアメリカに難民として6年間居住していた例 (*Jiri Kovar* (1973), 8 I.A.C. 226)；ハンガリーの市民権を有する者がイギリスに16年以上居住していた例 (*Gregor Steven Harmaty* (1976), 11 I.A.C. 202)；ハンガリー国籍を有する者がスイスとオーストリアに合計11年居住していた例 (*Magdolna Haidekker* (1977), 11 I.A.C. 442)；チリ国籍の難民がオランダに2年間居住していた例 (*Mireya del Carmen Arriagada Lopez*, Immigration Appeal Board Decision 79-9216, May 31, 1977)。

合法的にその国に帰還できる場合のみである[191]。これらの基準は、常居所を有していた国という概念に関する国際法上の基本的要素とも合致しており、司法機関が、無国籍者はどのような場合に難民法による保護を適当な形で援用できるかという点に関する判断基準を解釈する基盤となっている。

---

[190]「[エチオピア国籍の] 控訴人は1968年に自国を離れ、船員として働くようになった。……同人はギリシアに本拠を構えて生活するようになった。……同人は、本拠を構えたギリシアにおいても、訪れた他のいずれの国においても一度も難民申請を行わなかった」(*Teum Mehamed Abubeker*, Immigration Appeal Board Decision V76-6125, August 26, 1977, at 6, *per* C. Campbell)。本件では状況に鑑みてカナダで難民としての地位が認められた。控訴人がギリシアとの間に有していたつながりは、同国を準拠国とするには不十分であったためである。
[191] *Guillermo Sergio Francisco Valenzuela Ponce*, Immigration Appeal Board Decision 81-1231, C.L.I.C. Notes 38.12, November 12, 1981. 本件では、出入国不服審査委員会は、避難国であるアルゼンチンからの難民であるという控訴人の主張を検討しなかった。控訴人は、同国への帰還が認められるほどの十分な地位を有していなかったためである。

第3章

十分に理由のある恐怖

　条約難民の特徴は、「迫害されるという十分に理由のある恐怖」のために自国へ帰ることができない、または帰ることを望まないという点にある。すべての非自発的移民が法律上の難民に当てはまるわけではない。出身国における迫害の真の危険に直面する者のみが条約によって認められた保護を受けることができる。迫害の範囲と意味は第4章で論じることとし、本章においては、十分に理由のある恐怖という概念について検討する。

　「十分に理由のある恐怖」とは2つの条件を含むと一般にはいわれる。第1の基準[1]は、難民申請者が、自身が「迫害の恐怖」[2]にいると考えることである。自国へ戻る可能性に対する申請者個人の反応[3]は、きわめて強い不安でなくてはならず、それは見せかけでも誇張でもなく、真の合理的なものでなくてはならない[4]。第2に、その恐怖が合理的である者だけが国際的保護を必要としているといいうるものであることから、危険の主観的認識は出身国における状況に関する入手可能な情報と一致するものでなければならない。本章は、「十分に理由のある恐怖」の定義に対するこの2つの柱からなるアプローチは、歴史的経緯から正当化されるものでもなければ実務的に有益なものでもないことを論ずる。申請者の供述[5]は自国の出来事の状況についていくらかの証拠となるかもしれないが、それを除いては、十分に理由のある恐怖は、難民申請者の精神的状態とまったく関係がない[6]。十分

---

[1] 国際難民法の分野における難民の条約上の定義の意義は、それが主要ではないとしても、重要な点で主観的要素に拠っていることにあるといわれてきた。R. Sexton, "Political Refugees, Nonrefoulement and State Practice: A Comparative Study" (1985), 18 Vanderbilt J. Transntl. L. 731, at 733.
[2] Y. Shimada, "The Concept of the Political Refugee in International Law"(1975), 19 Japanese Ann. Intl. L. 24, at 33.
[3] A. Fragomen, "The Refugee: A Problem of Definition"(1970), 3 Case Western Reserve J. Intl. L. 45, at 53.
[4] G. Melander, "The Protection of Refugees"(1974), 18 Scandinavian Studies in Law 153, at 158.
[5] M.Posner, "Who Should We Let In?"(1981), 9 Human Rts. 16, at 18.
[6] 同旨、K. Petrini, "Basing Asylum Claims on a Fear of Persecution Arising from a Prior Asylum Claim" (1981), 56 Notre Dame Lawyer 719, at 724。

に理由のある恐怖という概念は、むしろ本質的に客観的であり、難民申請者が過去に虐待に苦しんだことがある場合にも、その虐待の性質や程度に関係なく、保護の範囲を現在または将来の迫害のおそれを証明できる者のみに限定することを意図したものである。

1. 恐怖——危険の将来的見込みのための要件

言語学的文脈からすると、条約の定義において「恐怖」に言及されていることから、多くの評者が申請者の自国の状況に対する反応の心理学的評価と関連があると考えるのは理解できる[7]。「恐怖」という言葉は感情的反応を含みうるが[8]、それはまた恐怖の予測的評価を示すためにも使われうる[9]。すなわち、ある人物が特定の出来事が起こるかもしれないと予測するという意味においてその出来事を恐れているとしても、その者は、(その性格や感受性によって)それが実際に起こるという恐怖の中にいるかもしれないし、いないかもしれない。条約の起草過程を検討すれば、「恐怖」という言葉は、危険の将来的評価を意味するために採用されたのであって、申請者の感情的反応を検討するために求められたものではないことは明らかである[10]。

(1) 将来的危険評価の歴史的基礎

現在の難民条約の前身は、国際避難民機関(IRO)憲章である[11]。IROの難民

---

[7] 「主観的要素の評価は申請者の人格の評価と切り離すことはできないであろう。というのは、人の心理的な反応は同一の状況下においても人により同一とはかぎらないからである」(United Nations High Commissioner for Refugees, *Handbook on Procedures and Criteria for Determining Refugee Status*, p.12 (1979))。同旨、P. Weis, "The concept of the refugee in international law" (1960), 87 J. du droit intl. 928, at 970; S. Aga Khan, "Legal Problems Relating to Refugees and Displaced Persons" (1976), Recueil des cours 287, at 297; M. Chemille-Gendreau, "Le concept de réfugié en droit international et ses limites" (1981), 28 Pluriel 3, at 9; P. Hyndman, "The 1951 Convention Definition of Refugee: An Appraisal with Particular Reference to the Sri Lankan Tamil Applicants" (1987), 9 Human Rts. Q. 49, at 68。
[8] 「恐怖」とは「危険が今にも起こりそうであるという感覚によって引き起こされる痛みや不安の感情」として定義されうる。IV Oxford English Dictionary 117(1961)。
[9] 「恐怖」とはまた「何らかの将来の害悪の特別の懸念……危険の源とみなされるもの、または何らかの損害を加えあるいはひどい扱いをする可能性のある者を恐れる感情」をも意味しうる。前掲注8・IV Oxford English Dictionary 117 (1961)。
[10] かかる解釈は、条約の定義のフランス語の原文 ("*craignant* avec raison d'être persécuté") とも一致する (強調引用者)。難民の地位に関する条約 (189 U.N.T.S. 2545、1954年4月22日発効。「難民条約」) 1条A(2)。
[11] 18 U.N.T.S. 3, December 15, 1946 (「IRO憲章」)。IROは、国連の暫定的専門機関として設立され、1946年から1950年に国連難民高等弁務官が設置されるまで機能した。

の定義には、「迫害または迫害の合理的な理由に基づいた恐怖」を含む国籍国に戻らない「有効な根拠のある理由」を示す人々が含まれていた[12]。すなわち、IROは、自国においてすでに迫害を受けた人々とともに、行政当局によって、帰国する場合の迫害の将来的危険に直面すると判断された人々をもその対象としていた。

　この定義の2番目の部分は、「その個人の態度における要因」を考慮するという点で個別的取扱いをするものであった[13]。国の観点からすると、その主観性はまた機能的なものであった。IROを支配していた西側諸国は、政治的、戦略的理由から、難民申請者がその出身国である東側諸国に存在すると主張する危険が、実際に存在すると進んでみなしていたからである[14]。にもかかわらず、定義の枠組み自体は、危険の客観的評価――その難民申請者は、迫害の経験はないとしても、その者が何者であるか、または、何を信じているかということを理由に出身国において危険な状態にあるかもしれない者であるか――を必要としていた。こうして、難民の地位の新たな定式化は、すでに迫害されている人を保護するだけでなく、将来的危険から逃れうる人に対しても保護を広げる重要性を認識することを意図していたのである。双方のグループに属する者はともに自国へ戻らないことにつき「有効な根拠のある理由」を有するとみなされた。しかしながら、IROの難民の定義は、同機関を支配している国々が当該申請者の恐怖を客観的に証明しうるものと扱う用意がある場合を除き、危険が差し迫っていることについての純粋に主観的な懸念をも正当化するものではなかった。

　IRO憲章の難民の定義の枠組みは、難民条約上の難民の定義を作るにあたって出発点であった[15]。過去の迫害か将来的迫害の危険というその二重の中心的な

---

[12] *Id.,* at s. C(1)(a)(i).
[13] 国連事務総長の発言。U.N. Doc. A/C.3/527 at 7, October 26, 1949. 同旨、1 A. Grahl-Madsen, *The Status of Refugees in International Law,* p.175 (1966)：「迫害の犠牲者になる可能性は人によって異なることは明らかである。たとえば、よく知られている人は、常に知られていないままであった人よりも迫害によりさらされやすいかもしれない。同様に、ある者は他の者より意思が強く、あるいは率直であり、そのために他の者よりも当局の注意を引きつけやすいかもしれない」。
[14] それは、難民と、主観的側面を中心とした保護システムの外観を呈するIROに影響を与えた西側諸国とのイデオロギーの一致だった。「有効な根拠のある理由」の基準自体は、難民の地位を与える前に国家が危害の客観的証拠を要求しうる手段を与えた。J. Hathaway, "The Evolution of Refugee Status in International Law: 1920-1950" (1984), 33 I.C.L.Q. 348, at 374-79参照。
[15] 「国連総会は、IRO憲章において含まれていたものに対応する難民の定義を、固定的であってはならないと理解しつつもそれを念頭に置いていた」（アメリカのHenkin氏の発言。U.N. Doc. E/AC.32/SR.5 at 3, January 30, 1950）。同旨、A.Grahl-Madsen, *supra,* note 13, at 173：「『十分に理由のある恐怖』は技術上の用語であり、IRO憲章付録Iの第1部C節で採用された『迫害または迫害の合理的な理由に基づく恐怖』という使いにくい言い回しから、難民条約の起草者らが発展させたものである」。

基準が、難民および無国籍者に関するアドホック委員会の第1セッションに提出された3つの迫害の定義案に影響を与えたのは明らかである。たとえば、アメリカの提案[16]は、「迫害または迫害の恐怖のために」自国の外にいる人々を対象とするものであったし[17]、フランス[18]とイギリス[19]は、それぞれ「迫害の正当と認められる恐怖によって」[20]、「迫害の合理的な理由に基づく深刻な不安」[21]という、テストの将来的な部分のみを取り入れることを主張した。

　起草過程において生じた妥協は、難民保護の規範として、危険の現在および将来の評価を定めるが、1951年以前の難民に関する合意の範疇に入る人々のために過去の迫害の基準も残すというものであった。イスラエルとアメリカの代表団が中心となって、ナチスの犠牲者およびすでにある合意の下で保護されている他の難民は、帰国した際に予測される危険のため、または過去の迫害に基づく「感情的理由」[22]の結果として、保護を受ける権利を引き続き有するべきだという主張がなされた。その主観的懸念に基づいてこれらの難民に保護を広げることの妥当性は、明確に客観的、将来的基準に対する正当化しうる例外として議論された。

　最初のカテゴリーの客観的基準がこれらの場合にも適用されれば、不正義な状態が生じよう。実際、これらの自国に戻らない難民のなかには、客観的でなく主観的な理由で帰国しない者もいた。彼らは、実際に帰国することを妨げられていたわけではない。しかしもはや戻る勇気や欲求を持ち合わせていなかったのである。こうして、その自らの意思でなく、それ以外の理由によってドイツを離れた人々は、帰国しない理由をもはや存在しない迫害に求めることはできなかった。こうした人々が帰国することを不可能にしているのは、その恐ろしい記憶であったのである[23]。

　したがって、最終的に採択された条約において、より以前の合意の下で難民と

16　U.N Doc. E/AC.32/L.4, January 18, 1950.
17　*Id.,* at Art. A(2).
18　U.N. Doc. E/AC.32/L.3, January 17, 1950.
19　U.N. Doc. E/AC.32/L.2, January 17, 1950.
20　*Supra,* note 18, at Art. 1(1)(b).
21　*Supra,* note 19, at Art. 1(2)(b).
22　アメリカのHenkin氏の発言。U.N. Doc. E/AC/.32/SR.18 at 5, February 8, 1950.
23　イスラエルのRobinson氏の発言。U.N. Doc. E/AC/.32/SR.18 at 4, February 8, 1950.

決定された人々は、迫害される十分に理由のある恐怖を証明することは求められず[24]、自国における状況が安全となっても難民の地位は自動的に終止しないこととなった[25]。

しかしながらその他のすべての難民は、自国の保護を現に奪われ、または奪われるかもしれないという意味において、「現在の迫害の危険」[26]を証明しなければならないことにされた[27]。こうして、過去の迫害に焦点を当てたIROのテスト[28]の最初の部分は削除され、自国の現在または将来的危険の証拠を含む「迫害されるという十分に理由のある恐怖」[29]テストが採用された。「恐怖」という用語が使われたのは、難民の地位の基礎を難民申請者の心理状態の評価に置くためではなかった。この解釈は、当該難民が帰国への主観的恐怖を抱いているか否かにかかわらず、難民条約が、自国において安全な状況が確立した場合に難民の地位を終止させるとしている事実によっても裏づけられる[30]。結果として、難民条約上の難民の定義について「主観的および客観的要素を含む」ものとして語るのは正確ではない[31]。それはむしろ、申請者の現在または将来的危険の文脈においてなされるべき客観的なテストなのである。

(2) 危険の将来的見込みの実際的必要性

「恐怖」が申請者の懸念の主観的評価というよりむしろ危険の予測的、客観的評価を示すものとして解釈されるべきとする理由としては、上記の歴史的理由に加え、同じ危険に直面している者が異なる保護を受けるような方法で国際的法的義務を定義するのはきわめて特異であろうということがある。なにゆえに、国家は、同様の危険に直面している者のなかで個人の気質や忍耐を基礎に区別することが期待されるべきなのか。冷静な気質を持つ者は、簡単に恐怖を覚える人や自身

---

[24] 難民条約(前掲注10) 1条A(2)参照。
[25] 「国籍を有していない場合において、難民であると認められる根拠となった事由が消滅したため、常居所を有していた国に帰ることができるとき。ただし、この(6)の規定は、A(1)の規定に該当する難民であって、常居所を有していた国に帰ることを拒む理由として過去における迫害に起因するやむをえない事情を援用することができるものについては、適用しない」(傍点引用者)(難民条約〔前掲注10〕1条C(6))。
[26] イギリスのLeslie Brass卿の発言。U.N. Doc. E/AC.32/SR.18, at 6, February 8, 1950.
[27] フランスのRochefort氏の発言。U.N. Doc. A/C.3/529, at 4, November 2, 1949.
[28] *Supra*, note 12.
[29] 難民条約(前掲注10) 1条A(2)。
[30] 難民条約(前掲注10) 1条C(5)、(6)。
[31] たとえば以下を参照:G. Melander, 前掲注4;G. Gilbert, "Right of Asylum: A Change of Direction" (1983), 32 I.C.L.Q. 633, at 644.

の不安を熱心に主張する者よりも保護に値しないと見られるべきだろうか[32]。このことは「自身の状況についての申請者自身の評価を、主要とまではいえないとしてもかなり重視している」ことを含意する[33]。

　当該個人が安全に自国に帰れるか否かということが中心的課題であることからすれば[34]、申請者の懸念の程度は、単純に関連して考慮される事項ということにはならないというのが論理的帰結である。かかる論理的帰結は、普遍的な言葉で定義された個人の尊厳の客観的指針を尊重することを国家に求める国際的な人権に関する取組みの基本的性質とも一致する[35]。これらの基準はすべてに共通するものであり、個別の認識や懸念如何によって変化するものではないのである。

(3) 「客観性の切り札」への消極的制限としての主観的恐怖

　難民認定の過程において「申請者の主観的恐怖……を認め」[36]ようとしたカナダの裁判所における経験からも、条約の枠組みについてこのような誤った理解をしないことが必要であることが明らかになっている。「抑えられない」[37]、「克服できない」[38]恐怖の証明は、保護の決定の中心にあると主張される。感情やその強さが人によって異なることは「年齢、教育、対象者の肉体的、道義的強靱さ」[39]を含むさ

---

[32] 同旨、A. Grahl-Madsen, *supra*, note 13, at 174：「個人の心情はほとんど関係がない。難民であると主張する者はすべて、その者が自国に戻るという考えに震えるか、すべての危険に立ち向かう用意ができているか、あるいは単にありうる危険に対して無関心かあるいは気づいていないかにかかわらず、現在の条項の意味における迫害される『恐怖』を有している」。

[33] R. Sexton, *supra*, note 1, at 733. 同旨、P. Hyndman, "Refugees Under International Law with a Reference to the Concept of Asylum" (1986), 60 Australian L.J. 148, at 149：「決定権者は、当該人物が真の恐怖を主観的に有していると確信しなければならない」。

[34] 「議会の何人かのメンバーは、出国するという最初の決断の理由が唯一の決定的な問題であり、帰国してすぐの迫害の見込みは難民として認められるのに不十分であると主張した。しかしながら、その主張は、なぜ個人が『帰国することができないまたは帰国することを望まない』かに焦点を当てている文言を出国の理由のみに重点を置く条項へと変容させるものである」(H. Fish, Jr., "A Congressional Perspective on Refugee Policy", [1983] World Refugee Survey 48, at 50). 同旨、D. Gross, "The Right of Asylum Under United States Law" (1980), 80 Columbia L. Rev. 1125, at 1134。

[35] 「世界人権宣言は、すべての個人が有する基本的人権や自由の性質についての世界中の総意を反映するだけでなく、人間の固有の尊厳や価値は、その人間の権利の尊重と保護を要求するという原則の確信についての意見の一致を表している」(V. Saari and R. Higgins Cass, "The United Nations and the International Protection of Human Rights: A Legal Analysis and Interpretation" (1977), Ca. W. Intl. L.J. 591, at 597.

[36] *Joseph Adjei v. Minister of Employment and Immigration* (1989), 7 Imm. L. Rev. (2d) 169 (F.C.A.) at 171)。

[37] *Amjad Ali Chaudry,* Immigration Appeal Board Decision M82-1160, September 29, 1982, at 4; *Jose Mariano Aguilar Vides,* Immigration Appeal Board Decision M83-1009, February 3, 1983, at 2; *Rouzbeh Amjadishad,* Immigration Appeal Board Decision M85-1935, May 13, 1987, at 4.

[38] *Gilberto Chonta Gallegos,* Immigration Appeal Board Decision M83-1588, January 25, 1984, at 1.

まざまな要素の文脈において認識されるべきであるといわれる[40]。実際、カナダにおけるいくつかの決定では、明示的にUNHCRの立場を採用してきた。

　主観的要素の評価は申請人の人格の評価と切り離すことはできないであろう。というのは、人の心理的な反応は同一の状況下においても人により同一とはかぎらないからである[41]。

　しかしながら、実務においては、申請者の懸念の主観的評価を意義あるものにすることへの現実的な障害[42]から、裁判所は、強い客観的基礎を有する多くの事件において、主観的恐怖の審査を不要にする「客観性の切り札」とでもいうべきものを採用してきた。そして、そのことによって、危険の存在を否定する方向に働く証拠があれば、最も熱心に述べられた迫害の恐怖さえも覆すことができるようになった。結果として、「主観的」と「客観的」と2つに分かれていた評価が1つの客観的基準へと変わり、皮肉なことにカナダの実務は、条約の起草者の本来の意図と一致したのである[43]。

　たとえば、*Maria Beatriz Maldonado Verga*事件[44]において、出入国不服審査委員会は、当該申請者が、チリの軍事独裁政権に対して反対したことの結果、自分に対し嘲り、愚弄、監視が繰り返しなされていると考え、結果として神経症的不安に苦しんでいる申請者を扱った。当該事件における決定において、客観的意

---

[39] 「恐怖、十分に理由のあるまたは合理的な恐怖でさえ、それを経験する人の中における主観的な感情である。その強制力や抑制力は、人によってその強さが異なりうるものであり、個々の事案の状況下に照らして評価されるべきである」(*Louis-Paul Mingot* (1973), 8 I.A.C. 351, at 356)。同旨、*Marc Georges Sévère* (1974), 9 I.A.C. 42, at 46。
[40] *Lionel Medina Aragon,* Immigration Appeal Board Decision 77-1084, May 26, 1977, at 3.
[41] UNHCR, *supra,* note 7, p.12. *Ayadurai Gerard Ravindiran,* Immigration Appeal Board Decision V86-6067, March 26, 1987, *Sylvia and Patrycya Dytlow,* Immigration Appeal Board Decision V87-6361X, October 29, 1987, at 8, *per* A. Wlodyka; *Jorge Pizarro Parada,* Immigration Appeal Board Decision V87-6004, January 26, 1988, at 9, *per* A. Wlodyka; (Federal Court of Appeal Decision A-696-88, April 3, 1989により維持)。
[42] 国家の難民条約の定義を解釈する助けとなるために国連が用意したガイドラインにも危険の主観的評価の使いにくさが表れている。「申請者の個人的及び家族的背景、特定の人種的、宗教的、社会的又は政治的集団に所属すること、自身の置かれている状況についての自らの解釈及び個人的体験——還元すればその申請の主要な動機が恐怖であることを示すようなすべての事項——を考慮に入れることが必要である。恐怖は合理的なものでなくてはならない。しかしながら、誇張された恐怖と言えども、その事案のすべての状況からみてそのような心情が正当化されるようなときには、十分に根拠があることになるのかもしれない」(UNHCR, *supra,* note 7, p.12)。
[43] 前掲本章1(1)、注26以降参照。
[44] Immigration Appeal Board Decision 79-9002, C.L.I.C. Notes 6.16, March 22, 1979.

味において彼女の不安は「誇張されたものである」という理由で彼女の申請は認められなかった[45]。*Bakhshish Gill Singh*事件[46]において、同委員会は、元インド政府職員がシーク教の活動のために働いたことの結果、自国において当局より追われていると主張した申請を審査した。

　Gill氏は、インドに帰ることについて主観的恐怖を有しているというのが委員会の多数意見である。多数意見は、彼の態度は真の主観的恐怖を示していたと考える。彼は22年間も職を離れたままなので捕まる可能性があるという友人の陳述に対する彼の性急な反応は、高度に張りつめた興奮しやすい人物による主観的恐怖とよく一致している。しかしながら、残る問題は、Gill氏の恐怖は合理的に根拠づけられているか、言い換えれば、審問の際に示された事実の評価が、Gill氏の主観的恐怖に客観的基礎があることを示しているか否かという点である。多数意見は、そのような客観的根拠は存在しないと考える[47]。

　上記の2つのケースは、主観的恐怖は「客観的に評価されるべきであり、またそうすることが可能である」という広く受け入れられた見解を例証するものである[48]。
　この主観的恐怖の客観的評価はどのようになされるものか。*Rouzbeh Amjadishad*事件[49]において、委員会は以下のように判示した。

　主観的恐怖は、客観的に評価することができる。言い換えれば、難民の地位を主張する者は、首尾一貫し、信頼できるような、信憑性のある形で、特定の出来事や人物が、その者の人生に生じ、あるいは干渉してきた結果、その者、あるいは基本的人権に対する物理的、心理的脅威への恐怖がその者に生じている

---

[45] *Id.,* at 11. *Jorge Pizarro Parada,* Immigration Appeal Board Decision V87-6004, January 26, 1988, at 10, *per* A. Wlodyka（Federal Court of Appeal Decision A-696-88, April 3, 1989により維持）も参照。
[46] Immigration Appeal Board Decision V87-6246X, July 22, 1987.
[47] *Id.,* at 4, *per* D. Anderson.
[48] *Munir Mohamad Adem Suleiman,* Immigration Appeal Board Decision V81-6246, November 16, 1983, *per* G. Loiselle. 同旨、*Marc Georges Sévère* (1974), 9 I.A.C. 42; *Guillermo Lautaro Diaz Fuentes* (1974), 9 I.A.C. 323（他の理由により(1974), 52 D.L.R. (3d) 463(F.C.A.)で維持）; *Oscar Suarez Cleito,* Immigration Appeal Board Decision M81-1219, December 8, 1981; *Serag Bozkal Mehmet Mohamed,* Immigration Appeal Board Decision M83-1011, January 25, 1983; *Jagdish Gill Singh,* Immigration Appeal Board Decision V86-6351X, April 22, 1987, *Calros Alberto Sanes Suarez,* Immigration Appeal Board Decision M86-1587X, September 30, 1987.
[49] Immigration Appeal Board Decision M85-1935, May 13, 1987.

ことを証明しなければならない[50]。

このように、この分析は申請者の主観的恐怖の真摯性とその証言の一貫性を同一視している[51]。他方、このアプローチは、実際的な面で欠点がある。真の、トラウマ後の不安に苦しむ者は、しばしば十分に情報を思い出すことができず、明確な方法で供述することなどさらにできないかもしれない[52]。さらに、信憑性の評価は、難民申請者が直面する客観的危険の程度を可能なかぎり正確に証明する手段と考えられているのであり、これは難民の定義における「主観的要素」が「客観的要素」[53]へと収斂していることを端的に示している。

「恐怖」という基準がより問題のある形で解釈された場合、主観的要素が問題とされなければ、その難民の地位の請求権が確固たるものであると客観的に判断されえた者から難民の権利を奪うことにもなる。第1に、委員会は、時に出身国を逃れる最も早い機会を利用して出国しなかった者がその国における迫害を恐れているとするのは妥当ではないと結論づけてきた[54]。第2に、申立ては、真に帰国を恐れる者であれば、カナダに入国してすぐにその恐怖を明らかにするよりもむしろ、カナダに来る過程で通る避難場所となりうる国で庇護を申し立てるのが当然であるという理由で拒否されてきた[55]。第3に、これが最もよくなされるのだが、本当におそれを有している者は、遅滞なくカナダ当局に保護の必要性を知らしめるであろうし、出国が迫る前にとにかく地位を求めるだろうという考えがある[56]。たとえば、*Harjinder Dhillon Singh*事件[57]において、委員会は、以下のように判示した。

---

[50] *Id.,* at 4 *per* M. Doré. 同旨、*Raul Garcia Zavala,* Immigration Appeal Board Decision 81-1222, C.L.I.C. Notes 45.10, June 29, 1982.
[51] この見方は国連の立場と一致している：「難民の定義が主観的要素においている重要性の故に、記録に残っている事実から事案が十分に明らかではない場合には、信憑性についての判断が不可欠となる」(UNHCR, *supra,* note 7, p.12)。信憑性判断が必要であることは明らかだが、それは、主観的感情に説得力を与える手段ではない。むしろ、それは、証拠中難民申請者によって提供された証言の客観的な確からしさを試すためになされるのである。
[52] *Mario Benito Fuentes Leiva,* Immigration Appeal Board Decision 79-9101, C.L.I.C Notes 27.12, November 13, 1980, at 4-6におけるこの点に関する専門的精神医学的証拠についての議論参照。
[53] 純粋に主観的な要素の役割が減少しているのは、各国による難民の決定手続における個々の申請者の影響を最小限化しようとする努力の一環であるとされる。
[54] *Oscar Manuel Diaz Duran*事件において、委員会は以下のように述べた：「申請者は、1975年から1979年の間、友人宅を転々とし、正式な許可を得ることなく友人の手により解放されたことから、再び勾留されるのを恐れて働くことはなく、また、そのために18歳になったときにも兵役の報告をしなかったと主張する。委員会は、この間苦しんだ申請者が、1979年1月18日にパスポートを取得した後も、1979年5月27日まで、4カ月の間国を出ないで待っていたというのは信じがたいと考える」(Immigration Appeal Board Decision 80-9116, April 16, 1980, at 2-3, *per* U. Benedetti〔他の理由により維持〔1980年〕、42 N.R.342〕)。全般的には前掲第2章3を参照。

申請者は、カナダに到着後すぐに難民の地位を申請しなかった。……同人は、カナダで不法に1年半働き、そのために偽造の書類を用い、逮捕されてはじめて難民の地位を申請した。これが迫害の十分に理由のある恐怖を有する者の態度であろうか。委員会は、そうは考えない[58]。

　これらの結論を引き出すことが概念上困難であることはすでに論じた[59]。難民の地位の申立ての提出の遅延と保護の必要性の真実性に何らかの関連を認めるとしても、その懸念は、信憑性の客観的評価に対してのみ向けられるものであり、主観的恐怖の評価に向けられているものではない[60]。せいぜい、出国や難民の申立ての提出の遅れは、難民申請者が当該事案においてその証言の信憑性を認められようとするにあたって、説明される必要があるというにすぎない[61]。しかしながら、遅延を主観的恐怖の欠如と同一視し、それによって、申請者の信憑性の決定における一要因を不当に重視することはまったく不適切である。

---

[55]「政治的または他の理由で迫害されることについて抑制しがたい恐怖にとらわれている者が、その恐怖を消し去るための機会が訪れたときに何らの努力をしないというのは信じがたい」(*Luis Omar Reyes Ferrada*, Immigration Appeal Board Decision T81-9476, September 18, 1981, at 4, *per* J.-P. Houle)。同旨、*Jasbir Singh*, Immigration Appeal Board Decision T83-9400, April 14, 1983, at 5, *per* D. Davey:「委員会は一貫して最初の到着国で難民の地位を求める必要はないと判示してきてはいるが、ある者が、難民の地位を求めずに15、16カ国を船で回っていたことは、迫害の真の恐怖を裏づけるものとはならない」。しかしながら、連邦控訴裁判所は、近時 *Marcel Simon Chang Tak Hue v. Minister of Employment and Immigration* 事件において、このアプローチを保護への客観的必要性が出身国を出て以来絶えず続いている場合に限定した(Federal Court of Appeal Decision A-196-87, March 8, 1988)。全般的には前掲第2章3を参照。

[56]「申請者は、カナダに到着してすぐに難民の地位を申請せず、カナダの移民当局による取調べがなされるまでには行わなかった。委員会は、申請者の行動は、自国に戻るのを恐れる政治難民の行動ではないと考える」(*Tawfiq Mohammed Tawfiq Al-Shanti*, Immigration Appeal Board Decision, 79-9055, April 5, 1979, at 7, *per* U. Benedetti)。同旨、*Yaw Opuku-Gyamfi*, Immigration Appeal Board Decision V80-6253, August 13, 1980 (Federal Court of Appeal Decision 80-A-67によって他の理由に基づき維持);*Harbhajan Washir Singh*, Immigration Appeal Board Decision T79-9454, December 7, 1982。

[57] Immigration Appeal Board Decision T84-9049, October 21, 1985.

[58] *Id.*, at 5, *per* B. Suppa.

[59] 前掲第2章4本文、注137以下。

[60] 深刻な疑問は、客観的文脈においてこの種の証拠を利用するにあたって生じる。「委員会は、主な考慮要素として、申請者の正直さや率直さを評価しようとするにあたって、実質よりも形式を重視しているように見える。当該個人は、カナダの移民手続をほとんど何も知らず、法律上難民としての保護を要求する権利があることさえ知らないかもしれない。申請がいつ行われたかは、すべての事実が検討されるまでは、ある個人が難民かどうかの判断に影響を及ぼすものではない。申請者が期待されているのは恐怖を証明することである。このような恐怖を政府当局と接するときに全般的に引きずるのは当たり前ではないだろうか」(C. Wydrzynski, "Refugees and the *Immigration Act*" (1979), 25 McGill L.J. 154, at 177)。

(4) 危険の客観的評価の一側面としての恐怖

　*Sivakumaran*事件[62]におけるイギリス貴族院の近時の決定は、「十分に理由のある恐怖」という言い回しの意味を徹底的に分析し、起草過程や難民条約の内部的な文脈から多くを引き出している。Keith卿は、適切なテストは客観的なテストではないという考え方に以下のとおり反論している。

　難民条約の一般的な目的が、自国において保護を受けられない者に対して保護と公正な待遇を与えることにあることは間違いなく、その恐怖が当該個人の観点からはいかに合理的であろうとも、客観的に正当化されない恐怖をやわらげることにまで及ぶものではない。迫害の恐怖は、難民条約の意味においては、直前の困難な状況から生じたそのときの個人的な危険の恐怖ではない。……問題は、その者が国籍国へ戻ったら何が起きる可能性があるか、ということである。難民はそこで迫害されるかもしれないことを恐れるのである。そのようなことが起きる可能性があるか否かは、当該国における現実の状況を調べることによってのみ決定されうる(傍点引用者)[63]。

　同意意見において、Goff卿は以下のように簡潔に述べている。

　難民条約の真の目的は、それがどれほど妥当でもっともらしく思われるものであっても、恐怖をやわらげることではなく、その迫害の恐怖に実際に十分に理由がある不幸な人々のために安全な避難場所を提供することである[64]。

　これらの結論は歴史的、論理的に説得力があり、さらにはヨーロッパ大陸の実務とも一致している[65]。カナダ法においてこれを明確に採用することは2つの目的

---

[61] 申立ての提出の遅延について適切に注意が払われた審理の例は、*Banta Dhaliwal Singh*事件における委員会委員A. Wlodykaによる以下の反対意見に見られる：「委員会は、申請者がカナダにおける難民の地位をすぐに申請せず、むしろ査証に従って合法的に留まっていたことに注目している。しかしながら、申請者は、最終的にはカナダ移民局に自主的に難民の地位を申請し、申請者はなぜ彼がそうしたのかについて説明をしている。アメリカ大使館から査証を取ることができなかったことも彼の用心した行動の理由となっている。……私は、当該申請者が、彼が迫害の主観的恐怖を有していたと結論づけるにおいて、『疑わしきは申請者の利益に』の考えを当てはめる用意がある」(Immigration Appeal Board Decision M87-6103X, April 30, 1987, at 12)。
[62] *R. v. Secretary of State for the Home Department, ex parte Sivakumaran*, [1988] 1 All E.R. 193 (H.L.).
[63] *Id.*, at 196-97, *per* Load Keith of Kinkel.
[64] *Id.*, at 202, *per* Load Goff of Chieveley.

に役立つだろう。まず、そうすることで、申請者の感情的な状態を危険の決定に関連づけることに表面上のみ同意しているという現在の状態を終わらせることができる。次に、主観的恐怖がないとする否定的な推論は、難民の地位を否定する十分な理由でないことが明確になる。定義の「恐怖」の基準の唯一の意味は、危険の評価は、将来的な文脈の中でなされなければならないということである。言い換えれば、検討されるべき問題は、申請者がすでに何を経験しているかにかかわらず、その者が、出身国において予期される危険からの安全な避難場所を求めていると信じるに足る理由があるか否かである。

2. 危険の十分に理由のある評価——テストの提示

難民条約が危険の将来的評価にのみ関連するものであるならば、難民の地位の請求権があることを実証するために求められる懸念の基準はどのようなものだろうか。どのような状況下で、難民法は、申請者の主張する保護の要求が正当なものであると認識すべきと言いうるのだろうか。

難民条約自体の起草過程は、その最も一般的な用語においてのみ参考となる。もし当該事案が「正当化できる」[66]ものであり、国を逃れるに「十分な理由」[67]、不安への「合理的な根拠」[68]を有するのであれば、その者は難民である。これらの定式化により、テストの客観的な性質は強化されているが、決定のための明確な基準はこれによっては設定されない。UNHCRによる説明もこの理解を大きく進めるものではない。われわれは、「十分に理由のある」恐怖は「客観的な状況により裏づけられ」るものであり[69]、究極的にはその客観的テストは、主観に根ざしていると聞かされている。

一般に、申請者の有する恐怖は、その出身国での居住を継続すれば定義にあるような理由で申請者に耐えがたいような状況になったであろうこと、または出身

---

[65] たとえばドイツ連邦共和国は、「連邦行政裁判所の先例によれば、もっぱら重要なのは国家の迫害の意図であり、それは当該難民の信念や主観的恐怖とは関係がない」としている((1985), 4 A.W.R. Bull. 158, at 160)。
[66] フランスの提案。U.N Doc. E/ AC.32/L.3/Corr. 1, at 1.
[67] イギリスのLeslie Brass氏の発言。U.N. Doc. E/ AC.32/SR.18, at 6, February 8, 1950. これは無国籍者と関連諸問題に関するアドホック委員会の第1会期のレポートにおいて採択された(U.N Doc. E/1618, at 39)。
[68] イギリスの提案。U.N. Doc. E/AC.32/L.2, at 1, January 17, 1950.
[69] UNHCR, *supra*, note 7, p.12.

国に戻るならば同一の理由により耐えがたくなるであろうことを申請者が合理的な程度に立証すれば、十分に根拠があるとみなされるべきであろう（傍点引用者）[70]。

このわかりにくい論述は、必要性についての申請者の主観的評価を重視し、それによって難民の地位の範囲を広げようという善意から出た試みに根ざしている。しかし、このような考え方は、条約起草者の意図と合致しない[71]。さらには、国際社会がこうして十分に理由のある恐怖の客観的テストの本質を捉えないことは、各国が、時には不当に制限的な、各国自身の、評価基準を立案するように強いるものともなってきた。

たとえば、アメリカでは、長い間受け入れられてきたアプローチは蓋然性の均衡に基づいて危険の証明を要求するというものであった[72]。難民としての認定は、危害が「合理的に起こりそうな」ときにのみ生じるとされた[73]。カナダ最高裁は、*Kwiatkowsky v. Minister of Manpower and Immigration*事件[74]の決定において、いくらか異なった文脈においてではあるがこの基準に同意した。難民の申立てが本格的審理に進むには、危害の「起こる可能性が起こらない可能性より高い」[75]必要があるとした*Lugano v. Minister of Manpower and Immigration*事件[76]における連邦控訴裁判所の論旨を引用して、最高裁判所は、「蓋然性の均衡のテストは、正しいものである」と判示した[77]。

*Kwaiatkowsky*事件の「蓋然性の均衡」基準は、出入国不服審査委員会による本格的審理を受けるための申請のみを明示的には拘束するものであり[78]、申立て

---

[70] *Id.*, at 12-13.
[71] 「条約の目的は、条約上の理由により真の実質的な迫害のおそれがある場合に難民の地位が与えられるならば、確かに果たされるだろう。私が注意深く研究した条約の準備作業は、この解釈と一致しないように思われる。……ハンドブックの42段落は、高等弁務官によって支持されている見解の表明ということになるが、解釈の問題としてその見解を正当とする理由は示されていない」(*Supra*, note 62, at 202, *per* Lord. Goff)。
[72] A. Evans, "Political Refugees and the United States Immigration Laws: Further Developments" (1972), 66 A.J.I.L. 571, at 575.
[73] D. Gross, *supra*, note 34, at 1134. 同旨、P. Woods, "The Term 'Refugee' in International and Municipal Law: An Inadequate Definition in Light of the Cuban Boatlift" (1981), ASILS Intl. L.J. 39, at 44。
[74] (1982), 45, N.R. 116 (S.C.C.).
[75] [1976] 2 F.C. 438, 13 N.R. 322 (C.A.).
[76] *Id.*, at 439.
[77] *Supra*, note 74, at 123, *per* Wilson J.

自体の決定に最終的に適用される実質的なテストに関するものではなかった。双方の段階で同じ基準が適用されることへの公式な態度表明はあったが、実務上、裁判所は、難民の決定の客観的基準を満たすためには申立ては「信憑性と確からしさを立証する」[79]という要求を繰り返し述べて、この第2段階ではより低い基準を用いる傾向があった。当該申請者が帰国してすぐに迫害にも相当するような何かに直面することを立証する必要はないが[80]、「当該申請者が帰国することへの真の恐怖を有していることを示す因果関係」[81]を立証する必要があった。本案の審理よりも審理の許可の申請の段階でより厳しい基準を事実上要求するという変則的な状態は、第1段階の手続の基礎となる移民法の規定が決定権者の前で口頭審問を受ける権利を申請者に保障しないという点において違憲であるとしたカナダ最高裁の決定によって終わりを告げた[82]。*Robert Satiacum*事件における強い反対意見でも述べられたように[83]、「本節の用語はすでに廃止されているので、当該用語がその基礎とするテストも廃止されるべきである」[84]。

　カナダにおけるこの「十分に理由のある」恐怖の基準の再考の機会は、アメリカ最高裁とイギリスの貴族院における関連する判決がなされるのと同時に訪れた。*I.N.S v. Cardoza-Fonseca*事件[85]において、アメリカ最高裁は、以下のとおり、伝

---

[78] カナダ最高裁による*Singh*事件の決定以前にあった移民法の下では、難民申請者は、決定権者の前で口頭の審問を受ける権利を与えられていなかった。その代わりに、移民局職員が、申立ての事実に関する宣誓の下で審理を主宰していた。この審理の記録は、次に、本案に関して労働移民大臣に勧告を行う難民の地位諮問委員会によって調査された。条約難民であると認められなかった人々は、出入国不服審査委員会の前で再決定のための口頭の審理の許可を求めることができた。

[79] *Marc Georges Sévère* (1974), 9 I.A.C. 42, at 47, *per* J.-P. Houle. 同旨のものとしてたとえば以下：*Miroslaw Henryk Siedmiogrodzki,* Immigration Appeal Board Decision 80-1100, June 19, 1980; *Oscar Suarez Cleito,* Immigration Appeal Board Decision M81-1219, December 8, 1981; *Cumhur Dembil,* Immigration Appeal Board Decision M82-1275, January 6, 1983.

[80] 「委員会が、法令上の定義が単に『十分に理由のある恐怖』を立証することを要求しているからとして、当該申請者とその妻に対して迫害の対象になるであろうことを要求するのは、私は誤りであると考える。委員会によって課されたテストは、法令によって課されたテストよりも厳しいものである」(*Re Naredo and Minister of Employment and Immigration* (1981), 130 D.L.R. (3d) 752, at 753, *per* Heald J.)。

[81] *Harri Chandra Persaud,* Immigration Appeal Board Decision T84-9035, May 30, 1984, at 3, *per* B. Howard. 証拠の優越の概念がしばしば援用された。たとえば、*Mahmuour Rahman,* Immigration Appeal Board Decision M86-1507X, November 5, 1986, *Gabriel Sarfo Kantanka,* Immigration Appeal Board Decision M87-1598X, September 16, 1987, *Charles Benhene,* Immigration Appeal Board Decision M87-1609X, January 20, 1988を参照。

[82] *Singh et al. v. Minister of Employment and Immigration,* [1985] 1 S.C.R. 177.

[83] Immigration Appeal Board Decision V85-6100, July 10, 1987. 反対意見は、本件の司法審査において、連邦控訴裁判所により支持された。*Minister of Employment and Immigration v. Robert Satiacum*, Federal Court of Appeal Decision A-554-87, June 16, 1989.

[84] *Id.*, at 42, *per* D. Anderson.

統的な「蓋然性の均衡」基準を否定し、より寛大な「合理的な可能性」テストを支持した。

> 国連の定義について、申請者が銃撃され、拷問され、さもなければ迫害される可能性が10％しかないので、当該申請者は、そのようなことが起きる「十分に理由のある恐怖」を有していないと結論づける余地はない。……客観的状況が証拠によって裏づけられるかぎり、その状況がおそらく迫害を生み出すだろうということを示す必要はなく、迫害は合理的な可能性で足りるとするのが、「十分に理由のある恐怖」の穏当な解釈である[86]。

イギリス貴族院は、Sivakumaran事件[87]において、この実質的基準を発展させた。しかし、その背景はかなり異なる。アメリカ最高裁が客観的証明につき過度に厳しい基準を緩やかにする過程にあったのに対して[88]、貴族院は、「十分に理由のある恐怖」の客観的性質を実質的に損なう以下の控訴裁判所の決定に対処する必要があった。

> 恐怖は明らかに恐れを感じているその者によって経験された完全に主観的な状態である。「十分に理由のある」という形容詞によって、感情の主観的性質は修正されているが、変容してはいない。この修正により、偏執症的なものとして退けられるべき恐怖は排除される。しかしながら、なぜ、恐れを感じている当該人物に生じたような状況に直面したならばそのおそれは完全に正当化されるという場合にも、それが誤解であったことが客観的に示される場合には排除されるべきであるのか、理解できない[89]。

貴族院は全員一致でこの理解を退け、難民の地位の申立ての客観的根拠が最も優先することを強調した。Keith of Kinkel卿は、アメリカ最高裁[90]によって採用

---

[85] 467 U.S. 407 (1987).
[86] Id., at 453, per Stevens J. 全般的には、M. Gibney, "A 'Well-Founded Fear' of Persecution" (1988), 10(1) Human Rts. Q. 109参照。
[87] [1988] 1 All E.R. 193 (H.L.).
[88] 前掲注72〜73本文参照。
[89] [1987] 3 W.L.R. 1047 (C.A.), at 1052-1053, per Sir John Donaldson M.R.

されたテストに賛同してこれを引用したが、以下のとおり、それに続けて、おそらくより制限的な決定の基準を提示している。

> 申請者の迫害の恐怖が十分に理由がなければならないという要求は、その者が、帰国すれば条約上の理由によって迫害されるであろう見込みの合理的な程度が立証される必要があるという意味であると考える（傍点引用者）[91]。

その同意意見で、Goff of Chieveley卿とTempleman卿は、「迫害される現実の実質的な危険」の証拠があるか否かを審査するテストを支持し、「見込み」の概念を緩やかにしている[92]。しかしながら、結局、貴族院の基準は、アメリカの「合理的可能性」テストよりもいくらか厳しいものであるように思われる。

これらの新しい見解に初めてカナダが言及したのは、*Robert Satiacum*事件[93]における出入国不服審査委員会のDavid Anderson委員の反対意見においてである。決定は、「蓋然性の均衡」のアプローチを時代錯誤なものとして退け[94]、*Cardoza-Fonseca*事件[95]におけるアメリカのテストにきわめてよく似た「合理的見込み」[96]基準を採用した。この新しい考えは、明示的に*Joseph Adjei v. Minister of Employment and Immigration*[97]において連邦控訴裁判所によって是認された。同事件においては、*Kwiatkowsky*事件[98]に基礎を置く「蓋然性の均衡」テストが否定され、新しい「合理的な見込み」基準が支持された。MacGuigan判事は、「合理的見込み」[99]テストを、「迫害を恐れる相当な理由」[100]、「合理的な」あるいは「深刻な可能性」とさえも同等と見なし、それを迫害の「単なる可能性」[101]に対立するものとして用いている。最も重要なのは、決定は以下のとおりはっきりと、イギリスの*Sivakumaran*事件[102]に由来するイギリスの制限的な「現実の実質的な危険」

---

[90] *Supra,* note 87, at 197.
[91] *Supra,* note 62, at 197-198.
[92] *Supra,* note 62, at 199, *per* Lord Templeman, and at 202, *per* Lord Goff of Chieveley.
[93] *Supra,* note 83.
[94] *Supra,* note 83, at 41-42. 前掲注78～84本文も参照。
[95] *Supra,* note 85. 前掲注85～86本文も参照。
[96] *Supra,* note 83, at 43.
[97] (1989), 7 Imm. L.R. (2d) 169 (F.C.A.), at 172.
[98] (1982), 45 N.R. 116 (S.C.C.).
[99] *Supra,* note 97, at 172.
[100] *Id.*
[101] *Supra,* note 97, at 173.

テストに賛同しないことを明示していることである。

　イギリスの法令を解釈するために貴族院によって認められた用語ではあるが、「考えるに足る実質的な根拠」という語句は、カナダにおいて受け入れられるには抽象的すぎると考える。それは「十分な根拠」を超えて、蓋然性を示すようにさえ思われる[103]。

　そして、最終的な分析において、カナダ法はよりリベラルなアメリカの傾向に従うことを選んだ。申請者の出身国における関連する迫害の合理的な可能性または見込みがあることを示す客観的な証拠があるかぎり、申立ては十分に理由があると判断される。この立場を採用するにあたり、カナダは、一貫して「蓋然性の基準」を否定し、「相当な理由」[104]、「ありえそうな危険」[105]、「何らかの証明」[106]、「当該状況下で合理的な」[107]、「現実的見込み」[108]、「深刻な可能性」[109]といった基準を支持してきた支配的な[110]学説にはっきりと同調するに至った。この「合理的な可能性」テストは、保護の決定について客観的に観察できる危険に基礎を置く難民条約上の責務の尊重と、同時に懸念の程度を不適切に高く設定することを避ける必要性とを適切に妥協させたものである。この司法の「合理的可能性」基準への移行から生じる、潜在的に議論となりうる問題は、決定権者は、難民の保護のための最低限の基準として、蓋然性には至らない、正確だが恣意的な「確率的危険の基準」を設定しようとするかもしれないという点である。迫害の10％の見込み[111]で十分であるというStevens判事の言及は、単に「蓋然性の均衡」テストの厳格性を放棄

---

102 [1998] 1 All E.R. 193 (H.L.).
103 *Supra*, note 97, at 173-174, *per* MacGuigan J.
104 P. Weis, "The concept of the refugee in international law"(1960), J. De droit intl. 928, at 970.
105 G. Melander, "The Protection of Refugees" (1974), 18 Scandinavian Studies in Law 153, at 158.
106 S. Aga Khan, "Legal Problems Relating to Refugees and Displaced Persons" (1976), Recueil des cours 287, at 297.
107 C. Wydrzynski, "Refugees and the *Immigration Act*" (1979), 25 McGill L.J. 154, at 170.
108 A. Helton, "Persecution on Account of Membership in a Social Group as a Basis for Refugee Status" (1983), 15 Columbia Human Rts. L. Rev. 39, at 56.
109 G. Goodwin-Gill, "Entry and Exclusion of Refugees: The Obligations of States and the Protection Function of the Office of the UNHCR" (1980), Michigan Y.B. Intl. L, Studies 291, at 299.
110 反対説については、たとえば、D. Martin in C. Sumpter, "Mass Migration of Refugees – Law and Policy" (1982), 76 A.S.I.L.P. 13, at 13参照。
111 *Supra*, note 86.

することを奨励しているものとして捉えられるべきである。迫害の危険は、決定的に計ることのできるものでは決してない。決定権者が問うべきなのは、迫害の危険、そして、その危険からすれば、出身国が与えられるまたは与えようとしている保護がどのようなものであろうと、その保護が不十分であるとして拒否するであろうということが、証拠全体によって明らかにされているかということのみである。

(1) 人権の尊重に関する一般的証拠の関連性

難民申請者の出身国内の客観的状況の分析の適切な出発点は、当該国の一般的な人権の実績である[112]。国家の保護が不十分であることは難民認定に必須の条件であるので、迫害的行動に関与またはそのような行動を黙認していると知られている国を逃れてきた者は、自らが保護を真に必要としているという反証可能な推定の利益を受けるべきである[113]。連邦裁判所は、その迫害のおそれがローリングズの独裁政治の悪名高い行動から生じているガーナ人に関する否定的な決定を破棄する際に以下のとおりこの点を明確にした。

> 私は、申請者の証言における矛盾の例を見つける委員会の熱意に言及してきた。委員会の仕事は困難なものではあるが、当該被告のように、通訳を通じて証言し、その客観的真実を信じるに足る理由がある恐怖について話す者の証拠を、過度に警戒して顕微鏡的な細かさで審査するべきでない[114]。

---

[112] *Nana Adoma Frimpong v. Minister of Employment and Immigration,* Federal Court of Appeal Decision A-765-87, May 12, 1989; *Charles Kofi Owusu Ansah v. Minister of Employment and Immigration,* Federal Court of Appeal Decision A-1265-87, May 19, 1989. 同旨、C. Pompe, "The Convention of 28 July 1951 and the International Protection of Refugees" (1956), Rechtsgeleerd Magazyn Themis 425, Republished in English as U.N. Doc. HCR/INF/42, at 10; Melander *supra*, note 106, at 158; K. Petrini, "Basing Asylum Claims on a Fear of Persecution Arising from a Prior Asylum Claim" (1981), 56 Notre Dame Lawyer 719, at 724; B. Tsamenyi, "The 'Boat People': Are They Refugees?" (1983), 5 Human Rts. Q. 348, at 365。
[113] 「この反証可能な推定が非常に重要な理由のひとつは、国連のような国際機関が、国を逃れる個人はしばしば主張する迫害の『客観的』証拠を収集し、提出することができないということを広く認めている点にある。……ここで提案されている反証可能な推定は、ある意味では、一種の客観的証拠である。なされるべきは、申請者の母国における人権侵害の程度についてある程度の蓋然性があるいくらかの情報を提供することである」(M. Gibney, "A 'Well-Founded' Fear of Persecution" (1988), 10(1) Human Rights Q. 109, at 119)。同旨、G. Goodwin-Gill, "Non-Refoulement and the New Asylum Seekers" (1986), 26(4) Virginia J Intl. L. 897。
[114] *Benjamin Attakora v. Minister of Employment and Immigration,* Federal Court of Appeal Decision A-1091-87, May 19, 1989, at 4, *per* Hugesson J. (Immigration Appeal Board Decision T86-10336X, October 14, 1987を破棄).

逆に、一般的に賞賛に値する人権の実績を持つ国から来た申請者は、より厳しい客観的基準に直面する。その者自身の証言を通じてであっても、ほかにどのような証拠があるとしても、その者は、その者の出身国が意味ある保護を与えると信頼するに足る国であるという確立された考えに対抗しなければならない。

　申請者自身によって示される証拠がいかなるものであろうと、それを補完するため、背景となる人権に関するデータを、幅広く横断的に公的な情報源や非政府の情報源[115]から集める努力がなされるべきである。人権に関する情報を集める過程が難民申請者のみに任されないということはきわめて重要である。事実の調査は、申請者が審査機関とともに負担すべき責任である[116]。さらには、決定権者の注意を引くあらゆる関連情報は、難民申請者がその証拠に対峙して、それについて説明する機会が持てるよう、当該申請者と共有されなければならない[117]。

　人権情報を評価するにあたっては、決定権者は常に自分自身の合理性の概念に基づいて危険の性質を再定義するようなことのないよう注意しなければならない。単に特定の状況が決定国の見地からは理解しがたいからといって、関連情報を無視してよいということにはならない。出入国不服審査委員会は、家族の構成員であることを理由とする迫害に関する事案で以下のとおり注意深く検討している。

　平和的手段によって秩序が維持されている民主的社会に住んでいるわれわれ

---

[115] 公的な政府の報告にのみ頼ることは、近時2つの委員会決定において批判されている。Antonio Pereira Costa 事件において、アメリカによる「国別人権状況報告」の使用は、適切に制限された。「報告の唯一の目的がわれわれがまったく知らない当該外国法の遵守である場合や、それを用意した者の適性がまったく明らかにされていない場合にはとくに、その立法府についての外国の政府機関の報告はあまり価値がない」（Immigration Appeal Board Decision T87-9107X, July 16, 1987, at 3-4, per G. Eglinton）。同様の懸念は渉外関係部門によって作られた報告についても当てはまるだろう：「間違いなく良心的であり、優秀でさえある西アフリカ勤務のカナダ外交官がガーナの統治の性質について一定の見解を有しているということと、ガーナ人による難民の申立ての一般的正当性には何の関係もない」（Joseph Manso Frimpong, Immigration Appeal Board Decision T87-10043X, October 29, 1987, at 5, per G. Eglinton）。

[116] 「たいていの場合、迫害から逃走してくる者は最小限の必需品のみを所持して到着するものであって、身分に関する書類すら所持しない例も多い。こうして、立証責任は原則として申請者の側にあるけれども、関連するすべての事実を確認し評価する義務は申請者と審査官の間で分かち合うことになる。事実上いくつかの事案にあっては審査官が利用しうるすべての手段により申請を裏づけるのに必要な証拠を拠出することになることもある」（UNHCR、前掲注7、47頁）。この人権状況に関する事実の調査の負担を共有する過程を支援するため、カナダの出入国難民委員会は、一般にアクセス可能な文書センターの全国的ネットワークを構築して、そこで、難民を生み出している国に関する関連情報のすべての入手可能な情報源を収集し、要約している。

[117] Leonel Eduardo Quinteros Hernandez v. Minister of Employment and Immigration, Federal Court of Appeal Decision A-506-81, February 12, 1982, per Heald J. 同旨、Swaran Singh v. Minister of Employment and Immigration, Federal Court of Appeal Decision A-1346-83, December 3, 1984.

にとって、当局が、直接にまたは家族を通じて、単にその者が当局がひどく嫌う名前であるからといって、その者を苦しめるとは信じがたい。しかし、私たちは、個人的意見は内にとどめ、その代わりに適切な文脈に当該状況を位置づけるようにしなければならない。私はこの方針を決定したのではなく、またそうしようともしていない。私は単に、国際的に認識されている事象を述べているにすぎない[118]。

この点に関連して出身国の人権情報の実績を見るにあたり、本質的に内在する政治的視点がある[119]。Goran Melanderが述べてきたように、われわれが有している「『難民』の定義は、国が政治的考慮によってある者を(難民であると)認めるのを妨げられない場合に適用される」[120]。当該申請者が迫害の危険に直面しているという認定は、出身国についての非難を伴うと考えられるので[121]、外交上の政策の懸念が難民の保護の懸念より重きを置かれるかもしれない[122]。出身国と庇護国の間で政治的敵対関係がある場合には、その政治的視点によって、決定権者は人権状況の否定的側面を強調しようとすることになるかもしれない[123]。逆に当該二国間がよい関係にあれば、出身国の一般化された同盟国としての固定観念は、特定の申請者にとって危険の公正な評価の障害になるかもしれない[124]。人権情報は、したがって、可能なかぎり完全な、価値中立的な方法において検討されなければならない[125]。焦点が真に非自発的な移民の幸福にあるのならば[126]、決定権者は、帰国に関連した危険を示す、政治的に不都合な厄介な情報に重きを置

---

[118] *Luis Enrique Toha Seguel,* Immigration Appeal Board Decision 79-1150, C.L.I.C. Notes 28.8, November 13, 1980, at 4, *per* J.-P. Houle. 同旨、*Muhammad Shahidul Islam,* Immigration Appeal Board Decision M82-1278, C.L.I.C. Notes 72.5, June 4, 1984, at 3, *per* E. Chambers。
[119] 以下を参照：F.Krenz, "The Refugee as a Subject of International Law" (1966), 15, I.C.L.Q. 90, at 102; M. Iognat- Prat, "L'évolution du concept de réfugié: Pratiques contemporaines en France" (1981), 28 Pluriel 13, at 21; and P. Nicolaus, " La notion de réfugié dans le droit de R.F.A." (1985), 4 A.W.R. Bull. 158, at 160。
[120] G. Melander, *supra,* note 105, at 161。
[121] World Peace Through Law Centre, *Toward the Second Quarter Century of Refugee Law,* P. 11 (1976); P. Hyndman, "Refugees Under International Law with a Reference to the Concept of Asylum" (1986), 60, Australian L.J. 148, at 149。
[122] D. Rickard, "The Rhetoric and the Reality" (1986), Legal Services Bull. 214, at 216。
[123]「もし出身国と保護国との間に政治的反発があれば、難民としての認定を勝ち取るのはそう難しくないかもしれない。このような政治的関係がなければ、状況は、関係する個人にとってずっと厳しいものになるだろう。キューバからの『難民』とハイチからの『入国者』へのアメリカの態度の相違は、まさにその例である」(A. Grahl-Madsen, "International Refugee Law Today and Tomorrow" (1982), 20 Archiv des Völkerrechts 411, at 421)。

かなければならない。

　最後に、背景となる人権情報は、重要ではあるが、難民の地位の申立てにとって決定的ではないということを認識することは重要である。反証可能な危険の推定あるいはその不存在の推定を働かせるという点で有用なのであり、それは提出された証拠全体に照らして検証されなければならない。とくに、申請者の状況に関する申請者の供述は、常に出身国における迫害の危険の評価の過程において中心的要素でなければならない[127]。

(2) 難民であると主張する者の供述の役割

　難民の決定過程の中核は、口頭であるか文書であるかを問わず、難民であると主張する者自身が提出する証拠の注意深い検討である[128]。難民条約もUNHCRガイドラインも口頭で審問を受ける権利があるか否かという問題については明らかに沈黙している[129]。*Singh et al v. Minister of Employment and Immigration* 事件[130]におけるカナダ最高裁判所の決定以来、カナダ法は、すべての難民の地位の申請者が、その主張を決定する責任を有する機関によって審問を受ける機会

---

[124]「しかしながら、適格性を決定する者は、たとえば、ある国における政治的状況下では当該恐怖は『十分に理由のある』ものとみなすことができ、ある国においてはそうではない、とするような固定観念に基づいて考えがちである。ここに政治的考慮がしばしば働いている」(P. Weis, "Convention Refugees and *De Facto* Refugees", in G. Melander and P. Nobel, eds., *African Refugees and the Law,* p.16 (1978))。同旨、F. Marino-Menendez, "El Concepto de refugiado en un contexto de derecho internacional general" (1983), 35(2) Revista española de derecho internacional 337, at 352。
[125] 政治的目的は、ほぼ間違いなく難民条約に取り入れられている概念的枠組みの根底にあるので、中立的人道的あるいは人権に基づく観点を進めるには現実的な限界がある。J. Hathaway, " A Reconsideration of the Underlying Premise of Refugee Law" (1990), 31(1) Harvard Intl. L. J. 129; and M. Chemille-Gendreau, "Le concept de réfugié en droit international et ses limites" (1981), 28, Pluriel 3. at 9.
[126]「難民問題の人道的特徴は政治的策略の迷路に落ち込むかもしれない」(C. Wydrzynski, *supra,* note 107, at 170)。
[127]「恐怖に十分な理由があるかをどのように評価するのか？　その唯一の方法は、当該人物の個人的経歴をその者が逃れざるをえなかった国の政治状況と並列して扱うことである」(M. Iognat-Prat, *supra,* note 119, at 21。同旨、K. Petrini, *supra,* note 112, at 724)。
[128]「申請者の信憑性は、通常『十分に理由のある恐怖』の存在を認めるにあたって中心的要素である」(*Leonel Eduardo Quinteros Hernandez,* Immigration Appeal Board Decision V80-6192, C.L.I.C. Notes 35.11, August 18, 1981. at 4, *per* F. Glogowski)。
[129]「その問題は1951年の条約により格別に規定されているわけではないため、1951年の条約及び1967年の議定書につき当事国により採用されている手続は国によりかなり異なったものになっている」(UNHCR, *supra,* note 7, p.45)。UNHCR執行委員会によって用意されたガイドラインは、「申請者は、関係当局に自らの主張を提出するにあたり……必要な手段を与えられなければならない」ということのみを要求している (U.N. Doc. A/32/12/Add.1, at para. 53(6)(e)(iv))。
[130] [1985] 1 S.C.R. 177.

を与えられることを求めてきた[131]。では、迫害の可能性の評価において、難民であると主張する者自身の供述にはどの程度重きが置かれるべきであろうか。

カナダにおいては、難民であると主張している者の供述が確からしく、信憑性があり、疑う余地のないものであるかぎり、その大部分が伝聞証拠からなる場合にも[132]、難民の地位の肯定的認定を裏づけるために必要な客観的危険の証拠のすべてであってもよい[133]。難民であると主張する者は、人権情報に含まれうるものも含め、一貫していないように思われる証拠について合理的に説明することが期待されるが、矛盾のない信憑性のある説明に外部の補強は必要とされない[134]。

どのような状況下において、証言は確からしく、信憑性があり、そして疑う余地がなく、したがって、難民の地位の申立ての客観的基礎を満たすのに十分であると判断されるのだろうか。最も重要なルールは、連邦控訴裁判所によって「申請者がある主張の真実性を誓うとき、その真実性を疑う理由がないかぎりは、当該主張は真実であると推定される」というものである[135]。この基本的な前提に立つと、難民であることを主張する者の宣誓供述を信用しないという結論を導き出す前に、2つの形態の注意を払うことが適切である[136]。

---

[131] 実際、委員会は、証言の機会がないことは、主張の適切な評価を妨げるかもしれないという懸念を表明してきた。*Ebrahim Zbedat,* Immigration Appeal Board Decision 86-9954, C.L.I.C. Notes 106.17, October 30, 1986 (Federal Court of Appeal Decision A-693-86, October 8, 1987によって維持). *José Manuel Elias da Cruz,* Immigration Appeal Board Decision T87-9255X, October 27, 1987. *Ajit Singh,* Immigration Appeal Board Decision T81-9741, January 6, 1988. *Lottay Singh,* Immigration Appeal Board Decision V84-6176, February 11, 1988.
[132] J. Grey, *Immigration Law in Canada,* p.117 (1984).
[133] C. Blum, "Who Is a Refugee? Canadian Interpretation of the Refugee Definition" (1986), 1 Imm. J. 8, at 9.
[134] *Aram Ovakimoglu v. Minister of Employment and Immigration* (1983), 52 N.R. 67 (F.C.A.) at 6; *Juan Antonio Quereillac Acevedo,* Immigration Appeal Board Decision M85-1398, October 7, 1987. この見解は、アメリカにおける書証や補強証人の証言についての伝統的な考え方と対照的である。たとえば、G. Pick, "People Who Live on Hope – and Little Else" (1983), 11 Student Lawyer 12, at 35。
[135] *Ranjit Thind Singh v. Minister of Employment and Immigration,* Federal Court of Appeal Decision A-538-83, November 27, 1983, *per* Heald J. 同旨、*Alfredo Nelson Villarroel Salvatierra v. Minister of Employment and Immigration* (1979), 31 N.R. 50 (F.C.A.), and *Pedro Enrique Juarez Maldonado v. Minister of Employment and Immigration,* [1980] 2 F.C. 302 (C.A.).
[136] 出入国不服審査委員会は、しばしば信憑性を評価するにおいて、より厳格なテストが適用されるべきであると示唆してきた。たとえば「証人の誠実であろうとする願望、他の動機、全般的正直さ、全般的理解力、他の関係者との関係や友情、厳密な観察の機会、正確に観察する能力、観察した事実を記憶にとどめる記憶力の確かさ、記憶を修正する(しばしば無意識の)影響に抵抗する能力、はっきりと考えていることを表現する能力、観察した事実を証言席において再生する能力、証言している間の態度」(*Graciano de Jesus de Almeida,* Immigration Appeal Board Decision T87-9819X, January 7, 1988, at 4, *per* L. Goodspeed)。同旨のものとして、たとえば*Henrie Ezambe,* Immigration Appeal Board Decision M87-1106, June 9, 1987, *Jean Maxene Moly,* Immigration Appeal Board Decision M87-1836X, April 5, 1988。

まず、決定権者は、多くの難民は、出身国において、当局の人間を信用しなくなる、もっともだと考えられるような経験を経ているという事実に敏感でなくてはならない。そうして、難民は、庇護国到着後まもない間はとくに、移民局その他の当局の職員に対して率直でないかもしれない。したがって、難民の地位を申し立てる時期[137]、移民法令の遵守[138]、審問時になされた供述と到着時の供述の一致を基礎として信憑性を評価する委員会の過去の実務[139]は、非常に疑わしいものであり、第2章ですでに論じたとおり、このような実務は背景を十分に配慮した方法で制限されるべきである[140]。

　次に、合理的な評価の余地が、申請者の供述において認められる弱点にも適用されることはきわめて重要である[141]。申請者の信憑性は、単に周辺事情の詳細を詳述するにあたって曖昧であることや首尾一貫していないことから疑われてはならない。記憶の障害は、迫害の対象であった多くの人によって経験されているからである[142]。無理からぬ不安は、自国の外で公的な場でつらい事実を詳しく述べ

---

[137] たとえば、*Jaime Vladimiro Colima Acuna,* Immigration Appeal Board Decision 80-9125, at 5, *per* U. Benedetti*参照：「申請者は、旅行者として来ることにし、約1週間後にようやく難民の地位を申し立てた」。他方、*Muhammad Shahidul Islam,* Immigration Appeal Board Decision M82-1278, C.L.I.C. Notes 72.5, June 4, 1984, at 4, *per* E. Chambers参照：「多くがIslam氏がカナダに到着後すぐに移民当局に自身が難民申請者であると申告しなかったという事実によっている。繰り返すが、われわれは、われわれの基準を長い間制服を着た当局の人間への恐怖の中で暮らしてきた者に当てはめてはならない。われわれはカナダの移民法の細かな点がバングラデシュの市場や村の住民によく知られていると考えることはできない」。同旨、C. Wydrzynski, "Refugees and the *Immigration Act*" (1979), 25 McGill L.J. 154, at 177; Minister of Employment and Immigration, "New Refugee Status Advisory Committee Guidelines on Refugee Definition and Assessment of Credibility" (1982), at Guideline 18(a)：「申立ては、可能な限り早い機会になされなかったとしても信用できるかもしれない。真の難民は、申立てをする前に安全に当該国にいられるようになるまで待つかもしれない。あらゆるケースにおいて、入国時点で難民の地位を申し立てるとは期待できない」。
[138] たとえば、*Riknauth Mohan,* Immigration Appeal Board Decision T82-9251, May 4, 1982, at 3, *per* U. Benedetti参照：「一度ならず、(申請者は)移民当局に対して正直でなかった」。
[139] たとえば、*Mario Benito Fuentes Leiva,* Immigration Appeal Board Decision 79-9101, April 5, 1979参照。他方、以下を参照：*Abu Sayeed Mohammed Jabed Hossein,* Immigration Appeal Board Decision M87-1040X, April 30, 1987, at 4, *per* R. Julien(「委員会は、カナダになんとかたどり着き、われわれの制度の細かな点のすべてを知らない不安定な状態にいる者が、厳密に言えば、さらなる説明をせずに、尋ねられた質問だけに答えるというのは、受け入れられると考える」)；*Yim Shing Mak,* Immigration Appeal Board Decision V87-6640X, May 17, 1988; Minister of Employment and Immigration, *supra*, note 137, at Guideline 18(e)。
[140] 第2章、前掲注103以下を参照。このことは、首尾一貫していないと主張される供述が通訳を通じてなされている場合にとくに当てはまる。*Abdi Mohamed Ali*事件 (Immigration Appeal Board Decision T87-9585, February 14, 1989, at 3) において、E. Rotman委員は、「委員会は、通訳が出来事や日時の説明における不一致の要因となりうることに納得している。委員会は、申請者が灰色の利益を与えられるべきであると考える」と述べた。
[141] *Benjamin Attakora v. Minister of Employment and Immigration,* Federal Court of Appeal Decision A-1091-87, May 19, 1989.

なければならない多くの申請者に影響を与える。したがって、*Francisco Edulfo Valverde Cerna*事件において以下のとおり述べられたように[143]、申立てに直接関係する主張の確からしさについての実質的な懸念のみが、申請者の宣誓証言が真正なものとして受け入れられるという推定に対抗しうると考えられるべきである。

委員会は、条約難民の地位の申請者が、ずっと以前に起きた出来事の詳細や日時について写真のように鮮明な記憶を有することは求めない。しかし、他の出来事の結果として起きた重要な出来事が、矛盾しない論理的順序で起きたことはわかるはずであると考えるのは合理的である[144]。

最後に、正直さが欠けているということの明白な証拠がある場合にさえ、必ずしも申請者の保護の必要性は否定されない。

その供述が重要であり、それが信用できない場合にも、ある者はそれでも難民であるかもしれない。「嘘はその逆を示すものではない」。難民であると主張する者が嘘をついており、その嘘が当該事案において重要なものである場合、[決定機関は、]それでもなお、すべての証拠を見て事案全体について結論を下さなければならない。実際、率直に認められた初期の嘘は、一定の場合においては、信憑性を支える考慮要素となりうる[145]。

難民条約の定義が客観面に焦点を当てていることからすると、申請者自身から証拠を引き出す目的は、当該申請者が帰還への主観的恐怖を抱いているか否かを確かめることではない。むしろ、目的は、自国における環境が当該申請者の安全

---

[142] このことを*Mario Angel Molina Riquelme*事件 (Immigration Appeal Board Decision 79-9363, C.L.I.C. Notes 22.6, July 9, 1980) において、委員会ははっきりと認めている。しかしながら、委員会は、実務上、時に難民であると主張する者に対して不当な期待を課してきた。たとえば、*Jagir Ghuman Singh*事件において、委員会は、2、3度警察に逮捕され殴打されたという申請者の供述は信用できないとし、その理由として「殴打の主張について述べたとき、Singh氏は、詳しく述べることも、インドに帰されれば逮捕され刑務所に入れられるだろうという彼の主張を裏づけることもできなかった」とした (Immigration Appeal Board Decision T82-9689, October 25, 1982, at 3, *per* E. Teitelbaum)。同旨、*Victor Manuel Trauco Arias,* Immigration Appeal Boaed Decision T84-9334 February 5, 1986 (審問における申請者の混乱から信憑性について否定的な評価がなされた); *Jaswant Singh,* Immigration Appeal Board Decision T87-9326, September 28, 1987 (申請者が国家にとって重要ないくつかの日を思い出せないことから信憑性がないと認定された)。
[143] Immigration Appeal Board Decision V87-6608X, March 7, 1988.
[144] *Id.,* at 4-5, *per* B. Howard.

にどのように影響を与えているか、なぜ当該申請者は海外で保護を求めなければならなかったのかという点を明らかにさせることにある[146]。出身国の人権情報を背景にして、決定機関は、当該申請者は、帰国すれば深刻な危害の合理的見込みに直面するか否かを決定しなければならない。

(3) 個別的な過去の迫害の証拠

過去の迫害は、決して難民認定に先行する条件ではない。難民条約は、迫害の将来的見込みからの保護に関係するものであり[147]、当該個人がすでに犠牲者となっていることは要求されていない。この原則は、カナダでは、*Guillermo Lautaro Diaz Fuentes*事件における決定によって認められた[148・149]。

> 申請者は、すでに迫害を受けたことを立証する必要はない。申請者が立証しなければならないのは、その国民あるいは居住者である国に留まるか帰還すれば、迫害されるという十分に理由のある恐怖を有していることである[150]。

---

[145] Minister of Employment and Immigration, *supra*, note 137, at Guideline 18(d). 同旨、*Oscar Roberto Cruz,* Immigration Appeal Board Decision V83-6807, June 26, 1986; *Monoranchitarasa Nalliah,* Immigration Appeal Board Decision M84-1642, October 20, 1987; *Tacir Yaliniz v. Minister of Employment and Immigration* (1989), 7 Imm. L.R. (2d) 163 (F.C.A.), at 164, *per* Marceau J.:「われわれは、信憑性を評価することは委員会の職責の範囲内であることには合意するが、委員会が当該申請者の供述を完全に拒絶することは正当化されるものではないと考える。委員会は、いくつかの誇張があると考える場合にも、当該申請者は、疑いなく迫害に相当するさまざまな形態の嫌がらせの被害者であり、そのために彼の恐怖は真実であるだけでなく十分に理由があるということを立証したか否かを検討するべきであるように思われる」。
[146] たとえば、P. Davey委員が、人権状況の公的評価よりも、ガイアナ共和国において申請者自身が感じた人種から引き起こされる危険の説明を重視した*Vidya Ajodhia,* Immigration Appeal Board Decision M85-1709, November 12, 1987参照。
[147]「『恐怖』という用語は現に迫害を受けている者のみでなく、迫害の危険を伴うような状況を逃れたいと思う者にも及ぶのである」(UNHCR, *supra*, note 7, p.13)。
[148] この見解は、難民条約締約国中に共有されているわけではない。「たとえばデンマークやノルウェーで採用されている制限的なアプローチは、『十分に理由のある恐怖』は、申請者が抑圧的政府のために過去の迫害を受けたことを立証することを要求するものと理解されている」(A. Helton "Persecution on Account of Membership in a Social Group as a Basis for Refugee Status" (1983), 15 Columbia Human Rts. L. Rev. 39, at 57)。F. Marino-Menendez, "El concepto de refugiado en un contexto de derecho internacional general" (1983), 35(2) Revista Española de derecho internacional 337, at 354も参照。
[149] (1974), 9 I.A.C. 323.
[150] *Id.,* at 341, *per* J.-P. Houle. 同旨、Minister of Employment and Immigration, *supra*, note 137, at Guideline 18(f).「迫害された経験がまったくなかったとしても信頼できる申請者であることはありうる。当局による実際の拘束や捜査や傷害を負わされたことがなかったことによって、作り話であることが推定されることにはならない」。

委員会の先例は、過去の虐待に対する不当な執着を示すものもあるが[151]、連邦控訴裁判所は*Waldeck Sylvestre v. Minister of Employment and Immigration*事件[152]、*Re Naredo and Minister of Employment and Immigration*事件[153]、*Alfredo Manuel Oyarzo Marchant v. Minister of Employment and Immigration*事件などにおいて、一貫して危険の将来予測的評価の正当性を認めてきた[154]。

　委員会は、逮捕や拘束されていないことを理由に、申請者に起きたことが迫害に相当しないと取り扱ってきたように思われる。委員会は、そのように取り扱うにあたって、それ自体迫害の形態でありうるかということだけでなく、それが、1973年と1974年の出来事とあいまって、十分に理由のある将来の迫害のおそれの基礎となりうるかという点について検討しなかった……（傍点引用者）[155]。

　したがって、難民の地位の申立てを認めさせるために過去の迫害を証明することは不要である。しかしながら、過去の不当な扱いの証拠が存する場合には、それが申請者が自国へ帰国した場合に待ち構えているかもしれない運命のすぐれた指標となることは疑いがない。将来的迫害が起こりそうもなくなるような、当該国における状況の大きな変化がないかぎり、特定の体制の下での過去の迫害は将来の危険の証拠となると考えられる[156]。連邦控訴裁判所が*Oyarzo Marchant*事

---

[151] たとえば、以下の事件を参照：*Lionel Medina Aragon,* Immigration Appeal Board Decision 77-1084, May 26, 1977（「多くの場合において、恐怖は、たとえば実際の迫害が行われたことについての実質的な証拠によってのみ証明されうる」）; *Hector Eduardo Contreras Guttierez,* Immigration Appeal Board Decision V80-6220, C.L.I.C. Notes 30.11, March 16, 1981（多数意見において、「申請者が、彼が受けたと主張する殴打や拷問によって何らの傷害を負っていない」ことへの懸念が示された）; *Orhan Demir,* Immigration Appeal Board Decision M82-1274, January 6, 1983（「申請者はその宗教的意見のために何らかの迫害を受けたという証拠を示していない」）; *Serag Bozkal Mehmet Mohamed,* Immigration Appeal Board Decision M83-1011, January 25, 1983（「難民条約と移民法の意味における難民として認定されうる者は、定義で示された基準を示す者であり、矛盾しない信憑性のある方法で、自らが国籍国における当局による行為の犠牲者であったことを立証できる者である」）.
[152] Federal Court of Appeal Decision A-34-78, June 12, 1978.
[153] (1981), 130 D.L.R. (3d) 752 (F.C.A.).
[154] [1982] 2 F.C. 779
[155] *Id.,* at 781, *per* Thurlow C.J.
[156] たとえば、*Francisco Humberto Gonzalez Galindo*事件（[1981] 2 F.C. 781 (C.A.)）参照。この決定において、裁判所は、出入国不服審査委員会が申請者の状況が過去に拷問の被害者であったことと矛盾しないという独立の医学的証拠を考慮しなかったとして、同委員会の決定を破棄した。この証拠は、申請者の比較的目立たない政治活動は迫害の十分に理由のあるおそれと整合しないという委員会の懸念を覆すに十分であるとみなされた。

第3章　十分に理由のある恐怖　107

件[157]の決定で以下のように述べたとおりである。

> そのような過去の出来事は、考慮されなければならない現在の恐怖の基礎となるので、それ以降起きたことからすれば忘れられたようものであっても、全体像の一部であり、恐怖の基礎としてまったく無視することはできない[158]。

問題は過去の迫害の事実ではなく、むしろ「過去に起きたことが将来においても起きるかもしれないかどうか」[159]という点にある。現在は解体された難民の地位諮問委員会によって採用されたガイドラインに説得的に述べられているように、

> 過去の迫害は十分に理由のある恐怖を実証する証拠である。しかし、それが唯一の証拠ではない。ある者は過去において迫害されていないかもしれないが、しかしなお難民であるかもしれない。実際、難民の地位は、将来に目を向けるものであり、確実性よりもむしろ可能性と蓋然性に関係する[160]。

要は、個別的な過去の迫害は、一般的に言って、将来的危険を立証するに十分ではあるが[161]、必須のものではない。難民であると主張する者が深刻な危害を懸念して自国を出国した場合、一般的な人権情報と他の同様の状況に置かれた者の経験は、ともに帰国に伴う客観的危険を立証するもう1つの手段として適切に考慮される。

(4) 同様の状況にある人々への危害の証拠

申請者自身に過去の経験の証拠がない場合、難民の地位の申立ての具体的基礎は、申請者と同様の状況に置かれている者が出身国において危険に直面しているという状況的証拠[162]によって立証されるかもしれない。ある個人が難民として

---

[157] *Supra,* note 154.
[158] *Supra,* note 154, at 781, *per* Thurlow C.J.
[159] *Marek Musial,* Immigration Appeal Board Decision V80-6368, November 19, 1980, at 2, *per* B. Howard.
[160] Minister of Employment and Immigration, *supra,* note 137, at Guideline 4.
[161] C. Blum, "Who Is a Refugee? Canadian Interpretation of the Refugee Definition" (1986), 1 Imm. J. 8. at 9.

認められるためにすでに危害にあっている必要はないが[163]、当該申請者が自国に帰国すれば迫害される合理的見込みに直面しているか否かを、決定権者が合理的に判断する基礎となる何らかの証拠は必要である。危険についての最もすぐれた状況的指標は、出身国において当該申請者に最も近いと当局によって認識される者の経験である。一般的に、それは当該申請者が主張の基礎とする人種的、宗教的、民族的、社会的または政治的関係を同じくしている場合を含む[164]。この情報は、一般的人権情報、申請者の供述あるいは審問で示された他の証拠から確認できるかもしれない。

カナダ法におけるこの原則の適用例は、*Anthony Andre Williams v. Minister of Employment and Immigration*事件における連邦控訴裁判所の決定に見られる[165]。同事案において、裁判所は、出入国不服審査委員会に対し、家族に対する危険の性質が示されている申請者の兄弟と母からの手紙を審理するよう指示し、これらの形態の証拠は、難民の地位の申立てにとって十分な客観的基礎となりうると判示した。

同様の立場は、友人や知人の経験という文脈で、*Chaudri v. Minister of Employment and Immigration*事件においてもとられた[166]。申請者はカナダに学生ビザで来る前にパキスタンでの政治的問題に関与していた。彼のカナダ滞在中、暴力的な政治クーデターが起き、戒厳令が敷かれた。出入国不服審査委員会は、申請者の政治活動はかなり目立たないものであったので、同人がパキスタンに戻っても危険ではないだろうと考え、難民の地位の申立てを認めなかった。連邦控訴

---

[162]「『十分に理由のある』という形容は、『ある者は実際に迫害の犠牲者であるか、なぜ迫害を恐れるのかを示すことができる』ということを意味することを意図していた。言い換えれば、締約国は、迫害の『十分に理由のある恐怖』とは申請者の心理状態から引き出される個人的判断を裏づける状況的証拠を基礎として存在するということに同意しなければならない」(Y. Shimada, "The Concept of the Political Refugee in International Law" (1975), 19 Japanese Ann. Intl. L. 24, at 33-34)。

[163] J. ver der Veen, "Does Persecution by Fellow-Citizens in Certain Regions of a State Fall Within the Definition of 'Persecution' in the Convention Relating to the Status of Refugees of 1951?" (1980), 11 Netherlands Y.B. Intl. L. 167, at 168, G. Goodwin-Gill, "Entry and Exclusion of Refugees: The Obligations of Status and the Protection Function of the Office of the UNHCR" (1980), Michigan Y.B. Intl. L. Studies 291, at fn. 47.

[164]「親戚、友人や同じ人種または社会的集団の構成員が迫害されたことがあれば、おそらく十分に理由のある恐怖を有するだろう」(D. Anker and M. Posner, "The Forty Year Crisis: A Legislative History of the Refugee Act of 1980" (1981), 82 San Diego L. Rev. 1, at 67)。同旨、M. Ryan, "Political Asylum for the Haitians?" (1982), 14 Case Western Reserve J. Intl. L. 155, at 171。

[165] Federal Court of Appeal Decision A-57-81, June 16, 1981.

[166] (1986), 69 N.R. 114 (F.C.A.).

裁判所は、委員会が、とりわけ、申請者のように政治活動に目立たない形態で関与していた者が実際パキスタンで厳しい問題を経験していることの証拠を考慮しなかったとして、以下のとおり本決定を破棄した。

申請者の役割が「目立たない」ことや彼がパキスタンを長く不在にしていることは、委員会が受け入れた争いのない証拠、すなわち、同様の役割を果たした他の者が迫害され、PPPの元メンバーに対する政治的迫害が不服審査時においてもいまだ存在することを考慮すれば、関係がない。この状況下においては、委員会が私が指摘した誤りを犯していなければ、申請者は条約難民の定義を満たしているという結論に達するほかなかったように思われる[167]。

同決定は、危険の見込みについての一般的または直感的な推論に頼る（過去に目立たない役割を果たした者が危険であるとすることは合理的か）よりむしろ状況を考慮した危険の代替的な指標（実際に申請者のような人物には何が起きているか）[168]が重要であることを示している。難民の地位の申立ての基礎に可能なかぎり一致する、審理の調査対象者の属する社会や集団の状況を明らかにすることにより、真に深刻な危害の危険にある者に将来的保護および認定を与えることが可能になる。

(5) 抑圧が一般化した状況下での危険の評価

申請者と同様の状況にある者の経験の証拠価値を考えると、危険への不安がその出身国の多くの市民の苦難によって裏づけられる者を難民として認めることについて、裁判所が著しく消極的な姿勢を示してきたことは皮肉である。決定権者は、申請者の人種的、社会的あるいはその他の集団の他の構成員の運命に注目するのでなく、その懸念が一般的に集団を対象とする抑圧に基づく者を難民と認めないのが常であった。

この問題は、申請者は迫害の対象として「個別に選び出されている」[169]ことを

---

[167] *Id.,* at 117, *per* Hugessen J.
[168] たとえば、*Calros Alberto Sanes Suarez*事件において、委員会は、申請者と同様の状況にある者に対する迫害の危険を評価するために専門家証人の証言に注目している。Immigration Appeal Board Decision M86-1587X, September 30, 1987.

示せなければならない、つまり、申請者は一般的に人権が否定されているという以上の何かを恐れ[170]、「一貫した抑圧のプログラム……または……迫害の個人的歴史」[171]を語ることができなければならないという主張に最も多く現れる。申立ては、「他の容疑者もおそらく同じ取扱いを受けた」[172]ということを根拠として、申請者は同様の状況にある「何千もの人々のうちの一人にすぎ」[173]ないという理由で、またはその出身国が「人種差別と無秩序が人権状況の一部をなす不安定な暴力的な社会である」[174]という場合には認められてこなかった。この何度も繰り返された個別証拠ルールの典型は、レバノン人が申請者であった*Mohammed Said Sleiman*事件[175]における決定である。

> 申請者やその家族が、当該場所における一般的な状況の結果直面する問題を超えて迫害に苦しんできた、または特別な困難に直面してきたことを示す証拠はない。さらには、(申請者や家族を)迫害のために選び出されるであろう程度まで区別するような証拠はない[176]。

---

[169] D. Martin in C. Sumpter, "Mass Migration of Refugees - Law and Policy" (1982), 76, A.S.I.L.P. 13 at 14; S, Lamar, "Those Who Stand at the Door: Assessing Immigration Claims Based on Fear of Persecution" (1983), 18 New England L. Rev. 395, at 410; K. Hailbronner, "Non-Refoulement and 'Humanitarian' Refugees: Customary International Law or Wishful Legal Thinking?" (1986), 26(4) Virginia J. Intl. L. 857, at 857.

[170] D. Roth, "The Right of Asylum Under United States Immigration Law" (1981), 33 U. Florida L. Rev. 530, at 549.

[171] G. Loescher and J. Scanlan, "Human Rights, U.S. Foreign Policy, and Haitian Refugees" (1984), 26(3) J. Interamerican Studies 313, at 327.

[172] *Julner Jean-Philippe*事件、Immigration Appeal Board Decision 75-1081, August 28 1975, at 5, *per* R. Tremblay. 同旨、*Matija Sokol,* Immigration Appeal Board Decision 77-3022, April 29, 1977, *Mohamed Anwar Hossan,* Immigration Appeal Board Decision M84-1277, November 14, 1984。

[173] *Jim Martin Kwesi Mensah,* Immigration Appeal Board Decision V79-6136, August 7, 1979, at 4, *per* C. Campbell (Federal Court of Appeal Decision A-527-79, May 2, 1980にて他の理由により破棄、後に連邦控訴裁判所によって維持) (1981), 36 N.R. 332. 同旨、*Rashed Mohamed Mahmoud El Arabi,* Immigration Appeal Board Decision 74-10409, January 29, 1975; *Matija Sokol,* Immigration Appeal Board Decision 77-3022, April 29, 1977; *Hector Ivan Olguin Herrara,* Immigration Appeal Board Decision T80-9358, October 14, 1980 (Federal Court of Appeal at [1981] 2 F.C. 801により維持)。

[174] *Ramesh Mahadeo,* Immigration Appeal Board Decision T83-10420, December 20, 1983, at 5, *per* B. Howard. 同旨、*Fernando Alejandro Cordova Segnel,* Immigration Appeal Board Decision 76-1157, August 11, 1977, *per* J.-P. Houle.「国際社会においては、その大部分が政治的敵対者への仕打ちの手段として、あるいはさらに悪いことには統治の手段として、非難、拷問や拘束が用いられていることがわかっている、あるいは少なくともそれが公知であるのであり、かかる社会において(難民の)定義は『迫害』として理解されるべきものを網羅していない」。

[175] Immigration Appeal Board Decision V79-6125, C.L.I.C. Notes 18.13, April 10, 1980 (Federal Court of Appeal Decision A-437-80, September 30, 1980にて維持)。

[176] *Id.*, at 2, *per* C. Campbell.

このアプローチは、申請者の特別な状況を基礎として危険を評価するという要求と[177]、難民の地位は完全に個別化された一連の事実に基づかなければならないという誤った考えを混同している[178]。検討されるべき問題は、その者が何者であるか、またはその者が何を信じるかということによって、当該申請者が迫害される合理的見込みに直面しているか否かであり[179]、その見込みがその者のみを特定するものであるのか、複数の経験によって裏づけられているのかではない[180]。難民の地位諮問委員会[181]のための行政ガイドラインが以下のように述べるとおりである。

　その者のみが迫害される場合にも、他の者とともに迫害される場合にも難民となる。難民であるためには迫害の対象として選び出される必要はない。個々の申立ては個別に評価されなければならない。その評価がいったんなされれば、他の多くの者もまた同じ迫害に対する正当なおそれを有しているというだけで申立てを却下することはできない[182]。

　広く見られる現象であるという理由で申立てを却下する傾向は、危害の一般的な無差別の形態の危険にある者は難民ではないという原則からの誤った推定な

---

[177]「個人の状況に以後重点が置かれるようになり、『難民』という現象の集合的側面は、こうして難民の地位を与えるうえで決定的ではなくなった」(S. Aga Khan, "Legal Problems Relating to Refugees and Displaced Persons (1976), Recueil des cours 287, at 297)。同旨、P. Hyndman, "The 1951 Convention Definition of Refugee" (1987), 9 Human Rts. Q. 49, at 51:「まず強調されるべき点は、個人の観点から定義づけがなされていることである」。
[178]「この定義を厳格に読めば、戦争から逃れる者や大量虐殺からの避難を求める者は、迫害の対象として選び出されていないのでしばしば真の難民でないと考えられる」(M. Gibney, "A 'Well-Founded Fear' of Persecution" (1988), 10(1) Human Rts Q. 109, at 114)。より好ましい立場は「当該外国人は、一般的迫害に対する正当な恐怖を示すことのみが求められ、個人としてその迫害の標的になっているという恐怖を示すことは必ずしも必要ない」というものである(L. Wildes, "The Dilemma of the Refugee: His Standard for Relief" (1983), 4 Cardoza L. Rev. 353, at 372)。
[179]「もしある者が、政治的理由のために生命や身体的自由の剥奪のような措置をとられていれば、その者は迫害の犠牲者である。少なくとも、かかる措置が一般的政策の一部であっても、国民の全階層が同種の措置をとられていても、その者の状況が軽減されることにはならない」(*Mauricio Eliseo Pacheco Martinez,* Immigration Appeal Board Decision M87-1506X, September 9, 1987, at 3. *per* P. Arsenault)。
[180]「『条約難民』の定義は、必ずしも申請者が迫害の主体の唯一の標的であることを求めていない。彼が自国の他の住民と同じような取扱いを受けて苦しんでいるという事実はその申立ての妥当性に影響しない」(*Joseph Vester Bellefleur*事件、Immigration Appeal Board Decision M87-1593X, September 1 1987, at 2, *per* P. Arsenault)。同旨、*Helena Olearczyk v. Minister of Employment and Immigration*事件 (1990), 8 Imm. L.R. (2d) 18。
[181] Minister of Employment and Immigration, *supra,* note 137.
[182] *Id.,* at Guideline 9.

のかもしれない[183]。しかしながら、自然災害や広範囲にわたる混乱の犠牲者は条約の範囲の対象外である[184]と考える合理的根拠は、多数の者にその影響が及ぶという点にあるのでなく、むしろ危害の無差別的性質にある。

確かに、条約上、自然災害からの難民は含まれていない。というのは、火災や洪水、地震や噴火が、人種、宗教や政治的意見に基づいて犠牲者を区別するとは考えがたいからである。条約はすべての人災を含むものともなっていない。たとえば、戦闘から逃れる難民のための規定はない[185]。

第5章で詳しく論じるとおり、難民法は、申請者の政治的地位に関係した深刻な危害からの保護のみに関するものであり、非選別的現象の結果としての危害を恐れる者は除外されている。したがって、自然災害[186]、弱い経済[187]、社会不安[188]、戦争[189]、人権の基礎的水準が一般的に守られていないことさえ、その根拠のみでは難民の地位に該当しない。

このようにいわれてはいるが、難民法は、このような状況でも、市民的、政治的

---

[183]「洪水や地震のような自然災害のために国を逃れる者は対象とされていない。もし迫害のおそれが存しないならば、戦争、外国による支配、占領や国内の著しい混乱から逃れる者も対象とされていない」(傍点引用者)(World Peace Through Law Centre, *Toward the Second Quarter Century of Refugee Law,* P.4 (1976))。全般的には後掲第5章参照。

[184] この一般的立場は、2つの点で制限されるべきである。まず、UNHCRの下での制度的取組みとアフリカ、アジアやラテンアメリカにおける地域的発展は、条約よりも自然的人為的災害の犠牲者のより広い範囲を対象とするように進んできた。UNHCRの取組みについては、S. Aga Khan, *supra,* note 177, at 348; P. Hartling, "Concept and Definition of 'Refugee' – Legal and Humanitarian Aspects", paper given at Second Nordic Seminar on Refugee Law, Copenhagen, pp.11-14 (1979, unpublished) 参照。アフリカ、アジア、ラテンアメリカそれぞれの取組みについては、以下を参照: G. Coles, "Some Reflections on the Protection of Refugees from Armed Conflict Situations" (1984), In Defence of the Alien 78, at 79; J. Patrnogic, "Refugees - A Continuing Challenge" (1982), 30 Annuaire de droit international médical 73, at 77; and Note, "International Protection in Latin America" (1985), 14 Refugees 5, at 5。第2に、第1章5で述べたように、慣習国際法が人道的難民という「第三のカテゴリー」という義務を認めているという主張がなされてきた。G. Goodwin-Gill, "Non-Refoulement and the New Asylum Seekers" (1986), 26(4) Virginia J. Intl. L. 897, at 905.

[185] イスラエルのRobinson氏の発言。U.N. Doc. A/CONF.2/SR.22, at 6, July 16, 1951.

[186] T. Le and M. Esser, "The Vietnamese Refugee and U.S. Law" (1981), 56 Notre Dame Lawyer 656, at 665-66.

[187] I. Foighel, "Legal Status of the Boat People" (1979), 48 Nordisk Tidsskrift Intl. Ret. 217, at 222.

[188]「条約難民の定義は、いかに十分に理由があろうとも、完全な騒乱状態にある国に住むという真のおそれを含まない」(*Geda Laguerre,* Immigration Appeal Board Decision M87-1511X, August 24, 1987, at 4, *per* D. Ange)。同旨、M. Schultheis, "A Continent in Crisis: Migrants and Refugees in Africa", paper prepared for conference on "The African Context of Human Rights", p.11(1987, unpublished)。

[189] UNHCR, *supra,* note 7, p.39.

地位に基づいた差別的意図や影響の要素がある場合には、保護の対象としている[190]。他のすべての申立てと同様、広く見られる危害の形態に根拠を有する申立ての真摯性は、2つの基本的論点に依拠する。まず、国家が容認している予測される危害は、迫害に相当するほど十分に深刻であるか[191]。そうであるならば、直面する危険と申請者の人種、宗教、国籍、社会的集団あるいは政治的意見との間に関連があるか[192]。危害が十分に深刻であり、市民的、政治的地位に基づいて差別的影響を有しているならば、条約難民の地位に対する申立ては、いかに多くの人が同様に影響を受けていようとも認められる。

例として、たとえ政府が救済支援を与えることができない、または与えようとしないために隣国へ逃げたとしても、洪水や地震の被害者はそれだけでは条約難民ではない[193]。他方、自国の政府が、飢餓や経済的破綻を避けるため、その救済の努力を多数派の人種に属する犠牲者に限定して向け、少数派の集団が他国へ逃れるよう強いている場合には、恐れている危害は深刻で国家に関係しており、市民的、政治的区別という必要要素が存在しているので、難民の地位の申立ては認められるだろう。Gilbert Jaegerは、以下のとおり経済的に圧迫された状況において同様の説明をしている。

> 経済的な圧迫や貧困は不幸にも世界中に見られる。多くの国において、国民全体あるいは大多数（しばしば新旧の特権的階級、そしておそらく間に程度の差はあれ存在する相当数の緩衝集団——中間層と低中間層——の例外を除いて）がその影響を受けている。そのような場合において、経済的な圧迫や貧困は一

---

[190]「少数集団の構成員であること自体は難民の地位を認めるのに不十分である。しかしながら、少数集団の構成員であるためにその者たちを差別する統治法や政策があれば、迫害が一応事実であると認める方向となる」(D. Roth, *supra,* note 170, at 549)。

[191]「さまざまな集団の処遇上の差異は、多かれ少なかれ、多くの社会で存在している。このような差異の結果としてより劣等的な扱いを受けている者が必ずしも迫害の被害者であるわけではない。差別が迫害にあたるのはごく特定の場合だけであろう。そのような差別的措置が当該者にとって非常に有害な性質を伴う結果を招来するとき（たとえば、生計を維持する権利、宗教を実践する権利、または通常は利用しうる教育施設で学ぶ権利に対する重大な制約）には、迫害になるであろう」(UNHCR, *supra,* note 7, p.15)。一般的には後掲第4章参照。

[192]「十分に理由のある恐怖は、たとえば弱い経済状況や戦争のような人々に無差別に影響を与える一般的結果であろう事実や状況に対する不安とは異なる」(*Ismail Hassan Dembil*, Immigration Appeal Board Decision M80-1018, March 7, 1980, at 2, *per* J.-P. Houle)。同旨、UNHCR, *supra,* note 7, P. 17.

[193] *Id.,* note 186. 同旨、A. Fragomen, "The Refugee: A Problem of Definition" (1970), 3 Case Western Reserve J. Intl. L. 45, at 58:「難民の地位の申請者は迫害の列挙された根拠のひとつに該当するのに困難があることもある。……しばしば（申請者の）移動は自然災害、軍事行動や内戦の結果であった。これらの出来事はいずれも難民の地位をもたらさない」。

般的な定義によって特定された迫害の5つの根拠のいずれにも該当せず、圧迫された人や困窮された人は難民の地位には該当しない。

　より社会的に階層化された国や民族的、宗教的分裂を通じて分断化された社会においては、積極的手段を通じてであっても、無視という政策から生じるとしても、経済的圧迫や貧困は特定の集団を直撃するかもしれない。そのような状況においては、経済的圧迫や貧困が極貧にも等しい場合や、さもなければ他の深刻な性質を有する場合はとくに、その集団の構成員は個別に難民の地位に該当するかもしれない[194]。

　国内の暴動や戦争の間、特定の政治的集団の構成員のみを保護する場合、ある宗教を支持する者以外のすべての者に中核的自由や権利を与える場合、警察や司法の保護の一般的システムへのアクセスから一定の民族や社会集団の構成員を除外する場合も同様であろう。どれだけ多くの人が影響を受けようとも、関連する問題は起きるかもしれない危害の深刻さであり、市民的または政治的地位との関連である。

　この個別化証拠ルールの否定は、条約が制定された歴史的背景、必要性に基づいた保護の論理、*Adjei*事件[195]において連邦控訴裁判所によって明らかにされた「合理的見込み」テストとの一致が望ましいという3つの付随的な関連事項によっても支えられる。

　まず、条約の歴史的枠組みは、単に個別化された危険の証拠を有する者のみでなく、その迫害の恐怖が一般化されている大集団にある者を保護するように構想されたことを明確にしている。条約が主に恩恵を受けるものとして意図していたのは第2次世界大戦で故国を追われた多くの犠牲者であり、東ヨーロッパからの思想的反対派であり[196]、事実上そのほとんどすべての者は、自らが属する集団の

---

[194] G. Jaeger, "The Definition of 'Refugee': Restrictive versus Expanding Trends", [1983] World Refugee Survey 5, at 7.
[195] 本章2、注97以下参照。
[196]「提案された定義は難民の4つの集団を対象としている。……最初に来るのは、第1次世界大戦のいわゆる難民である。……次のグループは2つの戦争の間の時期の難民とファシズムとナチズムの犠牲者からなる……それは、条約が適用されるべき、明確に定義された集団である。……3番目に、『新しい難民』グループがある。その定義は、第2次世界大戦の開始以来、政治的人種的または宗教的迫害の結果として自国を離れた人や、将来同様の理由で自国から逃れることを強いられる可能性のある人を含むに足る十分に広いものである。……4番目は、避難民や保護者のいない子どもを対象とするものである」(アメリカのHenkin氏の発言。U.N. Doc. E/AC.32/SR.3, at 10, January 26, 1950)。

置かれた困難な状況を理由として保護に値すると考えられていた。難民法がヨーロッパ以外からの難民を保護するために議定書[197]を通じて発展するようになっても、新しい概念的限界が加えられることはなかった。その結果、条約に基づく体制に個別証拠ルールを読み込むための基礎は法律上存在しない[198]。

第2に、人道的あるいは人権的観点から広く見られる迫害から生じたケースを認めないことは論理的に一貫しない。そうすることは、「目立ち、自国で成功していたかもしれない少数の人間のみが当局による迫害に相当する具体的措置の対象となっていることを示すことができる」ので、エリートの申立てを有利に取り扱うことである[199]。さらには、ジェノサイド[200]を含む多くのきわめて悪質な人権侵害はその性質上個人よりもむしろ集団を標的とするので、個別証拠ルールはまったく重視されないであろう。

たとえば、ここで黒人の南アフリカ人が庇護を求めた場合を考え、その者が帰国すればすぐに、庇護を求めようとしたことで何ら特別ではない迫害を受けると想定しよう。裁判所は、その国の政治体制が構造的に黒人を迫害しているという点についての証拠を検討し、かかる証拠を検討した後、かかる構造的迫害は庇護申立てを認めるに十分であると結論づけるに違いない。裁判所が、南アフリカにおける黒人が苦しんでいる制度的困難が迫害に相当するか否かを評価することを自ら禁じれば、適切かつ必要不可欠な司法の役割を裏切ることになるだろう[201]。

第3に、難民の地位を迫害の対象に「選び出された」人のみに限定するという考

---

[197] 606 U.N.T.S. 8791, 1967年10月4日発効。全般的には第1章3参照。
[198] 議定書発効後は、条約の概念的範囲はおおよそUNHCR規程と同様である。規程は、以下の起草過程におけるやりとりが示すとおり、広く見られる迫害の犠牲者に適用することを意図されていた。イギリス連邦の代表は、以下のようにアメリカ代表に尋ねた：「アメリカの定義は、例を挙げると、イギリスで、政府の革命的変化の結果として、人口の大部分が犠牲者となり国を逃れる必要があるという場合を含むか」。アメリカのHenkin氏は、これに対し、「定義は、異論がないほど大きな政治的激変の結果としてその国から他国へ逃れなければならなかった人を含むだろう。政治的変化の性質が大きくない場合には定義は含まれないだろうと思う」と答えた（U.N. Doc. E/AC.7/SR.173, at 5, August 12, 1950）。
[199] A. Grahl-Madsen, "International Refugee Law Today and Tomorrow" (1982), 20 Archiv des Völkerrechts 411, at 421.
[200] T. Cox, "Well-Founded Fear of Being Persecuted: The Sources and Application of a Criterion of Refugee Status" (1984), 10 Brooklyn J, Intl. L. 333, at 350.
[201] Note, "Political Legitimacy in the Law of Political Asylum" (1985), 99 Harvard L. Rev. 450, at 469.

え方は、連邦控訴裁判所の決定[202]とも矛盾する。同決定では、申請者は、申立てに十分に根拠があると考えられるためには「合理的見込み」、「相当な可能性」[203]を証明すれば足りるとしているからである。申請者に自らが迫害の対象になっていることを立証させることは実質的にこの「迫害を恐れる十分な根拠」[204]という考えを超え、その代わりに迫害の蓋然性[205]を示唆するものであるが、これはまさに裁判所によって否定された基準である[206]。その決定の基準がカナダと同様のアメリカにおいては[207]、控訴裁判所は「選び出されている」という基準が不適切であることを認めており、エルサルバドルにおける労働組合の構成員への一般的抑圧[208]や広く見られる暴力[209]を含む決定において、その適用を否定してきた。実際、*Bolanos Hernandez v. I.N.S.*事件[210]において、控訴裁判所（9th Circuit）は、難民の地位が、単に申請者が国民の多くの生命と自由が危険にさらされている国から来たという理由で否定された可能性のある決定を破棄しただけでなく、その種の論法を「本末転倒」[211]と特徴づけさえした。

　結局、現代の難民法は、個々の申請者の保護の必要性を認めることに関係するが、個人が迫害の相当な見込みに直面しているという最もはっきりした証拠は、通常、出身国において同様の状況にある人々に対してなされている取扱いである。したがって、一般的抑圧状況に由来する申立てとの関係では、問題は、申請者は

---

[202] *Joseph Adjei v. M.E.I.*, (1989), 7 Imm. L.R. (2d) 169 (F.C.A.)
[203] *Id.*, at 173, *per* MacGuigan J.
[204] *Id.*, at 174.
[205] 『相当な理由』は、何らかの客観的要素が難民の地位の決定において考慮されることを求めるが、この要素は、『確からしい説明』が最も重視されることと衝突するように厳しく解釈されるべきものではない。難民の地位の認定の前提条件として、個人は出身国に存在する客観的状況を立証することやその者が迫害の対象として選び出されるであろうことを立証することは要求されえない」(T. Cox, *supra*, note 200, at 350).
[206]「イギリスの法令について貴族院によって認められた用語にかかわらず、われわれは『そう考えるに足る実質的根拠』という言い回しは、カナダの文脈において受け入れられるには曖昧にすぎると考える。それは、『十分な理由』を超えて、蓋然性を示しさえするように思われる」(*Supra*, note 202, *per* MacGuigan J.).
[207] 関連する用語は、迫害の「合理的可能性」であり、それはカナダにおける迫害の「合理的見込み」に相当する。本章2、注85以下。
[208] *Zavilla Bonilla v. I.N.S.*, 730 F. 2d 562 (9th Cir., 1984) cited in Note, 前掲注201, at 470.
[209] *Bolanos Hernandez v. I.N.S.*, 749 F. 2d 1316 (9th Cir. 1984), cited in Note, *supra*, note 201, at 470. D. Anker, "American Immigration Policy and Asylum" (1987), 38(4) Harvard L. Bull. 4, at 8も参照。
[210] *Id.*
[211] *Id.*, at 1323, cited in Note, *supra*, note 201, at 470. この立場は最近アメリカにおいて体系化された：「申請者が立証責任を果たしているかどうかを評価するにあたり、申請者が国籍国または最後の常居所地国における申請者と同様の状況に置かれている者や集団の迫害の傾向や慣行を立証した場合や……帰国すれば迫害を受けるというおそれが合理的であるような者の集団に属していることを立証した場合には、庇護官や移民判事は申請者が迫害の対象として個々に選び出されているという証拠を提出するように申請者に求めてはならない」(8 C.F.R. 208.13(b)(2)(i), July 27, 1990).

自国におけるほかの誰よりも危険にさらされているかではなく、広く見られる嫌がらせや虐待が難民の地位を実証するのに十分に深刻であるか否かである。申請者と同様の状況にある人々が自国で深刻な危害に直面し、その危険が市民的、政治的地位に根拠があるものであるならば、国家の効果的保護がなければその者は条約難民であると考えるのが適切である[212]。Atle Grahl-Madsenが述べたように、「いったんわれわれが『迫害』と考えるような重大な措置の対象になれば、他のどれだけ多くの人がそれと同じまたは類似の措置の対象になっていようと、その者は条約の意味において『迫害』されているのである」[213]。

---

[212] 一般的状況のテストについての先例となる規範は、*Vajie Salibian v. Minister of Employment and Immigration*, Federal Court of Appeal Decision A-479-89, May 24 1990, at 9-10, *per* Decary J.において採用されたものである。広く見られる抑圧に影響を受ける人々は、「政府が真にそうした人々にとって危険であることを示しうるならば」難民である可能性がある (E. Huyck and L. Bouvier, "The Demography of Refugees" (1983), 467 The Annuals Am. Academy 39, at 41)。
[213] 1 A. Grahl-Madsen, *The Status of Refugees in International Law,* p.213 (1966). この引用は、*Joseph Vester Bellefleur,* Immigration Appeal Board Decision M87-1593X, September 1, 1987や*Mauricio Eliseo Pacheco Martinez,* Immigration Appeal Board Decision M87-1506X, September 9, 1987などで出入国不服審査委員会によって採用されてきた。

第4章

迫害

　難民申請者は、「迫害」として性格づけうる危害の形態について理解しなければならない。本章では、難民条約上の定義における中心的基準として迫害が選ばれた根拠を検討するとともに、特定の形態の不当な取扱いはどのような場合に迫害として分類できるほど重大なものとなるのか、その判断の枠組みの概観を試みる。第3章では難民申請を評価する際に適用されるべき証拠法上の基準に焦点を当てたが、本章は、難民法が立ち向かおうとする危害の実体的性質に関するものである。

　迫害の基準は、ドイツからの難民の地位に関する条約（1938年）[1]において最初に表明された、「純粋に自己都合による理由」から自国を離れた者を保護の対象から排除したいという正当な関心から発展した[2]。国際避難民機関（IRO）憲章[3]はこの原則を積極的文言に改め、難民と推定される者に対し、出身国への帰還に「有効な根拠のある異議」（迫害を受けるおそれも含まれる可能性がある）を示すよう求めた[4]。これに対し、難民条約はIROの先例における基本的アプローチを採用しつつ[5]、迫害を、国際法に基づいて付与される難民の地位の唯一の基準としたのである[6]。

　迫害に基づく基準によってナチズム被害者を難民と認めることが可能になった一方[7]、これは、難民条約を作成した西側諸国の思考を支配していた、イデオロギーに満ちた雰囲気を明らかにするものでもあった[8]。迫害に基づく応用の利きやすい基準は、東側ブロックの敵性国家から移住してくる反体制活動家のほとんどを包

---

[1] 192 L.N.T.S. 59.
[2] G. Melander, "The Protection of Refugees" (1974), 18 Scandinavian Studies in Law 153, at 159.
[3] G.A. Res. 62, U.N. Doc. A/64/Add. 1, at 97.
[4] IROでは、従前の迫害、病弱または疾病から生ずる家族のやむをえない事情や、政治的性質の異議についても「有効な根拠のある異議」と認めていた（supra, note 3）。実務上は、差別を恐れる者に対しても保護を適用するのがIROの方針であった。T. Cox, "Well-Founded Fear of Being Persecuted: The Sources and Application of a Criterion of Refugee Status" (1984), 10 Brooklyn J. Intl. L. 333, at 339.
[5] 「『難民』の定義においては、1951年1月1日前に欧州で生じた『事件の結果として』迫害の被害を受けた者に言及されている。この表現は国際避難民機関憲章からとられたものであり、誰もが理解する公認の意味を有している」（アメリカのHenkin氏の発言。U.N. Doc. E/AC.7/SR.173, at 5, August 12, 1950）。Y. Shimada, "The Concept of the Political Refugee in International Law" (1975), 19 Japanese Ann. Intl. L. 24, at 35も参照。

含するものとして解釈することが可能であり[9]、したがって、当時深刻な人材不足を経験していた西側諸国への東欧からの移住促進につながるはずであった[10]。さらに、難民の地位を主張する者が迫害の可能性に直面していると認定することは出身国を暗に非難することでもあるので、難民資格を認定することは同時に、出身国である共産主義諸国の政治制度に不正の烙印を押す努力を支えることにもなると思われた[11]。

しかし、難民の出身国と目的地国でしばしば同質の政治体制がとられている時代になっても迫害に基づく基準に引き続き依拠しているために[12]、難民法によって

---

[6] 保護事由の縮小に気づいたIRO事務局長は、迫害の恐怖だけに依拠することは「政治的性質の異議を理由にIROが認める有効な根拠を有する者や、家族のやむをえない事情により［帰還に異議を唱える］者を排除することになり、政治的誠実さを疑いようのない者に対して不利に働くことになろう」と主張した（Cable from the Director-General of the I.R.O., U.N. Doc. E/AC.32/L.16, at 1, January 30, 1950）。結果として、難民条約上の定義に「自国の外で苦境に置かれ、帰国できない者がすべて含まれるわけではないことは明らか」となっている（P. Hyndman, "The 1951 Convention Definition of Refugee: An Appraisal with Particular Reference to the Sri Lankan Tamil Claimants" (1987), 9 Human Rts. Q. 49, at 52）。

[7] 「これらの文書が中心に据えている『難民』の定義は、ナチによる迫害の被害者を救済しようという人道的目的を確保しようとするものであった」（J. Garvey, "Toward a Reformulation of International Refugee Law" (1985), 26 Harvard Intl. L. J. 483, at 483）。

[8] K. Brill, "The Endless Debate: Refugee Law and Policy and the 1980 Refugee Act" (1983), 32 Cleveland State L. Rev. 117, at 137. またG. Melander (*supra*, note 2, at 160) によると、「東欧諸国が国連機関をボイコットしたことにより、……難民条約の起草には西側諸国だけが携わった。出身国における迫害の主張はきわめて当たり前のことであった。すべての難民は東欧諸国から流出していたのである。庇護国すなわち西側諸国には、いかなる政治的考慮を行う義務もなかった。当時の東西関係は、それ以上の悪化が考えにくいほどのものだったのである」。

[9] 「締約国の共通見解として条約締結時に迫害状況が一般化していたとされる、特定の国々から逃げてきた者または当該国への帰還を望まない者を保護するための文書を作成したい」というのが起草者らの考えであったとの指摘がある（C. Pompe, "The Convention of 28 July 1951 and the International Protection of Refugees" (1956), Rechtsgeleerd Magazyn Themis 425, published in English as U.N. Doc. HCR/INF/42, May 1958）。

[10] 「難民問題に対応するための法律上、組織上の枠組みを確立するにあたり、西側の列強を突き動かしたのは欧州難民に対する人道主義的関心だけではない。イデオロギー上の理由からは、東欧からの移住者は誰であっても共産主義支配の被害者として特定しなければならなかった。政治的、経済的理由からは、疲弊した西欧諸国から多くの難民を出国させ、労働力を渇望する新世界諸国への移住を促進しなければならなかった」(Independent Commission on International Humanitarian Issues, *Refugees: The Dynamics of Displacement*, p.32 (1986))。

[11] 「このような定義が一方的な決めつけをともないかねないことや論争的な性質を有することは、いずれも……深刻な問題とは捉えられなかった。冷戦期であった当時、このようなアプローチは、西側の観点からすれば、東欧の共産主義政権に迫害者の烙印を押す有益な手段として役立つと考えられたためである」(G. Coles, "Approaching the Refugee Problem Today", in G. Loescher and L. Monahan, eds., *Refugees and International Relations*, pp.374-75 (1989))。

[12] 「実務上、『迫害』の要素はもはや『難民』の定義における必須要素とはみなされておらず、また口先では依然としてこの要素が重視されているものの、国によってはもはやこれを必須条件とは考えていない場合があると主張することもできよう。……もっとも、これは単純化がすぎるといえるかもしれない」(G. Coles, "Background Paper for the Asian Working Group on the International Protection of Refugees and Displaced Persons", p.99 (1989, unpublished))。

幅広い事由に基づく保護を与えることが困難になっている[13]。出国の正当な理由に関する冷戦期の考え方とは対照的に、今日では外交政策上の理由から難民認定が却下されるか[14]、少なくとも、同盟国が迫害のような行為をすることは考えにくいという暗黙の見方によって左右される場合がある。Goran Melanderが記しているように、「政府は、出身国の不興を買うよりは、ある者の難民としての地位を否定することを選ぶかもしれない」[15]。課題は、現代の政治的現実に一致するような形で「迫害」概念を再構成することである。その作業は、難民保護は人道的行為であって国家間の緊張の原因となるべきではないと各国政府が考えることを真に可能にするような方法で行われなければならない[16]。

1. 国による保護の懈怠から生ずる基本的人権の持続的または組織的侵害としての迫害

　カナダで伝統的に用いられてきた迫害の基準は、出身国の公的機関によって、またはその了知の下で行われる[17]、持続的な嫌がらせの存在[18]に焦点を当てている。これは、「何らかの精神的もしくは身体的虐待の継続的実行」[19]、「危害を加え、もしくは苦痛を与えようとする持続的なもしくは執拗な努力」[20]および「敵意を持った追及」[21]（たとえば「公的機関に保護を求めることに関する抑えきれない恐怖」[22]

---

[13] 難民条約上の定義は、「政治的感覚が部分的には払拭されたものの、法的保護の対象とされていない人間がそのこと自体を理由として保護されるような、人道的、政治的に純粋に中立の水準にはなお達していない定義」であるともされる (C. Pompe, *supra*, note 9, at 13)。全般的にはJ. Hathaway, "A Reconsideration of the Underlying Premise of Refugee Law" (1990), 31(1) Harvard J. Intl. L. 129を参照。
[14] 「難民の地位を付与することはきわどい政治的問題ともなりうる。それは、該当者が逃げてきた国の内政問題について意見を述べることとみなされうるのであり、実質的に、その国の国民には迫害を恐れて避難する理由があるかもしれないと言っているに等しいと捉えられかねない。……これによって否定的な帰責が行われるゆえに、また避難先の国と出身国との関係に悪影響が及ぶ可能性があるために、政治的考慮から難民の地位を付与することをためらう国が多い」(P. Hyndman, "Refugees Under International Law with a Reference to the Concept of Asylum" (1986), 60 Australian L.J. 148, at 149)。
[15] *Supra*, note 2, at 159.
[16] 「すべての国が、難民問題の社会的及び人道的性格を認識して、この問題が国家間の緊張の原因となることを防止するため可能なすべての措置をとることを希望し、……」（難民の地位に関する条約〔「難民条約」〕前文、189 U.N.T.S. 2545、1954年4月22日発効）。
[17] *Zahirdeen Rajudeen v. Minister of Employment and Immigration* (1985), 55 N.R. 129 (F.C.A.).
[18] 「本質的要件は、国籍国の公的機関によって、またはその暗黙のもしくは公式の同意の下で行われる嫌がらせである」(*Moise Danilo Bahamondes Peralta*, Immigration Appeal Board Decision 79-1082, C.L.I.C. Notes 18.9, December 12, 1979, at 3, per J.-P. Houle)。 なお、*Wladyslaw Zastawny*, Immigration Appeal Board Decision 77-1125, July 2, 1977; *Luis Enrique Toha Seguel*, Immigration Appeal Board Decision 79-1150, C.L.I.C. Notes 28.8, November 13, 1980; and *Arulverajah Rajanayagam*, Immigration Appeal Board Decision M84-1390, December 31, 1984も参照。
[19] *Marc Georges Sévère* (1974), 9 I.A.C. 42, at 47, per J-P. Houle.

を喚起するようなもの）を伴う行為である。出入国不服審査委員会は、*Gladys Maribel Hernandez*事件の裁決で、この判断基準の本質を端的に述べている[23]。

> 迫害を立証する基準は嫌がらせである。ここでいう嫌がらせとは、あまりにも継続的かつ容赦のないものであって、被害者が、抑圧のために政府から救済を受けるあらゆる希望を奪われ、逃げる以外に道はないと感じるようなものをいう[24]。

迫害を嫌がらせと同視することにより、単発的な危害の発生にとどまらず、持続的なまたは組織的な危険の存在を示さなければならないことが強調される[25]。しかし、どのような性質の危害であれば迫害の範疇に含まれるのかという点に関わる理解が、これによって進むわけではない。

難民条約の起草者らがあえて「迫害」の意義を定義しないままにしたことは、一般的に認められている[26]。外国の保護から利益を受ける権利を認めるのが正当であると思われるあらゆる形態の不当な取扱いを前もって列挙しておくことなどできないことを、起草者らが認識していたゆえの対応である[27]。とはいえ、難民条約の起草過程から、「迫害」という言葉で何が意図されていたのかに関する若干の洞

---

[20] *Shafiqur Mohammed Rahman,* Immigration Appeal Board Decision M84-1073, C.L.I.C. Notes 74.4, September 11, 1984, at 4, *per* G. Loiselle.
[21] *Mascime Mouryoussef,* Immigration Appeal Board Decision M80-1036, C.L.I.C. Notes 21.8, March 24, 1980, at 2, *per* J. Scott.
[22] *Jose Mariano Aguilar Vides,* Immigration Appeal Board Decision M83-1009, February 3, 1983, at 2, *per* J-P. Houle. また*David Ignacio Casado Molina*事件（Immigration Appeal Board Decision M83-1028, April 13, 1983, at 1, *per* G. Loiselle)においては、迫害は、「出身国の公的機関によって、またはその暗黙の同意の下で行われる行為であって、［申請者が］政府当局に保護を求められないような抑圧を受けるという、抑えきれない恐怖を生じさせるもの」と定義されている。
[23] Immigration Appeal Board Decision M81-1212, January 6, 1983.
[24] *Id.,* at 5, *per* G. Loiselle.
[25] *Ana Vilma Irrarrazabal Olmedo,* Immigration Appeal Board Decision T-80-9327, September 22, 1980（Federal Court of Appeal Decision A-650-80, April 8, 1981も維持）；*Luis Omar Reyes Ferrada,* Immigration Appeal Board Decision T81-9476, September 18, 1981（Federal Court of Appeal Decision A-572-81, May 3, 1982も維持）；*Shaugin Ajwal Singh,* Immigration Appeal Board Decision V87-6244X, June 16, 1987.
[26]「『迫害』という文言の定義はどこにも見当たらないが、おそらくこれは意図的な対応であろう」(P. Weis, "The concept of the refugee in international law" (1960), 87 J. du droit intl. 928, at 970)。また、1 A. Grahl-Madsen, *The Status of Refugees in International Law,* p.193 (1966)によれば、「起草者らは、その時々の状況に適用することができるような、柔軟な概念を導入したいと望んでいたように思われる。換言すれば、同胞を迫害する新たな方法をいくらでも考えつく人間の革新性の前に、両手を挙げたともいえるかもしれない」。
[27] *Id.* また、C. Fong, "Some Legal Aspects of the Search for Admission into Other States of Persons Leaving the Indo-Chinese Peninsula in Small Boats" (1981), 52 British Y.B. Intl. L. 53, at 92も参照。

察を得ることはできる。

　第1に、起草者らは明らかに、迫害を、第2次世界大戦中およびその直後の非自発的な移住を引き起こした一連の現象を捕捉するに足る、十分に包含的な概念であるとみなしていたということである。このような現象には、ナチスによって行われた生命および自由の剥奪[28]から、共産主義諸国による思想的体制順応の強要[29]までが含まれる。当初から、不法行為の概念について単一のまたは絶対的な基準などは存在せず、したがって人間の尊厳を無視する多種多様な措置[30]が迫害を構成する可能性があった。難民の地位を付与する前提は、深刻な危害を受ける危険[31]であって、生死に関わるほどの結果が生じる可能性[32]ではなかったのである。基本的な市民的、政治的自由の剥奪が国際的関心を引き起こす十分な理由として難民条約で認められたことに加え、重大な社会的、経済的結果も迫害の範疇に含まれることが認知された[33]。

　第2に、起草者らの意図は、たとえ深刻なものであってもありとあらゆる形態の

---

[28]「人種的迫害の被害者が、かつての国籍を再取得したり、かつて辛酸を舐めた国に再定住したりすることを強要されるようなことはありえない」（フランスのRochefort氏の発言。11 ESCOR (406th. mtg.) at 276, August 11, 1950）。
[29]「東欧の地から中欧、西欧に到着している、そして今後到着するであろう難民については、条約草案の文言および難民高等弁務官の所見を顧慮すれば、これらの難民が現在の規定の対象とされないのではないかと非政府組織が恐れる必要はないと考える」（アメリカのWarren氏の発言。U.N. Doc. A/CONF.2/SR.21, at 15, July 14, 1951）。
[30]「特定の事案において何が迫害であるかというのは、事実の問題である。人間の尊厳を無視するその他の措置も迫害を構成する場合があろう」（P. Weis, *supra*, note 26, at 970）。また、Y. Shimada, "The Concept of the Political Refugee in International Law" (1975), 19 Japanese Ann. Intl. L. 24, at 37; and M. Chemille-Gemdreau, "Le concept de réfugié en droit international et ses limites" (1981), 28 Pluriel 3, at 9も参照。
[31]「迫害という言葉は、直面している差別ないし不当な取扱いがきわめて深刻なものではない個人は除外するものとして一般的に理解されている」（R. Plender, "Admission of Refugees: Draft Convention on Territorial Asylum" (1977), 15 San Diego L. Rev. 45, at 53）。K. Petrini, "Basing Asylum Claims on a Fear of Persecution Arising from a Prior Asylum Claim" (1981), 56 Notre Dame Lawyer 719, at 723も参照。また、D. Gross, "The Rights of Asylum Under United States Law" (1980), 80 Columbia L. Rev. 1125, at 1136は、迫害について、「軽微な不利益または些細な不都合」以上のものであると説明している。
[32]「迫害というのは事実の問題であるので、担当官には、利益を主張する者が実際に迫害を受けているかどうかを判断するにあたり、広範な裁量が認められなければならない。しかし、『迫害』が身体的虐待または投獄だけに限られるものではないことは明らかである」（A. Fragomen, "The Refugee: A Problem of Definition" (1970), 3 Case Western Reserve J. Intl. L. 45, at 54）。
[33] この点については、難民条約の起草中に交わされた、アメリカ労働総同盟（AFL）代表とフランス代表とのやりとりの中で明らかにされている。AFLのStolz氏は、「人々が社会的、経済的理由から自国を離れることもあるが、これについては［難民条約で］とくに言及されていないことを想起した」。フランスのRain氏は、「迫害の性質は非常に幅広く定められるべきであると考える。実務上、AFL代表が言及している人々が難民として認められるのは間違いないと感じている」と回答した（U.N. Doc. E/AC.32/SR.17, at 3-4, February 6, 1950）。実際、難民条約の実施の初期段階においては、欧州各国の難民認定当局もこのような申請をためらうことなく認めていた。A. Grahl-Madsen, *supra*, note 26, at 201-09参照。

危害から人を保護することではなく、難民の認定を、国が自国民に対して負っている基本的保護義務に一致しない類の被害が生ずるおそれのある状況に限定することであったということである[34]。難民の定義を全体として読めば明らかなように、起草者らは、一定の形態の危害そのものへの対応に関心があったのではなく、想定される不当な取扱いが国による保護の崩壊を明らかにしている場合にのみ介入しようという意思を有していた[35]。したがって、過去に苦難が生じた、または今後苦難が生じる見込みがあるというだけで、ある者が難民となるわけではない。想定される特定の形態の危害から市民を保護するという義務に関わって国に懈怠があったことが必要となる[36]。

　このような基本的考え方——過去に生じたまたは今後生ずる可能性のある危害のうち、どのようなものが外国における保護を受けるにふさわしいかという点に関するリベラルな感覚[37]と、どのような危害であれば国による基本的保護義務違反を実証することになるかを明らかにしようとする根本的なこだわり——は、現在でも依然として有効である。迫害という概念に今後も意味を持たせようとするなら、現在の状況におけるこれらの原則の適用のあり方[38]を踏まえて解釈を行わなければならない。欧州評議会、人口難民委員会が次のように述べているとおりである。

> 迫害の概念はリベラルに解釈、適用されるべきであり、また難民条約が当初採択されたときとは相当に異なっている可能性がある状況の変化に応じて修正されるべきである。……難民の地位と、種々の国際文書に定められた人権の否定との関係が考慮されなければならない[39]。

---

[34] 起草者らの関心がこの点にあったことは、難民の一般的定義について定めた初期の規定の仕方を見れば最もはっきりする。たとえばイギリス案は、難民条約は「保護を受けていない者」に適用されると述べていたし（U.N. Doc. E/AC.32/L.2, at 1, January 17, 1950）、フランス案は、「自国の保護を主張することを望まないまたは自国の保護を主張することができない」者を挙げていた（U.N. Doc. E/AC.32/L.3, at 3, January 17, 1950）。最終的に合意されたとおり、難民条約が適用されるのは出身国の「保護を受けることができないもの又は……保護を受けることを望まないもの」のみである（難民条約〔前掲注16〕1条A(2)）。
[35] 「難民の定義がこのように限定されたのは、難民が、自国で保護を奪われたために国際的保護を必要とする者を意味することに由来する」（R. Plender, supra, note 31, at 54）。
[36] 「迫害の概念は通常、……政府が……責任を有する行為または状況であって、国家機関による保護を事実上受けられない状態に被害者を置くものと結びついている」（C. Fong, supra, note 27, at 92）。
[37] 「難民条約、議定書ならびにUNHCR規程で用いられている『迫害』の文言に公式な定義が与えられたことはないが、条約の起草者らがリベラルな見方をしていたことは明らかである」（A. Grahl-Madsen, "Identifying the World's Refugees" (1983), 467 Annals A.A.P.S.S. 11, at 15）。
[38] 「自国を離れて庇護を求める動機は、欧州難民の迫害をめぐって交わされてきた標準的な議論からは変化してきた。動機はますます複雑かつ重複的なものとなっており、欧州的感覚の迫害とは必ずしも結びついていない」（M. Chamberlain, "The Mass Migration of Refugees and International Law" (1983), 7, Fletcher Forum 93, at 104）。

このようなアプローチによって、迫害の基準を維持することに内在する政治的歪曲の危険性が解消されるわけではないが[40]、少なくとも、難民条約が単なる時代錯誤の文書となるのは防ぐことができるかもしれない。

　これらの基本的指針を踏まえ、迫害とは、国による保護の懈怠を明らかにする、基本的人権[41]の持続的または組織的侵害と定義することができよう[42]。迫害を受けるおそれがあるという十分に理由のある恐怖は、自国に留まることによって何らかの形態の深刻な危害[43]がもたらされうると合理的に想定することができ、政府がそれを防止できない、または防止する積極的意思がない[44]場合に存在する。これには、「特定の敵対行為、または……不安と恐怖の雰囲気のなかで行われる差別のような敵対的状況の累積」[45]のいずれもが含まれる。本章の残りの部分では、国の保護義務を構成する基本的人権がどのような性質を有しているか、多くの具体的文脈においてこれらの基準がどのように適用されるか、および、どのような場合にこれらの基本的人権を確保する義務を国が果たさなかったとみなしうるかについて、検討する。

---

[39] A. Woods, ed., "Refugees: A New Dimension in International Human Rights" (1976), 70 A.S.I.L.P. 58, at 69におけるJ. Thomasの発言で引用されたもの。
[40] *Supra* at note 12 ffの引用を参照。
[41] 難民条約前文は、難民保護と国際人権法との相互関係への具体的言及から始まっている――「締約国は、国際連合憲章及び……世界人権宣言が、人間は基本的な権利及び自由を差別を受けることなく享有するとの原則を確認していることを考慮し、……次のとおり協定した」(難民条約〔前掲注16〕前文)。また、S. Young, "Who is a Refugee? A Theory of Persecution" (1982), 5 In Defence of the Alien 38, at 46によれば、「しかし、法律が嫌がらせの意図を推定できるようになるためには、過失または懈怠の度合いを判断するための義務の基準が必要である。幸いなことに、そのような基準は国際[人権]規約に存在する」。
[42] 「当該行為は政府(もしくは締約国)またはその裁量下にある機関によって行われなければならず、あるいは、国家機関による保護を事実上受けられない状態に被害者を置くような形で、当該行動が政府によって容認されていなければならない」(C. Fong, *supra*, note 27, at 92)。全般的には後掲5参照。
[43] 「迫害はまた程度と比例性とも大いに関係する問題であって、この一般的概念と、共通に受け入れられた人権原則との関連が必要である」(G. Goodwin-Gill, "Entry and Exclusion of Refugees: The Obligations of States and the Protection Function of the Office of the UNHCR" (1980), Michigan Y.B. Intl. L. Studies 291, at 298)。
[44] 「迫害の認定のために必要な意図は政府に帰責することが可能である。したがって、危害を加えようとする明確な意図(違法行為)のみならず、過失または懈怠からも迫害は生ずる」(S. Young, *supra*, note 41, at 45)。また、G. Goodwin-Gill, *supra*, note 43, at 298-99によれば、迫害には「国の機関が[私的]暴力を(自発的にであれ非自発的にであれ)防止または抑止しない場合」も含まれるとされる。
[45] D. Anker and M. Posner, "The Forty Years Crisis: A Legislative History of the Refugee Act of 1980" (1981), 82 San Diego L.Rev. 1, at 67.

2. 国の保護義務の性質

　自明のことではあるが、われわれの住む世界はきわめて不完全であり、困難が、そして苦痛でさえもが、おそらくは人類の大多数にとって、人間であることの大いなる一部であり続けている。生活の質について、あるいは市民の希望とニーズをかなえるために政府が果たすべき役割について、世界共通のものとして受け入れられている基準はないことも確かである[46]。経験と展望がこのように多様なものであるために、国が人民に対して負っている保護義務の性質を絶対的に定義しようとするいかなる試みも制約を免れない。このことは、国際法が、文化的特殊性と主権的自治の両方に対して一貫して敬意を払ってきていることからも明らかである[47]。

　とはいえ、国際社会は、正統性の最低条件としてすべての国が尊重しなければならないいくつかの基本的権利が、干渉からの自由および資源に対する権利の双方を含む形で存在することを認めてきた[48]。このような認識をもとに、許容される行動に関する共通の国際基準が採択され、各国政府も、文化的異質性および自律的行動の主張を制限するものとしてこれらの基準を受け入れることに合意してきたのである。主権国家に対する国際法の拘束力がその合意の範囲にしか及ばないことは確かだが[49]、発展しつつある国際人権法の広範さには間違いなく圧倒される。

　諸国が採択してきた無数の条約、宣言、規則その他の基準のなかでも、中心的

---

[46]「不公正に対する攻撃は、国際法上の義務体系を通じて行われなければならない。しかし、このような説明責任が具体的にどのような形で果たされなければならないかは、社会の違いに応じて異なる定め方をする必要がある。各国政府の行為は、その社会で優先される諸価値と社会組織の構造によって定められる、当該社会の状況を踏まえて評価されることになる」(S. Sinha, "Human Rights: A Non-Western Viewpoint" (1981), 67 Archiv für Rechts und Sozial Philosophie 76, at 89-90)。

[47]「国家主権をどのように非難しようとも、超国家的法的権威が実現可能である、または潜在的に存在するという主張を行うことは困難である。そのためにはまず、たとえば国際連合法の文脈においては、国連憲章2条7項は無効であり、もはや人権には適用されないことを立証しなければならない。……これは相当な離れ業である。制度の法的有効性の究極的根拠は国の同意に基づく多数決原理であるが、これに代わる国際法上の義務の法源を根本的に再定義しなければならないためである」(J. Watson, "Legal Theory, Efficacy and Validity in the Development of Human Rights Norms in International Law" (1979), 3 U. Illinois L. Forum 609)。

[48]「厳格な国家主権原理は、きわめて重要な2つの側面で縮小されてきた。第1に、ある国が自国の市民をどのように扱うかは、いまや国際法の正当な関心事である。第2に、いまでは共通の合意によって確立された上位の国際基準が存在し、国内法や、自国の領域内におけるまたは内的管轄権の行使における主権国家の実際の行為を判断するために、これが用いられる場合がある。したがって、このような国際基準は、諸法のヒエラルキーにおいて国の憲法さえも上回る地位にあるとみなすことができるかもしれない」(P. Sieghart, *The International Law of Human Rights*, p.15 (1983))。

[49] *Supra*, note 47.

地位を占めるのは、世界人権宣言[50]、市民的及び政治的権利に関する国際規約[51]ならびに社会的、経済的及び文化的権利に関する国際規約[52]から構成される国際人権章典である。国際人権章典は、国が国民に対して負っている最低限の義務について理解するうえで、他のいかなる基準をも上回る重要性を有している。このような位置づけは、その基準の正当性に関して並外れた合意が形成されていること、各国から常時援用されていること、そして人権に関するさらに多くの具体的合意の源流としての役割を果たしていることによるものである[53]。また、普遍的に承認された中核的価値との関連で国が基本的保護の提供を怠ったか否かを判断する際に国際人権章典を参照することは、難民条約そのものの前文および国連総会決議2399（XXIII）にも一致している[54]。

　迫害の存在について判断するために人権基準を用いることは、すべての論者によって受け入れられているわけではない。最も保守的なのはKarl Zinkが主張する立場で、狭い範囲の人権侵害、とくに生命[55]または身体の自由[56]の剥奪だけが

---

[50] 国連総会決議217A（III）、1948年12月10日。世界人権宣言14条は、「すべて人は、迫害からの庇護を他国に求め、かつ、これを他国で享受する権利を有する」と定めている。この規定に依拠し、「庇護条項は、加盟国が［世界人権宣言に基づく他の］基準を遵守しないときに、危険にさらされた個人が他の加盟国に安住の地を見出せることを保障している」と主張することもできるかもしれない（A. Helton, "Persecution on Account of Membership in a Social Group as a Basis for Refugee Status" (1983), 15 Columbia Human Rts. L. Rev. 39, at 56）。

[51] 国連総会決議2200（XXI）、1966年12月19日、1976年3月23日発効。「自由権規約」。

[52] 国連総会決議2200（XXI）、1966年12月19日、1976年1月3日発効。「社会権規約」。

[53] 「世界人権宣言は、すべての個人が有する基本的権利および自由の性質に関する世界的共通見解を反映しているのみならず、人間の固有の尊厳および価値を守るためにはその権利を尊重および保護しなければならないという原則があまねく信じられていることも表している。宣言は、その採択以降、起草者らの当初の期待をはるかに超える国際的地位を獲得してきた。宣言は、無数の国際文書で参照されるとともに、多くの国の憲法に、直接的にまたは間接的に組み込まれてきた。……国際法の観点からは、技術的には道徳的説得の効力しかない宣言もいまや慣習国際法の一部となっており、したがってすべての国を法的に拘束していると主張することも正当である」(V. Saari and R. Higgins Cass, "The United Nations and the International Protection of Human Rights: A Legal Analysis and Interpretation" (1977), California W. Intl. L.J. 591, at 597）。2つの国際人権規約は、世界人権宣言に掲げられた指針を詳細に、かつ拘束力のある形で定めたものであり、批准国数はそれぞれ92カ国（自由権規約）、87カ国（社会権規約）に及ぶ。J.-B. Marie, "International Instruments Relating to Human Rights: Classification and Chart Showing Ratifications as of 1 January, 1989" (1989), 10 Human Rights L.J. 111-12.

[54] 難民条約前文は、各国が「人間は基本的な権利及び自由を差別を受けることなく享有するとの原則を確認」したことを示す手段として世界人権宣言を援用している。欧州人権裁判所が *Golder v. United Kingdom* 事件（1975年）で指摘したように（I.E.H.R.R. 524, at para.34）、国際条約の前文は条約の趣旨および目的を判断するために用いられる場合がある。難民認定に対するこの原則主義的アプローチは国連総会決議2399（XXIII）、1968年12月6日）でも支持されており、そこでは各国に対し、「領域内庇護に関する宣言および世界人権宣言の原則および精神に則って新たな難民状況に」対応することが求められている。P. Hyndman, "The 1951 Convention Definition of Refugee" (1987), 9 Human Rights Q. 49, at 61も参照。

[55] このような狭い見方は、難民条約の起草中にスイス政府が主張したものである。「スイス連邦政府は、政治的理由からその生命が危険にさらされており、かつ、その危険から逃れるためにスイスに避難することを余儀なくされたすべての外国人を難民とみなす」（スイスのSchurch氏の発言。U.N. Doc. A/CONF.2/SR.20, at 13, July 13, 1951）。

第4章　迫害　127

迫害を構成しうるというものである。このような立場は、難民を「その生命又は自由が脅威にさらされるおそれのある領域の国境」へ送還してはならないと定めた難民条約33条を字義どおりに狭く解釈した結果と、不適切な形で結びつけられることが多い[57]。Atle Grahl-Madsenはこれよりもほんのわずかリベラルな見方をとっており、思想・良心・宗教の自由、意見・表現の自由、平和的集会・結社の自由のような権利の制限または否定は迫害の範囲外にあると、説明なく主張している[58]。

しかし通説によれば、難民法はいずれかの基本的な形で人間の尊厳を否定する行為に対応しなければならないのであって、中核的人権の持続的または組織的否定こそが適切な基準である[59]。この立場はカナダの判例において具体的な形で支持されてきた[60]。たとえば*Luis Enrique Toha Seguel*事件判決[61]は、迫害についての議論の中で、「われわれが取り上げるのは身体的拷問だけではなく、ある者の基本的権利を否定し、または踏みにじることを意図したいずれかの行為なのである」[62]と述べている。連邦控訴裁判所も同様の見解をとっていることは、*Alfredo*

---

[56] Zinkは迫害を、「生命または身体の自由の剥奪のみを意味するものとして」解釈している。「前者のカテゴリーには、生計を立てる他の手段が存在しない場合に長期の失業を強要されることを含めているが、ある者の身体的不可侵性への攻撃については、当該攻撃が被害者の死につながり、または身体の自由の喪失を意味するものでないかぎり、除外している」(1 A. Grahl-Madsen, *The Status of Refugees in International Law*, p.193 (1966))。
[57] 難民条約(前掲注16)33条1項。Grahl-Madsenは、このような見解に対し、次のような正当な反論を行っている。「引用された表現は決して、『迫害』の概念をより精確に定式化したものとして理解されていたわけではない。特別委員会の意図は、『生命及び自由』の文言は……きわめて広く解釈されるべきであり、いずれかの者に権利として条約『難民』としての地位を認めるに足りいかなる種類の『迫害』も、31条および33条にいう『生命又は自由に対する脅威』とみなされなければならないというところにあったように思われる。換言すれば、われわれは31条および33条の適用範囲を決定するために1条を検討することができるのであって、その逆は成立しない」(A. Grahl-Madsen, *supra*, note 56, at 196)。
[58] *Id*., at 195.
[59] 「私は、人間の福祉の主たる指標として人権を捉えている。人権を認めることは、国際社会によって、自由、正義および平和の基礎をなすものとみなされてきた。……したがって難民問題に対しては、他のいずれかの政治的問題の場合と同じように、問題および必要とされる解決策が基本的にどのような法的、道徳的性質を有しているのか判断するために、人権の視点から接近することが求められる」(G. Coles, "The Human Rights Approach to the Solution of the Refugee Problem: A Theoretical and Practical Enquiry", in A. Nash, ed., *Human Rights and the Protection of Refugees Under International Law*, p.196 (1988))。たとえばJ. Vernant, *The Refugee in Post-War World*, p.8 (1953); G. Melander, *Eligibility Procedures in Western European States*, p.7 (1976); G. Goodwin-Gill, *The Refugee in International Law*, p.38 (1983); and A. Ghoshal and T. Growley, "Refugees and Immigrants: A Human Rights Dilemma" (1983), 5 Human Rts. Q. 327, at 329も参照。
[60] たとえば*Felix Salatiel Nuñez Veloso*, Immigration Appeal Board Decision 79-1017, August 24, 1979(「その者の基本的かつ不可譲の人権に反する」); *Jose del Rosario Perez Gomez*, Immigration Appeal Board Decision M79-1179, June 2, 1980(「基本的人権の深刻な侵害であって、当該侵害が迫害に相当する」); and *Jose Mariano Aguilar Vides*, Immigration Appeal Board Decision M83-1009, February 3, 1983(「その基本的権利の愚弄」)を参照。
[61] Immigration Appeal Board Decision 79-1150, C.L.I.C. Notes 28.8, November 18, 1980.
[62] *Id*., at 3, *per* J.-P. Houle.

*Manuel Oyarzo Marchant v. Minister of Employment and Immigration*事件の決定[63]から明らかである。

> 委員会は、「迫害」には申請者の自由の剥奪が必ず伴わなければならないという定義を採用していると……言っているように思われる。そうであるとすれば、このような制約的な定義を採用することにより委員会は法的瑕疵を犯しているというのが当職の見解である[64]。

　基本的かつ不可譲の権利と捉えるのが適当な権利とはどのようなものであろうか。国際人権章典には、4つの異なる態様の義務が存在する。最も上位に位置するのは、世界人権宣言に掲げられており、自由権規約において直接的拘束力を有する形態[65]であらためて規定された権利であって、やむをえない国家的緊急事態においてさえどのような形態の効力停止も認められない諸権利[66]である。これには、生命の恣意的な剥奪からの自由[67]、拷問または残虐な、非人道的なもしくは品位を傷つける処罰もしくは取扱いからの保護[68]、奴隷状態からの自由[69]、遡及的刑事訴追の禁止[70]、法律で人として認められる権利[71]、ならびに、思想、良心および宗教の自由[72]が含まれる。したがって、いかなる状況であっても、これらの権利を確保しないことは迫害に相当するとみなすのが適当である。

　次に、世界人権宣言に掲げられており、自由権規約において拘束力のある執行可能な形態[73]で具体化されてはいるものの、「国民の生存を脅かす公の緊急事態

---

[63] [1982] 2 F.C. 779 (C.A).
[64] *Id.*, at 782, per Heald J. また*Luis Rene Amayo Encina v. Minister of Employment and Immigration*, [1982] 1 F.C.520 (C.A)も参照。
[65] 「この規約の各締約国は、その領域内にあり、かつ、その管轄の下にあるすべての個人に対し、……この規約において認められる権利を尊重し及び確保することを約束する。……この規約の各締約国は、……この規約において認められる権利を実現するために必要な立法措置その他の措置をとるため、……必要な行動をとることを約束する」(自由権規約〔前掲注51〕2条1〜2項)。
[66] 「国民の生存を脅かす公の緊急事態の場合においてその緊急事態の存在が公式に宣言されているときは、この規約の締約国は、……この規約に基づく義務に違反する措置をとることができる。……〔ただし〕1の規定は、第6条、第7条、第8条1及び2、第11条、第15条、第16条並びに第18条の規定に違反することを許すものではない」(自由権規約〔前掲注51〕4条1〜2項)。
[67] 自由権規約(前掲注51)6条。
[68] 7条。
[69] 8条。
[70] 15条。
[71] 16条。
[72] 18条。
[73] 前掲注65参照。

の場合においてその緊急事態の存在が公式に宣言されているとき」には国による効力停止が認められている諸権利[74]である。これには、恣意的な逮捕または拘禁からの自由[75]、平等な保護に対するすべての者の権利[76]（子ども[77]およびマイノリティ[78]の場合を含む）、刑事手続において公正な公開審理を受け、かつ有罪が証明されるまでは無罪と推定される権利[79]、個人および家族のプライバシーおよび不可侵性の保護[80]、国内における移動および居所の選択の自由[81]、自国を離れ、かつ自国に戻る自由[82]、意見、表現、集会および結社の自由[83]、労働組合を結成し、かつこれに加入する権利[84]、ならびに、政治に参加し[85]、差別を受けることなく公務に携わり[86]、かつ真正な定期的選挙において投票する[87]権能が含まれる。これらの権利のいずれかを確保することができなければ、一般的には国の基本的保護義務の違反となる。ただし、政府による効力停止が、真の緊急事態の急迫性によって厳格に必要とされており、国際法の他の側面に抵触しておらず、かつ差別的に適用されないことが実証されるときは、この限りでない[88]。たとえば、このカテゴリーに属する基本的権利が、当該緊急事態に対応するために（適用範囲または期間の点で）真に必要な限度を超えて尊重されない場合や、当該効力停止が、住民の特定の下位集団に対して比例性を欠くほどの影響を及ぼす場合には、迫害を認定することが正当である[89]。

---

[74] 自由権規約（前掲注51）4条1項。
[75] 9～10条。
[76] 3条および26条。
[77] 24条。
[78] 27条。
[79] 14条。
[80] 17条および23条。
[81] 12条1項。
[82] 12条2～4項。
[83] 19～22条。
[84] 22条。
[85] 25条(a)。
[86] 25条(c)。
[87] 25条(b)。
[88] 効力停止は、「事態の緊急性が真に必要とする」行為に限って、「その措置は、当該締約国が国際法に基づき負う他の義務に抵触してはならず、また、人種、皮膚の色、性、言語、宗教又は社会的出身のみを理由とする差別を含んではならない」という条件を満たす場合にのみ許容される（自由権規約〔前掲注51〕4条1項）。さらに、緊急事態は公式に宣言されなければならず、また国連事務総長に対して効力停止の公式な通知が行われなければならない（同4条1～3項）。
[89] 1984年、国際法律家委員会は国際法の専門家を招集して「市民的及び政治的権利に関する国際規約の制限条項および効力停止条項に関するシラクサ原則」を起草した。ここで達成された合意は、制限条項の適用範囲および公の緊急事態として認定される事態の態様に関する国際法の現状を反映しようとしたものである。U.N. Doc. E/CN.4/1984/4, reproduced at (1986), 36 I.C.J. Review 48.

第3に、世界人権宣言に掲げられ、社会権規約においてあらためて規定された諸権利である。自由権規約とは対照的に、社会権規約は絶対的かつ即時的な拘束力を有する到達基準を課したものではなく、各国に対し、利用可能な手段を最大限に用いることによってこれらの権利を漸進的に[90]、かつ差別的ではない方法で[91]実現するための行動をとるよう求めている。保護の対象とされている基本的諸価値は、労働の権利[92]（公正かつ良好な就労条件、報酬および休息を含む[93]）、食糧[94]、衣服[95]、住居[96]、医療ケア[97]、社会保障[98]および基礎教育[99]に対する権利、家族、とくに子どもおよび母親の保護[100]、ならびに、文化的、科学的、文学的および芸術的表現に携わり、かつこれから利益を享受する自由[101]である。保護の水準は、前二者のカテゴリーに属する権利に適用される水準ほど絶対的ではないものの、対応する財政的能力があるにもかかわらず国がこれらの利益を無視したり[102]、マイノリティに属する住民をこれらの権利の享受対象から排除したり[103]する場合には、

---

[90]「この規約の各締約国は、立法措置その他のすべての適当な方法によりこの規約において認められる権利の完全な実現を漸進的に達成するため、自国における利用可能な手段を最大限に用いることにより、個々に又は国際的な援助及び協力、特に、経済上及び技術上の援助及び協力を通じて、行動をとることを約束する」（社会権規約〔前掲注52〕2条1項）。この義務は近年、とくに次のような意味を有するものとして解釈されるようになっている。すなわち、国は、その発展の水準にかかわらず、最低限の生存の糧を得る権利の尊重をすべての者に対して確保しなければならず、かつ、とられた措置が十分なものであるか否かを評価する際には、国際的な援助および協力を通じて利用可能とされた資源を含め、「利用可能な資源の公正かつ効果的な利用およびこれに対する公正かつ効果的なアクセスに注意が払われなければならない」ということである（リンブルグ原則、原則0.10-0.13、reported at (1986), 35 I.C.J. Review 43）。

[91]「この規約の締約国は、この規約に規定する権利が人種、皮膚の色、性、言語、宗教、政治的意見その他の意見、国民的若しくは社会的出身、財産、出生又は他の地位によるいかなる差別もなしに行使されることを保障することを約束する」（社会権規約〔前掲注52〕2条2項）。

[92] 社会権規約（前掲注52）6条。

[93] 7条。

[94] 11条1項。

[95] Id.

[96] Id.

[97] 12条。

[98] 9条。

[99] 13～14条。

[100] 10条。

[101] 15条。

[102]「利用可能な手段という言葉は、社会福祉の優先を確立したものとして解釈されるべきである。経済権規約の目的を踏まえれば、これ以外に意味の通る解釈を見出すことは難しい。経済権規約の起草者らが国に義務を課したいと考えていたことは明らかである。しかし、国は社会福祉への支出額を自由に定めることができるという義務しか経済権規約から生じないのであれば、これはまったく義務を課していないことになり、起草者らは目標を達成できなかったということになろう」(D. Trubek, "Economic, Social and Cultural Rights in the Third World: Human Rights Law and Human Needs Programs", in T. Meron, ed., *Human Rights in International Law*, p.215 (1984))。

[103]「規約上の義務のなかには、差別の禁止（規約2条2項）など、すべての締約国による即時的な完全実施を要するものもある」（リンブルグ原則〔前掲注90〕、原則0.7）。

国はその基本的義務に違反していることになる。さらに、生計を立てる能力や食糧・住居・保健ケアに対する権利のような一部の社会経済的権利については、それを剥奪することは、極端な場合には生命の剥奪または残虐な、非人道的なもしくは品位を傷つける取扱いに相当する[104]のであって、したがって疑いようもなく迫害を構成する。

　第4に、世界人権宣言で認められている権利のいくつかは拘束力のある国際人権規約のいずれにおいても法典化されておらず、したがって国の基本的保護義務の枠外にあるといえるかもしれない。財産を所有し、かつそれを恣意的に奪われない権利[105]と失業から保護される権利[106]は、このグループに含まれる権利の例である。これらの権利は通常、それだけでは国の保護の懈怠を主張する根拠としては十分ではないということになろう。

　要約すれば、迫害の最も適切な定義は、国際社会が認めてきた中核的権利のいずれかとの関係における国の保護の持続的または組織的懈怠ということになる[107]。保護の対象とされるべき危害の態様としては、第1のカテゴリーに属するいずれかの権利が侵害されること、第2のカテゴリーに属する権利が差別的にもしくは緊急事態以外の場合に停止されること、または、第3のカテゴリーに属する権利の実施が差別的にもしくは資源の絶対的欠如以外の理由で行われないことなどが挙げられる。以下の節では、この一般的原則が具体的場面でどのように適用されるかを検討する。

3. 市民的および政治的権利に対する危害のおそれ

　人権のパラダイムのもとでは、第1のカテゴリーの権利が侵害される深刻な

---

[104]「中心的な例として自由権規約6条1項と社会権規約11条1項の関係を取り上げれば、問題は、『生命に対する……権利』には『相当な［十分な］生活水準についての……権利』が含まれると解釈できるのか、すなわち後者の権利のさまざまな側面は前者の権利の名の下に判断できるものなのかという点である。このような解釈が支持されるとすれば、それは両条項に黙示的重複があることを意味する」(C. Scott, "The Interdependence and Permeability of Human Rights Norms: Towards a Partial Fusion of the International Covenants on Human Rights" (1989), 27(4) Osgoode Hall L.J. 769, at 780)。
[105] 世界人権宣言（前掲注50）17条。
[106] 23条。
[107] M. Gibney and M. Stohl, "Human Rights and U.S. Refugee Policy", in M. Gibney, ed., *Open Borders? Closed Societies? The Ethical and Political Issues,* p.159 (1988)によれば次のとおりである：「何が迫害であり、何がそうでないかの線引きは、きわめて困難な、政治的緊張をはらむ問題であり続けてきた。ここで採用する立場は、世界ではさまざまな水準の迫害（および人権侵害）が行われており、難民認定の際にはそれらの水準が考慮されなければならないというものである」。

可能性があるときには、常に迫害のおそれが成立する。したがって、処刑[108]、暴行[109]、拷問[110]、奴隷化、または信念を他に同調させることの強制[111]の脅威が存在することは、国が中核的価値を保護していないことを実証するものである[112]。*Philomene Lundy*事件の決定[113]では、次のような説得的認定が行われている。

> 権力を行使するためであれ維持するためであれ、人に対する暴力の使用を正当化しうる根拠はまったくない。権力を濫用するあらゆる者による抑圧は、とくにその権力が有形力によって維持されている場合には、常に容認しえず、非難の対象となる[114]。

同様に、第2のカテゴリーの人権侵害――たとえば恣意的な逮捕、拘禁[115]、移動の自由の否定[116]、意見・結社の自由またはプライバシーの否定[117]――が生ずる

---

[108] これには、幅広く定義された集団に向けられた処刑の脅威も含まれる。*Kidane Ghebreiyesus*事件において、出入国不服審査委員会は、エチオピア出身のエリトリア人との関係で次のように述べている：「矛先が国内の少数人種に向けられた、ジェノサイドに近い内戦が人種的迫害の証拠であることは疑いを容れない」(Immigration Appeal Board Decision 79-1137, C.L.I.C. Notes 20.3, March 21, 1980, at 3, *per* R. Tremblay)。*Adan Jeronimo Alvarenga*, Immigration Appeal Board Decision M87-1081, May 20, 1987も参照。

[109] たとえば強姦の脅威が迫害を恐れる十分な根拠となることは、*Maria Veronica Rodrigues Salinas Araya*事件の決定 (Immigration Appeal Board Decision 76-1127, January 6, 1977, at 8, per J.-P. Houle) で次のように述べられているとおりである：「このような脅威は品位を傷つけるものであり、人の道徳的不可侵性に対する攻撃であることは相当に明確なのであって、したがって最も悪質な類の迫害を構成する」。*Philomene Lundy*, Immigration Appeal Board Decision M87-1496X, November 26, 1987も参照。

[110] 「拷問または非人道的なもしくは品位を傷つける取扱いを受けない権利は、慣習国際法の強行規範と考えることができる」(K. Hailbronner, "Non-Refoulement and 'Humanitarian' Refugees: Customary International Law or Wishful Legal Thinking?" (1986), 26(4) Virginia J. Intl. L. 857, at 887)。

[111] Guy Goodwin-Gillの主張によれば、礼拝の自由の否定は、効力停止が禁じられているにもかかわらず、特定の状況下においてしか迫害と同視することはできないとされる。G. Goodwin-Gill, "Entry and Exclusion of Refugees" (1980), Michigan Y.B. Intl. L. 291, at 298-99参照。

[112] 迫害は、「生命および自由に対する脅威を包含するものなので、処刑、拘禁および拷問は問題なく含まれる」(G. Goodwin-Gill, *supra*, note 111, at 298)。I. Foighel, "Legal Status of the Boat People" (1979), 48 Nordisk Tidsskrift for Intl. Ret. 217, at 221; F. Marino-Menendez, "El concepto de refugiado en un contexto de derecho internacional general" (1983), 35(2) Revista española de derecho internacional 337, at 354も参照。

[113] Immigration Appeal Board Decision M87-1496X, November 26, 1987.
[114] *Id.*, at 1, *per* J. Blumer.
[115] 「申請者の宣誓陳述によれば、申請者は、逮捕、拘禁されたいずれの機会においても正式な告発を受けたことはなく、公判のために召喚されることもなかった。これは基本的人権の重大な侵害であり、当該侵害は迫害に相当する」(*Jose del Rosario Perez Gomez*, Immigration Appeal Board Decision M79-1179, June 2, 1980, at 3, *per* J.-P. Houle)。*Fernando Alejandro Cordova Segnel*, Immigration Appeal Board Decision 76-1157, August 11, 1977; *Jose Mariano Aguilar Vides*, Immigration Appeal Board Decision M83-1009, February 3, 1983も参照。他方で出入国不服審査委員会は、政治的反対派によるデモ後に集団逮捕が繰り返されたインドの事件について、恣意的拘禁の証拠を無視するという不可解な対応をとっている(*Harpal Gill Singh*, Immigration Appeal Board Decision T83-10185, December 12, 1983)。

真のおそれがある場合も、通常は迫害と同視される。唯一の例外は、第2のカテゴリーに属する権利の効力が、緊急事態の場合に、短期的に[118]かつ差別的ではない形で停止される場合である。この場合、国際法上、国の保護が存在しないことを十分に立証することはできない。カナダの裁判所は、全体として、人の身体的、道徳的または知的不可侵性に対して持続的攻撃が行われている場合にはこれを迫害の証拠とみなす必要があることを認めてきた[119]。*Charles Kwado Amoah*事件の決定[120]では次のように指摘されている。

> 迫害されていると感じるためには、個人が殴られたり拷問を受けたりする必要はない。その基本的自由、特定の社会集団への帰属感または意見の表明が脅かされていれば、十分に理由のある恐怖が生じるには十分である[121]。

生命または自由に対する脅威に関わる場面で人権の枠組みを適用することとの関連では、3つのタイプの混乱が存在する。まず、Paul Weisのような論者は過度に包摂的な立場をとり、「生命または自由に対する脅威は……常に迫害である」と主張してきた[122]。このような見解は、結社の自由または国内移動の自由を一時的に制限するなど、緊急事態の際、第2のカテゴリーに属する人権の効力を差別的ではない形で[123]限定的に停止できることを見過ごすものである。前述したよう

---

[116] これには、「追放されたマイノリティが支配的集団の信念体系に敵対的である場合」の、マイノリティ集団の集団追放が含まれることになろう (G. Beyer, "The Political Refugee: 35 Years Later" (1981), 15 Intl. Migration Rev. 26, at 26)。

[117] *Noe Aguillar Martinez*事件では、不法な家宅捜索が6度に及び、同時に妻が夫の所在について繰り返し尋問されたことは「迫害に相当する」と判断されている (Immigration Appeal Board Decision M80-1145, November 20, 1980, at 4, *per* J.-P. Houle)。

[118] たとえばGrahl-Madsenは、緊急事態時の拘禁がどの程度の期間に及べば迫害と判断する十分な根拠となるかについて、恣意的な基準を提唱している:「自由に対する脅威という点では、私の従前の結論がいまなお妥当であることが希望される。すなわち、3カ月以上の収監または拘禁は迫害を構成するというものである」 (Grahl-Madsen, "International Refugee Law Today and Tomorrow" (1982), 20 Archiv des Völkerrechts 411, at 422)。

[119] 「迫害を構成するのは身体的拷問だけではない。迫害の不可欠な要素は嫌がらせである。……身体的不可侵性のみならず道徳的不可侵性であっても、それが繰り返しまたは持続的に攻撃される場合には迫害に相当する」 (*Juan Alejandro Araya Heredio*, Immigration Appeal Board Decision 76-1127, January 6, 1977, at 6-7, *per* J.-P. Houle)。*Fernando Alejandro Cordova Segnel*, Immigration Appeal Board Decision 76-1157, August 11, 1977, at 6; *Jose del Rosario Perez Gomez*, Immigration Appeal Board Decision M79-1179, June 2, 1980; *Andrzej Staniszewski*, Immigration Appeal Board Decision M87-1024X, April 22, 1987も参照。

[120] Immigration Appeal Board Decision M87-1500X, November 2, 1987.

[121] *Id.*, at 2, *per* J. Blumer.

[122] P. Weis, "The concept of the refugee in international law" (1960), 87 J. du droit intl. 928, at 970. また、I. Foighel, *supra*, note 112, at 221も参照。

に[124]、このような短期間の権利の停止は国による保護の懈怠を実証することにはならない場合があり、迫害を受けるおそれがあるという恐怖を立証する根拠としては十分ではない。

　第2に、これとは逆に、カナダにおける多くの決定では、生命または自由に対する脅威は一般的に迫害と同視されるという原則が認められてこなかった。たとえば*Romilio Dictmart Aranda Diaz*事件[125]において、出入国不服審査委員会は、軍の要員が申請者の住居に踏みこんで家族に乱暴な扱いをし、申請者の妻を流産させた事例について、チリ国籍の申請者の主張を却下した。このような行為は、その後に警察が定期的に訪れて尋問を行ったこととあわせても、難民としての地位を立証するには不十分であると判断されたのである。その友人でやはりチリ国籍を有する者が申請者となった*Hector Eduardo Contreras Guttierez*事件[126]でも、これより芳しい結果は出なかった。申請者が、不法な拘禁中、複数回にわたって激しい暴力と拷問を受けたにもかかわらず、出入国不服審査委員会は、これらの事件は「大規模な保安措置」[127]の一環にすぎないとし、申請者は「自分が受けたと主張する暴力および拷問の過程で何らかの障害を負ったわけではなく、傷がないことも認めた」と指摘した[128]のである！　3つめの例としては*Raman Kumar Chopra*事件の決定[129]が挙げられる。本件では、インド国籍の申請者が、収監され、警察から日常的に嫌がらせを受けたのに加えて警察から2度にわたって暴力を受けたが、委員会の見解ではこれは迫害ではないとされた。これらの事案は、急迫した危害の証明を、国際人権法の規範で定められた限界を実質的に過度に超える形で要求するという、厄介な傾向が存在することを明らかにするものである[130]。

　第3に、出入国不服審査委員会は、市民的、政治的権利に対する危害のおそれの主張を、その根拠として社会経済的福祉が挙げられているという理由で、不適

---

[123] UNHCRは、Weisの主張する原則を差別的状況に限定して適用しているが、妥当である。「人種、宗教、国籍、政治的意見、または特定の社会的集団の構成員であることを理由とする生命または自由に対する脅威は常に迫害にあたる」（傍点引用者）（UNHCR, *Handbook on Procedures and Criteria for Determining Refugee Status*, p.14 (1979)）．
[124] 前掲注88〜89の本文参照。
[125] Immigration Appeal Board Decision V80-6225, C.L.I.C. Notes 23.7, July 30, 1980.
[126] Immigration Appeal Board Decision V80-6220, C.L.I.C. Notes 30.11, March 16, 1981.
[127] *Id.*, at 9, *per* W. Hlady.
[128] *Id.* ただしBruce Howard委員は強力な反対意見を執筆し、申請者は「言語に絶するほどの」苦痛を経験したのであり、「心身両面で組織的拷問を受けた」と認定している（*Id.*, at 15, *per* B. Howard）。
[129] Immigration Appeal Board Decision M83-1196, November 7, 1983. また、*Karthigesu Sivanesan*, Immigration Appeal Board Decision M84-1513, January 7, 1985も参照。後者の決定では、3回の逮捕および拘禁（うち1回は拷問も行われた）は迫害の証拠としては不十分であるとみなされている。
[130] たとえばF. Marino-Menendez, *supra*, note 112, at 354を参照。

切に却下する場合がある。たとえば*Meril Meryse*事件[131]では、ハイチで経済改革を求めるロビイングを行ったために申請者が収監または拷問のおそれに直面したことについて、「経済的地位向上」を望んだものにすぎないとして主張が却下された[132]。ガーナ国籍の申請者が、経済的条件の改善を要求する圧力団体の構成員であることを理由に軍による嫌がらせを受ける可能性が明らかであった事件でも、「申請者の抗議は政治的ことがらではなく経済的ことがらに向けられたものであった」という理由で不利な認定が行われている[133]。また、ガイアナにおける「悪質な政治的官職任命制」から身を引いたために申請者が暴行を受ける恐怖を抱いた点についても、これによって生じるのは経済的懸念であって難民の定義には該当しないとみなされた[134]。これらの判断は、身体的、道徳的または知的不可侵性に対する危害のおそれという中心的問題に焦点を当てておらず、社会経済的問題がからむ場合には保護が必要とされる可能性を疑問視するという、不健全な傾向の存在を明らかにしている。望ましいのは、*Grimaldo Remigio Corcuera Guzman*事件の決定[135]でとられたような論理構成である。本件では、ペルー国籍の申請者が、貧困層の権利を支持する政治的デモを組織したことを理由に拘禁された。出入国不服審査委員会は、申請者は「基本的権利に対する攻撃という形で嫌がらせを受けている者のカテゴリーに」含まれる[136]として、条約難民として認定している。

　生命または自由に対する脅威を理由として迫害のおそれを立証することが相対的に容易なのは、社会的、経済的、文化的権利との関係で、人間の尊厳のこれらの側面に特権的地位を与えるものであると批判する主張もある[137]。このような見解は正しいが、これは国際人権法の階層的現状を正確に反映したものである[138]。しかし、市民的、政治的自由に対する危害のおそれをより重大視しないようにすることよりも、これらの社会経済的権利に対する見方を広げることのほうが、改革の方向としては建設的であるように思われる。社会経済的権利もまた、生命および自由の問題と同様に、国の基本的保護義務の中核に位置すると捉えるのが合

---

[131] Immigration Appeal Board Decision M73-2608, April 30, 1975.
[132] *Id.*, at 24, *per* J. Scott.
[133] *Jim Martin Kwesi Mensah*, Immigration Appeal Board Decision V79-6136, August 7, 1979, at 3, *per* C. Campbell. 本件は、連邦控訴裁判所によって他の理由により破棄されたが（Federal Court of Appeal Decision A-527-79, May 2, 1980）、連邦控訴裁判所による再審理の後、他の理由により最終的に維持されたものである（Federal Court of Appeal: (1981), 36 N.R. 332）。
[134] *Omar Khan*, Immigration Appeal Board Decision V80-6223, C.L.I.C. Notes 25.9, July 24, 1980, at 3, *per* C. Campbell.
[135] Immigration Appeal Board Decision M82-1265, September 30, 1983.
[136] *Id.*, at 4, *per* R. Tremblay.
[137] F. Marino-Menendez, *supra*, note 112, at 354

理的であるとみなされなければならない。

4. 経済的、社会的および文化的権利に対する危害のおそれ

　市民的、政治的自由が侵害される重大なおそれと同様に、社会的、経済的、文化的権利が尊重されないことも、国による保護が存在しないことを示すものである。このような立場は、貧しい者、あるいは物質的好条件がほとんどない生活を送っている者なら誰でも難民申請を認められるということであると、誤解されることが多い。たとえばScott Burkeは、社会経済的権利が否定されていることを根拠とする難民申請の妥当性に疑問を呈し、その理由として、「第三世界全体を含む数億人の人々が、［社会権］規約に掲げられた『権利』の剥奪に苦しんでいる」[139]のであり、したがって「経済的に遅れている社会の者なら誰でも」[140]庇護に対する権利が認められてしまうことを挙げている。Kenneth Brillは、「難民の定義を拡大し、政治的迫害を受けている者以外の者も含めるという対応がとられない主な理由のひとつは、これによって、わが国の出入国管理制度が除外しようとしてきた経済的移民に歯止めがかからなくなってしまうためである」[141]ときっぱり指摘している。このような説明は、経済的、社会的、文化的人権の性質に関して根本的な誤解があることを如実に示すものである。

　自由権規約[142]とは異なり、社会権規約[143]は、国が加入と同時に即時的に履行しなければならない義務を創設したものではない。というよりも、各締約国の義務は、「［規約で］認められる権利の完全な実現を漸進的に達成するため、自国における利用可能な手段を最大限に用いることにより、個々に又は国際的な援助及び協力、特に、経済上及び技術上の援助及び協力を通じて、行動をとる」こと[144]と、

---

[138]「具体的権利を取り上げている世界人権宣言の25パラグラフ中、6パラグラフは経済的、社会的および文化的権利に充てられていた。社会主義諸国およびその他の一部の国々はこれらの権利を重視しており、その重要性は原則論としては認められていた。……しかし実際には、国連はその後の20年間にわたって経済的、社会的および文化的権利を軽視し、真剣な努力を行うべき分野として位置づけないことになる。……経済的権利に対する関心が近年発展してきたことについて、『市民的および政治的権利が真剣な国際的考慮の対象として取り扱われない』ことになったと解釈する論者もいるが、実際には、2組の諸権利の取扱いにおける均衡を回復しようという試みははるか以前から行われるべきであったのである」(P. Alston, "The Universal Declaration at 35: Western and Passé or Alive and Universal?" (1983), 31 I.C.J. Rev. 60)。
[139] S. Burke, "Compassion Versus Self-Interest: Who Should Be Given Asylum in the United States?" (1984), 8 Fletcher Forum 311, at 320.
[140] Id., at 319.
[141] K. Brill, "The Endless Debate" (1983), 32 Cleveland State, L. Rev. 117.
[142] 前掲注51。
[143] 前掲注52。

「[規約に]規定する権利が……いかなる差別もなしに行使されることを保障する」こと[145]にすぎない。このように、規約は2種類の義務を創設している。第1に、政府は人権の全面的実現を達成するために国内的および国際的資源[146]を集約し、これらの資源の支出を優先しなければならない[147]。第2に、そして一般的にはこの点が難民申請と関わるものであるが、国は社会経済的権利を差別的ではない形で実施しなければならず、たとえば一定のマイノリティ集団の構成員に対して基礎教育の機会を制限したり、反対派政党の党員の労働権を否定したりしてはならない。ただし、差別的な形で生じているのではない貧困や苦難が根強く続くからといって、それだけで規約違反に相当するわけではない[148]ことも強調しておく必要がある。

国の義務がこのように注意深く限定されていることに加えて、社会経済的権利の実体的適用範囲も、ほとんどの場合、すべての者に対して繁栄を保障しているという状態からはほど遠い。たとえば、健康に対する権利の義務的適用範囲は、乳幼児死亡率を低下させ、衛生の改善および疾病の統制を図り、かつ基本的な医療サービスを確立するために行動する義務を、国に対して課しているにすぎない[149]。同様に、教育に対する権利に従ってすべての者によるアクセスが保障されなければならないのは初等教育だけであり、それ以上の機会については状況によって限定されている[150]。

総合すると、社会権規約においてこのように注意深く巧妙な限定が行われている以上、国の保護が存在していないといえるのは、政府が、最も基本的な社会経済的ニーズを満たすために利用可能な資源が差別なく配分されることを確保していない場合のみということになる。このような文脈において、難民の保護が問題になる。しかしそれは、「よい生活」へのアクセスを保障する手段としてではなく、人

---

[144] 社会権規約(前掲注51) 2条1項。
[145] 2条2項。
[146] 「漸進的実現の原則に基づく国の履行の度合いを評価する際には、社会的ニーズを満たすために利用可能な国際援助を使用しないとする決定を考慮に入れるのが妥当ではないだろうか。……経済規約の起草過程からは、『利用可能な手段』についてより広義の解釈が意図されていたことが明らかである。公式の起草過程文書では、この条項は国際的援助を含むものとすると明示的に述べられている」(D. Trubek, "Economic, Social and Cultural Rights in the Third World, in T. Meron, ed., *Human Rights International Law*, pp.215-16 (1984))。
[147] *Id.*
[148] 「難民は、部分的には友好国の独裁政権の政策のせいでもある内戦または大規模貧困から避難してきた人々について特別な考慮を行わないとする……政策および難民概念に対して、異議を申し立てているのである」(K. Brill, *supra*, note 141, at 126)。
[149] 社会権規約(前掲注52) 12条。
[150] 13条。

間の尊厳にとって必要不可欠な社会的、経済的、文化的属性に対するすべての者の権利を主張するために問題とされるにすぎない。

(1) 苦難とは区別される迫害

したがって、「自己都合」[151]による移住または生活条件の向上を求めての移住と、迫害に相当する人権侵害の恐怖を引き金とする移住とは区別されることになる。経済的苦難は必ずしも人権規範の違反とはならないので、一般化された困難な経済的条件から逃れたいというのが移住の唯一の動機である者や、より経済的に安定した生活を築く機会がほしいと考えているだけの者[152]を難民保護から除外するのは正しい。このような者は難民ではなく経済的移民である。

> 苦難がある集団の人々全員の運命になる可能性があるという憂慮または予想や、自らの生活条件を心理的、社会的、道徳的に向上させたいという合理的欲求は、……十分ではない[153]。

ただし、この原則は2つの重要な制限に服する。

第1に、国内のあるマイノリティのみを対象とする、または当該マイノリティのみが経験しているという意味で差別的な経済的剥奪は、迫害の証明となりうる。次節でより詳細に検討するように、経済的苦難が政治的、人種的その他の形で剥奪的影響を及ぼす場合、その被害者が難民として認められる可能性があることは明らかである[154]。Michael Schulteisは次のように指摘している[155]。

> 経済的苦境または迫害は貧困（絶対的、相対的貧困のいずれかは問わない）という形で現れることもあるが、それは制度そのものがもたらすものである。たと

---

[151] このような区別は1938年の「ドイツからの難民の地位に関する条約」(192 L.N.T.S. 59) にまで遡ることができる。同条約では、「純粋に自己都合による理由」からドイツを離れた者は難民から除外されていた。
[152] 「新しい国でよりよい生活ができるだけの稼ぎが得られるからというだけの理由で自国の外にある者は、明らかに難民ではない」(P. Hyndman, "Refugee Under International Law with a Reference to the Concept of Asylum" (1986), 60 Australian L.J. 148, at 149).
[153] *Louis-Paul Mingot* (1973), 8 I.A.C. 351, at 367, per J.-P. Houle. また、Marc Michel Cylien, Immigration Appeal Board Decision 73-12462, March 21, 1974 (「よりよい経済的条件を見出したいという欲求」) も参照 (連邦控訴裁判所は他の理由により破棄。Federal Court of Appeal Decision A-163-80, September 30, 1980).
[154] M. Posner, "Who Should We Let In?" (1981), 9 Human Rts. 16, at 18.
[155] M. Schulteis, "A Continent in Crisis: Migrants and Refugees in Africa", paper prepared for Conference on "The African Context of Human Rights" (1987, unpublished).

えば、一部の開発途上国においては、政治的、経済的政策のために地域住民が経済的資源および政治的発言権を奪われることにより、その周縁化と貧困化が生じている[156]。

このような状況下においては、重大な経済的苦難が特定の抑圧的な影響を及ぼすのであり、迫害の性質を有する人権侵害が立証される[157]。
　第2の制限は、迫害を受けるという真の恐怖を有しているが、経済的立場を向上させること、または繁栄を享受している国に住むことも望んでいる者に関わる。このような者は、基本的人権が真に脅かされているために自国を離れる必要があるが、社会的または経済的機会の見出せる国に保護を求めることを選ぶ。出入国不服審査委員会は時としてきっぱりとこのような申請を却下しているように思える場合があるが[158]、このような付随的動機があることは難民認定の問題とはまったく関連がない。*Guillermo Lautaro Diaz Fuentes*事件決定[159]において、次のように雄弁に指摘されているとおりである。

特別審問および不服申立聴聞における申請者の証言を表面的に検討すれば、申請者はとりわけ物質的安定を求めているのであって、……いわゆる『経済的移民』であるということになるかもしれない。……しかし、文脈を抜きにしてその証言を検討してはならない。それどころか、われわれが認定しなければならないのは、一見して個人的、経済的動機と思えるものの背後に迫害を受けるという恐怖が存在するかどうかである。……経済的移民と難民は常に容易に区別できるわけではないが、ある者が難民であるとすれば、同人が経済的移民でもある（またはその可能性がある）からといって難民としての地位が奪われるわけではないことを、念頭に置くことが重要である[160]。

---

[156] *Id*., at 10.
[157] G. Jaeger, "The Definition of 'Refugee': Restrictive versus Expanding Trends" [1983], World Refugee Survey 5, at 7. またD. Anker and M. Posner, "The Forty Years Crisis" (1981), 82 San Diego L.Rev. 1, at 67も参照。
[158] たとえば *Harbhajan Washir Singh*, Immigration Appeal Board Decision T79-9454, December 7, 1982（カナダで就労先を求めたいという申請者の希望について、出入国不服審査委員会が否定的にコメント）；*Christolene Permaul*, Immigration Appeal Board Decision T83-9310, April 13, 1983（申請者の出身国における失業率が高いことを指摘したうえで申請を却下）；and *Munir Mohamad Adem Suleiman*, Immigration Appeal Board Decision V81-6246, November 16, 1983（エリトリア解放戦線の構成員である申請者に対して行われた一連の深刻な脅迫を列挙しながらも、申請者がカナダで学校に行く機会を得たいと考えていることを指摘したうえで申請を却下）を参照。
[159] (1974), 9 I.A.C. 323.

このような立場は、*Abeba Teklehaimanot v. Immigration Appeal Board*事件の連邦控訴裁判所決定[161]でも承認された。同決定においてPratte判事は、難民としての地位とカナダの永住者になりたいという希望との間に法律上の不整合はないと判示している。
　要約すれば、経済的移民は難民から区別されるという原則は十分に認められているものの、経済的抑圧の被害者と、相対的な経済的繁栄を享受している国の援助を求める難民のいずれについても、保護から除外されることがないよう配慮しなければならないということである。

(2) 経済的、社会的、文化的権利の侵害の定義

　これまでの議論は次のようなものであった。すなわち、迫害は中核的な社会的、経済的、文化的権利の侵害によって生じる場合がある。また、社会経済的人権の侵害が生じるのは、十分な資源があるのに国がその実現を怠るか、それらの権利を差別的に実施する場合のみである。さらに、一般化された苦難の存在は、社会経済的迫害の存在を定義するうえで十分な要素でもなければ、当該迫害の存在を一律に否定する要素でもない。そうなると、残された課題は、基本的な経済的、社会的、文化的権利への脅威がどのような場合に迫害に相当するのかについて、より詳細に検討することである。
　第1に、純粋に財産上の苦痛は迫害にあたらない[162]。この原則は、人権の中核的諸原則には私的財産の所有権が含まれないという原則に包含されるものである[163]。*Jose Salvador Ficciella Munizaga*事件[164]では、チリ国籍でアジェンデ支持派だった裕福な実業家がクーデター後に機会と後援を失ったため、新政権により経済的処罰を受けたと主張した。出入国不服審査委員会は、「母国における申請者の商取引を精査し、申請者が真に財産上の苦痛を有しているかについて判断することはしない。……たとえそのような苦痛を有しているとしても、それは迫

---

[160] *Id.*, at 343.
[161] Federal Court of Appeal Decision A-730-79, September 8, 1980.
[162] C. Wydrzynski, *Canadian Immigration Law and Procedure*, p.320 (1983)参照。ただし、難民に関する以前のいくつかの国際協定では、自由、生命または財産に対する脅威は十分に深刻であり、保護を与えるにふさわしいとみなされていた。Y. Shimada, "The Concept of the Political Refugee in International Law" (1975), 19 Japanese Ann. Intl. L. 24, at 36参照。
[163] 前掲注105の本文参照。
[164] Immigration Appeal Board Decision 79-1222, C.L.I.C. Notes 14.14, December 13, 1979.

害に匹敵するものではないからである」[165]と正しく述べている。同様に、財産の没収または財産に対する被害が現に生じたこと、またはそのような被害が予想されることのみを理由とする申請も、それに付随して身体の安全または基本的生計が脅かされるおそれが存在しないかぎり、難民の地位を付与するに足る十分な重大性を有しているとはみなされない。

第2に、やはり迫害を立証することができないのは、侵害のおそれがある権利が中核的権利に関連はしているものの、脅威が国際法で定められた当該権利の核心に及ぶほどのものではない場合である。たとえば、出入国不服審査委員会は、共産党員ではない東欧諸国出身者について、追放により劣悪な居住条件に追いやられ、また共産党支持者には利用可能な食糧その他の生活上の便益を全面的には利用できなくされているだけでは、十分ではないと判断するのが常である。このような申請は［共産主義によって解消されたはずの］差別という亡霊を呼び起こすものではあっても、迫害には至らないものとして、正しく評価されてきた[166]。たとえばHelena Olearczyk事件[167]では、自主労組「連帯」の構成員であったポーランド国籍の申請者が与党である共産党への加入を拒否されたことについて、出入国不服審査委員会は次のように認定している。

> 確かに申請者は一定の嫌がらせの被害者である。申請者は上司から組合活動を若干統制されており、昇進や雇用手当を受けられない可能性もあった。しかしながら、このような嫌がらせを難民条約にいう迫害とみなすことはできない[168]。

この判断は司法審査でも確認された。連邦控訴裁判所は、「申し立てられた嫌がらせは、迫害に相当するほど重大なものではない」という委員会の見解に同意している[169]。社会経済的権利は、国際法上、容認可能な最低限の基準としてあえて

---

[165] *Id.*, at 2, *per* F. Glogowski.
[166] R. Howard, "Contemporary Canadian Refugee Policy: A Critical Assessment" (1980), 6 (2) Cdn. Public Policy 361, at 363 参照。　また、*Josef Ligas*, Immigration Appeal Board Decision 75-10390, December 19, 1957; *Tadeusz Jakubowski*, Immigration Appeal Board Decision V7906197, October 4, 1979; *Zdzislaw Liedtke*, Immigration Appeal Board Decision V80-6383, December 10, 1980; *Henryk Stanley Komisarski*, Immigration Appeal Board Decision V81-6162, May 28, 1981; *Jaroslaw Jozef Litwinski*, Immigration Appeal Board Decision V81-6322, October 8, 1981も参照。
[167] Immigration Appeal Board Decision M87-1897X, February 9, 1988.
[168] Id., at 2, per J. Cardinal. また*Andrzej Matuszewski*, Immigration Appeal Board Decision V80-6058, at 2, *per* C. Campbellも参照（同決定は連邦控訴裁判所決定によって覆されている。Federal Court of Appeal Decision A-163-80, September 30, 1980）。

定義されているものであるので、定められている権利のいずれかに広い意味で関連するすべての不公正の事例が迫害認定の裏づけになるわけではない[170]。たとえば食糧や住居に対する権利は社会権規約で認められた権利[171]であるが、法的に保障されているのは「相当な[十分な]生活水準」にすぎず[172]、望ましい財およびサービス全般へのアクセスではない。

　第3のカテゴリーは、中核的人権が深刻に脅かされていることを説得的に明らかにしており、したがって迫害を受けるおそれがあるという恐怖を正当に認定できるような主張である。古典的な例としては、経済的追放[173]や、世界人権宣言[174]23条ならびに社会権規約[175]6条、7条で確立された労働権の基本的侵害がある。もっとも保守的な論者でさえ、生計を立てる権利の持続的または組織的否定は迫害のひとつの形態であり[176]、収監や拷問と同じくらい実効的な強迫、権利侵害になりうることを認めている[177]。このことは、連邦控訴裁判所も、*Luis Rene Amayo Encina v. Minister of Employment and Immigration*事件[178]等の判決で認めてきた。この事件はチリ国籍の社会主義者に関するもので、申請者は軍事クーデター後、職場で継続的監視の対象とされるとともに、結局は解雇され、公的人物

---

[169] *Helena Olearczyk v. Minister of Employment and Immigration* (1990), 8 Imm. L.R. (2d) 18, at 19, *per* Hugessen J.
[170] たとえばアメリカでは、「経済的機会の剥奪によって引き起こされた相当の経済的不利益［だけ］が難民法上の迫害を構成する」（傍点引用者）（Note, "Political Legitimacy in the Law of Political Asylum" (1985), 99 Harvard L.Rev. 450, at 460）。Fragomen, "The Refugee: A Problem of Definition" (1970), 3 Case Western Reserve J. Intl. L. 45, at 54; D. Gross, "The Right of Asylum Under United States Law" (1980), 80 Columbia L. Rev. 1125, at 1135も参照。ただし、非熟練調理師として働くよう強要されたユーゴスラビア国籍の料理長による申請が、迫害を受けるという恐怖を証明するものであると認定された*Kovac v. I.N.S.*, 407 F. 2d 102, at 107 (9th Cir. 1969)も参照。
[171] 社会権規約（前掲注52）11条1項。
[172] 同。
[173] 全般的にはJ. Hathaway and M. Schelew, "Persecution by Economic Proscription: A New Refugee Dilemma" (1980), 28 Chitty's L.J. 190を参照。
[174] 前掲注50。
[175] 前掲注52。
[176] たとえばZinkは、「長期の失業を強要されること」は迫害のひとつの形態であると認めている（B. Roberts, "Can the Boat People Assert a Right to Remain in Asylum?" (1980), 4, U. Puget Sound L.R. 176）。また、「諸国はそれでも、(個人的な、かつ明らかに政治的理由による)経済的追放——すべての生計手段を奪ってしまうほど厳しいもの——を、……難民条約にいう迫害とみなしてもよいとする可能性もある」とするGrahl-Madsen, "International Refugee Law Today and Tomorrow" (1982), 20 Archiv des Völkerrechts 411, note 118, at 422も参照。
[177]「迫害には、一部のマイノリティが労働によって生計を立てることを不可能にするような経済的嫌がらせも含まれるべきである。労働によって生計が立てられないようにされることは、まさに収監と同じぐらい重大な迫害である」（G. Gilbert, "Right of Asylum: A Change of Direction" (1983), 32 I.C.L.Q. 633, at 645）。アメリカでは、労働によって生計を立てる個人の能力を損なうことは政治的迫害に相当することが認められている（*Desir v. Ilchert*, 840 F. 2d 723 (9th Cir. 1988)）。

証明制度のために他の職に就くことも阻まれた。連邦控訴裁判所は、申請者が条約難民であることを認定し、「申請者は、長年にわたり、職場において、また解雇後はカナダに来るまでの失業期間中、さまざまな相手からの迫害に苦しんできた。これはいずれも、申請者のかつての政治的活動および信条によるものである」[179]と述べている。

しかし、経済的追放原則は伝統的には狭く定義され、報酬を伴う就労から完全に排除された状況に限定されてきた。たとえば、よく知られた*Jan Piotr Kwiatkowsky*事件[180]において、申請者は、宗教的信条と共産主義への反対姿勢のために教員として昇進できなくされたことを主たる理由として、ポーランドに送還されることへの恐怖を訴えた。しかし、申請者が反体制的であることは降格につながっただけであり、教員として働く権利が否定されたわけではないとして、申立ての内容は迫害には至らない差別と認定された[181]。逆に、*Juan Alejandro Araya Heredio*事件決定[182]が次のように述べているとおり、著しく不適切な労働形態を強要されたことは迫害として認定されている。

> 難民条約は迫害について定義していないが、……迫害を構成するのが身体的拷問だけでないことはきわめて明確である。迫害の必須要素は嫌がらせなのであって、仕事をするあらゆる機会を奪われた者については、または、生き残るために、職業面で受けてきた訓練と明白に整合しない仕事を受け入れるよう強要された者についてさえ、真の迫害が存在するとみなされる[183]。

*Aram Ovakimoglu v. Minister of Employment and Immigration*事件[184]における連邦控訴裁判所決定は、このような幅広い解釈を採用している。裁判所は、

---

[178] Federal Court of Appeal Decision A-720-80, February 27, 1981 (Immigration Appeal Board Decision T80-9349, October 2, 1980を破棄)。なお、当該申請は出入国不服審査委員会の再審理の対象となり、最終的には却下された (1981年7月9日)。また*Alfredo Manuel Oyarzo Marchant*, [1982] 2 F.C. 779 (C.A.)も参照。
[179] *Id.* At 2, *per* Urie J.
[180] Immigration Appeal Board Decision M79-1220, C.L.I.C. Notes 18.10, December 13, 1979. 同決定は、他の根拠により、連邦控訴裁判所 (Federal Court of Appeal Decision at (1981), 34 N.R. 237) とカナダ最高裁判所 (the Supreme Court of Canada at (1982), 45 N.R. 116) も維持している。
[181] *Id.*, at 6. また*Tomasz Gozdalski*, Immigration Appeal Board Decision M87-1027X, April 23 1987も参照。
[182] Immigration Appeal Board Decision 76-1127, January 6, 1977. また、「仕事の喪失、生計を立てることができないという急迫したおそれ、および、資格との関係における就労可能性の制限」も迫害に含まれるとする、I. Foighel, "Legal Status of the Boat People" (1979), 48 Nordisk Tidsskrift for Intl. Ret. 217, at 221も参照。

キリスト教徒であるアルメニア系トルコ人の申請者の陳述について、出入国不服審査委員会は「さらなる検討が必要であるとしたが、嫌がらせと迫害が行われたという矛盾のない証拠」であると認定し[185]、申請者が「就労先を見つけて働き続けることは困難」[186]であったこと、「軍または文民生活のいずれにおいても昇進の可能性がない」こと[187]を指摘した。この決定は労働権の実体的内容について包括的な見解をとっており、労働権には就労にアクセスする権利と「公正かつ良好な労働条件を享受する権利」(それぞれ社会権規約[188]6条、7条)の両方が含まれるとしている。したがって、ある個人がいかなる就労先も確保できなくさせられている場合、または、極端に危険な仕事もしくはその資格および経験に著しくそぐわない仕事に就くことしか認められていない場合には、迫害が立証される可能性がある。

　経済的追放原則を適用する際に問題が生じうるのは、国による迫害行為の影響と全般的な経済不況の影響とを厳密に区別するのが難しい場合である。とくに低開発諸国出身の難民の場合、就労することができないのは、仕事が全般的に不足していることと、最低限の機会がどのような形で存在したとしても、当該難民に対してはそれを与えないように政府またはその意を受けた者が活動していることの複合的結果である可能性がある。このような状況で申請を却下するのは適当ではない。当該難民は、すでに国から実質的に権利を剥奪されているためである。当初の機会が制限されていたという事実は、政府の迫害行為によって申請者が基準以上の不利益を受けたか否かという争点には関係がない。

　対照的に、出入国不服審査委員会はこのような申請を却下することがある。たとえば*Pedro Ignacio Vera Jiminez*事件[189]では、委員会は「[申請者の]就労を妨げた唯一の要因がその政治的活動であるという主張の信憑性」(傍点引用者)を認めず、「失業率が高いことおよび申請者が労働経験を有していないことは、申

---

[183] *Id.*, at 6-7, *per* J.-P. Houle. ただし、*Hua Kien Hui*事件決定(Immigration Appeal Board Decision V87-6081X, July 21, 1987, at 6, *per* D. Anderson)においては、次のように、経済的追放が極端に狭く概念化されている点も参照:「たとえHui氏が、地主および[中国国民党党員]という階級的背景を有していると当局から分類され、その結果、農場において苦しく不愉快な仕事に4年間従事するよう求められたとしても、この種の差別そのものは、迫害を受けるおそれがあるという十分に理由のある恐怖の根拠とはならない。肉体労働と思想注入教育の組合せによる政治的再教育は、残念ながら、多くの国で、そして多くの大規模社会集団を対象として、実行されている」。
[184] (1983), 52 N.R. 67 (F.C.A.). Immigration Appeal Board Decision T82-9976, January 25, 1983を破棄。同申請は、出入国不服審査委員会の再審査により、1984年1月6日の決定で却下されている。
[185] *Id.*, at 69, *per* Urie. J.
[186] *Id.*
[187] *Id.*
[188] 前掲注52。
[189] Immigration Appeal Board Decision 81-9344, November 12, 1981.

請者が……成功しなかった理由として度外視することのできない重要な要因である」とした。また*Ghouse Mahmood Khan Arshad*事件[190]における申請の却下理由は、「仕事を見つけるのが困難であった原因が、本件においては、政権党による差別と同じぐらいインドの経済的状況にもあったものとみなしうる」(傍点引用者) からというものであった。これらの決定は、経済的機会を封鎖するために国の行為が作用したことを否定したわけではないが、たとえ政府の干渉がなくとも条件は困難であったろうという理由で争点を回避したものである。このような分析は、迫害があったか否かという中心的争点を取り上げず、経済的不況下にある国からやって来た申請者に対する差別となっている。

労働権との関わりがない経済的迫害については、これまでのところ、カナダの判例ではさらに曖昧な扱いを受けている。*Luis Enrique Toha Seguel*事件における出入国不服審査委員会の決定[191]は、教育上または保健上の便益が差別的な形で否定されることは迫害のひとつの形態である[192]との主張にとって漠然たる典拠となるが、他の決定はそれほど追い風にならない。たとえば*Naresh Persaud Ramsarran*事件[193]では、基本的な学校用品および緊急病院ケアへのアクセスについて、人種によって異なる取扱いがガイアナで行われていたのは明らかであったが、これは「激しい差別」[194]とは認定されたものの、迫害とは認められなかった。同様に、*Urszula Grochowska*事件[195]では、ポーランドがジプシーに対して就学および医療保険を認めなかったことについて、「甚大な差別」ではあるものの「条約難民の定義にいう迫害は構成しない」[196]とされている。これらの先例は迫害の意義について過度に狭い見方をとっており、前述した人権パラダイムに照らして再検討するのが妥当である。人権に関する包括的な捉え方により合致した決定としては、*Vidya Ajodhia*事件決定[197]がある。これは、ガイアナにおいて、基礎的食糧が人種差別的な形で配分されるのを国が黙認していたことに関わる事件である。インド系ガイアナ人の難民申請を認容した出入国不服審査委員会は、次のように

---

[190] Immigration Appeal Board Decision 81-9474, September 18, 1981.
[191] Immigration Appeal Board Decision 79-1150, C.L.I.C. Notes 28.8, November 13, 1980.
[192] *Id.*, at 4, *per* J.-P. Houle. また、G. Goodwin-Gill, "Entry and Exclusion of Refugees" (1980), Michigan Y.B. Intl. L. Studies 291, at 298-9も参照 (「したがって、状況によっては、重大な経済的不利益を課すことや就労、職業もしくは教育へのアクセスを否定することのような、それほどあからさまではない措置も迫害となる可能性がある」)。
[193] Immigration Appeal Board Decision T83-9371, April 25, 1983 and February 4, 1985.
[194] *Id.*, at 4, *per* J.-P. Houle.
[195] Immigration Appeal Board Decision V84-6217, October 24, 1984.
[196] *Id.*, at 5, *per* D. Anderson.
[197] Immigration Appeal Board Decision M85-1709, November 12, 1987.

述べている。

> インド系ガイアナ人に対する食糧の配分が不公正であることは、迫害というよりも差別の状況であるとも主張できるかもしれない。しかし、当職の見解では、必要不可欠な食糧を日常的に与えないことは迫害の存在をはっきりと示すものである[198]。

5. 基本的人権を保護する国の義務の懈怠

　基本的人権を脅かされるおそれがあるからという理由で、自国を離れたすべての者が難民であるわけではない。本章の冒頭で述べたように[199]、難民法の目的は、中核的人権が国内で十分に保護されるという合理的期待が存在しない場合にのみ国際社会の保護を与えることである。したがって難民法は「代理的保護」[200]なのであり、国籍を有することで得られる通常の利益が奪われた場合の対応[201]ということになる。Guy Goodwin-Gillが述べているように、「政府に対して通常期待できる程度の保護が得られないまたは否定される」[202]ような状況が対象である。
　すなわち、ある個人が「迫害」を受けるおそれに直面しているかどうかを判断するにあたっては、出身国で脅かされる可能性のある人権はどのようなものかを特定することに加えて、そのようなおそれに効果的に対応する能力と積極的意思が国にあるかどうかも精査しなければならない。意味のある国内的保護が申請者にとって利用可能であることが立証されるかぎり、迫害を受けるというおそれが存在するということは不可能である。このような規則は、個人と国との間に存在する国内的関係に付与されている第一次的地位[203]と、国際人権法を援用するのが適当なのは自国の市民の利益を保護するという伝統的義務を国が遵守しようとしないまたは遵守できない場合のみであるという原則[204]から派生する。Andrew Shacknoveはこの原則を、最低限の正統性を有する国家に対して期待される保護の崩壊と表現しているが、有益である。

---

[198] *Id*., at 4, *per* P. Davey.
[199] 前掲注34〜36の本文参照。
[200] J. Patrnogic, "Refugees – A Continuing Challenge" (1982), Annuaire de droit international medical 73, at 75.
[201] Memorandum from the Secretary-General, U.N. Doc. E/AC.32/2, at 13, January 3, 1950.
[202] G. Goodwin-Gill, "Non-Refoulement and the New Asylum Seekers" (1986), 26 (4) Virginia J. Intl. L. 897, at 901.
[203] 1 A. Grahl-Madsen, *The Status of Refugees in International Law*, pp.97-101 (1966).

迫害は、より幅広い現象、すなわち市民の基本的ニーズを国が保護しないことの表れにほかならない。このように国の保護が存在しないことこそ、社会の全面的かつ完全な消滅であり、難民であることの根拠である[205]。

本節では、この一般的規則の適用のあり方について主に検討する。第1に、国内的保護へのアクセスを阻害するような影響を及ぼす可能性がある、政府以外の集団または私人の行為[206]について、国の責任をどのように評価するか。第2に、個人は出身地域で保護を受ける権利を有するのか、それとも国内の他の場所で十分な保護を提供すれば、国はその義務を果たしたことになるのかという点である。

(1) 迫害の主体

迫害の最も明らかな形態は、警察や軍隊のような国の機関による人権侵害である[207]。これは、公式に認められた迫害計画の追求という形態をとることもあれば、官吏による違反行為が国による適時的、効果的是正の対象にならないという形で生ずること[208]もある。このような場合、恐怖の対象となる危害を構成する行為または状況に対して責任を負っているのは政府当局なので、市民が国内的保護を合理的に期待できないことは明らかとなる[209]。*Ganganee Janet Permanand*事件決定[210]で次のように指摘されているとおりである。

---

[204]「この一般的定義は、西欧諸国における18世紀、19世紀および20世紀の法哲学、政治哲学の所産とみなされなければならない。この哲学の主要な内容は〈国家〉と〈個人〉であり、……〈国家〉と〈個人〉それぞれの権利義務である」(P. Hartling, "Concept and Definition of 'Refugee' – Legal and Humanitarian Aspects" (1979, unpublished))。
[205] A. Shacknove, "Who is a Refugee?" (1985), 95 Ethics 274, at 277.
[206] 難民条約の起草過程では、国による迫害と私人による迫害との区別は何ら確立されていない (J. van der Veen, "Does Persecution by Fellow-Citizens in Certain Regions of a State Fall Within the Definition of 'Persecution' in the Convention Relating to the Status of Refugees of 1951?" (1980), 11 Netherlands Y.B. Intl. L. 167, at 170)。
[207]「迫害の源は限定されていない。政府に端を発する場合もあれば、第三者の場合もある。当然、出身国政府が迫害を実行しているのであれば、迫害を受けるおそれがあるという恐怖に十分な理由があることを示すのははるかに容易になろう」(G. Gilbert, "Right of Asylum: A Change of Direction" (1983), 32 I.C.L.Q. 633, at 645)。
[208] たとえば*Jit Dhaliwal Singh*事件では、申請者の義父（アカリ党の積極的支持者であった）が警察による暴行の後死亡し、その後、申請者の妻も反対政党から差し向けられた凶徒によって殺害されたが、警察が十分に対応することはなかった。出入国不服審査委員会は、このような状況においては申請者に、「帰宅途上で国民会議派の支持者から襲われたとしても、警察による保護をうまく得られることは期待できないと恐れるに足る十分な理由があった」と認定している (Immigration Appeal Board Decision T85-9358, June 8, 1987, at 5, *per* E. Townshend)。
[209] C. Wydrzynski, "Refugees and the *Immigration Act*" (1979), 25 McGill L.J. 154, at 181.

国の職員が、特定の市民もしくは市民の集団との関係で権力を濫用し、またはその職務を遂行する意思を示さないことは、確かに迫害となりうる。ただしそのためには、当該行為が組織的に、かつ国の公然たるまたは非公然の同意を得て行われなければならない[211]。

　同様に、私人によって行われる中核的人権の侵害を政府が支持し[212]または容認している[213]場合、意味のある保護は存在しない。この代償的責任の概念が存在しなければ、悪意の国家は、危害の計画を公的機関以外の手先に委ねるだけで、難民保護に訴えるという手段を被害者から剥奪することが可能になる。したがって、政府と[214]、または権力者に協力して行動する政党関係者と[215]結びついている凶徒

---

[210] Immigration Appeal Board Decision T87-10167, August 10, 1987.
[211] *Id.*, at 6, *per* P. Ariemma.
[212]「私的抑圧を政府が直接的に奨励することが庇護申請に正当性を付与することは明らかである」(D. Gross, "The Right of Asylum Under United States Law" (1980), 80 Columbia L. Rev. 1125, at 1139)。
[213]「避難の原因となった残虐行為が相対的に短期間のものであり、たとえば一過性の出来事にすぎない場合であって、政府によって効果的に終止符が打たれるならば、当該避難者を政治的難民とみなす理由はほとんどないといえるかもしれない。……他方、騒乱が長期にわたって続き、政府がそれを効果的に抑制できないならば、……難民認定を……正当化するに足るほどの『瑕疵』が国家組織に存在するとみなしうるかもしれない」(A. Grahl-Madsen, *supra*, note 203, p.192)。
[214] あるインド国籍の申請者は、自分がジャナタ党（人民党）の党員であることを理由に「国民会議派配下の凶徒」により暴行を受けたことを申請理由とした。この申請は当初、「Verma氏が挙げた脅迫および暴行は警察によるものではなく『さまざまな凶徒』によるものであって、そのなかに、同氏が国民会議派の党員であるとする者が数名含まれていたにすぎない」という理由で却下された (Immigration Appeal Board Decision M82-1115, March 28, 1983, at 5, *per* D. Davey)。しかしこの決定は連邦控訴裁判所によって覆された。裁判所は、「1980年に国民会議派が政権に復帰したことの影響を、政治的迫害を受けるおそれがあるという申請者の恐怖に関連するものとして取り上げなかったのは、委員会の法的瑕疵である」として、私的行動の容認は、迫害を受けるおそれがあるという恐怖の十分な根拠となることを認めている (*Surinder Kumar Verma v. Immigration Appeal Board et al.*, Federal Court of Appeal Decision A-481-83, October 27, 1983, at 2, *per* LeDain J.)。また、M. Dore委員が、トントン・マクートは「権力者の配下」にあったとして、その行為についてハイチ政府の責任を認めた*Fritz Roland*, Immigration Appeal Board Decision M87-1587X, November 9, 1987, at 3も参照。
[215] 出入国不服審査委員会の決定のなかには政党の党員により迫害を受けたという主張を却下したものもあるが（たとえば*Nankisore Mangal*, Immigration Appeal Board Decision T82-9141, April 22, 1982および*Harbhajan Washir Singh*, Immigration Appeal Board Decision T79-9454, December 7, 1982を参照）、連邦裁判所はこのような主張の妥当性を受け入れているように思われる。*Anthony Andre Williams*事件で、出入国不服審査委員会は、野党・統一労働者党のために働いていたことを理由に与党・労働党の党員から深刻な脅迫を受けたとする、セントルシア国籍の者による申請を却下した。却下理由は、「申請者のいう脅迫は……労働党の『末端構成員』によるものであり、これらの行為の実行を労働党から正式に認められた者によるものではなかった」というものである (Immigration Appeal Board Decision 81-9020, January 28, 1981, at 1-2, *per* A. Weselak)。連邦控訴裁判所は、「迫害の証拠はないという……委員会の認定に照らし、裁判所は、委員会が……記録全体を考慮したと、……または記録全体を考慮したとして必然的に同じ結論に達したであろうと認めることはできない」と端的に述べ (Federal Court of Appeal Decision A-57-81, June 16, 1981, at 1-2, *per* Heald J.)、この決定を破棄した。

第4章　迫害

の行為は迫害として認定されてきたし、それが妥当である。これは、迫害には「政府による、または政府が黙認する」[216]行為が含まれるという考え方に基づいている。

このように、国と正式にまたは潜在的に結びついている主体が実行した行為[217]以外に、政府が自国の市民の基本的人権を実効的に保護しない場合または保護できない場合にも、迫害が成立する可能性がある[218]。具体的には、政府に、私人による危害から市民を保護しようとする積極的意思がない場合、または客観的に見て意味のある保護を提供する能力がない状況において、保護の懈怠が成立する。これはやや複雑性を増した概念になるが、政府の正統性は自国の市民に十分な保護を与えているかどうかという点と分かちがたく結びついているという原則から派生するものである。フランス破棄院も、*Esshak Dankha*事件の決定[219]における次のような主張を認容している。

> 国家の存在および権限は、それが、同胞市民による攻撃であれ、国外の勢力による攻撃であれ、国民共同体の構成員を攻撃から保護する手段であるという理由によって了解され、かつ正当化される(非公式訳)[220]。

したがって、国家が保護に対する正当な期待を無視し、またはこれに対応できないとき[221]は、その最も基本的な義務を遵守していないことになり[222]、したがって

---

[216] *Charles Polak*, Immigration Appeal Board Decision 81-3009, April 23, 1981, *per* J. Scott. また、たとえば*Munir Mohamad Adem Suleiman*, Immigration Appeal Board Decision V81-6246, July 23, 1981; *Juan de la Cruz Cuevas Fuente*, Immigration Appeal Board Decision 79-1117, August 28, 1979; *Nezihi Yilmaz,* Immigration Appeal Board Decision 80-9123, C.L.I.C. Notes 18.14, April 16, 1980も参照。
[217] 逆に、恐怖の対象となっている危害が厳格に私的な性質のものであって、出身国政府に保護を与える積極的意思と能力がある場合、迫害の認定に必要なほどの国の関与は立証されない。たとえば*Daniel Cripaul*事件では、ガイアナ国籍のキリスト教徒である申請者の親がその宗教に反対する他の東インド系住民から石や瓶を投げつけられたことを理由として申請が行われたが、出入国不服審査委員会はこれを正当に却下した。国がこの事件を承知していたという証拠はなく、ましてや国が共謀していた、または国に行動する能力がなかったという証拠はないのであるから、迫害を受けるおそれがあるという恐怖は立証されない(Immigration Appeal Board Decision M81-1106, June 4, 1981)。
[218] タミール系スリランカ人*Saam Yagasampanthar Murugesu*による主張は、当初、出入国不服審査委員会によって却下された。ある者が「宗教的または人種的多数派集団によって差別され、または迫害さえ受けている」という証拠があるからといって、迫害を受けるおそれがあるという恐怖の証明にはならないという理由による判断である(Immigration Appeal Board Decision M82-1142, July 13, 1982, at 3, *per* F. Glogowski)。連邦控訴裁判所によって決定を覆された後、出入国不服審査委員会は、「……あまりにも多くの者、とくにタミール人に対し、……法制度[の]利益が与えられていなかった」として申請を認容した(Immigration Appeal Board Decision M82-1142, September 30, 1983, at 8, *per* G. Loiselle)。
[219] Decision No. 42.074, May 27, 1983.
[220] *Esshak Dankha*事件(*supra*, note 219)における*Genevois*政府委員の結論(F. Julien-Laferrière, "Bulletin de jurisprudence français" (1984), 3 Clunet 119, at 122に掲載)。

代理的保護が必要であるという展望が高まる[223]。加害の意図が国家の側にあるか否かは無関係である[224]。作為、不作為または無能力のいずれを原因とするものであっても、人間の尊厳の基本的保障へのアクセスを否定されたことには変わりがなく、したがって難民法による保護がふさわしいということになる[225]。

連邦控訴裁判所は、*Aram Ovakimoglu v. M.E.I.*事件決定[226]において、このような包括的基準に対する支持を表明した。これは、トルコ国籍のアルメニア系キリスト教徒に関わる事件である。出入国不服審査委員会は、申請者の国籍および宗教を理由とする暴徒の暴力から政府が申請者を保護しなかった証拠はあるものの、トルコ当局による直接の嫌がらせは証明されていないとして、申請を却下した[227]。しかし連邦裁判所は、とくに、「申請者が、他のアルメニア人同様、申請者らがアルメニア系キリスト教徒であるという理由だけで、イスラム教徒のトルコ人による精神的および身体的嫌がらせに対する当局の保護を得られなかったこと」[228]が考慮されなければならないとして、事件を委員会に差し戻した。

国の義務に関するこの包括的基準は、*Zahirdeen Rajudeen v. Minister of Employment and Immigration*事件の画期的決定[229]において明確な形で明らかにされている。審理に提出された証拠により、スリランカ国籍の申請者は、シン

---

[221]「迫害には、被害者が国の機関による保護を事実上受けられない状況に置くような形で政府が容認する行動も含まれる場合がある」(Minister of Employment and Immigration, "New Refugee Status Advisory Committee Guidelines on Refugee Definition and Assessment of Credibility" (1982), at Principle 6)。C. Fong, "Some Legal Aspects of the Search for Admission into Other States of Persons Leaving the Indo-Chinese Peninsula in Small Boats" (1981), 52 British Y.B. Intl. L. 53, at 92も参照。
[222]「それゆえ、それぞれに個人的な至高の権利を持つ個々の人びと自身が相互に契約を結んで……道徳理論、世界的平和組織、破棄することのできない人間の世襲的権利のうえに基礎をおく……政府を作り出した、というのが事実であったに相違ない。しかもこれこそ、政府が発生する権利を持つ唯一の方式であり、その存在する権利を持つ唯一の原理であるにほかならない」(T. Paine, Rights of Man 47 and 154 (1915)〔邦訳：トマス・ペイン（西川正身訳）『人間の権利』（岩波書店・1971年）73〜74頁・210頁〕)。R. Hofman, "Refugee-Generating Policies and the Law of State Responsibility" (1985), 45 Zeitschrift Auslandisches Offentliches 694, at 700も参照。
[223] A. Grahl-Madsen, *supra*, note 203, at 192参照。
[224]「したがって、市民の集団が他の集団に対して迫害行為を行った場合であっても、被害者に対して保護を提供する能力または積極的意思が当該国政府にない場合、被害者は迫害の対象としてみなされる。政府が保護を提供したいと望む場合でも、この状況が変わることはない」(P. Hyndman, "The 1951 Convention Definition of Refugee" (1987), 9 Human Rts. Q. 49, at 67)。
[225]「難民法は、母国において自らを保護することができない者を保護するためのものであるので、『能力または積極的意思がない』という基準からのいかなる後退も正当化しえない」(D. Gross, "The Rights of Asylum Under United States Law" (1980), 80 Columbia L. Rev. 1125, at 1139)。
[226] (1983), 52 N.R. 67 (C.A.).
[227] Immigration Appeal Board Decision T82-9976, January 25, 1983.
[228] *Supra*, note 226, at 69.
[229] (1985), 55 N.R. 129 (F.C.A.).

ハリ系仏教徒が支配する社会にあってタミール系イスラム教徒であったために危害を受けるおそれがあったこと、および、警察にはシンハリ人の暴徒による暴力から申請者を保護する意思または能力がなかったことが立証された。連邦裁判所において、Heald判事は、タミール人の保護に対する公的機関の無関心は明らかであり、迫害の認定に必要な程度の国の共謀は立証されたと認定した[230]。また、Stone判事の補足意見では、国の保護が十分であるか否かを判断する際の基準が明確に示されている。

　同胞市民の非道な行動によって故国で被害を受けたという理由だけでは、ある個人を「条約難民」とみなすことはできない。当職の見解では、定義を満たすためには、当該迫害が国自身によって実行または容認されていなければならず、かつ、それが当該個人に対して国が直接に行った行為から構成されるものであったか、国が承知のうえで私人の行動を黙認し、またはそのような行動から個人を保護しようとせず、もしくは保護できなかった状況が存在していたかのいずれかの条件が満たされなければならない（傍点引用者）[231]。

　このRajudeen原則の適用にあたり、出入国不服審査委員会は、国による保護の懈怠があったといえる4つの状況を次のように定義している。
　①当該国家が迫害を実行した場合
　②当該国家が迫害を容認した場合
　③当該国家が迫害を黙認した場合
　④当該国家が迫害を容認または黙認したわけではないが、にもかかわらず、国が十分な保護を与えようとせず、もしくは与えられないために、迫害が存在する場合[232]
　このようなアプローチはSurujpal v. M.E.I.事件[233]でも確認されている。これは、

---

[230] Id., at 134.
[231] Id., at 135.
[232] Tezcan Ozdemir, Immigration Appeal Board Decision M83-1304, C.L.I.C. Notes 77.12, December 18, 1984, at 6, per F. Glogowski. 他方、委員会は時として意図的不法行為に注目する方針に逆戻りすることがある。たとえばArulverajah Rajanayagam事件では、迫害とは「ある個人または集団を意図的に選び出して不当な取扱いを加えることを意味する」という不正確な指摘が行われている（Immigration Appeal Board Decision M84-1390, December 31, 1984, at 5, per D. Anderson）。
[233] 「われわれの見解では、警察が暴行に直接参加したか否かは関係がない。関連性を有するのは、より幅広い意味で警察の共謀があったか否かという点である。……迫害への国の参加が直接的である必要はない。国の共謀が証明されれば、間接的な参加で十分である」((1985) 60 N.R. 73 (F.C.A.), at 75-76)。

ガイアナ当局が、政治的動機に基づく暴力から人民進歩党の党員を保護しなかった点に関わる事件である。
　もちろん、合理的に考えて保護が行われたのではないかと思われるような状況下で、いずれかの形態の危害に対応する機会が政府に与えられなかった場合、国による保護の懈怠があったということはできない。

> 難民は、公的機関から迫害を受けていない場合であっても、迫害者からの十分な保護を公的機関が提供しようとしない、または提供できない場合には、迫害を受けるおそれがあるという十分な理由のある恐怖を立証することができる。……ただし、公的機関にアクセス可能な場合には、当該公的機関が自己に対する迫害に――直接間接に、公式にもしくは非公式に――関与していないことを、本件でそうであったように確信できた時点で、当該公的機関の保護を求めたことを示さなければならない[234]。

　*M.E.I. v. Robert Satiacum*事件における連邦控訴裁判所決定[235]は、保護の存在しない状態が、地方当局の不作為に対して連邦が統制を及ぼすこと、または公正かつ独立の司法手続が介入することを通じて救済可能な場合には、迫害が存在するとはいえないという原則を確立することにより、保護の懈怠という概念の定義をさらに推し進めた[236]。カナダ法においては、このように、保護が十分であるか否かの判断基準は現実的観点から定められている。国の公式な立場がどのようなものであれ、故意、無関心または無能力を理由とする事実上の保護の懈怠が存在したかということである。
　この判断基準に若干の曖昧さが残っていることは、*Attorney General of Canada v. Patrick Francis Ward*事件における最近の連邦控訴裁判所決定[237]で明らかにされている。この決定は、アイルランド民族解放軍（INLA）の元構成員

---

[234] *Jose Maria da Silva Moreira*, Immigration Appeal Board Decision T86-10370, April 8, 1987, at 4, *per* V. Fatsis.
[235] Federal Court of Appeal Decision A-554-87, June 16, 1989.
[236] 「*Rajudeen*事件および*Surujpal v. Minister of Employment and Immigration*事件はいずれも、……不寛容な多数派によって難民申請者が不法かつ暴力的な嫌がらせを受け、警察による黙認または無関心が迫害における国の共謀に相当するとみなされた事件である。スリランカ（*Rajudeen*事件）とガイアナ（*Surujpal*事件）はいずれも連邦国家ではなく、またいずれの事件においても国の司法制度は機能しなかった。両事件は、明らかに、迫害に相当するような法執行のあり方が扱われた事件である。いずれの事件も司法手続との関連はなく、ましてや公正かつ独立の司法手続とは無縁であった」(*Id.*, at 8, *per* MacGuigan J.)。
[237] Federal Court of Appeal Decision A-1190-88, March 5, 1990. 上告許可は1990年11月8日のカナダ最高裁決定によって与えられたもの (Supreme Court Bulletin 2347)。

が、政府のために情報を提供するようになって以後、かつての仲間による復讐からの保護をアイルランド当局から効果的に得られなかった点に関わるものである。出入国不服審査委員会は、次のように述べて申請を認容した。

> 迫害を受けるおそれがあるという恐怖と保護の不存在も関連要素である。迫害を受けている者が出身国の保護を享受していないことは明らかであり、保護が存在しないことの証拠があれば、迫害を受ける可能性が高く、かつ恐怖には十分な理由がある可能性が高いという推定が成り立ちうる[238]。

政府による控訴を受けて審理を行った連邦控訴裁判所は、多数意見でこのような決定理由を破棄し、次のように判示した。

> そのような推定は成り立たない。判断は、申請者が……定義に掲げられたいずれかの理由によって迫害を受けるおそれがあるという十分に理由のある恐怖を有しているかを確認する目的で証拠の評価および衡量を行った後に、はじめて下すことができる。その後に、無能力または意思の不存在というその他の側面を取り上げなければならないのである[239]。

多数決定では「国の共謀」という表現が用いられているが[240]、真の関心は、出入国不服審査委員会が、国の保護が存在しない状況においては迫害を受けるおそれがあるという恐怖が推定されるとしていた点にあるように思われる。しかし、このような決定が「証拠の評価および衡量」を行った後にはじめて下されるべきなのは、保護の存在しない状態が、難民条約で保護の対象とされているいずれかの形態の市民的または政治的地位を理由とするものであることを確認する(そしてそれによって、一般化された、差異化の不可能な暴力の状況を理由とする申請を排除する)ためなのである[241]。本件において、連邦控訴裁判所の多数意見は、恐怖の対象となった危害と、申請者の市民的または政治的地位との関係を示す証拠を

---

[238] Immigration Appeal Board Decision T89-10967X, December 2, 1988.
[239] *Supra*, note 237, at 15, *per* Urie J.
[240] 「本件記録がはっきりと示しているように、被上告人は、アイルランドのいずれかの地域において警察の保護を求めることを恐れた際に、国の共謀がひとつの要因となったとは主張していない。被上告人はむしろ、INLAの性質そのものおよびその活動手法からして、警察による当該保護の提供が不可能であることを恐れたのである」(*supra*, note 237, at 14, *per* Urie J)。
[241] 後掲第5章6(3)参照。

誤って解釈し[242]、その他の面では妥当である原則を不幸な形で適用する結果を招いた。

さらに、注意深い論理展開を行っているMacGuigan判事の補足意見は、国の保護に関する伝統的な幅広い見方をむしろ支持している。

> 迫害を受けるおそれがあるという十分な理由のある恐怖という概念を、迫害は国によって行われなければならず、または少なくとも国の共謀がなければならないと解釈することは、当職には、論点先取の誤りであるように思われる。……①法の文言、②カナダにおける決定的先例の不存在、および③国際的有権解釈の重みを考慮に入れれば、法律上の定義は委員会のように解釈するほうが望ましい。このような解釈をとれば、紛争で分裂状態にある国からやって来た申請者が、名目上の政府ではなく交戦中の諸党派を源とする問題を抱えている場合にカナダへの入国資格が認められるであろうことは疑いを容れないが、当職には、これが、「難民に関わるカナダの国際法上の義務……ならびに避難民および被迫害者に関わるカナダの人道主義的伝統」に反するとは考えられないのである[243]。

この説明を多数意見をあわせて理解すれば、紛争で分裂状態にある国からの申請は実体審理の対象とされなければならないが、その事由だけで入国が認められるとはかぎらないという解釈になるのは確実である[244]。

国の保護に対するこのような包括的アプローチはアメリカの判例にも反映されており[245]、そこでは、迫害の主体には「政府が統制できない、または統制しようとしない勢力」[246]も含まれるとされている。国際人権を取り扱う種々の場でも、積極

242「議会が、条約難民の定義を定めるにあたり、法の支配が引き続き行き渡っていることは疑いないイギリスおよびアイルランド共和国のような国の、適正かつ民主的に構築された権力の武力転覆を唯一の存在理由とする組織に属する者にまで当該定義を適用することを意図していたとは、当職には考えられない。だとすれば、被上告人は難民ではありえない。後悔の念を公言するだけでは、構成員であることを否定するには不十分である。被上告人がこの国に合法的に入国する方法があるとしても、それは、当職の見解では、難民申請という手段ではない」(*supra*, note 237, at 20-21, *per* Urie J)。この一節は主張の性質を根本的に誤解している。申請の根拠は、申請者がテロリズムを唱道していた点ではなく、むしろINLAを明確に拒絶していた点にあったのである。同じ誤りは、申請者がどのような社会的集団に属していたかという点に関する多数意見の判断にも見て取れる。多数意見ではそれはINLAということになるが(*supra*, note 237, at 8)、実際には、INLAを非難することによって、「民主的に構築された権力」を (個人的に高いリスクを負いながら) 支持しようとする人々に属していたと判断するのがより妥当である。
243 *Supra*, note 237, at 13-15, *per* MacGuigan J.
244 後掲第5章6(3)参照。

的過失の証拠がない状況下において国内的保護の懈怠が認められてきた。たとえば、*Rubio v. Colombia*事件における国連自由権規約委員会の見解[247]は、国が、2人の者の失踪およびその後の殺害を防止するために適切な措置をとらず、殺害の責任の所在について効果的な調査も行わなかったことを理由に、自由権規約6条（生命に対する権利）の違反が立証されたとしている。欧州人権裁判所は、*Plattform 'Artze Fur Das Legen' v. Austria*事件[248]において、平和的な集会の自由は単なる国の不介入義務に矮小化できるものではなく、むしろ、合法的デモを、デモへの介入またはデモの妨害を望む者から保護するという積極的義務を国に課すものであると判断した。同様に、米州人権裁判所は、最初の判決である*Velasquez Rodriguez v. Honduras*事件判決[249]において、国が人権を十分に尊重しているか否かを判断するうえで決定的な要因は、特定の人権侵害が公的機関の支持もしくは黙認を得て行われたか否か、および、十分な防止措置もしくは処罰措置が存在しないという理由で公的機関の態度により人権侵害が可能となったか否かであると判示している。カナダ法においては、特定の形態の積極的過失に目を向けるのではなく、国内公的機関に実効的救済を求めることが事実上可能であるかという観点から国の保護が十分であるか否かを評価することが義務づけられているが、これは、このように一般的な国際的傾向にも完全に合致するものなのである。

(2) 国内の他の地域における保護の欠如

出身国のいずれかの場所で効果的保護にアクセスできるのであれば、その者は迫害を受けるおそれがあるとはいえない。難民法は、国際的保護を求める以外に

---

[245] とくに*McMullen v. I.N.S.*, 658 F. 2d 1312 (9th Cir. 1981)参照：「*McMullen*基準の下では、外国人は、迫害の対象となっていることのみならず、恐怖の対象となっている危害について母国の政府が何らかの形で責任を負っていること、または母国の政府が当該危害を防止できないことも実証しなければならない」(C. Tompkin, "A Criminal at the Gate: A Case for the Haitian Refugee" (1982), 7 Black L.J. 387, at 399)。D. Gross, *supra*, note 225, at 1139も参照。
[246] *Id.*, at 1315.
[247] Communication 161/1983, November 2, 1987, reported at (1987), 2(3/4) Interights Bulletin 36.1.
[248] Series A, No. 139, June 21, 1988, reported at (1988), 3(2) Interights Bulletin 19.
[249] Series C, No. 4, July 29, 1988, reported at (1989), 28 I.L.M. 291. それどころか、米州人権裁判所はさらに、被害者の家族に対する賠償責任まで国に負わせている (4(2) Interights Bulletin 21参照)。この決定は、それ以前に米州人権委員会がとっていた立場に合致するものである。たとえば*Rubin v. Paraguay*事件において、米州人権委員会は、「不作為によるものか効果的対応をとらなかったことによるものかにかかわらず、政府は当該攻撃および恣意的対応の責任者を特定することができず、ましてや処罰することができなかったため、当該企業を法的に防御しようのない立場に置き、実質的に倒産に追い込んだ」という理由で政府の責任を認めている(Case No. 9642, March 29, 1987, reported at (1987), 2(3/4) Interights Bulletin 34)。

選択肢のない者だけのニーズを満たそうとするものなので[250]、第一義的救済は常に自国で求められるべきである。

　国際的保護の代理的性質は、難民条約上の定義それ自体から明らかである。そこでは、「その国籍国の保護を受けること」ができない、またはそのような保護を受けることを望まない正当な事情があることを実証できる者に限って、難民としての地位が認められるとされている[251]。すなわち、分析の焦点は申請者とその出身国の中央政府との関係である。特定の地域において、（たとえば不正規な地域政府または地域勢力の行動によって国による保護の行使が不可能となるために）中核的人権の侵害からの自由が事実上存在しない場合であっても、中央政府が、危険な状態に置かれている者に対し、それ以外の場所で安全な住居を提供する場合[252]には、国の義務は満たされたことになり、難民としての地位は当然には認められない。

　難民条約およびそれと対になるUNHCR規程の起草過程でも、国内で保護を受けている者は排除することが一貫して主張され、このような解釈を裏づけている。たとえばフランスの代表団は、「[国内]難民までも対象とする一般的定義は、国家主権の侵害につながるので存在しない」[253]のであり、「国際連合に、……難民条約の規定を国内難民に適用する意図がないことは明らかである」[254]という見解を表明している。アメリカのRoosevelt夫人も次のように指摘している。

　　人民のこのような移動による重い負担を一方的に引き受けている政府に対しては最高の評価が与えられるべきであるが、これらの問題を、[国連]総会で扱っている問題と混同するべきではない。その問題とはすなわち、自国の外にあって、政府の保護を受けておらず、かつ、自立と尊厳に基づく生活を再建するために庇護および地位を必要とする者への保護の提供である[255]。

---

[250]「難民とは、本質的には、その基本的ニーズが出身国によって保護されておらず、ニーズの国際的回復を求める以外に他の選択肢がなく、かつ、国際的援助を受けられる状況にある者のことである」(A. Shacknove, "Who is a Refugee?" (1985), 95 Ethics 274, at 277)。
[251] 難民条約（前掲注16）1条A(2)。
[252] もちろん、保護のレトリックが現実と合致しない場合もある。「大臣が心からの人道主義的信念を公に表明しても、藪の中で弾丸から身をかわしている個々の難民にとっては大した慰めにはならない」(A. Simmance, "Refugees and the Law"(1981) New Zealand L.J. 550, at 550)。
[253] フランスのRochefort氏の発言。U.N. Doc. E/AC.7/SR.172, at 4, August 12, 1950.
[254] フランスのRochefort氏の発言。U.N. Doc. A/CONF.2/SR.24, at 17, July 17, 1951.
[255] アメリカのRoosevelt夫人の発言。4 UAGAOR (264th plen. mtg.) at 473, December 2, 1949.

したがって、討議においては、十分な国内的保護の存在[256]は国際的に認められた難民としての地位とは両立しないという前提が基調となっていたのである。

国内的保護の優先はカナダの先例でも認められてきた。*Karnail Singh*事件[257]では、インドのパンジャブ地域からやって来たシーク教徒の申請が却下されたが、それは、同国の異なる地域に移動することで警察による嫌がらせを避けられたと申請者が認めたためである。出入国不服審査委員会は、「自国の他の地域で安全に暮らすことができるのであれば、申請者は当該国出身の難民ではない」[258]という原則を明らかにしている。出入国不服審査委員会は、*Jainarine Jerome Ramkissoon*事件[259]と*Bento Rodrigues da Silva*事件[260]のいずれにおいても、私人による統制不可能な暴力の範囲が出身国の一部地域に限定されており、国内の他の場所では安全が得られた状況に対して、この国内的保護原則を適用した。

しかし、国内的保護原則の論理は外国における庶護の必要がないという状況から生まれるものであることも、認められなければならない。同原則は、ある者が国内的保護に真にアクセスでき、かつ保護の現実が当人にとって意味のある場合に限って適用されるべきである[261]。たとえば経済面、交通面その他の阻害要因によって申請者が国内の安全な場所にたどり着けない場合、国内的保護の質が市民的、政治的、社会経済的権利の基本的水準を満たさないようなものである場合、または国内的安全が幻想にすぎない、もしくはあてにできないようなその他の状況が存在する場合には、危害に対する国の責任が立証されるのであって、難民としての地位を認めるのが妥当である。

---

[256] 難民の定義についてよりリベラルな見解を主張する論者でさえ、国際的保護の先行条件として、出身国における事実上の保護の不存在に着目している。たとえばイギリスによる第1条草案の提案 (Draft Proposal for Article 1 submitted by the United Kingdom, U.N. Doc. E/AC.32/L.2, at 1, January 17, 1950) を参照。
[257] Immigration Appeal Board Decision M83-1189, C.L.I.C. Notes 62.4, November 14, 1983.
[258] *Id.*, at 3, *per* B. Howard.
[259] Immigration Appeal Board Decision T84-9057, June 21, 1984.
[260] Immigration Appeal Board Decision T86-9740, December 10, 1986.
[261]「迫害を受けるおそれがあるという恐怖は、必ずしも、難民の出身国の領域全体に及ぶものである必要はない。したがって、民族的衝突や、内戦状況を伴う重大な騒乱の場合には、特定の民族的集団の迫害が、国のある地域だけで生ずることもある。このような状況においては、同じ国内の他の場所に避難することができたはずであるという理由だけで、ある者が難民認定から除外されることはない。ただし、他の場所への避難を期待することがあらゆる事情に照らして合理的ではなかったと判断される場合に限る」(UNHCR, *supra*, note 123, pp.21-22)。

第5章
市民的または政治的地位との関係

　難民法が存在するのは、国内的保護に訴えることが不可能な状況で国際社会の保護を介在させるためである。これは根本的には代理的または代替的保護のひとつの形態であるため、難民法の受益者の定義からは、国内のいずれかのコミュニティの構成員として基本的な権利を享受しており、自国に対して基本的人権を主張するのが妥当である者は常に除外されてきた[1]。難民とは、基本的自由または権利が危険にさらされているという意味だけではなく、より根本的には、名目上はその一員である国内コミュニティの内部でこれらの人権を行使するための行動がとれず、またはそのような国内コミュニティの再構築さえ不可能であるという理由により[2]、保護を受けていない者のことを指すのである。難民は、自らのコミュニティ内の立場が不安定というだけではない。そこには根本的な周縁化の要素[3]があって、深刻な危害を受けるおそれのある他の者から難民をはっきりと区別している。Rogers Smithが次のように述べている[4]とおりである。

　　難民が漂流状態に置かれる理由は、通常、難民の宗教、民族、経済的希望、政治的信念または政治的つながりが、強力な国民国家を創造、維持しようとする本来の政府の努力と何らかの形で対立するためである[5]。

　難民に関わる初期の協定では、このような、構成員としての基本的権利の剥奪

---

[1] 「本人と自国との正常な関係が破壊されていなければならず、その破壊は政治的性質の事件から生じたものでなければならない」(B. Tsamenyi, "The 'Boat People': Are They Refugees?" (1983), 5 Human Rts. Q. 348, at 360)。
[2] 「ある者が難民化する根本的原因となる事件は、国とその国民との関係から生ずる」(J. Vernant, *The Refugee in the Post-War World,* p.5 (1953))。
[3] P. Woodward, "Political Factors Contributing to the Generation of Refugees in the Horn of Africa" (1987), 9(2) Intl. Relations 111, at 112.
[4] R. Smith, "Refugees, immigrants and the claims of the nation-state", [1987] Times Literary Supplement 1422 (December 25-31, 1987).
[5] *Id.*

または崩壊という概念が詳しく定められることはなかった。難民の定義は、共産主義に反対するロシア人、トルコ系アルメニア人、ドイツ出身のユダヤ人など、具体的な民族的、政治的、宗教的カテゴリーで定められるにすぎなかったためである[6]。ただし、事実上の共通の基準は、出身国において当該集団が共通に周縁化されており、そのため自国で基本的人権を主張することができない状態に置かれていることであった。これらの初期の難民は、単に苦境に置かれている者というだけにはとどまらず、自国の権力構造と根本的に対立する立場を有している者だったのである。自分の社会の統治に意味のある形で参加することができない状態こそ、これらの難民をそれ以外の者から区別し、国外で保護を求めたいというその望みを正当化するものであった[7]。

現在の難民の定義[8]は、周縁化された集団を指定することによる保護から離れ、構成員原則をより包括的に定式化する方向へ進むこと[9]によって、このような前提に形を与えている。人権の市民的、政治的パラダイムの優位性が支配的であったこと[10]を踏まえれば、差別の禁止という規範を参照することによって周縁化が定義されなければならなかったのは、流れからして当然である。難民とは、人種、宗教、国籍もしくは特定の社会的集団の構成員であること、または政治的意見を理由に深刻な危害を受けるおそれのある者であると定義された[11]。このような限定が行われたのは、これ以外の集団がそれほど危険な状態に置かれていなかったためでは

---

[6] 前掲第1章、とくに注18および21を参照。
[7] 構成員たることの否定のために1920〜1950年に用いられた手段は、司法的、社会的および個別的権利剥奪という形で分類することができよう。前掲第1章の注9〜28参照。
[8] 1951年難民条約は、1938年の政府間難民委員会決議で採用されたモデルに従っている。同決議は、資格のあるカテゴリーを列挙するという方式から離れ、「その政治的意見、宗教的信条および人種的出自を理由として移住しなければならない……者」を広く含めることとした (Resolution of the Intergovernmental Committee for Refugees, I.C.R. Doc., July 14, 1938)。
[9] 「対象とされる迫害カテゴリーの変遷を見ると、それは、種々の難民危機に対する状況ごとの場当たり的な対応に代えて、普遍的に適用および受入れが可能な基準を創設することにより、リベラルな目的に対応しようとしたものであることがわかる」(D. Gagliardi, "The Inadequacy of Cognizable Grounds of Persecution as a Criterion for According Refugee Status" (1987-88), 24 Stanford J. Intl. L. 259, at 267-68)。「難民条約に掲げられた迫害事由は十分に幅広いものであり、差別または抑圧の主要な事由は含まれている」(A. Fragomen, "The Refugee: A Problem of Definition" (1970), 3, Case Western Reserve J. Intl. L. 45, at 54)。
[10] 「国際人権の設計者、建築者としてはアメリカ人の姿が目立っており、彼らに示唆を与え、範を示したのは主としてアメリカの立憲主義であった。その結果、世界人権宣言、そしてその後の市民的及び政治的権利に関する国際規約のほとんどの規定は、本質的に、アメリカの憲法上の権利が世界中に投影されたものとなっている」(L. Henkin, "International Human Rights and Rights in the United States", in T. Meron, ed., *Human Rights in International Law: Legal and Policy Issues*, p.39 (1984))。
[11] 難民の地位に関する条約 (189 U.N.T.S. 2545、1954年4月22日発効。「難民条約」) 1条A(2)。

ない。というよりも、少なくとも当時の歴史的文脈においては、このような形態の社会政治的権利の基本的剥奪によって影響を受けている者のほうが、国内で効果的救済を追求できる立場に立てる可能性が低かったためである[12]。

　そうなると、難民条約上は、申請者が直面している危険を――たとえそれがどんなに不当なものであっても――申請者の社会政治的状況およびその結果としての周縁化と何らかの形で関連づけることができなければ[13]、難民申請は却下されなければならない。簡単に言えば、難民法は、申請者がどのような人物であり、何を信じているかということと、自国で深刻な危害を受けるおそれがあることとの間につながりがあることを要求するのである[14]。

　構成員原則を批判する主張によれば、難民法においては、たとえば自然災害、内戦、戦争または経済的惨状から、単純に人間として悲惨な状況に置かれていることへの反応として逃れてきた者も対象とするべきであるとされる[15]。難民法は本質的には国際人権法と、あるいは人道主義とさえ完全に重なり合うのであって、基本的人権が危険にさらされている者には誰でも国外に保護を求める権利が認められるべきであるとする論者もいる[16]。このような寛容な見方は、現行難民法の暗黙の前提、すなわち、自由および権利に関する主張は、国内コミュニティから排除されないかぎり国内で行うべきであるという考え方[17]と一致しない。一般化され

---

[12] L. Holborn, *The International Refugee Organization: A Specialized Agency of the United Nations: Its History and Work,* 1946-1952, pp.47-48 (1956).
[13] 「申請者が事由を具体的に明らかにすることは、ほとんど期待できない。申請者自身、自分がなぜ迫害され、または迫害的措置で脅かされているのかわからないことがあるためである」(P. Weis, "The concept of the refugee in international law" (1960), 87 J. du droit intl. 928, at 970)。
[14] 「他のあらゆる理由は、迫害を受けているという主張を補足するため、または当該外国人が自国で直面するであろう状況を示すために用いられる場合以外、無関係である」(K. Petrini, "Basing Asylum Claims on a Fear of Persecution Arising from a Prior Asylum Claim" (1981), 56 Notre Dame Lawyer 719, at 724)。
[15] 市民的、政治的地位の基準は「最大の不和と騒ぎを引き起こしてきた。5つの事由のいずれかによって発生する苦しみと、それ以外の形態の苦しみとの間にはほとんど違いがないように思われるからである。結果は同じであって、人的コストは計算しようがない。にもかかわらず、あらゆる態様の惨禍から被害者を保護するうえで庇護法が十分か否かという点に関わる議論では、最後の要件が膠着状態に陥る原因となってきた」(M. Heyman, "Redefining Refugee: A Proposal for Relief for the Victims of Civil Strife" (1987), 24 San Diego L.Rev. 449, at 453)。
[16] 「個人が迫害を受ける正確な理由は概ね関係がない――迫害の存在こそが、唯一の本質的問題である。迫害の定義は、列挙されているいくつかの対象事由に依存するものではないので、難民の定義の中にこれらの事由が存在しているのは適当ではない。これらの事由が含まれているために、迫害の概念そのもの、および、迫害の被害者を救済するという人道的目的とはそれほど関係のない諸要因を調査しなければならなくなる。国内的、国際的難民政策の精神は、混乱のなかで見失われてしまっている」(D. Gagliardi, *supra,* note 9, at 272)。
[17] 難民条約の趣旨は、人権に対する国内的責任を引き受けることではなく、「政府の保護を欠いている」者だけを援助するところにある(アメリカのRoosevelt夫人の発言。5 UNGAOR at 473, December 2, 1949)。

た災害の被害者は、統治体の構成員であることを否定されないかぎり、既存の体制を通じて、または救済のための国内機構を創設もしくは再建することによって、自らのニーズへの対応を行うことが期待されているのである。

しかし問題は、構成員原則それ自体には依然として意味があるにせよ、市民的または政治的地位（人種、宗教、国籍、特定の社会的集団の構成員であることまたは政治的意見）の観点からそれを厳密に定式化することには、特定の時代の影響が過度に及びかねないというところにある。これらのカテゴリーは、難民条約の起草者らにとっては、第2次世界大戦終結時に知られていたあらゆる欧州難民の申請に応えることができる十分に包摂的なものであった[18]が、今日存在する諸形態の権利剥奪を捕捉するには不十分であると考える論者もいる[19]。

他方、人種主義、宗教的不寛容その他の形態の社会政治的権利剥奪が国内的保護を妨げる重要な要因であり続けており、これに対して難民法が意味のある形で対応できていないことも、依然として厳然たる真実である[20]。しかし1951年以降の変遷を通じ、どのようにすれば各国は人を周縁化する諸現象の一覧を拡大しようという気になるかもしれないのかという道筋は、ある程度示唆されてきた。とりわけ、失敗に終わった1977年の国連領域内庇護会議に出席した国の多数は、明らかに、難民申請の追加的正当事由として「外国による占領または支配」を認める用意があったはずである[21]。地域レベルでは、OAU条約においてすでに、「外部からの侵略、占領、外国の支配または……公の秩序を著しく乱す事件」[22]を理由と

---

[18]「アメリカ代表団がかつて述べたことを、あらためて繰り返さなければならない。アメリカ代表団は、現時点で保護を必要とするあらゆる者は、難民条約草案1条に定められた定義によって完全に網羅されていると考える」（アメリカのHenkin氏の発言。U.N. Doc. E/AC.7/SR.166, at 14, August 22, 1950）。

[19]「特定の迫害事由を選び出すことにより、難民の定義（少なくともその狭義の解釈）から、他の事由による迫害、または一見して理由が明らかではない迫害が除外される可能性が高い」（M. Gibney and M. Stohl, "Human Rights and the U.S. Refugee Policy", in M. Gibney, ed., *Open Borders? Closed Societies? The Ethical and Political Issues,* p.157 (1988)）。D. Gagliardi, *supra*, note 9, at 281も参照：「伝統だけでも、対象となる迫害のカテゴリーはこのまま維持しなければならないと主張する相当の根拠になるかもしれないが、現代の難民の問題が、伝統的分析に挑戦を突きつけることも多い。エルサルバドルやハイチの状況はこれを実証するものである。20世紀前半であれば、人種、宗教または政治的信条は、真に庇護がふさわしい者を避難民から、またはより快適な生活を求める経済的移民から区別するのに十分な概念であったのかもしれない。しかし、政府が自国民に対して手当たり次第に加える抑圧や暴力から避難してくる者を保護するためには、これらのカテゴリーは絶望的なほど不十分である」。

[20]「共同体間の暴力は、最も戦慄すべき紛争形態のひとつである。ある民族的、宗教的または言語的集団の構成員が近隣の他の集団の構成員と衝突すれば、残虐行為の発生はほとんど避けられない。たとえ政府が差別的政策をとっていなくとも、自国のマイノリティまたは脅かされている社会的集団を保護することができなければ、大人数の人々による避難を間接的に引き起こす可能性がある」（Independent Commission on International Humanitarian Issues, *Winning the Human Race?,* p.98 (1988)）。

する申請が認められているし、ラテンアメリカのカルタヘナ宣言は、「一般化された暴力、外国の侵略、内戦、大規模人権侵害または公の秩序を著しく乱すその他の状況」[23]から避難してきた者にも難民としての地位を認めるよう勧告している。これらの現象には市民的、政治的差別と同じぐらい効果的に根本的周縁化をもたらす可能性があるので、このような進展に一定の訴求力があるのは当然である。暴力または占領の存在を理由とする難民申請は、難民条約において市民と国との政治的関係を損なう諸要因に焦点が当てられている現状を大きく変えることはなく、その意味で、自然災害または経済的苦境の被害者にも難民としての地位を付与するべきであるという（国際的にも地域的にも採用されたことのない）提案とは質的に一線を画している[24]。

　難民条約における申請事由をこのようにリベラルなものにしていくことは、たとえ概念的には当然の道筋であっても、それが実際に含意することのために、普遍的支持を受ける可能性は低い。市民的または政治的差別が実証されることに依拠するのであれば、通常、いずれかの国の国民のうち難民としての地位を認められるのは少数にすぎないという前提が成立するが、一般化された抑圧そのものを理由とする申請が認められる方向に進んでいけば、国民全体が難民としての地位を主張できる状態が（少なくとも理論上は）生ずることになる。これは、難民条約の起草者らによるかなり狭い概念化[25]とも、北の国々における制限主義の傾向[26]と

21　合意されていたその他の改正点は、基本的には現行の5つの事由を明確化することに関わるものであった。たとえば、植民地主義、アパルトヘイトおよび人種主義との闘いをとくに明示すること（政治的意見の諸形態）、皮膚の色、国民的出身および民族的出自に言及すること（人種および国籍の変形）、家族的地位を挙げること（特定の社会的集団の構成員であることに含まれるとも解釈できる）などである。F. Leduc, "L'Asile territorial et la Conférence des Nations Unies de Genève, Janvier 1977" (1977), 23 Ann. française de droit intl. 221, at 247-48を参照。
22　アフリカ統一機構「アフリカにおける難民問題の特定の側面を規律する条約」（*Convention governing the specific aspects of refugee problems in Africa*, U.N.T.S. 14, 691. 1974年6月20日発効）1条2項。全般的には前掲第1章4(3)参照。
23　カルタヘナ宣言（*Declaration of Cartagena*, Doc. OEA/Ser.L/II.66, doc. 10, rev. 1）結論3。全般的には前掲第1章4(4)参照。
24　「このような条件においては、自然災害の被害者は、国際法において知られている難民の定義からは除外される。より正確に言うと、人が難民となることの根本的原因である出来事は、常に政治的性質を有しているのである」（J. Vernant, *The Refugee in the Post-War World*, p.5 (1953)）。
25　「条約草案の性質に照らし、包括的定義が採用されれば条約への加盟をためらう国も出てくる可能性がある。たとえば革命から逃げてきた人々のように、難民としてみなすことはできるかもしれないが、各国は、このような人々に対しては保護を与えるという白地の小切手を前もって渡しておきたくないと考えるのではないか。ほかにも、文句なしに難民ではあっても、国際条約による保護を享受できるべきか、あるいは享受する必要があるかという疑問が生ずる人々もいる」（アメリカのHenkin氏の発言。U.N. Doc. E/AC.7/SR.158, at 14, August 15, 1950）。

も、かなり根本的に矛盾することとなろう。

　カナダにおいては、難民条約に基づく、難民としての地位が認められる市民的、政治的事由のリストは「網羅的なものであり、厳格にかつ客観的に適用されなければならない」[27]。それ以外の理由で迫害を受けるおそれがあるという十分な理由を有している者はこのように除外される[28]ため、迫害を受けるおそれがあるという恐怖と市民的または政治的地位との関連がはっきりと立証される必要があるのである[29]。

　本質的には、カナダ法は「仮定の除外」（but for）の判断基準を定めている。申請者は、その市民的または政治的地位がなかったとしても同様に重大な危害を受けるおそれがあったかということである。まず、市民的または政治的地位と危害のおそれとの間に何らかの因果関係が存在しなければならない[30]。申請者がマイノリティ集団に属していたとしても、その事実と迫害を受けるおそれがあるという恐怖との間に実証可能なつながりが存在しない場合、申請は認容されない。したがって、たまたま反対の政治的意見を有していたからというよりも、能力がないために雇用を拒否された事例[31]では、申請は却下された。申請者の宗教が、暴行を受け

---

[26] 「多くの先進国は、受忍限度を超えた自国の状況から逃れようと国境にやって来る人々の多さに、危機感を表明するようになっている。国策および国際連帯を積極的に明らかにする行為として庇護を与えるという、これらの国々の伝統への圧力はますます高まっている。これまでは正式な法的文書を通じてこのような連帯が表明されてきたが、その安定したプロセスは停止し、逆転の危険にさらされているのである」(Independent Commission of International Humanitarian Issues, *Refugees: Dynamics of Displacement,* pp.31-32 (1986)).

[27] *Marc Georges Sévère,* 9 I.A.C. 42, at 47, *per* J.-P. Houle.

[28] 「しかし、難民の地位に関するジュネーブ条約がすでにリベラルに解釈されているからといって、十分な理由に基づいて収監のおそれから逃れてきた者全員に適用できるほど柔軟な解釈であるわけではない」(*Antonio Correia,* Immigration Appeal Board Decision 75-10245, April 5, 1976, at 15, *per* Urie J.)。ただしこの決定は、市民的または政治的地位の概念を不当なほど厳格に解釈している例のひとつに挙げられるかもしれない。ポルトガル内務治安部隊の元隊員であった者からの申請が、特定の社会的集団の構成員であることまたは政治的意見のいずれとの関係でも却下されたためである。

[29] 「これらの事由は控訴人と直接に関係したものでなければならず、その立証責任は控訴人にある」(*Manuel Jesus Torres Reyes,* Immigration Appeal Board Decision 75-1063, October 23, 1975, at 6, *per* R. Tremblay)。この決定は他の理由により連邦控訴裁判所によって破棄されたが（1976年10月28日）、申請は最終的に出入国不服審査委員会によって却下された（1976年12月20日）。

[30] *Attorney General of Canada v. Patrick Francis Ward*事件における最近の連邦控訴裁判所決定は、迫害を受けるおそれがあるという恐怖と、難民条約に掲げられた事由とのつながりの重要性を強調している（Federal Court of Appeal Decision A-1190-88, at 15, *per* Urie J.)。なお、本件の上告許可は1990年11月8日にカナダ最高裁判所によって与えられたもの（Supreme Court Bulletin 2347）。

[31] *Fernando Alfonso Naredo Arduengo,* Immigration Appeal Board Decision T80-9159, C.L.I.C. Notes 27.13, November 20, 1980, at 3. この決定は他の理由により連邦控訴裁判所によって破棄された（(1981) 130 D.L.R. (3d) 752, December 18, 1981)。申請は最終的に出入国不服審査委員会によって却下されている（1985年4月15日）。

るという恐怖と関連するとはみなしえなかった事例[32]、国が申請者の思想を知りえなかった段階で拘禁が行われた事例[33]においても、同様である。

　他方、申請者が直面している危険性全体がその市民的または政治的地位ととくに関連していることまでは、要求されない。第3章で論じたように、すでに一般化された危険性に直面している者であっても、市民的または政治的地位に基づく特有の意図または影響の要素があることが実証される場合、難民申請を認容される可能性がある[34]。Zahirdeen Rajudeen事件における連邦控訴裁判所の画期的決定[35]では、スリランカ国籍の申請者について、同人が直面している嫌がらせは一般化された騒乱の産物にすぎないという理由で難民ではないとした出入国不服審査委員会の認定[36]を破棄した。連邦控訴裁判所は、一般化された暴力という背景があることは認知しつつも、申請者が直面している危険性は、同人がタミール人でありイスラム教徒でもあることによって高まっているという理由で申請者有利の判断を下したのである。このように、「仮定の除外」の判断基準においては、申請者が直面している特定の水準の危険が市民的または政治的地位と結びついていることだけが求められるのであって、危険性全体が当該地位と特有の形で関連していることまでは要求されない。

　難民性と市民的、政治的地位とのつながりは特定の歴史的文脈によって生じたのであるが、にもかかわらず、列挙されている5つの事由をリベラルに解釈して難民条約の活力を維持することは概ね可能である[37]ことを、以下の分析で示していく。根本的な権利剥奪がどのような形で生じた場合に人権侵害の国内的救済を待つことが現実的ではないと判断できるのかを明らかにするような形で、申請の根拠となる事由を描き出すことにより、難民法は、社会政治的に周縁化されている現代の被害者にとっても依然として意味のあるものであり続けることができるのである[38]。

---

[32] *Dionisio Nunes Esteves*, Immigration Appeal Board Decision T87-9304X, September 15, 1987.
[33] *Ajit Singh*, Immigration Appeal Board Decision T83-9208, October 15, 1983, at 3.
[34] 前掲第3章2(5)、とくに注175以降の本文参照。
[35] *Rajudeen v. Minister of Employment and Immigration* (1985), 55 N.R. 129 (F.C.A.).
[36] Immigration Appeal Board Decision V83-6091, C.L.I.C. Notes 57.10, July 20, 1983, at 4.
[37] 「これらの迫害事由の基準は、第2次世界大戦によって生み出された状況をとくに参照する形で起草されたものではあるが、……われわれの時代の条件にも合っていることがわかってきた」(I. Foighel, "Legal Status of the Boat People" (1979), 48 Nordisk Tidsskrift for Intl. Ret. 217, at 222)。

1. 人種

　難民法の適用を受ける最初の形態の権利剥奪は、人種を理由とするものである。難民条約の起草者らはこの文言について具体的定義を置かなかったが、歴史的文脈から、ナチズムの被害を受けたユダヤ人（自らの宗教を積極的に実践していたか否かにかかわらず、民族を理由として迫害された）を含める意図があったことははっきりしている[39]。この歴史的根拠は、「人種」の語に幅広い社会的意味を付与し、特定可能な民族性を有するあらゆる者を含めることの正当化を可能とする[40]ゆえに、重要である。Atle Grahl-Madsenが指摘するように、難民条約の人種概念には、特定の科学的カテゴリーに属することを理由に危険にさらされている者だけではなく、ユダヤ人やジプシーのような、身体的または文化的特異性のために社会的偏見に苦しむその他の集団も含まれる[41]。人種と、他に列挙されている要素（宗教、国籍、特定の社会的集団の構成員であること等）が重なり合う可能性があることはこのように明らかだが、実際には問題にならない。申請は、市民的、政治的権利剥奪の諸形態のいずれか1つを理由としても、または複数を組み合わせることによっても、行うことができるためである[42]。

---

[38]「難民条約は、迫害に関する5つの要素を列挙することによって難民の範囲を相当限定しているように見えるが、実際には、むしろ幅広いカテゴリーを定めたものである」(Y. Shimada, "The Concept of the Political Refugee in International Law" (1975), 19 Japanese Ann. Intl. L. 24, at 33)。

[39] Grahl-Madsenは、「人種」への言及はSHAEF（連合国派遣軍最高司令部）行政覚書39号に由来するものではないかとしている。同覚書は、「一部はユダヤ人種であることを理由として、一部はユダヤ教信者であることを理由として、一部はその両方を理由としてナチスによる迫害を受けた、ユダヤ人被害者の援助を目的」としていた（A. Grahl-Madsen, *The Status of Refugees in International Law,* pp.217-18 (1966)）。P. Hyndman, "The 1951 Convention Definition of Refugee: An Appraisal with Particular Reference to the Sri Lankan Tamil Applicants" (1987), 9 Human Rts. Q. 49, at 69も参照。

[40]「民族性は、より曖昧な『人種』という文言の背景になっていると思われる」(I. Foighel, *supra,* note 37, at 222)。

[41]「この表現の由来からして、この文脈における『人種』は、ヨーロッパ人（「白人種」）、アフリカ人（「黒人種」）、モンゴロイド（「黄色人種」）、赤色インディアンのような大規模な民族的集団だけではなく、ユダヤ人、ジプシー等、これほどには差異化が容易ではない集団も意味していることは、きわめて明らかである。したがって、この文脈において『人種』が言及しているのは、多かれ少なかれ科学的な人類の区分ではなく、社会的偏見なのである。換言すれば、1条A(2)で用いられている『人種』の文言は民族誌学的概念である以上に社会的概念であり、人がその民族的出身を理由として迫害されている場合には常に適用することができる」(A. Grahl-Madsen, *supra,* note 39, p.218)。

[42]「迫害が、これらの理由のいずれか1つから生ずるものであるか、または2つ以上の組合せによって生ずるものであるかは重要ではない。申請者自身、恐れている迫害の理由を承知していないことがしばしばありうる。しかし、理由を詳細に特定できるほどに自らの事案を分析する義務が申請者にあるわけではない」(United Nations High Commissioner for Refugees, *Handbook on Procedures and Criteria for Determining Refugee Status,* p.17 (1979))。

人種を広義に解釈することは、歴史的に容認されるのみならず、現在の国際的用法にも合致している[43]。たとえば、広く受け入れられている「あらゆる形態の人種差別の撤廃に関する国際条約」[44]では、「人種差別」には「人種、皮膚の色、世系又は民族的若しくは種族的出身」に基づく異なる取扱いが含まれると定義されている[45]。難民との関連でも同様に、「人種、皮膚の色、民族的または種族的出身」を理由として迫害を受けている者にも保護を拡大することについて、国連領域内庇護会議に出席した代表団の多数が合意していたこと[46]は明らかである。UNHCR執行委員会もこのような視点をとっており、人種に関して包括的な定義を採用するよう各国に勧告している。

　人種は、現在の状況下においては、通常の用語法で「人種」と言及されるすべての種類の民族的集団を含む、最広義の意味で理解されなければならない。それはしばしば、世系を同じくする特定の社会的集団であって、より多くの人口集団の中にあって少数者の地位に置かれている集団の構成員であることを含む[47]。

　UNHCRによるこのような解釈は、*Boleslaw Dytlow*事件[48]以降の一連の決定や出入国政策指針[49]を通じ、カナダ法でも明示的に採用されるに至った。関連の判例は、人種を「民族的背景」[50]、「生まれつきの地位」(heritage)[51]、「明らかなマ

---

[43]「この問題に影響を及ぼすここ30年間の法的変遷を踏まえれば、このような広義の解釈は1951年難民条約の適用上も妥当である」(G. Goodwin-Gill, *The Refugee in International Law*, p.27 (1983))。Goodwin-Gillはとくに、アジア系ウガンダ人、ブルンジのフツ人、ベトナムの華人、南アフリカの黒人などがこのような広義の解釈に含まれると考えている。
[44] 国連総会決議2106 A (XX)、1965年12月21日。1969年1月4日発効。この条約にはカナダを含む127カ国が加盟している。J.-B. Marie, "International Instruments Relating to Human Rights: Classification and Chart Showing Ratifications as of 1 January, 1989" (1989), 10 Human Rts. L.J. 103.
[45] 前掲1条1項。
[46] U.N. Doc. A/CONF.78/12, at Art. 2(1)(a). この修正案はアルジェリア、エジプト、イラク、ヨルダン、クウェート、リビア、モロッコ、サウジアラビア、ソマリア、シリア、イエメンによって共同提案され、賛成50、反対19、棄権12で採択されている。F. Leduc, "L'Asile territorial et la Conférence des Nations Unies de Genève, Janvier 1977" (1977), 23 Ann. française de droit intl. 221, at 248.
[47] UNHCR, *supra*, note 42, p.18.
[48] Immigration Appeal Board Decision V87-6040X, July 7, 1987, at 1-2, *per* A. Wlodyka（この決定は連邦控訴裁判所決定により評論なしで維持されている。Federal Court of Appeal Decision A-569-87, April 13, 1988)。また*Sylvia and Patrycya Dytlow*, Immigration Appeal Board Decision V 87-6361X, October 29, 1987; *Stanislaw Dytlow and Krystyna Pawlowska*, Immigration Appeal Board Decision V86-6268/6270, December 28, 1988も参照。

イノリティ」の地位[52]などと同視している。申請について人種の観点から検討が行われた集団としては、ナイジェリアのイボ人[53]、パキスタンのムハージル人[54]、ウガンダのバガンダ人[55]、東インド系ガイアナ人[56]、スリランカのタミール人[57]、ザイールのバルバ人[58]、ポーランド系ジプシー[59]などがある。これらの集団の主たる共通点は、特定可能な民族性を理由として国の保護から除外されていることである。

　人種をマイノリティの地位と同視することは、単に人数だけではなく、実効的政治権力の文脈において理解されなければならない。難民法ではマイノリティの地位そのものではなく保護の不存在が関連するので、ある国の民族的多数者の構成員も、中核的人権の尊重という点で権利剥奪の対象とされていれば、人種的に定義された難民として保護される場合がある。たとえば*Pierre Katanku Tshiabu Tshibola*事件[60]において、出入国不服審査委員会はザイール出身のバルバ人の申請を認容した。委員会は、バルバ人がザイール人口の半数を占めるとはいえ、実効的権力はヌグバンディ人によって握られているため、バルバ人の抑圧のおそれが存在するとしている。同様に、*Ganganee Janet Permanand*事件[61]では委員

---

[49] 人種は、「黒人、白人、ヨーロッパ人、アフリカ人等の主要な民族的集団を意味するのみならず、たとえばユダヤ人、ジプシー、特定の人種的または民族的部族、マイノリティのような社会的概念も包含する」とされる(Canada Employment and Immigration Commission, Immigration Manual, at I.S. 13.07(1)(a)(i), June 1990)。

[50] *Pierre Katanku Tshiabu Tshibola,* Immigration Appeal Board Decision M84-1074, May 30, 1985, at 4, *per* P. Davey.

[51] *Ganganee Janet Permanand,* Immigration Appeal Board Decision T87-10167, August 10, 1987, at 1, *per* P. Ariemma.

[52] *Boleslaw Dytlow,* Immigration Appeal Board Decision V87-6040X, July 7, 1987, at 2, *per* A. Wlodyka.

[53] *Jones Adeniji Adetuyi,* Immigration Appeal Board Decision 79-9057, March 5, 1979.

[54] *Owais Uddin Ahmad,* Immigration Appeal Board Decision 79-1197, November 21, 1979.

[55] *Joseph Maria Mpagi,* Immigration Appeal Board Decision V80-6254, August 13, 1980.

[56] *Benaiserie Mangra,* Immigration Appeal Board Decision T83-10491, January 5, 1984; *Oumar Baksh,* Immigration Appeal Board Decision T83-10588, January 18, 1984; *Jainarine Jerome Ramkissoon,* Immigration Appeal Board Decision T84-9057, June 21, 1984; *Ganganee Janet Permanand,* Immigration Appeal Board Decision T87-10167, August 10, 1987.

[57] *Krishnapillai Easwaramoorthy,* Immigration Appeal Board Decision T82-9736, June 18, 1984. またP. Hyndman, *supra,* note 39, at 69も参照。

[58] *Pierre Katanku Tshiabu Tshibola,* Immigration Appeal Board Decision M84-1074, May 30, 1985.

[59] *Boleslaw Dytlow,* Immigration Appeal Board Decision V87-6040X, July 7, 1987 (この決定は連邦控訴裁判所決定により論評なしで維持されている。Federal Court of Appeal Decision A-569-87, April 13, 1988). *Sylvia and Patrycya Dytlow,* Immigration Appeal Board Decision V87-6361X, October 29, 1987; *Robert Dytlow,* Immigration Appeal Board Decision V87-6521X, January 5 1988; *Stanislaw Dytlow and Krystyna Pawlowska,* Immigration Appeal Board Decision V86-6268/6270, December 28, 1988も参照。

[60] Immigration Appeal Board Decision M84-1074, May 30, 1985.

[61] Immigration Appeal Board Decision T87-10167, August 10, 1987.

は次のように述べている。

> 申請者が属するインド系ガイアナ人コミュニティは、人数面ではガイアナで最大である。もちろん、数のうえで多数派であることは必ずしも、国の権力を握っている少数派から迫害を受けないという保証にはならない[62]。

この原則が、南アフリカの黒人[63]や、出身国で実効的な政治的発言権を否定されているその他の民族集団にも同様に適用されうることは、容易に想像できる。識別可能な民族性のために重大な危害を受ける真のおそれがあり、国内的保護による救済も不可能な場合には、人種的に定義された難民であるという主張が、多数者の地位にあるからというだけで否定されることはないのである。

2. 国籍

人種ないし民族性の概念と密接に結びついているのが、国籍の概念である。人種の場合と同じく、難民条約の起草過程においては国籍の具体的定義は提示されていない[64]。初期の評釈者はこの文言について狭義の解釈をとり、正式な市民権とほぼ同じものと捉えたため、国がなぜ自国の市民を、市民であるという理由だけで迫害することになるのかという当然の疑問を招いた[65]。しかし、市民権をもう少し幅広く解釈すれば、正規の政治的地位を理由とする権利剥奪が起こりそうな状況は少なからず存在することがわかる。

第1に、国際的保護を受けていない在留者(難民や無国籍者[66]等)は、「外国人」であることを理由に人権侵害の対象とされる可能性がある。他国の正式かつ有効

---

[62] *Id.*, at 7, *per* P. Ariemma.
[63] Z. Rizvi, "Causes of the Refugee Problem and the International Response", in A. Nash, ed., *Human Rights and the Protection of Refugees under International Law*, p.111 (1988).
[64] N. Robinson, *Convention relating to the Status of Refugees: Its History, Contents and Interpretation*, p.53 (1953).
[65] *Id.* また、C. Pompe, "The Convention of 28 July 1951 and the International Protection of Refugees", [1956] Rechtsgeleerd Magazyn Themis 425, published in English as U.N. Doc. HCR/INF/42, May 1958, at 9における次の記述も参照:「国籍を理由とする迫害がどのように生じるのかはあまり明らかではない。難民は、迫害を恐れる国の国籍を有している(もしくは有していた)か、無国籍者としてその国に定住しているからである」。
[66] 「『国籍を理由』とする迫害は、国籍がないことによる迫害、すなわち無国籍者の迫害も含まれると解される」(1 A. Grahl-Madsen, The Status of Refugees in International Law, p.219 (1966))。

な市民権を保持している住民が居住国との関連で難民申請を行うことはできない[67]が、他の場所で意味のある保護を享受できない者を、以前の常居所国の概念に従って難民と評価することは妥当である[68]。第2に、自国で完全な市民権を否定されている者（イスラエルのパレスチナ人等）は、政治的地位が劣等であるために迫害を受けるおそれがあることを示すことができれば、国籍により定義される難民として認められうる。第3に、国によっては、一部の住民の権利を剥奪する目的で異なる国籍を与えたり（南アフリカにおける黒人「ホームランド」のようなケース）、新たな「国籍」を付与された者に基本的人権を保障しないような体制を設けたりする場合がある。第4に、国籍を理由とする迫害は、かつては複数の主権領域に分かれていた国（ソビエト連邦等）において、旧国家に対する忠誠の観点から自らの国籍を定義する者に対する措置がとられるという形で行われる可能性もある。

正規の国籍の概念に加え、国籍（nationality）には言語的集団および文化的に定義されたその他の共同体も包含される[69]とするのが一般的である。したがって、国籍（nationality）概念は人種概念と相当程度重複する[70]。このような集団は、国民国家のそれとは区別される政治的共同体感覚を共有していることが多いため、これらの集団の構成員から難民としての保護の申請が行われた場合、国籍（nationality）と人種をともに判断の根拠とするのが妥当である。

3. 宗教

国際法で定義されている宗教[71]には2つの要素がある。第1に、個人は、いずれかの形態の有神論的、非有神論的または無神論的信念[72]を保持しまたは保持しない権利[73]を有するということである。この決定は完全に個人的なものであって、

---

[67] このような者は、迫害を受けるおそれがあるという十分に理由のある恐怖を国籍国との関係で抱いているわけではないので、難民条約の定義にいう国外居住要件を満たさないことになる。前掲第2章4参照。
[68] 前掲第2章5(2)参照。G. Grahl-Madsen, The Refugee in International Law, p.29 (1983)も参照。
[69] 「この文脈における『国籍』(nationality) の文言は、『市民権』だけを意味すると解されるべきではない。これはある民族的または言語的集団の構成員であることも指している」(UNHCR, *supra*, note 42, p.18）。A. Grahl-Madsen, *supra*, note 66, p.218; G. Goodwin-Gill, *supra*, note 68, p.29; B. Tsamenyi, "The 'Boat People': Are They Refugees?" (1983), 5 Human Rts. Q. 348, at 366; C. Wydrzynski, *Canadian Immigration Law and Procedure*, p.327 (1983)も参照。
[70] 「『国籍』(nationality) の文言は一般的に広義に解釈されており、他のいくつかの事由と重複する場合もある。『国籍』には、市民権とともに、特定の民族的または言語的集団の構成員であることも含まれると理解されるのが通例であり、時として『人種』の文言と重複することがある」(P. Hyndman, "The 1951 Convention Definition of Refugee" (1987), 9 Human Rts. Q. 49, at 70）。UNHCR, *supra*, note 42, p.18も参照。

国も、その公式、非公式の代理者も、ある信念体系を信奉しまたは拒否する個人の権利[74]や、自己の信念を変更するという個人の決定[75]に干渉してはならない。第2に、宗教に対する個人の権利は、正式な礼拝その他の宗教的行為に参加すること、見解を表明すること、個人的行動を律することも含め、選択した信念に従って生きる能力が認められなければならないことも含意するということである[76]。

　宗教には、ある者が保持すると決定した信念と、その信念から派生する行動の両方が包含されるので、難民申請の事由としての宗教にも同様に2つの側面が含まれる[77]。1つは、特定の宗教の信奉者と認定されたために重大な危険にさらされている者を保護することである[78]。申請者が自己の信念を広めるうえで何らかの積極的役割を果たしたことも、また教義や儀式をとくに守っていたことさえ、必要ではない。たとえば*Francisco Jorge Carvalho Penha*事件[79]において、出入国不服

---

[71] とくに、世界人権宣言（国連総会決議271A(III)、1948年12月10日）18条、市民的及び政治的権利に関する国際規約（国連総会決議2200(XXI)、1966年12月19日、1976年3月23日発効。「自由権規約」）18条、宗教または信念に基づくあらゆる形態の不寛容および差別の撤廃に関する宣言（国連総会決議36/55、1981年11月25日。「宗教的不寛容撤廃宣言」）を参照。

[72] 宗教または信念に基づくあらゆる形態の不寛容および差別の撤廃に関する条約草案(U.N. Doc. E/1980/13。「宗教的不寛容撤廃条約草案」)1条(a)。同条約草案は国連人権委員会で圧倒的支持を得たが、未採択である。

[73] 世界のあちこちで宗教的原理主義が再燃していることから、公定イデオロギーに従わないことへの報復を理由とする難民申請が行われるようになることは間違いない。Z. Rizvi, *supra,* note 63, p.111参照。

[74] 「何人も、自ら選択する宗教又は信念を受け入れ又は有する自由を侵害するおそれのある強制を受けない」（自由権規約〔前掲注71〕18条2項）。宗教的不寛容撤廃宣言（前掲注71）1条2項も参照。これに対し、カナダで言い渡された決定のなかには、ある宗教を放棄させようとする公的圧力がかけられただけでは難民としての地位を主張するには十分ではないと判示したものもある：*Lech Jankowski,* Immigration Appeal Board Decision V80-6410, C.L.I.C. Notes 26, 11, January 5, 1981; *Radovan Sumera,* Immigration Appeal Board Decision V81-6161, May 28, 1981.

[75] 宗教的不寛容撤廃条約草案(前掲注73) 3条(a)。棄教の問題については、エジプト国籍の者がイスラム教からキリスト教に改宗したことに関わる*Adel Mohammed Bakr Mohamed*事件で、出入国不服審査委員会による検討が行われている。本件の特定の状況においては真のおそれの証拠はないと認定されたが、宗教変更の決定を理由として迫害を受けるのではないかと憂慮する者も難民として保護することが適当でありうるという原則については、委員会も受け入れているように思われる。Immigration Appeal Board Decision V87-6168, November 18, 1988, at 3.

[76] 世界人権宣言は「単独で又は他の者と共同して、公的に又は私的に、布教、行事、礼拝及び儀式によって宗教又は信念を表明する」権利に言及している（世界人権宣言〔前掲注71〕18条）。自由権規約（前掲注71）18条も参照。宗教的不寛容撤廃宣言はこの概念をさらに詳しく展開し、子どもの道徳的教育について決定する親の権利、礼拝場所を維持し、かつそこで集会する自由、慈善的および人道的機関を設置する自由、宗教的物品および材料を取得しかつ使用する自由、宗教的情報を著述しかつ普及する自由、宗教を布教する自由、寄付を要請する自由、宗教的指導者を定める自由、休日および祭典を祝う自由、ならびに、宗教的ことがらについての国内的および国際的レベルで他者と交流する自由が含まれるとしている（宗教的不寛容撤廃宣言〔前掲注71〕5条、6条）。

[77] A. Grahl-Madsen, *supra,* note 66, p.218; and G. Goodwin-Gill, *supra,* note 68, pp.27-28参照。

[78] たとえば、「今世紀には、……ナチスおよび枢軸国の覇権の下で1945年までユダヤ人の大規模迫害が行われたが、より最近の標的的には、アフリカにおけるエホバの証人、ビルマのイスラム教徒、イランのバハイ教徒、無神論主義を宣言する全体主義的国家におけるあらゆる教派の信者などが含まれるようになっている」(G. Goodwin-Gill, *supra,* note 68, pp.27-28)。

審査委員会は、「［申請者が］洗礼を受けていないからといって、……申請者がそのコミュニティの構成員からエホバの証人であるとみなされていた以上、その主張が損なわれるわけではない」と述べている[80]。この決定は、宗教を理由とする保護を客観的定義に基づく宗教実践者に限定した他の事件[81]とは対照的で、妥当である。中心的争点は、迫害の脅威と、申請者自らが認めたもしくは他者の判断に基づく宗教的信念との間につながりがあるか否かという点でなければならず、つながりがある場合には難民として保護するのがふさわしい。

　一方で、宗教には信念から派生する行動も含まれるので、信念に従って生きることを選択したために危険にさらされている者も、難民として認めるのが適当である。このような対応を制約する根拠としては、自由権規約に掲げられた次のような制限条項のみが存在する。

　宗教又は信念を表明する自由については、法律で定める制限であって公共の安全、公の秩序、公衆の健康若しくは道徳又は他の者の基本的な権利及び自由を保護するために必要なもののみを課することができる[82]。

　この制約の適用範囲は広いようにも思えるが、出入国不服審査委員会のある決定が言うような、「申請者の宗教上の態度を踏まえれば……同人が『口を閉ざす』ことを期待するのは合理的である」[83]という判断は単純に間違っている。礼拝に参加すること[84]、宗教上の活動で積極的役割を果たすこと[85]、改宗を勧誘すること[86]

---

[79] Immigration Appeal Board Decision T87-9305X, December 16, 1987.
[80] *Id.,* at 2, *per* P. Ariemma.
[81] たとえば、名目上ローマ・カトリック教会の構成員であることは、難民条約上の申請の根拠とするには不十分であると裁定された *Joseph Maria Mpagi,* Immigration Appeal Board Decision V80-6254, August 13, 1980 を参照。また、*Tadeusz Adamusik,* Immigration Appeal Board Decision 75-10405, January 15, 1976（連邦控訴裁判所が他の事由により維持。Federal Court of Appeal at (1976), 12 N.R. 262）; *Teresa Augustyn,* Immigration Appeal Board Decision T81-9103, March 18, 1981; *Leczek Franciszek Bala,* Immigration Appeal Board DecisionV81-6136, May 11, 1981も参照。
[82] 自由権規約（前掲注71）18条3項。
[83] *Orhan Demir,* Immigration Appeal Board Decision M82-1274, January 6, 1983, at 4, *per* J.-P. Houle.
[84] *Teresa Augustyn,* Immigration Appeal Board Decision T81-9103, March 18, 1981; *Leczek Franciszek Bala,* Immigration Appeal Board Decision V81-6136, May 11, 1981; *Radovan Sumera,* Immigration Appeal Board Decision V81-6161, May 28, 1981; *Mikieal L. Dankha,* Immigration Appeal Board Decision V82-6160, C.L.I.C. Notes 46.10, August 12, 1982; *Bento Rodrigues da Silva,* Immigration Appeal Board Decision T86-9740, December 10, 1986; *Joao Machado da Silva,* Immigration Appeal Board Decision T87-9612X, October 5, 1987.

などを含め、自己の信念を平和的に表明することは、真に保護が必要な状態を生ぜしめる場合があるのである。宗教的行動には正式な礼拝行為以上のものが含まれるのであって、たとえば軍務の良心的拒否[87]もその範疇に入る場合がある。

出入国不服審査委員会は、*Bento Rodrigues da Silva*事件決定[88]において、申請者が宗教の実践を妨げられていない場合には宗教的理由による申請は却下されるべきであるという、無益な考え方を明らかにした。この原則は、宗教を理由とする申請においては、恐怖の対象となる危害もとくに宗教的形態をとったものでなければならないと解されてきた[89]。たとえば*Boota Bilaspuri Singh*事件[90]では、インドのラジオやテレビで頻繁に演説を行い、自己の宗教的信念が有する政治的含意を明らかにしていたシーク教の伝道師からの申請が取り上げられている。申請者は逮捕、拘禁され、「物議を醸す問題についての説教」[91]をやめるよう命じられた。出入国不服審査委員会は、申請者の逮捕、拘禁および表現の自由の否定（いずれも国際人権法違反であるとも考えられる[92]）が迫害に相当するほど重大であるかどうかを検討することさえせず、次のような結論に達している。

> Bilaspuri氏が何度か政治的問題について話すことを妨げられたとはいえ、宗教の実践まで妨げられたことを示す証拠はない。委員会は、*da Silva*事件において、申請者が自己の信念の実践を妨げられている証拠がない場合には、宗教を理由とする迫害を受けるおそれがあるという十分に理由のある恐怖を立証することはできないとの結論に達したところである[93]。

---

85 *Joseph Maria Mpagi*, Immigration Appeal Board Decision V80-6254, August 13, 1980; *Mikieal L. Dankha*, Immigration Appeal Board Decision V82-6160, C.L.I.C. Notes 46.10, August 12, 1982.
86 *Orhan Demir*, Immigration Appeal Board Decision M82-1274, January 6, 1983. ただし、*Panagiotis Billias*, Immigration Appeal Board Decision 79-1166, C.L.I.C. Notes 27.10, July 7, 1980も参照。
87 エルサルバドル国籍の兵役忌避者の事件で、「委員会は、宗教を理由とする組織的迫害」を認定した。「徴募制度の失策によって良心的兵役拒否者の信念を許容する余地が残らないために、恐怖の基盤が形成されるのである。このような失策は、法にいう迫害を受けるおそれがあるという恐怖に相当する」（*Luis Alberto Mena Ramirez*, Immigration Appeal Board Decision V86-6161, May 5, 1987, at 5, per D. Anderson）。*Theodosius Drouskas*, Immigration Appeal Board Decision 79-1055, C.L.I.C. Notes 11.18, October 11, 1979, at 6も参照。兵役忌避および脱走については後掲7参照。
88 Immigration Appeal Board Decision T86-9740, December 10, 1986.
89 たとえば*Jiwan Kaur Kang*, Immigration Appeal Board Decision V86-6183, April 13, 1987; *Kinder Sangha Singh*, Immigration Appeal Board Decision V87-6263X, September 23, 1987参照。
90 Immigration Appeal Board Decision V87-6150X, May 19, 1987.
91 *Id.,* at 3.
92 前掲第4章4参照。
93 *Supra,* note 90, at 6, per J. MacLeod.

第5章　市民的または政治的地位との関係　173

宗教を理由とする申請においてはとくに宗教的形態をとった迫害のみが関連するというこのような前提は、議論を誤った方向に導く。われわれの関心は、ある者の信念体系の選択または行使の結果として何らかの重大な危害が生じる真のおそれがある状況とはどのようなものか、明らかにするところにあるからである。状況によっては、宗教的な選択または表現についての権利の抑圧が重大な危害を構成し、明らかに迫害の範囲に入ると判断される場合もある[94]。実際、出入国不服審査委員会が*Tomasz Gozdalski*事件[95]で述べたように、宗教的実践の間接的な禁止だけでも十分に難民資格があることを立証する根拠となる。

　Gozdalski氏は敬虔なカトリック教徒であるとともに、無神論をとるポーランドの市民である。とはいえ国は公式には宗教の実践を容認しているが、軍または企業（すべて国有）は、共産主義宣伝のための義務的集会を日曜の朝に開催することがきわめて多いように思われる。真のカトリック教徒は日曜の朝にはミサに出席するのであり、したがってこれは宗教の自由を妨げる偽装手段である。宗教心の篤い者にとって、これは迫害に相当しうる[96]。

　他方、信念体系の採用または行使が認められている場合でも、そのような決定または行為の結果として人権に関わる他の重大な結果が生じるのであれば、やはり請求権が認められる。たとえば出入国不服審査委員会は、*Abdul Rashid*事件[97]において、アフマディー教団の信徒である申請者が社会経済的被害を受けたことの証拠を検討し、難民資格があることを立証するものであると判断した。また*Jorge Marcal Baltazar*事件[98]では、宗教的理由により申請者の生計手段に干渉が行われたことの証拠を積極的に検討している。迫害に相当するいずれかの形態の危害が想定される場合[99]、それが特定の形態の信念を保持し、または行使する

---

[94] *Boguslaw Buk,* Immigration Appeal Board Decision V80-6188, June 12, 1980; *Darshan Singh,* Immigration Appeal Board Decision T84-9443, October 3, 1984; *Rajmati Singh,* Immigration Appeal Board Decision T84-9608, November 15, 1984.
[95] Immigration Appeal Board Decision M87-1027X, April 23, 1987.
[96] *Id.,* at 1, *per* M. Durand. ただし *Jan Waclaw Ziriczniak,* Immigration Appeal Board Decision T81-9160, C.L.I.C. Notes 31.11, April 24, 1981も参照。
[97] Immigration Appeal Board Decision M87-1023X, April 16, 1987.
[98] Immigration Appeal Board Decision T87-9226X, October 1, 1987.

という決定と結びついているかぎり、それで十分なのである。

4. 政治的意見

　政治的意見を理由とする迫害の概念は、リベラルな観点から構想されたものである。難民条約の起草者らは、「職から放逐された外交官」や「所属する政党を非合法化された」者に加えて、「革命から逃れた個人」でさえ政治的意見のカテゴリーに包含されなければならないとしていた[100]。すなわち、政治的意見を理由とする保護は、特定可能な政治的関係または役割を有する者だけではなく、出身コミュニティにおいて政治的勢力から危害を受けるおそれがある他の者にも与えられるべきものとされていたのである。近年のカナダの先例にも、このような歴史的概念化がほとんどの点で反映されている。

(1) 表明されない政治的意見

　難民条約上の定義が言及しているのは「政治的意見」であり、より制約された概念とも考えられる「政治的活動」ではないので、申請者が難民として認められるためには、出国前に自分の信念に従って行動した経験がなければならないという要件はない[101]。画期的意義を有する*Juan Alejandro Araya Heredio*事件決定[102]で次のように述べられているとおりである。

> 難民条約で対象とされているのは政治的意見であって、政治的活動ではない。意見は行動で表明されることが多いが常にそうであるわけではなく、歴史が教えるとおり、……一部の政権は、国民の一部が旧政権を支持していた、もしくは

---

[99] 前掲第4章参照。
[100] U.N. Doc. E/AC.7/SR.172, August 12, 1950, at 18-23, and U.N. Doc. E/AC.7/SR.173, August 12, 1950, at 5.
[101] 「人は、その十分に理由のある恐怖が政治的意見に基づくものであれば、政治的難民である。十分に理由のある恐怖が政治的活動に基づくものである必要はない」(Minister of Employment and Immigration, "New Refugee Status Advisory Committee Guidelines on Refugee Definition and Assessment of Credibility", at Rule 11 (1982))。
[102] Immigration Appeal Board Decision 76-1127, January 6, 1977. また、たとえば*Akrimul Huque Chowdhury v. Deputy Attorney General of Canada,* Federal Court of Appeal Decision A-468-87, May 12, 1988, at 2, per MacGuigan J.も参照（「法における条約難民の定義で言及されているのは……『政治的活動』ではなく『政治的意見』である」）。

第5章　市民的または政治的地位との関係　175

これに協力していた、または現政権に反対している、もしくは旧政権に忠誠を誓っていたために厄介な存在であるという理由だけで、執念深い追及を行う場合もあるのである[103]。

状況によっては、母国で反体制的な政治的信念を表明することが単に現実として不可能であったということもあるし[104]、申請者が、出国の時点では特定の信念を有しておらず、もしくはそれほど強く感じていなかったという場合もある[105]。難民の定義上、将来に向けて危険を評価することが求められる[106]ので、争点は、「国の機構、統治または政策に関わる可能性があるいずれかの問題について」[107]意見を形成する権利を行使するという申請者の決定により、申請者が帰国と同時に[108]危険な状態に置かれると信じるに足る理由があるか否かということである。

まず、故国で迫害を行う可能性のある者が申請者の見解を承知している、または承知することが合理的に予想されるという証拠が存在しなければならない。たとえば*Emil Pers*事件[109]において出入国不服審査委員会は、自主労組「連帯」のシンパであり、穀物を公衆に直接不法販売したポーランド国籍の農民の申請を、次のように述べて却下している。

> 申請者は、自己の政治的意見を公に表明することはなかったと証言している。申請者の政治的行為——作物をブラックマーケットで販売し、また「連帯」支持のパンフレットを配布したこと——は非公然に行われ、そのため当局の知るところとはならなかった。……したがって申請は認められない。公式には存在しな

---

[103] Id., at 7, *per* J.-P. Houle.
[104] 「申請者が避難してきた全体主義国家においては、政治的意見を表明する機会が限られており、また政治的反対に伴うリスクも大きいことから、委員会が政治的動機を政治的活動と同視するのは不合理であるように思われる」(D. Roth, "The Right of Asylum Under United States Immigration Law" (1981), 33 U. Florida L.Rev. 539, at 551)。
[105] 「悪意の申請を恐れるからといって、硬直した規則が正当化されるわけではない。……これらの庇護申請者の多くは学生であり、これまで、故国における政治的状況を他国のそれと比較する機会または批判的能力がなかった可能性もある」(D. Gross, "The Right of Asylum Under United States Law" (1980), 80 Columbia L.Rev. 1125, at 1142)。
[106] 前掲第3章1参照。
[107] G. Goodwin-Gill, *The Refugee in International Law,* p.31 (1983).
[108] 国外で庇護を受けられるようにすることを目的とした出国後の政治的意見の表明の問題については、前掲第2章1(2)参照。
[109] Immigration Appeal Board Decision M86-1634X, February 17, 1987 (連邦控訴裁判所が他の事由により維持。Federal Court of Appeal Decision A-123-87, January 12, 1988)。

い政治的意見を理由として迫害を受けるおそれがあるという恐怖を抱くようになるというのは、このうえなく蓋然性が低いと委員会は考えるためである[110]。

自国の当局が申請者の信念を実際には承知していない場合であっても、申請者の意見が権力の座にある者との衝突につながるという合理的根拠を示すことができれば、十分な理由となる。

ただし、申請者が強い信念を抱いていることにより、その意見が遅かれ早かれ表明され、その結果として申請者が当局と衝突することになると推定することが合理的な場合もある。このような合理的推定が可能である場合には、申請者は、政治的意見を理由として迫害を受けるおそれがあるという恐怖を有しているとみなすことが可能である[111]。

政治的意見の表明は中核的人権のひとつであるため、申請者は、平和的に表明された意見が許容されることを合理的に期待できなければならない。したがって、沈黙を守ることによって露見を避けることができたはずであるという理由だけで危害のおそれを低く見積もるのは、不当である。このような立場は、いまのところカナダの先例において完全に認められているわけではない[112]。たとえば最近の *Wai Chee Lee* 事件[113]で、出入国不服審査委員会は、資本主義に賛成する政治的見解を表明したために重大な結果に直面する可能性があった、中国国籍の申請者の申請を却下している。

---

[110] *Id.,* at 4-5, *per* E. Brown.
[111] UNHCR, *supra,* note 42, p.20. また、Minister of Employment and Immigration, *supra,* note 101, at Guideline 11は次のように述べている：「自国の当局と政治的に衝突する傾向があり、かつ、その傾向を理由として迫害を受ける蓋然性または可能性を有する者は、難民である場合がある」。
[112] *Marina Galvis de Cardona*事件において、出入国不服審査委員会は、コロンビア国籍の学生である申請者が平和的抗議行進に参加したことは「承知のうえで意図的にとられた反抗的行動」であったとして、その申請を却下している（Immigration Appeal Board Decision 77-1120, August 2, 1978, at 12, *per* J.-P. Houle）。連邦控訴裁判所も同様に、*Mauricio Esteban Lemoine Guajardo v. Minister of Employment and Immigration*事件で、チリ国籍である申請者は、社会主義者であることを自ら明らかにすることにより、自らの主張の妥当性をある意味で減殺したとしている（Federal Court of Appeal Decision A-623-30, April 2, 1981, at 2 *per* Pratte J.; Immigration Appeal Board Decision V80-6284, C.L.I.C. Notes 41.9, December 1, 1981を破棄）。
[113] Immigration Appeal Board Decision V87-6512X, December 21, 1987.

委員会は、政治的意見を表明したことの帰結に対する恐怖が、政治的意見を理由として迫害を受けるおそれがあるという恐怖と同義であるとの主張を却下する。……政治的活動を理由とする不当な取扱い、または政治的意見を表明すれば不当な取扱いを受けるおそれがあるという恐怖は、それ自体としては、難民条約または法における難民申請事由ではない。国連難民条約および1976年移民法は、政治的権利の憲章ではないのである[114]。

このような決定理由は、難民法が確立された人権の文脈と合致しておらず、また独裁国家による体制順応の強要に異議を申し立てる勇気を示した者に対し、不可解なほど冷淡である[115]。難民法の目的は権力を濫用する国家当局から人々を保護するところにあるのであるから、譲り渡すことのできない人権の行使を控えなければ危険を回避できない者を除外する理由はない[116]。Kenneth Brillが次のように論じるとおりである。

難民の地位は殉教者にだけ与えられるものではない。表明していれば迫害につながったであろう意見の表れとして避難してきたことをある個人が実証できたならば、送還と同時に迫害が行われるとしても庇護を認めないようなことがあってはなるまい[117]。

また、申請者の政治的意見を政府が現に知っている、または将来知る可能性があることに加えて、反対意見が容認されないと信じるに足る理由も存在しなけれ

---

[114] Id., at 7, per D. Anderson.
[115] 望ましいのは、Hector Eduardo Contreras Guttierez事件におけるBruce Howard委員の反対意見である。同委員は、申請者であるチリ国籍の労働組合活動家について、「時として英雄主義的かつ愚かしい行動をとることもあるが、このような［政治的抑圧の］状況下において一部の者が常にとってきた対応には一貫して合致する行動をとった、大義を有する……若者」と述べている (Immigration Appeal Board Decision V80-6220, C.L.I.C. Notes 30.11, March 16, 1981, at 17)。
[116] 「難民条約前文が第1段で世界人権宣言に直接言及し、そこで確認されている『人間は基本的な権利及び自由を差別を受けることなく享有する』との原則に触れていることに照らせば、ある者が、世界人権宣言に掲げられた『権利』のいくつかを行使し、または当該権利について断固たる主張を行ったために迫害的性質を有する措置によって脅かされている場合、難民条約にいう『政治的意見を理由に』迫害を受けるおそれがあるという恐怖を有するのは正当である可能性があるというのが、合理的な推定であるように思われる」(1 A. Grahl-Madsen, The Status of Refugees in International Law, p.227 (1966))。
[117] K. Brill, "The Endless Debate: Refugee Law and Policy and the 1980 Refugee Act" (1983), 32 Cleveland State L. Rev. 117, at 135.

ばならない[118]。したがって、反体制的視点を保持しているというだけで、その結果として迫害を受ける危険があるという証拠が存在しなければ、難民としての地位の請求権を立証するには不十分である[119]。たとえば、共産主義に反対するポーランド国籍の者が申請を行った*Adam Bohdan Moszczynski*事件[120]において、出入国不服審査委員会は次のように裁定している。「政府の政策とは反対の意見を有しているというだけでは、条約難民として認められる権利は保障されない。難民認定に関連するのは、それらの意見を有していることによって迫害を受けるおそれがあるという恐怖が存在するか否かである」[121]。

(2) 行動によって暗に示される政治的意見

ある政治的意見を信奉していることそのものを理由として申請を行うのではなく、政治的反対意見の持ち主であることを暗に示しており、政府から迫害に相当する否定的反応を引き出すであろう活動に従事していることを証拠として示す方法もある[122]。UNHCRが迫害の脅威について次のように述べているとおりである。

> ［迫害の脅威が］明らかに「意見」を理由とするものであることはめったにない。……したがって、申請者の行動の根底にある政治的意見とともに、そのために申請者が恐れる迫害が行われ、または行われる可能性があることを立証する必要があろう[123]。

たとえば、国連領域内庇護会議に出席した各国代表団には、「植民地主義およびアパルトヘイトとの闘い」に参加することは政治的意見の有効な表明であり、難民認定につながりうることを受け入れる用意があった[124]。Atle Grahl-Madsenが

---

[118] 「政府の見解と異なる政治的意見を有していることは、それ自体としては難民としての地位を主張する根拠とはならず、申請者は、そのような意見を有していることにより迫害を受けるおそれがあるという恐怖を有していることを示さなければならない。その前提として、申請者は、当局の政策および手法に批判的であって、当局が容認しないような意見を有していることが必要とされる」(UNHCR, *supra*, note 42, p.19)。
[119] たとえば*Marc Michel Cylien,* Immigration Appeal Board Decision 73-12462, March 21, 1974; *Meril Meryse,* Immigration Appeal Board Decision M73-2608, April 30, 1975; *Gladys Maribel Hernandez,* Immigration Appeal Board Decision M81-1212, January 6, 1983を参照。
[120] Immigration Appeal Board Decision V87-6285, March 7, 1988.
[121] *Id.,* at 5, *per* N. Singh.
[122] A. Grahl-Madsen, *supra,* note 116, p.129.
[123] UNHCR, *supra,* note 42, p.20. またC. Wydrzynski, *Canadian Immigration Law and Procedure,* p.331 (1983) も参照。

次のように述べるとおりである（犯罪を理由とする除外条項が中立的に適用される場合のみ、これは該当しない[125]）。

難民条約は、自分自身の過失がないにもかかわらず政治的迫害を受けると思われる者を保護しようとしているのである。この点に関して、特定の政治的信念のために闘うことは、過失ではなく自然法上の権利とみなされる[126]。

伝統的には、ある政党の正式な構成員である者だけ[127]、またはそれどころか党内で政治的指導者の地位にある者[128]だけが、政治的意見を理由として難民としての地位を認められる資格を有すると考えられていた。しかし、*Bakhshisk Gill Singh*事件[129]で反対意見を述べたN. Singh委員の、次のような所見こそが妥当で

---

[124] U.N. Doc. A/CONF.78/12, at Art. 2(1)(a)（全体委員会において賛成45、反対15、棄権22の票数により採択された）。またR. Plender, "Admission of Refugees: Draft Convention on Territorial Asylum" (1977), 15 San Diego L.Rev. 45, at 57; and E. Lentini, "The Definition of Refugee in International Law: Proposals for the Future" (1985), 5 Boston College Third World L.J. 183, at 192も参照。
[125] 後掲第6章3(2)参照。
[126] A. Grahl-Madsen, *supra,* note 116, p.223.
[127] たとえば次の先例を参照：*Marc Georges Sévère* (1974), 9 I.A.C. 42, at 55; *Jim Martin Kwesi Mensah,* Immigration Appeal Board Decision V79-6136, August 7, 1979, at 3（連邦控訴裁判所が他の事由により破棄。Federal Court of Appeal Decision A-527-79, May 2, 1980, and Federal Court of Appeal Decision A-524-80, March 10, 1981〔「申請者は役職に就いておらず、それどころか党員証も取得していなかった」〕）; *Manuel Jesus Torres Quinones,* Immigration Appeal Board Decision V81-6153, May 11, 1981（連邦控訴裁判所が他の事由により破棄。Federal Court of Appeal Decision (1982), 45 N.R. 602〔「申請者は選挙宣伝活動や広報活動に積極的に参加せず、自宅の車庫で政府の仕事をすることおよび〔社会党の〕社会的役割を支持することに自らの役割を限定していた」〕）。
[128] たとえば次の先例を参照：*Azam Faceed Narine,* Immigration Appeal Board Decision V79-6140, C.L.I.C. Notes 15.15, December 5, 1979, at 5（「申請者が政治的中心人物であったこと、何らかの役職に就いていたこと、または権限を享受もしくは保持していたことを示す証拠はない」）; *Gyeabour Stephen Obeng Fosu,* Immigration Appeal Board Decision V80-6032, February 14, 1980, at 2（連邦控訴裁判所は理由を示すことなく維持。Federal Court of Appeal Decision 81-A-12, October 20, 1981.「何らかの軍事的関与があったこと……または指導的役割を果たしたことの証拠はない」）; *Romilio Dictmart Aranda Diaz,* Immigration Appeal Board Decision V80-6225, C.L.I.C. Notes 23.7, July 30, 1980, at 2（連邦控訴裁判所が他の事由により維持。Federal Court of Appeal Decision A-588-80, March 20, 1981.「Aranda氏は〔チリ社会〕党で何ら重要な立場には就いていなかった。同氏は党員の一人にすぎなかった」）; *Christolene Permaul,* Immigration Appeal Board Decision T83-9310, April 13, 1983（これ以前に連邦控訴裁判所が検討。Federal Court of Appeal Decision (1983), 53 N.R. 323.「Permaul氏はP.P.Pの党員であったが、1カ月に1回ほど会合に出席し、ときおりパンフレットを配布する以外にはとくに職務を果たしていなかった」）; *Leonel Eduardo Quinteros Hernandez,* Immigration Appeal Board Decision V80-6192, January 31, 1985, at 9（「申請者は……M.E.R.S.の指導者または執行委員を務めたことはない」）; *Jatinder Singh,* Immigration Appeal Board Decision T83-10505, February 26, 1986, at 3（「Singh氏自身は党役員であったことはなく、パンジャブ州農村部の農民のおよそ80％がそうであるようにアカリ党の党員であったにすぎない」）。
[129] Immigration Appeal Board Decision V87-6246X, July 22, 1987.

ある。

　当局が逮捕、迫害の対象とするのは、ある組織の指導者および著名な構成員であるはずだと思われやすいが、評判の悪化および政治的波及効果を回避するため、指導的立場にある者は放っておかれ、権利を侵害されやすい一般構成員に迫害の矛先が向かうことも、しばしばあるのである[130]。

　このように、政治的意見を暗に示す行動について過去の判例でとられていた過度の形式主義は、申請者の出身国政府の態度および傾向に焦点を当てる、新たな先例に道を譲りつつある。

　申請者が難民とみなされるためには、出身国の政治活動において突出した地位を占めていたのでなければならないなどとは、難民条約のどこにも書かれていない。決定的な判断基準は、申請者のある行動または行為が、権力の座にある当局から政治的抵抗であると現にみなされており、またはみなされてきたか否かである。このような判断基準を適用するためには、委員会は、ある特定の政権が……いずれかの形態の抵抗を不寛容に禁圧してきたという評判を無視することはできない[131]。

　したがって、基本的には、政府の権威への挑戦であるとみなされるいかなる行動も、政治的意見の表明であると捉えるのが適当である。
　このような基準は連邦控訴裁判所の3つの決定から導き出される。いずれもチリ国籍の者が関わった事件である。*Re Ricardo Andres Inzunza Orellana and Minister of Employment and Immigration*事件[132]で、裁判所は、反政府的な演劇公演を行ったチリの教会グループの構成員による申請を検討した。出入国不服審査委員会は、「申請者はいかなる政治的活動にも関与したことがない」という

---

[130] *Id.*, at 12, *per* N. Singh. またC. Wydrzynski, *supra*, note 123, p.331も参照：「政治的関与または活動の度合いは申請の判断における決定的要素ではなく、むしろ最も重要なのは、申請者が政治的活動を理由としてどのような取扱いを受けてきたか、もしくは受ける可能性があるかという点である。最低限の政治的活動も、……迫害を受けるおそれがあるという十分に理由のある恐怖を生じさせる可能性はある」。
[131] *Raul Rodolfo Lira Pastene*, Immigration Appeal Board Decision M79-1132, March 28, 1980, at 4, *per* J.-P. Houle.
[132] (1979), 103 D.L.R. (3d) 105 (F.C.A.).

理由で申請を棄却したが[133]、裁判所は付随的意見で次のように述べている。

　この点に関わる決定的な判断基準は、申請者が政治的活動に関与したと委員会によってみなされるか否かではなく、申請者が難民として逃れたいと思っている国を統治している政府によって、申請者の行為が政治的活動にあたったとみなされるか否かという点でなければならない[134]。

　3カ月後、連邦裁判所は*Leonardo Arturo Espinosa Astudillo v. Minister of Employment and Immigration*事件の決定[135]を公にした。これは、チリで学校のスポーツクラブの部長を務めていた若者に関わる事件である。*Inzunza Orellana*決定の付随的意見を適用して、裁判所は、「チリ政府が、スポーツクラブにおける申請者の活動は政治的であると考えていた旨……を示すものとして言及された相当の証拠に照らし、当職は、このきわめて関連性が高く説得的な証拠を正当にかつ適正に考慮しなかった点で、委員会には法的瑕疵があったとの見解をとる」[136]と認定した。連邦裁判所がこの原則をさらに詳しく展開したのが、*Angel Eduardo Jerez Spring v. Minister of Employment and Immigration*事件[137]である。

　カナダで行われた場合には何ら政治的意味合いを有しない活動も、外国の政府から見ればそのような意味合いを持つものとみなされる可能性があることを、委員会は失念すべきではない[138]。

　「政治的意見」を相対的概念としてみなすこのような考え方は、出入国不服審査委員会[139]と連邦控訴裁判所[140]の双方によって頻繁に適用されてきた。政治的

---

[133] Immigration Appeal Board Decision T-78-9213, December 19, 1978, at 6, *per* U. Benedetti.
[134] *Supra*, note 132, at 109, *per* Kelly D.J. なおWydrzynskiは、この決定についての評釈の中で、「この原則は、解釈の過程の客観性をやや強化するとともに、迫害は不合理な活動であって、害はないと思われる、もしくは……承認された基本的自由の範囲を出ない意見の表明または活動に対する反応である場合もあることを認めることにより、申請者を利するものとなっているように思われる」と記している (*supra*, note 123, p.330)。
[135] (1979), 31 N.R. 121 (F.C.A.)(Immigration Appeal Board Decision 78-9178, November 16, 1978を破棄)。
[136] *Id.*, at 122-23, *per* Heald J.
[137] Federal Court of Appeal Decision A-361-80, December 4, 1980 (Immigration Appeal Board Decision M79-1170, C.L.I.C. Notes 21.9, May 26, 1980を維持)。
[138] *Id.*, at 2, *per* LeDain J.

意見の表明として解されてきた行為としては、イラン国籍の女性がチャドルの着用やイスラム教の祭典への出席にためらいを見せたこと[141]、エルサルバドル国籍の両親が息子の強制的徴兵の可能性を取り除こうと決心したこと[142]、チュニジア国籍の兵士が入隊時の宣誓に背いたとされたこと[143]、シリア国籍の者がアメリカのためのスパイ行為に携わったこと[144]などがあり、グアテマラ国籍の者が地元当局に対して政治的意見の陳述を拒んだこと[145]まで含まれている。焦点は、出身国が当該行為を政治的行為として事実上判断したかという点に当てられるのが常であり、申請者の政治的行為が客観的には重要でなくとも[146]、自分の行動が特定の

---

[139] たとえば次の先例を参照：*Moise Danilo Bahamondes Peralta,* Immigration Appeal Board Decision M79-1082, C.L.I.C. Notes 18.9, December 12, 1979, at 3, *per* J.-P. Houle（「国籍国の状況との関係で個人が有している特段の事情には、当該国で権力の座にある当局が当該個人の政治的活動についてどのような見方をしているか、またはどのような見方をする可能性があるかも含まれるものと解さなければならない」）；*Saam Yagasampanthar Murugesu,* Immigration Appeal Board Decision M82-1142, September 30, 1983, at 9, *per* G. Loiselle（「政治的活動について解釈する際の決定的判断基準は、避難したいとされる国で政権の座に就いている政府が当該行為を政治的活動とみなしているか否かという点である」）；*Paul Valdez Schwarz,* Immigration Appeal Board Decision 84-9787, C.L.I.C. Notes 84.8, March 17, 1986；*Mario Arturo Fernandez Ortigoza,* Immigration Appeal Board Decision V83-6704, January 26, 1987；*Shahram Nassiribake,* Immigration Appeal Board Decision V87-6134, April 23, 1987（連邦控訴裁判所も手続的事由により維持。Federal Court of Appeal Decision A-272-87, April 14, 1988）。

[140] たとえば次の判例を参照：*Francisco Humberto Gonzalez Galindo v. Minister of Employment and Immigration,* [1981] 2 F.C. 781 (C.A.)；*Luis Rene Amayo Encina v. Minister of Employment and Immigration,* Federal Court of Appeal Decision A-720-80, February 27, 1981；*Alfredo Manuel Oyarzo Marchant v. Minister of Employment and Immigration,* [1982] 2 F.C. 779 (C.A.)；*Yaw Owusu Adjei,* Federal Court of Appeal Decision A-498-81, February 25, 1982；*Akrimul Huque Chowdhury v. Deputy Attorney General of Canada,* Federal Court of Appeal Decision A-467-87, May 12, 1988。

[141] 「申請者の家族が公然たる政治的行為に従事していたわけではないが、申請者の行動ならびにその親族および友人の行動は当局によって反政府的と解釈されると思われる」（*Modjgan Shahabaldin,* Immigration Appeal Board Decision V85-6161, March 2, 1987, at 6, *per* J. MacLeod）。

[142] 「申請者は自国の政治的活動に参加したことがないが、何らかの理由により、ある政治運動と関連があると誤って考えられたため、迫害を恐れるに至る可能性はある。基本的基準は、同国を統治している政府が政治的活動を申請者によるものであるとみなすか否かということである」（*Maria Alva Rina Rivera,* Immigration Appeal Board Decision M85-1453, September 22, 1987, at 2, *per* J. Blumer）。

[143] *Mohamed Heidi Mahouachi,* Immigration Appeal Board Decision M84-1036, September 11, 1986.

[144] 「カナダと同一の民主主義的制度を有する国のためにシリア政府に対するスパイ行為を行うことは、難民としての地位を認めるに足る政治的行為と解される場合がある」（*Tayshir Dan-Ash,* Immigration Appeal Board Decision M86-1420, October 20, 1986, at 10, *per* J. Cardinal. 手続的理由により連邦控訴裁判所が破棄。Federal Court of Appeal Decision a-655-86, June 21, 1988）。このような認定は、政治的意見の概念につきまとうことが多い「自民族中心主義的説明」の好例である（M. Ryan, "Political Asylum for the Haitians?" (1982), 14 Case Western Reserve J. Intl. L. 155, at 171参照）。

[145] 「申請者があえて危険な政治的意見の表明を回避したのは明らかであるが、それでもなお、審問官の質問に答えることを拒んだために、政権に対して敵対的な政治的意見を有しているものとみなされた」（*Mario Roberto Gudiel Medina,* Immigration Appeal Board Decision V83-6313, C.L.I.C. Notes 69.2, March 28, 1984, at 4-5, *per* B. Howard）。*Bolanos Hernandez v. I.N.S.,* 767 F. 2d 1277 (9th Cir. 1985), at 1286も参照：「中立を保つという選択は、特定の政治的党派に加盟するという選択と同等の政治的決定である」。

第5章　市民的または政治的地位との関係

政治的思想から出たものであることを申請者自身が明らかにできなくとも[147]、はてはある見解が申請者のものであることを国が明示的に否認した場合[148]でさえ、そのことは等閑視される。

政治的意見に関する考え方はアメリカでも同様の形で発展してきたが[149]、Donald Gagliardiはこれについて、筋は通っているものの、対象が過度に拡大される可能性があるため賢明ではないと批判している。

> 政府が行う迫害は必ず政治的であり、意見の相違に基づいていると推定するのは賢明ではない。……国内の不和を沈静化させようとする政府が、対象を過度に拡大した抑圧計画をあえて実施する例もないではない。政府が反対者を周辺住民から十分に区別できない場合はなおさらである。……このような形態の抑圧を……政治的意見に基づく迫害とみなすことは、外国人の国の政府が無作為に抑圧を行っている場合、庇護手続または退去強制手続において当該外国人の政治活動を検討する必要はないという新たな原則を創り出すことになろう[150]。

---

[146]「申請者が下っ端であったことも、パキスタンから長期間離れていたことも、委員会が認めた一貫性のある証拠、とくに同じ役割を果たしていた他の者が迫害されたという証拠に照らせば、無関係である」(*Tahir Ahmad Nawaz Chaudri v. Minister of Employment and Immigration* (1986), 69 N.R. 114 (F.C.A.), at 117, *per* Hugessen J.; Immigration Appeal Board Decision T82-10012, October 23, 1984を破棄)。また、*Leonel Eduardo Quinteros Hernandez,* Immigration Appeal Board Decision V80-6192, January 31, 1985, at 3, *per* E. Chambersも参照:「幸運にも自由かつ民主的な社会で暮らしている者は、申請者の行為を政治的背反とは捉えないかもしれないが、私たちの意見を、申請者の母国の軍事政権の意見とすり替えることはできない」。

[147]「政治的意見を理由として……難民申請をする者が、堅固に保持された思想的相違のゆえに国籍国政府と対立していなければならないというわけではない。ある行動があら探しであり、抑圧に値すると政府が考えた場合にも、争いが生じる可能性はある」(*Fernando Alfonso Naredo Arduengo,* Immigration Appeal Board Decision T80-9159, C.L.I.C. Notes 27.13, November 20, 1980, at 8-9, *per* D. Davey)。

[148] *Maria Alva Rina Rivera,* Immigration Appeal Board Decision M85-1453, September 22, 1987.

[149] *Hernandez Ortiz v. I.N.S.,* 777 F. 2d 509 (9th Cir. 1985); *Coriolan v. I.N.S.,* 559 F. 2d 993 (5th Cir. 1977); *Bolanos Hernandez v. I.N.S.,* 767 F. 2d 1277 (9th Cir. 1985); *Arqueta v. I.N.S.,* 759 F. 2d 1395 (9th Cir. 1985); *Desir v. Ilchert,* 840 F. 2d 723 (9th Cir. 1988)を参照。アメリカ出入国不服審査委員会は、*Matter of Acosta*事件における暫定的決定に明らかなように、このような立場を常に支持してきたわけではない (Board of Immigration Appeals, Interim Decision 2986, March 1, 1985, at 32):「迫害とは、迫害者が圧倒しようとしている特定の信念または特性を有していることを理由として個人を罰する目的で、苦痛または危害を加えることを意味する。……したがって、政治的意見を理由とする迫害の要件において参照されるのは、迫害によって追求される最終的な政治的目的ではなく、迫害の対象とされる原因になった個人の信念である」。控訴裁判所は近年、このような見解をやや尊重するようになっている (たとえば*Perlera-Escobar v. E.O.I.R.,* 884 F. 2d 1292 (11th Cir. 1990)を参照)。全般的にはD. Anker and C. Blum, "New Trends in Asylum Jurisprudence" (1989), 1 Intl. J. Refugee L. 67, at 76 ffを参照。

しかしこのような立論は、難民法の存在理由はある程度まで、属人的価値に基づいて人を、たとえば特定の政治的意見を有する者を保護するところにある[151]のであって、国内コミュニティの構成員であることを根本的に否定された者のための代理的保護システムを設けるところにある[152]のではないという前提に立っている。後者のような視点から見れば、政治的意見を広義に解することは、抑圧の理由が容易に判別できない状況下においても難民条約の有効性を維持するうえで、重要な手段である。

5. 特定の社会的集団の構成員であること

迫害の事由として5番目に取り上げる「特定の社会的集団の構成員であること」は、難民条約の起草の最終段階でスウェーデン代表が提出した修正案であるが、説明はほとんどなかった。

> 一部の難民が特定の社会的集団に所属することを理由に迫害を受けてきたことは、経験の示すところである。……このような事例は存在するのであり、これを明示的に掲げることも必要であろう[153]。

この規定の受益者として想定されていたのは、どのような人々なのだろうか。一方では、特定の社会的集団の構成員であることという事由は、人種、宗教、国籍

---

[150] D. Gagliardi, "The Inadequacy of Cognizable Grounds of Persecution as a Criterion for According Refugee Status" (1987-88), 24 Stanford J. Intl. L. 259, at 279. またM. Heyman, "Redefining Refugee: A Proposal for Relief for the Victims of Civil Strife" (1987), 24 San Diego L.Rev. 449, at 460の次の指摘も参照:「第9巡回裁判所は、政治的意見の概念を不可解な形で歪めているように思われる。政治的意見は、イデオロギーとは関わりのない中立的なものであってもよく、どのような理由でそれを保持していてもよく（動機は無関係なので）、『沈黙の』行為だけを通じて表明しても、それどころか一切表明しなくともよいものになってしまった。このように考えれば、文字どおり誰であっても——したがってすべての者が——政治的意見を有していることになる」。

[151] 「この『三段』論法によれば次のとおりである。引渡しまたは退去強制の対象とされた者であっても、特定の行為または条件が『政治的』であることを正当に立証することができれば、誰でも庇護を受ける権利を有する。したがって、庇護を与えるに値しないとみなされる犯罪者や、受け入れるのが不適当な難民は、非政治的な存在として分類されなければならない」(Note, "Political Legitimacy in the Law of Political Asylum", 99 Harvard L.Rev. 450, at 451)。

[152] 前掲注1以降の本文参照。

[153] スウェーデンのPetren氏の発言。U.N. Doc. A/CONF.2/SR.3, at 14, November 19, 1951; and U.N. Doc. A/CONF.2/SR.19, at 14, November 26, 1951. スウェーデンの修正案 (U.N. Doc. A/CONF.2/9に編入された）は、討議の対象とされることなく、賛成14、反対0、棄権8で採択された。

および政治的意見という「より伝統的な迫害事由に含まれる特定の要素を明らかにしたもの」[154]として捉えるべきであるとされる。カナダにおける実務でもしばらくはこのような対応がとられ、社会的集団に属することを理由とする申請は、当該社会的集団が、他の4つの形態の市民的、政治的地位のいずれかに基づいて定義できるときにしか認められないという結果を招いた。

　当該集団は、政権に対して異議があることを公然と宣言、表明する政治的集団か、宗教的信念を理由として世俗当局から迫害を受けている宗派のいずれかでなければならない。多民族国家においては、人種的マイノリティもこのような集団にあたる場合がある[155]。

　このようなアプローチがとられたことにより、特定の社会的集団の構成員であることという事由は基本的には重複的概念となってしまった[156]。申請を認められてきた集団——不法出国者[157]、人権活動家[158]、種々の反政府結社——は、すでに他の4つのカテゴリのいずれかに基づいて保護されうるからである[159]。社会的集団の基準をこのように換骨奪胎することが不適当であることは、*Attorney General of Canada v. Patrick Francis Ward*事件決定[160]で連邦控訴裁判所が指摘した。

　控訴人弁護団の主張によれば、政治的活動に従事している、合理的に定義可能な組織はいずれも［特定の社会的集団の］定義に含まれうるとされる。そうで

---

[154] G. Goodwin-Gill, "Entry and Exclusion of Refugees: The Obligations of States and the Protection Function of the Office of the UNHCR" (1980), Michigan Y.B. Intl. L. Studies 291, at 297.
[155] *Obertz Belfond* (1975), 10 I.A.C. 208, at 222, *per* J.-P. Houle.
[156]「IAB[出入国不服審査委員会]が『社会的集団』の文言についてより狭義の解釈をとってきたため、迫害を認定する独立した事由としてこの文言を用いることは実質的に行われてこなかった」(R. Sexton, "Political Refugees, Nonrefoulement and State Practice: A Comparative Study" (1985), 18 Vanderbilt J. Transntl. L. 731, at 788)。C. Wydrzynski, "Refugees and the Immigration Act" (1979), 25 McGill L.J. 154, at 180も参照。
[157]「不法出国に対して過度の処罰が行われるときは、すべての不法出国者が特別の集団を形成し、当該集団の構成員であることを理由として迫害を受けるということもできよう」(T. Le and M. Esser, "The Vietnamese Refugee and U.S. Law" (1981), 56 Notre Dame Lawyer 656, at 664)。
[158] *Emeline Gabriel*事件において、出入国不服審査委員会は、ハイチの「人権同盟」(Ligue des droits de l'homme)への参加は特定の社会的集団の構成員であることにあたると認定している(Immigration Appeal Board Decision M86-1128, C.L.I.C. Notes 105.13, March 10, 1987, at 6, *per* R. Julien)。
[159] 前掲第5章4参照。
[160] Federal Court of Appeal Decision A-1190-88, March 5, 1990（上告許可は1990年11月8日にカナダ最高裁判所から与えられたもの。Supreme Court Bulletin 2347）。

あるとすれば、「政治的意見」が定義の一部とされているのになぜ「特定の社会的集団」を定義に含める必要があったのか、当職には理解が困難である[161]。

一方で、特定の社会的集団の構成員であることという要件は本質的に網羅的な「安全網」[162]として解釈されなければならないのであって、集団の構成員の背景に若干の認識可能な同一性があればよい[163]とも主張されてきた。この立場を最も強力に打ち出してきたArthur Helton[164]は、次のように主張する。

代表らが意図していたのは、不公平なまたは不必要な区別をすることなく、すべての難民に対して迫害からの安全を保障することであった。「社会的集団」のカテゴリーはこのような決意を再確認するために設けられたものであり、反対意見もなく国連難民条約において採用され、それまでの基準をはるかに超えて難民の保護を拡大した。……難民条約の起草者らが意図したのは、社会的集団に加えられた過去の迫害に対応することではなく、将来の不公正から個人を救済することである。「社会的集団」は、想像力豊かな専制君主が思い描く可能性がある迫害のあらゆる根拠および態様を含めることが可能な、包括的カテゴリーとして意図されていたのである[165]。

Heltonはさらに、いずれかの国連人権条約で保護されているあらゆる集団は、その定義が統計的、社会的、社会学的または組織的ないずれのものであっても、難民条約の適用範囲としてみなされるべきであるとも述べている[166]。

---

[161] *Id.,* at 8, *per* Urie J.
[162] Foighelは、社会的集団の基準は「とくにある種の安全網として設けられた」と主張している。「すなわちこのカテゴリーは、人種および民族も対象とするとともに、さらには、具体的に言及されているカテゴリーに含まれることが明らかではないものの、国際的には難民とみなされるべき正当な請求権を有する諸カテゴリーに属する者のための、ある種の包括条項として機能することを意図されたものなのである」(I. Foighel, "Legal Status of the Boat People" (1979), 48 Nordisk Tidsskrift for Intl. Ret. 217, at 222)。
[163]「この表現はリベラルに解釈することが適当であると思われる。ある者がその背景のみを理由として迫害に苦しむ可能性があるのであれば、同人はこの規定の利益を享受できるべきである」(1 A. Grahl-Madsen, *The Status of Refugees in International Law,* p.220 (1966))。またG. Goodwin-Gill, *The Refugee in International Law,* p.30 (1983), and P. Hyndman, "The 1951 Convention Definition of Refugee" (1987), 9 Human Rts. Q. 49, at 71も参照。
[164] A. Helton, "Persecution on Account of Membership in a Social Group as a Basis for Refugee Status" (1983), 15 Columbia Human Rts. L.Rev. 39.
[165] *Id.,* at 41-42 and 45.

社会的集団を網羅的な残余カテゴリー（residual category）として捉えれば、迫害を受けるおそれがあるという恐怖と市民的、政治的地位との関係の問題について考慮する必要性がほとんどなくなるので、これは人道的見地からは魅力的な考え方である。しかし、まさにそれゆえにHeltonの分析は成立しえない。難民条約の起草者らは、想定される種々の態様の難民を区別しないようにしたのではなく、むしろ、市民的または政治的地位に起因する恐怖を有している者（難民）と、それ以外の関心事をきっかけとして避難しようと考えた者（難民ではない者）との間に明確な区別を設けようとしたのである[167]。さらに、難民条約の起草者らの意図は、Heltonが示唆するように、将来の新たな不公正に対応できる体制を創り出すことでは決してなかった。社会的集団のカテゴリーを設けようと主張したスウェーデン代表の発言[168]からも、その他の発言からも、難民条約の目的が、将来生じうる、これまでとは異なる態様の国による人権侵害を特定することではなく、既知の形態の危害を特定し、それらの危害から難民を保護すること以上のものではなかったのは明らかである[169]。したがって、社会的集団の概念をリベラルに解釈することによって活性化を図ろうという試みは行き過ぎであり、条約上の定義の4番目の要素であるこの概念を実質的に等閑視していることになる。にもかかわらず、このような傾向はカナダの一部先例においても支持されてきた[170]。たとえば連邦控訴裁判所による最近の解釈[171]では、特定の社会的集団が単に「結びついた、同盟を

---

166 *Id.,* at 44-46 and 51 ff.
167 「提案されている条約がどのようなカテゴリーの難民に対して適用されるべきかについては、はっきりと明示されなければならない。そうでなければこの条約はある種の白紙委任状のようなものとなり、今後受益者の新たなカテゴリーが際限なく付け加えられていく可能性が出てくるが、各国政府がそのような条約を批准することは困難であろう」（中国のCha氏の発言。U.N. Doc. E/AC.32/SR.5, at 2, January 30, 1950）。たとえばアメリカのHenkin氏の次の発言も参照：「調印国の義務は正確に定義されなければならず、そのためにはいずれかの時点で受益者のカテゴリーを固定することが必要である。その後、関係国が自国の義務を拡大することは自由だが、事前に無制限の義務を負うことはできない」（U.N. Doc. E/AC.32/SR.3, at 13, January 26, 1950）。
168 前掲注153の本文参照。
169 アメリカは、難民条約は「新難民」（neo-refugees）を対象とするべきであると主張して、受け入れられている。「その定義は十分に幅広いものであり、政治的、人種的もしくは宗教的迫害の結果として第2次世界大戦以降に自国を離れた者、または今後同様の事情で自国から逃れざるをえなくなった者まで包含することが可能である」（アメリカのHenkin氏の発言。U.N. Doc. E/AC.32/SR.3, at 10, January 26, 1950）。
170 「[出入国不服審査] 委員会は、『特定の社会的集団の構成員であること』という事由は、幅広く、かつリベラルに解釈されなければならない事由であるとの見解に立つ。これは、迫害を受けるおそれがあるという恐怖の根本に必ずしも政治的、宗教的または人種的つながりがない集団または個人を保護できるようにするためである。そうでなければ、この『社会的集団』という事由にはほとんど価値がないことになろう」（*Richard Cid Requena Cruz,* Immigration Appeal Board Decision T83-10559, C.L.I.C. Notes 95.10, April 8, 1986, at 5, per G. Vidal）。

組んだ、結合した」(associated, allied, combined)[172]人々の集団として、また「共通の目的を有する安定した結社の下に団結した」[173]人々の集団として定義されているように思われ、さらに「民主的に構築された権力」への挑戦をめざす集団であってはならないと受け取られる可能性がある但書きも付されている[174]。

「特定の社会的集団の構成員であること」を重複的なものとも網羅的なものとも解釈しようとしない中道的立場は、アメリカ出入国不服審査委員会が*Matter of Acosta*事件[175]で明らかにしたものである。

> われわれは、「特定の社会的集団の構成員であること」という表現を解釈するうえで最も有益なのは、十分に確立された同類解釈則（*ejusdem generis*）であると考える。この原則によれば、具体的文言を列挙するなかで用いられる一般的文言は、当該具体的文言と整合する方法で解釈されなければならない。……「特定の社会的集団の構成員であること」との関係で挙げられている……他の迫害事由は、「人種」「宗教」「国籍」および「政治的意見」を理由とする迫害である。これらの事由はいずれも、不変の特質、すなわち個人の権能を超えているために変えられない特質、または個人のアイデンティティもしくは良心にとってあまりにも基本的であるために変えることを要求されるべきではない特質を対象とした迫害について述べている。……このように、……列挙されている他の4つの迫害事由は、自らの行動によっては迫害を回避することができない、または良心の問題として迫害を回避するよう要求されるべきではない個人に対してのみ、難民としての地位を認めようとしているのである。われわれは、同類解釈則を適用し、「特定の社会的集団の構成員であること」という表現を、全員が共通かつ不変の特質を共有している集団の構成員である個人に向けられた迫害を

---

[171] *Attorney General of Canada v. Patrick Francis Ward,* Federal Court of Appeal Decision A-1190-88, March 5, 1990（上告許可はカナダ最高裁判所によって1990年11月8日に与えられたもの。Supreme Court Bulletin 2347）.
[172] *Id.,* at 10, *per* Urie J.
[173] *Id.,* at 4, *per* MacGuigan J.
[174] *Id.,* at 7, 20-21, *per* Urie J. 裁判所が、「民主的に構築された権力」の転覆を目的とする集団を社会的集団のカテゴリーから除外したことは、難民の定義の4番目の要素と5番目の要素を不幸な形で混同したものである。このような問題意識に対しては、難民条約上の社会的集団の概念を書き直して反民主主義的党派を禁じようとするのではなく、1989年にカナダ法にも編入された、難民条約の除外条項によって対応することが求められる（後掲第6章参照）。
[175] Interim Decision 2986, March 1, 1985.

意味するものとして解釈する。共有されている特質は、性別、皮膚の色もしくは親族関係のような生来のものであるかもしれないし、場合によっては、かつて軍の指導者もしくは地主であったことのような、共有された過去の経験であるかもしれない。このような解釈の下、どのような集団的特質であれば資格を認められるかについては、依然として事案ごとに判断する必要がある。ただし、その集団がどのような共通の特質によって定義されているかにかかわらず、その性質は、当該集団の構成員が変えることのできないものであるか、個人のアイデンティティもしくは良心にとってあまりにも基本的であるために変えることを要求されるべきではないものでなければならない。これに該当する場合のみ、集団の構成員であるという事実だけでも他の4つの迫害事由に匹敵する事由となる[176]。

このような定式化を行うことにより、社会的集団の概念には、①変えることのできない生来の特質によって定義される集団、②過去の一時的もしくは自発的状態によって定義される集団（当該集団は現在、自己の歴史または経験を変える権能を有していないため）、③意志によって定義される既存の集団（結社の目的が当該集団の構成員の人間の尊厳にとってあまりにも基本的なものであるため、それを放棄するよう要求されてはならない限りにおいて）が含まれることとなる。したがって、変更または分離することができる特質によって定義される集団は、いずれの場合にも基本的人権の放棄を要求されない限りにおいて、除外される。

同類解釈則の適用によって「特定の社会的集団の構成員であること」を定義することにより、起草者らが承知していた具体的状況——社会的出身を理由として、列挙された他のカテゴリーに属する者と同等の危険にさらされている人々の苦境に対する関心[177]——と、市民的、政治的地位を理由とする難民申請を認めることに対するより一般的な意思表明の双方を尊重することになる。それ以上に、このような基準と人権に関する基本的規範とを連携させることは、人権を基盤とする「迫害」の定義にうまく適合する[178]。最も重要なのは、この基準は、他の4つの事由と概ね同様な形で発展することを可能にする程度には開放的であるものの、国際的

---

[176] Id., at 37-39.
[177] 「このような追加が行われたのは、難民条約の対象に、社会的出身を理由として迫害を受ける人々——とくに冷戦期の東欧の人々——が含まれることを確保するためである」(R. Plender, "Admission of Refugees" (1977), 15 San Diego L.Rev. 45, at 52)。
[178] 前掲第4章2参照。

保護を請求する重大な根拠がない者まで受け入れなければならないほど曖昧ではない[179]ということである。アメリカの*Sanchez Trujillo v. I.N.S.*事件決定[180]で指摘されたように、「この文言は、たとえ一定の人口動態的区分に統計的関連性がある場合でも、幅広く定義された人口分類をすべて包含するものではない」[181]。むしろ、「特定の社会的集団」は、その集団の構成員が共有する、「自己のアイデンティティにとって基本的な」特質を参照することによって定義可能なものでなければならない[182]のである。

以下、このような解釈に基づく社会的集団の基準がどのように適用されるかについて、ジェンダー、性的指向、家族、階級もしくはカースト、任意団体の問題との関係で検討していく。

(1) ジェンダー

ジェンダーを基盤とする集団は、生来のかつ不変の特質によって定義される社会的下部集団の明らかな例に数えられる。したがって、ジェンダーそのものは条約上の保護事由として列挙された独立の要素ではないものの、社会的集団のカテゴリーの範疇に含めることが妥当である[183]。UNHCR執行委員会も、「難民女性および国際的保護」に関する1985年の結論でこのようなアプローチを支持している。

> 各国は、その主権を行使することにより、居住する社会のしきたりから逸脱したために過酷なまたは非人道的な取扱いを受ける女性の庇護申請者を、1951年国連難民条約1条A(2)の意味における「特定の社会的集団」とみなしうるという

---

[179] *Attorney General of Canada v. Patrick Francis Ward*事件の補足意見で、MacGuigan判事は、「不明瞭な」形でしか定義できない集団は「特定の」社会的集団の概念から除外されると警告している (*supra*, note 171, at 8, fn. 3)。
[180] 801 F. 2d 1571 (9th Cir. 1986).
[181] *Id.,* at 1576, *per* Beezer J.
[182] *Id.* 残念なことに、裁判所は続けて、「自発的な結合関係」によって定義される特定の社会的集団が重要であると述べている。これは、家族(明らかに非自発的な結合)が特定の社会的集団の「原型的実例」(prototypical example)であることを認めた記述(*Id.,* at 1576)と真っ向から矛盾する指摘である。いずれにせよ、*Attorney General of Canada v. Patrick Francis Ward*事件におけるMacGuigan判事の決定は、カナダにおいては特定の社会的集団は自然的集団であっても「非自然的」集団であってもよいことを明確にしている (*supra*, note 171, at 4)。
[183] たとえばD. Indra, "Gender: A Key Dimension of the Refugee Experience" (1987), 6(3) Refuge 3; and J. Greatbatch, "The Gender Difference: Feminist Critiques of Refugee Discourse" (1989), 1(4) Intl. J. Refugee L. 518を参照。

解釈を採用することができる[184]。

　*Zekiye Inciriyan*事件決定[185]では、カナダ法もこのような国際的前例に従うことが初めて明確にされた。これは、トルコ国籍で、同国には近しい家族がいない寡婦に関わる事件である。申請者は複数の若者から毎日のように嫌がらせを受け、性的攻撃の対象とされ、一度などは誘拐されそうになった。出入国不服審査委員会は、政府には申請者を保護する意思がないと認定した。当局の見解によれば、申請者が男性親族の保護を受けることなく暮らしているのは不適当だったからである。そこで委員会は、Inciriyan夫人について、「男性親族の保護を受けることなくイスラム教国で暮らす単身女性」[186]からなる特定の社会的集団の構成員であることを理由に、難民であると判断した。このようなカテゴリー化は、特定の社会的集団についての判断基準を満たしている。ジェンダーおよび男性親族の不在は集団の構成員の力の及ぶところではないし、婚姻上の地位の選択は、国際人権法の中核的規範に基づいて保障される自由である[187]からである。出入国難民委員会の初期の決定においても同様に、レバノンの女性[188]やスリランカのタミール人女性[189]について、社会的集団として捉えることが適当であると認められていた。男性も、時として、社会的集団のカテゴリーをとくにジェンダーの観点から捉える解釈の利益を享受する場合がある。たとえば*Oscar Roberto Cruz*事件[190]において、委員会は、エルサルバドル国籍の申請者が「若者、すなわち軍隊からもゲリラからも主たる標的とされる広義の社会的集団の構成員」であることに留意している[191]。ジェ

---

[184] U.N. Doc. HCR/IP/2/Rev. 1986, at Conclusion No. 39 (XXXVI), para. (k), July 8, 1985. 執行委員会は、1987年と1988年にも、難民女性の特別なニーズを取り上げた追加的結論を採択している。全般的にはA. Johnson, "The International Protection of Women Refugees: A Summary of Principal Problems and Issues" (1989), 1(2) Intl. J. Refugee L. 221を参照。
[185] Immigration Appeal Board Decision M87-1541X, August 10, 1987.
[186] *Id.*, at 1, *per* P. Davey.
[187] 世界人権宣言（前掲注71）16条、自由権規約（前掲注71）23条。
[188] Immigration and Refugee Board Decision T89-00260, July 1989, R.L.R.U. Cat. Sig. 10143, at 3, *per* G. Garson：「*Incirciyan*事件における出入国不服審査委員会の決定に、難民局（Refugee Division）は注目する。当該決定は難民局を拘束するものではないが、男性親族の保護を受けることなくイスラム教国で暮らす単身女性が特定の社会的集団の構成員にあたるとしたものである。難民局は、*Incirciyan*事件で明らかにされた基本的考え方に同意するものである」。
[189] Immigration and Refugee Board Decision M89-01213, June 1989, R.L.R.U. Cat. Sig. 10240; Immigration and Refugee Board Decision M89-00407, July 1989, R.L.R.U. Cat. Sig. 10147; Immigration and Refugee Board Decision M89-01225, July 1989, R.L.R.U. Cat. Sig. 10017.
[190] Immigration Appeal Board Decision V83-6807, June 26, 1986.

ンダーによって定義される社会的集団の範囲が広いことについて留保を表明する論者もいるが[192]、人種、国籍および宗教も、そして政治的意見でさえも多数の人々によって共有される特性なのであるから、同類解釈則を適用することによってそのような懸念は払拭される。

(2) 性的指向

　同性愛、両性愛者である女性と男性は、基本的かつ不変の特質によって定義される第2の集団である。ドイツ連邦行政裁判所は、性的指向を理由として迫害を受けているというイラン国籍の男性の主張を取り上げた1986年の決定[193]において、同性愛を「特定の社会的集団」の定義に用いることの可能性について検討した。裁判所は、ナチスの強制収容所で同性愛者の迫害が行われたことに触れ、性的指向は不可逆的な個人的特質であるとして、性的指向を難民申請の根拠とみなすことが可能であることを認めている。

　この問題そのものについての判断はカナダではまだ行われていないが、性的指向を不変の特質として扱い、社会的集団の定義に用いることを可能にする基盤は、連邦裁判所予審部による*Timothy Veysey v. Commissioner of the Correctional Service of Canada*事件決定[194]で確立された。本件申請者は、刑務所職員が、異性愛の配偶者について施行されている夫婦間面接方針の対象に同性愛の配偶者も含めることを拒否したため、平等権を侵害されたと主張したものである。Dubé判事は、権利および自由に関するカナダ憲章の平等権規定違反を認定するにあたって同類解釈則を適用し、列挙されていない平等事由の範囲を定義しようとした。同判事の次のような結論は、間違いなく、難民法における「特

---

[191] *Id.*, at 2, *per* B. Howard. たとえば、*Marco Antonio Valladares Escoto,* Immigration Appeal Board Decision T87-9024X, July 29, 1987, at 6, *per* D. Daveyも参照：「主張に十分な根拠があるのであれば、委員会は、特定の社会的集団、すなわち徴兵年齢に相当する若者に所属していたことを理由として、Escoto氏を条約難民として認定することができたであろう。当該集団は無差別の徴募の後、不当な取扱いを受けており、識別可能な集団として迫害の対象となっていた」。
[192] エルサルバドル国籍を有する都市階層の青年男性が特定の社会的集団にあたるという考え方について、アメリカ第9巡回区控訴裁判所は、「このような網羅的な集団化は、……『特定の社会的集団』の文言の適用を意図していた、凝集性の高い均質的な集団にはあたらない」としている（*Sanchez Trujillo v. I.N.S.*, 801 F. 2d 1571 (9th Cir. 1986), at 1577）。
[193] Verwaltungsgerichthof Hessen, August 21, 1986, Ref. 10 OE 69/83, reported as IJRL/004 in (1989), 1(1) Intl. J. Refugee L. 110.
[194] (1989), 29 F.T.R. 74 (T.D.). この判決に対する控訴は、連邦控訴裁判所決定Federal Court of Appeal Decision A-557-89, May 31, 1990で棄却された。

定の社会的集団」の定義に関連するものである。

　差別禁止事由として憲章15条に掲げられている事由のほとんどは、人種、国民的または民族的出身、皮膚の色、年齢などのように、不変の属性であることを暗に示している。宗教は変えることができるかもしれないが、若干の困難を伴う。性別や精神的、身体的障害はさらに困難である。思うに、性的指向も、これらのいずれかの水準で変更不可能とみなしうるだろう。列挙された諸事由に共通するもう1つの特性は、該当する個人または集団が、ほとんどの偏見がそうであるようにもっぱら恐怖または無知を基盤とする偏見によって、歴史全体を通じて被害を受け、かつスティグマの対象とされてきたことである[195]。

(3) 家族

　国際法において家族が「社会の自然かつ基礎的な単位であり、社会及び国による保護を受ける権利を有する」存在として認められていること[196]を踏まえれば、家族的つながりを理由とする難民申請が、社会的集団のカテゴリーの範囲に含まれるものとして、カナダでもそれ以外の国でも認められてきていること[197]は驚くに値しない。事実、不首尾に終わった国連領域内庇護会議に参加した各国代表団が合意に至った数少ない規定の1つは、難民としての地位を認めるのにふさわしい根拠として「親族関係」(kinship)を含めることであった[198]。

　家族が難民条約の定義にいう特定の社会的集団に相当しうることをカナダで最初に提起した決定は、連邦控訴裁判所が1979年に言い渡した*Astudillo v. Minister of Employment and Immigration*事件判決[199]である。これ以降の一

---

[195] *Id.,* at 78, *per* Dubé J.
[196] 世界人権宣言（前掲注71）16条3項、自由権規約（前掲注71）23条1項。
[197] たとえば、C. Blum, "Legal Perspectives on U.S. Jurisprudence Regarding Central American Refugee Claim" (1987), 7(1) Refugee 12を参照。また、ドイツ高等行政裁判所（Obeverwaltungsgericht）の決定（Decision 16 A 10001/88, May 23, 1988）は、「親族の迫害は……特定の社会的集団の構成員の迫害に匹敵しうる客観的理由となる。いずれの場合にも、政治的迫害のおそれの理由のひとつは他者が受けている迫害だからである」と述べている (Reported as IJRL/0021 in (1989), 1(3) Intl. J. Refugee L. 394)。
[198] 全体委員会は、オーストラリアの提案（U.N. Doc. A/CONF.78/C.1/L.10）を賛成40、反対24、棄権15で採択した（A. Grahl-Madsen, *Territorial Asylum,* p.209 (1980)参照）。ただし条約案は採択に至らなかった。前掲第Ⅰ章4(2)参照。
[199]「申請者の直系家族が定義にいう『社会的集団』といえるか否かについては若干の疑問があるかもしれないが、『スポーツクラブ』が定義で用いられている『社会的集団』であることは疑いようがない」((1979), 31 N.R. 121 (F.C.A.), at 123, *per* Heald J.)。

連の出入国不服審査委員会決定では、この前提が暗黙のうちに受け入れられ、活動家のきょうだい[200]および子ども[201]による申請や、より一般的には政治的に著名な一家の構成員による申請[202]が認められてきた。ただし、家族が特定の社会的集団の概念に含まれることが明示されたのは、*Richard Cid Requena Cruz*事件[203]が初めてである。父親が国から逃げ出したために警察による嫌がらせの対象とされたペルー国籍の若者の申請に対し、委員会は次のように述べた。

> 社会的集団を根拠とする本件申請においては、移民法（1976年）の適用上、家族を社会的集団としてみなすことができるか否かという争点が提起されている。この問題に対する答えは、条件付きのイエスである。たとえばラテンアメリカ、一部アフリカ諸国等のいくつかの文化においては、父親、おじまたは他の著名な家族構成員が特定の社会的、宗教的または政治的考えの唱道者であることが知られているという理由だけで、個人が当該考えの支持者であると推定される可能性がきわめて高い。ただし常にそうであるわけではなく、決定は、提出された証拠に基づき、案件ごとの実体審理を通じて行われなければならない[204]。

この*Requena Cruz*原則は、チリ国籍の社会主義者の妻[205]、ガイアナ政府に反対する者のいとこ[206]、ガーナのクーデター首謀者の息子[207]による申請を含む、さ

---

[200] *Bernarda Lucia Ramirez Cordero,* Immigration Appeal Board Decision M79-1211, C.L.I.C. Notes 28.10, December 12, 1980.
[201] *Askale Asnake,* Immigration Appeal Board Decision M80-1020, C.L.I.C. Notes 31.10, February 23, 1981.
[202]「平和的手段によって秩序が維持されている民主的社会に住むわれわれにとって、公的機関が、ある者の名前が憎悪の対象であるというそれだけの理由で、その者を直接、または家族を通じて嫌がらせの対象とするなどというのは、信じがたいかもしれない。しかし、個人的見解は自らの内にとどめ、状況を適切な文脈に位置づけるようにしなければならない」(*Luis Enrique Toha Seguel,* Immigration Appeal Board Decision 79-1150, C.L.I.C. Notes 28.8, November 13, 1980, at 4, per J.-P. Houle)。
[203] Immigration Appeal Board Decision T83-10559, February 8, 1984.
[204] *Id.,* at 3, *per* B. Howard.
[205]「申請者の申請は、もっぱらその夫であるPizarro氏の申請を根拠としている。委員会は、*Requena Cruz*事件において、家族は社会的集団にあたること、および、家族的つながりを理由とする申請は条約難民の定義に含まれることを認めたところである。したがって委員会には、Pizarro氏との家族的関係を根拠とする申請者の申請を検討する用意もある」(*Maria Angelica Jiminez Ormeno Pizarro,* Immigration Appeal Board Decision V87-6004, January 26, 1988, at 2, *per* A. Wlodyka. 連邦控訴裁判所が論評なしに維持。Federal Court of Appeal at (1990), 8 Imm. L.R. (2d) 223）.
[206] 本件では、「政府に対する政治的反対者として率直に発言し、非常に目立っていた者との家族的関係」が申請の根拠として十分であることが認められた (*Cleopatra Ramsingh,* Immigration Appeal Board Decision M86-1138, September 15, 1987, at 9, *per* P. Davey)。

まざまな状況において適用されてきた。したがって、原則としては、申請者の親族の地位または活動[208]を根拠として迫害の危険性が生じていることが示される場合にはいつでも、家族的背景を理由とする申請[209]を社会的集団のカテゴリーの下で受理するのが適当である。さらに、*Maria Mabel de la Barra Velasquez*事件決定[210]において示唆されたように、家族の概念は文化的相対性を有するのであって、核家族的血縁関係をはるかに超えたところにまで及ぶ可能性がある。

(4) 階級またはカースト

特定の社会的集団の第4の形態としては、変えることのできない形態の階級およびカーストを挙げることができる。階級と社会的集団の両概念は本質的に重複していると主張されることが多い[211]が、前述した一般的定義[212]においては、本質的性質を有せず、変更可能な特質によって定義される社会階級は対象外である。たとえば、特権的社会階級の構成員が経済的特権の放棄に抵抗しても、保護の対象にはならない。財産は中核的人権規範の保護法益ではないし、それを自発的に放棄することも可能だからである[213]。

ただし、特権階級の構成員が、財産を放棄したにもかかわらず、その出身を理由として永久にスティグマの対象とされる場合はこのような除外の対象とはならない。過去の地位は不変の特質だからである。たとえば*Luis Folhadela Carneiro*

---

[207] *Morgan Otuo Acheampong,* Immigration Appeal Board Decision T84-9275, C.L.I.C. Notes 68.4, May 29, 1984.
[208] たとえば、D. Gross, "The Right of Asylum Under United States Law" (1980), 80 Columbia L.Rev. 1125, at 1146-47参照。
[209] G. Goodwin-Gill, *The Refugee in International Law,* p.30 (1983)参照。
[210] Immigration Appeal Board Decision V80-6300, C.L.I.C. Notes 39.7, April 29, 1981. 本件では、チリ国籍の申請者の母方のおばの夫および当該夫の兄弟による活動を理由とする申請が認められた。
[211] 「社会的集団とは本質的には社会階級である」(A. Fragomen, "The Refugee: A Problem of Definition" (1970), 3 Case Western Reserve J. Intl. L. 45, at 59)。B. Tsamenyi, "The 'Boat People': Are They Refugees?" (1983), 5 Human Rts. Q. 348, at 366も参照:「したがって、この[特定の社会的集団という]概念は、ある者がその背景のみを理由として迫害を受けている状況を対象とするものと理解できる。これには、ある者が、たとえばブルジョワ、地主または公務員として社会のある階級の構成員であることも含まれよう」。
[212] 前掲注176以降の本文参照。
[213] ただしT. Le and M. Esserは、「政府の行為(「新経済区域」の創設、私的所有権を撤廃する政令の公布など)の結果として出国した」ベトナム人は社会的集団のカテゴリーに該当すると主張する(T. Le and M. Esser, "The Vietnamese Refugees and U.S. Law" (1981), 56 Notre Dame Lawyer 656, at 664-65)。本文で提起した枠組みの下では、過去の地位を理由とするスティグマが財産の放棄後も根強く残っているのでないかぎり、これは妥当しない。私有財産を所有し、かつ一連の財産創出活動に全面的に従事する機会は、国際的に認められた基本的人権ではない。前掲第4章5(2)参照。

*de Oliveira*事件[214]において、出入国不服審査委員会は、ポルトガル国籍の億万長者で、1974年に政権に就いた政府から膨大な財産を国有化、没収された産業資本家の申請を検討した。これだけで難民の地位を認めることはできないものの、委員会は、過去の社会的地位を理由として報復を受けるのではないかという申請者の恐怖（裁判なしで逮捕される可能性を含む）は、特定の社会的集団の構成員であることの定義に十分該当するとの見解をとった。

財産は、あるいは中流階級としての地位さえも、通常は自発的譲渡の対象になりうるのに対し、経済的階級としての貧困は、その構成員であることを自発的に放棄できるとはかぎらないので、特定の社会的集団にあたる可能性がある。

> 1つの階級としての貧困層は、……その貧困の基底となっている経済的条件が政治権力の行使または維持を原因として生じている場合、迫害を受ける「社会的集団」にあたる場合がある。ある国において、貧困層が、権力の座に就いている者によって、現行の政治体制を維持する目的で貧しいままに留め置かれているのであれば——そして（実質的に）すべての経済的機会が閉ざされているのであれば——、そのような貧困の被害者は、下層階級の構成員であることを理由として「相当の経済的不利益」を被っていることになる[215]。

同様に、経済的階級は、名目上は自発的にその構成員となっていても、それが人権法の中核的規範の保護法益である基本的生存を確保するための唯一の手段である場合には特定の社会的集団の範疇に入る[216]。*Joseph Alexis Manasse*事件[217]において、出入国不服審査委員会は、ハイチの土地所有農民層の構成員であることは特定の社会的集団の一形態であるという正しい判断を行った。貧しい農業社会においては、当該階級の構成員であることは基本的ニーズにアクセスする手段だからである。したがって、財産を根拠とするカテゴリーまたは階級について検討する際の中心的問題は、当該集団を定義する特質が生来のものであり、もしくは変更不可能なものであるかということであり、自発的放棄の対象となる場合

---

[214] Immigration Appeal Board Decision 75-10382, April 20, 1076.
[215] Note, "Political Legitimacy in the Law of Political Asylum" (1985), 99 Harvard L.Rev. 450, at 461.
[216] 前掲第4章5(2)参照。
[217] Immigration Appeal Board Decision M87-1634X, September 9, 1987.

にはそれが基本的人権の実現を前提としているか否かということである。それ以外のあらゆる場合には、申請者が、国際的保護の援用に代わる手段として、より特権の少ない状況に身を置くことを甘受するよう期待するのが合理的であろう。

階級は、経済学的観点にとどまらず、純粋に社会的観点から定義される場合もある。封建制もしくはカースト制を背景とする場合[218]や、教育もしくは職業を根拠とする場合などがそうである。たとえばハイチ国籍の申請者による*Jean Robert Amazan*事件[219]において、出入国不服審査委員会は、申請者が「脅威を受けている社会的集団、[とくに] 教育を受けた若者」[220]の構成員であることは十分に難民条約上の定義に該当するとの結論に達した。したがって、階級が不可譲な形で指定されており、または基本的人権を犠牲にしてはじめて放棄できる場合には、特定の社会的集団を定義するものとして捉えるのが妥当といえよう。

(5) 任意団体

社会的集団の概念のなかでもおそらく最も議論の対象となりやすい側面は、自発的脱退が可能な結社の構成員であることに関わるものであろう。通常、社会的集団の指定は、自分ではどうしようもない特質——ジェンダー、性的指向、家族およびほとんどの形態の階級またはカースト——を理由とする人権侵害からの保護と関連している。しかし、*Matter of Acosta*事件決定[221]が示唆するように、変更不可能性には、「個人の権能を超えているために変えられない特質、または個人のアイデンティティもしくは良心にとってあまりにも基本的であるために変えることを要求されるべきではない特質」(傍点引用者)[222]も含まれると解釈するべきである。したがって、レクリエーションや個人的便宜といった基本的ではない目的によって定義される任意団体の構成員であることは、通常、特定の社会的集団という概念の適用範囲外にあるとみなされよう[223]。逆に、その任意団体の目的が個

---

[218] たとえばZ. Rizvi, "Causes of the Refugee Problem and the International Response", in A. Nash, ed., *Human Rights and the Protection of Refugees under International Law,* p.112 (1988)参照。
[219] Immigration Appeal Board Decision M87-1502X, December 7, 1987.
[220] *Id.,* at 2, *per* M. Durand.
[221] Interim Decision 2986, March 1, 1985.
[222] *Id.,* at 38. このような概念は同類解釈則にも合致している。宗教や政治的意見も同様に放棄の対象となるが、そのためには人権の中核的概念に合致しない犠牲が伴うためである。
[223] ただしGrahl-Madsenは、「一部の結社、クラブまたは協会」も特定の社会的集団の概念に含めることを主張している (1 A. Grahl-Madsen, *The Status of Refugees in International Law,* p.219 (1966))。

人のアイデンティティまたは良心にとって本質的なものであるときは、当該結社の構成員には、そのような基本的利益を放棄しなかったために迫害を受けるおそれが生じた場合、国際的保護へのアクセスが認められるべきである。このようなアプローチは、*Attorney General of Canada v. Patrick Francis Ward*事件の連邦控訴裁判所決定[224]とも合致している。同事件では、社会的集団の概念を任意団体にどのように適用すべきかについて、当該結社の目標が法的に受け入れられるものであるか否かを検討することによって定義しようという試みが行われた[225]。

したがって、学生は当然、社会的集団のカテゴリーに含まれる。教育の追求は国際法上の基本的人権だからである[226]。この特質が認められる可能性は*Gladys Maribel Hernandez*事件の連邦控訴裁判所決定[227]で提起され、出入国不服審査委員会も*Jesus Antonio Miranda Cuellar*事件[228]でこのようなアプローチを採用した。より一般的に、就労または職業によって定義される集団も社会的集団のカテゴリーに該当する。職業選択の自由も基本的権利だからである[229]。労働組合に加入していることも、*Wilfredo Alejandro Zubieta*事件[230]や*Oscar Trujillo Barraza*事件[231]において、難民認定の根拠として認められてきた。これらのいずれの例においても、自発的参加が人権の中核的原則と結びついているために、保護の対象とすることが適当である。これらの団体の構成員であることの根底にある

---

[224] Federal Court of Appeal Decision A-1190-88, March 5, 1990（上告許可は1990年11月8日にカナダ最高裁判所から与えられた。Supreme Court Bulletin 2347）。

[225] *Id.*, at 20-21, *per* Urie J. 裁判所は、顕著な要素として「法の支配」の尊重に言及したことにより間口をあまりに狭くしているともいえるかもしれないが、その目的が基本的な法的規範に合致している任意団体を救済対象にするという基本的アプローチは有益である。

[226] 世界人権宣言（前掲注71）26条、経済的、社会的及び文化的権利に関する国際規約（国連総会決議2200(XXI)、1966年12月19日、1976年1月3日発効。「社会権規約」）13条。G. Goodwin-Gill, *The Refugee in International Law*, p.30 (1983); D. Anker, "Defining a 'Social Group'" (1983), 6 Immigration J. 15, at 15も参照。

[227] Federal Court of Appeal Decision, May 20, 1982, at 2-3.

[228] Immigration Appeal Board Decision 80-9204, C.L.I.C. Notes 26.9, November 20, 1980.

[229] 世界人権宣言（前掲注71）23条、社会権規約（前掲注226）6条。A. Grahl-Madsenは「公務員、ビジネスマン、専門職、農民、労働者」も社会的集団のカテゴリーに含めている（*supra*, note 223, p.219）。Angela Botelhoが述べるように、「職業的基準に基づく社会的集団が、社会学の文献で用いられている［社会的集団の］文言の範囲に該当することは確かである。……職業に基づく定義の利点は、その範囲が限定されておりかつ明確に定義されているところと、庇護手続の立証段階におけるいくつかの証拠法上の要件になじみやすいところにある」(A. Botelho, "Membership in a Social Group: Salvadoran Refugees and the 1980 Refugee Act" (1985), 8 Hastings Intl. Comp. L.Rev. 305, at 335)。なお、*Manuel Jesus Torres Reyes et al v. Minister of Manpower and Immigration,* Federal Court of Appeal Decision, October 28, 1976も参照（Pratte判事が、元公務員であったことが難民認定の根拠となる可能性に留意）。また、申請者の使用者の政治的意見を理由とする迫害に関わる*Emeline Gabriel,* Immigration Appeal Board Decision M86-1128, C.L.I.C. Notes 105.13, March 10, 1987, at 5も参照。

利益はきわめて基本的なものなので、国際的保護を与えることは社会的集団のカテゴリーのそもそもの存在理由に合致している。

6. 難民としての地位を主張するその他の事由

　迫害を受けるおそれがあるという申請者の恐怖とその市民的または政治的地位との間に関係があるか否かを判断するにあたっては、保護を求める形式的事由にとどまらず、その実質的事由を審査するよう配慮しなければならない。とりわけ、出身国で犯罪とされている活動を理由とする申請、軍務を遂行しないことに関わる申請、または戦争もしくは暴力からの避難を伴う申請は、状況により、5つの列挙事由のいずれかと明白に関係しているわけではないにもかかわらず、難民条約上の定義に該当する場合がある。一見したところ市民的または政治的地位と関係のない保護のニーズのように見えても、難民としての地位の請求権を確立するのに十分な政治的その他の原因が隠れていることも多いのである。

(1) 刑事上の地位——訴追か迫害か？

　通常の刑事法に違反したことを理由に正当な訴追または処罰を受けるおそれがあるという理由だけで、個人が難民としての地位を主張することができないのは明らかである[232]。UNHCRは次のように述べている。

> 迫害は、普通法上の犯罪を理由とする処罰とは区別されなければならない。そのような犯罪を理由とする訴追または処罰から逃れてきた者は、通常、難民ではない。難民とは不正義の被害者——または潜在的被害者——なのであって、正義からの逃亡者ではないことが想起されるべきである[233]。

---

[230]「次の問題は、申請者はそのような特定の社会的集団の構成員であることを理由として迫害されたのか否かということである。当職の見解では、テロリストというレッテルを恣意的に貼られ、組合活動を理由として解雇されたことは、申請者が自らおよび家族の生活を支えるための職を探していた過程で継続的に嫌がらせを受けていた事実（これを示す証拠について反論は行われていない）とあわせて考えれば迫害に相当し、カナダで理解されている労働権および人間の尊厳への干渉にあたる」(Immigration Appeal Board Decision 79-1034, C.L.I.C. Notes 14.10, October 31, 1979, at 2-3, per J.-P. Houle)。
[231] Immigration Appeal Board Decision 77-9449, March 23, 1978. なお世界人権宣言（前掲注71）23条4項、社会権規約（前掲注226）8条、自由権規約（前掲注71）22条1項も参照。
[232] たとえば、A. Grahl-Madsen, *supra*, note 223, p.192参照。

このような立場は、カナダ法においても、*Louis-Paul Mingot*事件決定[234]でとられるようになった。そこでは、「普通裁判所において合法的に訴追されるおそれがあるという恐怖は、それ自体においておよびそれ自体としては、難民条約で定義されているところの迫害を受けるおそれがあるという恐怖にはあたらない」と判示されている[235]。出身国の司法制度が一般的な公正基準を満たしていない場合、または当該国で通常科される処罰の幅が他の国の規範から外れているように思われる場合でも、例外ではない。たとえばガーナ国籍の申請者に関する*Anthony Appiah Asamoah*事件[236]では、他人の作物が焼損されるままにしたことを理由として、非常に厳しい法律に基づく訴追の対象とされるおそれがある個人の問題が取り上げられた。申請者は、この種の犯罪に対する略式訴追および厳しい処罰は不適当であることを理由として難民としての地位を申請したが、出入国不服審査委員会は次のように述べてこれを却下している。

　申請者が抱いている恐怖は、ガーナで定められている経済犯罪の罪名を理由として訴追されるのではないかというものである。この罪名は、事実、厳しい処罰を伴う可能性があり、カナダの刑事司法規則および証拠規則に従うならばそもそも手続の対象とはならないかもしれない。……［しかし］この罪名は申請者に対してのみ向けられるものではなく、ガーナ国民一般に適用されるものである。どのようにすればこれを迫害と認定できるのかという疑問に対しては、回答が与えられていない[237]。

　このような申請は難民条約の適用対象とはならない。申請者が直面している危険は、刑事責任を問われる可能性があるというすべての市民に共通のものであり、したがって定義に掲げられたいずれかの形態の市民的または政治的地位と関連していないためである。刑法上の罪名ならびにその訴追および処罰の性質を検討した結果、当該罪名が実体上も適用上も政治的に中立であることが確認される限

---

[233] UNHCR, *supra*, note 42, at 15.
[234] (1975), 8 I.A.C. 351.
[235] *Id.*, at 356, *per* J.-P. Houle.
[236] Immigration Appeal Board Decision T87-9902, January 19, 1988.
[237] *Id.*, at 3-4, *per* J. Weisdorf.

りにおいて、それは難民としての地位を主張する根拠とはなりえない。

　他方でRichard Plenderは、迫害と訴追は重なり合わないが相互に排他的であるわけでもないと指摘している[238]。刑法の内容および実施はいずれも出身国の統制下にあるので[239]、迫害の意図を有する政府が反対派を抑圧する手段として刑法を利用することは可能である[240]。このような状況においては、政治的意図に基づく刑法の濫用の被害を受けるおそれがある者を、正義からの逃亡者として扱うことは筋が通らない。このような者はむしろ潜在的に迫害を受けるおそれがあるのであって、難民として認めるのが適当であろう[241]。このような見方は難民条約の内的構造にも合致している。難民条約の除外条項[242]が難民としての地位を否定しているのは、あらゆる「犯罪者」そのものではなく、「避難国の外で重大な犯罪（政治犯罪を除く。）を行った」（傍点引用者）者だけだからである[243]。同様に、領域内庇護条約案でも、「迫害に直接関連する理由による訴追または処罰」を受けるおそれがある者については難民の定義の説明に含まれている[244]。

　カナダ法において、犯罪者である疑いがあるという文脈の批判的検討が包括的に行われるようになったのは、つい最近のことにすぎない。*Ethem Ictensev*事件[245]で、出入国不服審査委員会は次のような疑問を提示している。

　ある政治的行為が、法律で禁じられているにもかかわらず許容されるのはどのような場合だろうか。もちろん、われわれの目的からすれば、政治的行為が法律の枠外で行われたこと自体は、申請を無効とするのに十分な理由ではない。しかしこの問題については、人権から国家安全保障に至る、また自然的正義か

---

[238] R. Plender, "Admission of Refugees" (1977), 15 San Diego L.Rev. 45, at 54.
[239] K. Kawahara, "Analysis of Results of the First Session of the International Conference on Territorial Asylum", in International Institute of Humanitarian Law, ed., *Round Table on Some Current Problems of Refugee Law 23* (1978).
[240] G. Goodwin-Gill, *supra*, note 226, p.34.
[241]「普通犯罪者が引渡しの対象とされるべきこと、および、政治的理由による処罰を恐れる者に対しては受入国による保護が与えられる場合があることについては、いまや実質的にすべての文明国によって認められている」(F. Krenz, "The Refugee as a Subject of International Law" (1966), 15 I.C.L.Q. 90, at 101)。また、D. Roth, "The Right of Asylum Under United States Immigration Law" (1981), 33 U. Florida L.Rev. 539, at 553-54も参照：「したがって委員会は、本質的に刑事的なものである法律違反と政治的な法律違反とを区別しなければならない」。
[242] 後掲第6章3(2)参照。
[243] 難民条約（前掲注11）1条F(b)。
[244] A. Grahl-Madsen, *Territorial Asylum*, p.208 (1980). またR. Plender, *supra*, note 238, at 58も参照。
[245] Immigration Appeal Board Decision T87-9494X, October 19, 1987.

ら緊急措置に至る多くの問題を検討しなければならないため、単純な形で答えを出すことは不可能である[246]。

　転機となったのは*Godfred Appiah Kubi*事件の決定[247]である。同事件では、ガーナ国籍の申請者が反政府的パンフレットを配布したという「刑事犯罪」の罪に問われた。相互に矛盾しあうカナダの先例を徹底的に検討したうえで、出入国不服審査委員会は、「犯罪を行ったからといって、申請者が抱いている恐怖は訴追および処罰を理由とするものであるという結論が自動的に下されるべきではない」[248]との結論に達した。委員会は、同事件については当該行為が違法であるという疑いで検討を終えるのではなく、「パンフレットの配布は、基本的人権である表現の自由が制限されている国においては、反対意見を表明する唯一の手段であることが多い」[249]ことに留意し、したがって、申請者の行為を犯罪と位置づけることには根拠がないと判断した。

　申請者が抱いている恐怖は真に犯罪者であること（genuine criminality）から生じたものにすぎないので定義の適用範囲から外れるという主張は、どのような場合に慎重な吟味がふさわしいとされるのだろうか。一連の関心事項のひとつは、申請者がどのような性質の犯罪をもとに告発され、または有罪を宣告されたのかに関わるものである。それは本質的に政治的な犯罪だったのか、それとも、一般犯罪の罪名が、政治的に疑わしい状況下で適用されたのか。この点は、犯罪人引渡法との関連でGerard LaForestが次のように述べるとおりである。

　「政治犯罪」という用語は広く用いられているが、満足のいく定義は依然として定式化されていない。この用語には2つの概念が含まれている。1つは純粋な政治犯罪（たとえば反逆、扇動、スパイ行為等）であって、これはある国の政体または政府に対して向けられた行為であり、普通犯罪の要素をまったく含まない。もう1つは……いわゆる政治的性質を有する犯罪で、普通犯罪ではあるものの、政治的行為、または政治的とみなされる出来事ときわめて緊密に結びついてい

---

[246] *Id.,* at 13, *per* P. Ariemma.
[247] Immigration Appeal Board Decision T87-9053, June 10, 1987.
[248] *Id.,* at 4, *per* E. Townshend.
[249] *Id.,* at 6.

る犯罪である[250]。

　他方、たとえ犯罪への対応そのものは刑法上の権限の正当な行使であるように思えたとしても、その他の面では適正な法執行が、迫害の目的を達成するために何らかの形で歪められたということはあるだろうか。たとえば、訴追決定、判事による説示手続または言い渡された刑の性質が政治的に操作されたものである場合、「訴追または処罰に対する恐怖」の問題として片づけて難民申請を却下するのではなく、実体審理を行うべきである。

　「絶対的政治犯罪」という概念[251]は、刑法の適用範囲とするにはふさわしくない一連の活動が存在するという前提に基づいている[252]。その結果、刑法上の権限を不当に行使することによって「刑事」訴追が行われた場合、それに依拠して難民申請者を除外することはできない[253]。最もわかりやすい形態の絶対的政治犯罪は、基本的人権の行使を犯罪化しようとする試みである[254]。少なくとも、国際人権法に基づく緊急事態の例外[255]としては認められないような状況下で刑法による禁止規定が適用される場合、これが該当する。カナダ法においては、たとえば政治的表現の自由[256]や自国を離れる権利[257]との関連でこの概念を適用することについて

---

[250] G. LaForest, *Extradition to and from Canada*, p.63 (1977).
[251] 全般的にはG. Goodwin-Gill, *The Refugee in International Law*, p.38 (1983)を参照。
[252] K. Petrini, "Basing Asylum Claim on a Fear of Persecution Arising from a Prior Asylum Claim" (1981), 56 Notre Dame Lawyer 719, at 727.
[253] *Rebecca Fogel v. Minister of Manpower and Immigration*, (1976) 7 N.R. 172 (F.C.A.), at 175, *per* Thurlow J.
[254] 1 A. Grahl-Madsen, *The Status of Refugees in International Law*, p.83 (1966); K. Petrini, *supra*, note 252, at 727. とくに政治的表現の自由との関連では、D. Gross, "The Right of Asylum Under United States Law" (1980), 80 Columbia L.Rev. 1125, at 1142を参照。
[255] 前掲第4章2、とくに注73以降を参照。
[256] たとえば、次の先例を参照：*Anil Kapur*, Immigration Appeal Board Decision T81-9450, August 26, 1981, at 3, *per* E. Teitelbaum (「インドに帰還することに対する申請者の恐怖は、政治的迫害を受けるおそれがあるという実体的恐怖よりも、禁止命令に違反したことについて逮捕状が出されたことから生じたものである」); *Mahibur Rahman Chowdhury*, Immigration Appeal Board Decision T83-10497, C.L.I.C. Notes 90.8, February 13, 1986 (政治的デモに参加したために逮捕状を出された個人の申請を、犯罪者であるという理由により却下); *Karnail Heer Singh*, Immigration Appeal Board Decision V87-6167X, June 3, 1987, at 10, *per* F. Wright (Federal Court of Appeal Decision A-474-87, April 13, 1988により維持. 「申請者は、インドに帰還して同様のデモに参加すれば再び警察に逮捕されると恐れているのかもしれない。……委員会の見解では、迫害に対するこのような恐怖は、迫害を受けるおそれがあるという十分に理由のある恐怖ではない」); *George Goka Darko*, Immigration Appeal Board Decision T87-9173X, June 16, 1987, at 7, *per* C. De Morais (「申請者は、1回のデモを組織し、かつこれに参加したことを理由とする迫害から逃れようとしているのか、……それとも不法な行進を組織し、かつこれに参加し、ならびに私有財産を破損したことに対する訴追から逃れようとしているのか」).

は消極的姿勢が顕著であるが、ある中核的人権の行使が不当であるばかりか処罰の正当な根拠となるという出身国の認定をそのまま受け入れることは、明らかに不合理である。

チリ国籍の申請者による*Hector Eduardo Contreras Guttierez*事件[258]は、この点を如実に示している。労働組合を結成し、かつこれに加入する権利は国際人権法において曖昧さを残す余地なく認められているが[259]、チリ政府はこのような活動を非合法化し、労働組合運動の支持容疑をかけられた者に重い刑罰を科した。出入国不服審査委員会の多数意見は、「このような活動は裁判所によって非合法なものと理解されている」[260]と述べただけで、申請を却下した。Bruce Howard委員は、その感動的な反対意見の中で、絶対的政治犯罪を理由とする申請は認めないという対応を拒絶することの重要性を強調している。

> 組合活動は、他の委員が言うように非合法なものだったのであろうか。もちろんそのとおりだが、われわれはチリにおける合法、非合法について判断するよう求められているのではない。われわれは法に定める迫害について判断しようとしているのである[261]。

「刑事」犯罪とすることが根本的に不当な行為態様に加え、第2のカテゴリーに

---

[257] この問題については前掲第2章2(1)で詳しく論じている。たとえば、次の先例も参照：*Maria Sandor,* Immigration Appeal Board Decision 79-9145, C.L.I.C. Notes 9.16, May 14, 1979, at 2, *per* A. Weselak（「申請者はさらに、ハンガリーにいま帰還すれば、オーストリアからハンガリーに戻ることを拒否したために刑務所に入れられると述べる。……申請者が帰還と同時に訴追される可能性はあるが、これは迫害とみなせるような事案ではない」）; *Lech Jankowski,* Immigration Appeal Board Decision V80-6410, January 5, 1981, at 4-5, *per* B. Howard（「残念ながら……［難民の］定義には、申請者の国の普通法に反する犯罪を理由として処罰されるおそれがあるという恐怖については言及されていない。さらに、脱走によって自国の法律に違反する危険を自ら犯しておきながら、当該行為そのものが難民としての地位の請求権を創設する場合には特別な地位を請求できるというのは、不合理である」）; *Henryk Stanley Komisarski,* Immigration Appeal Board Decision V81-6162, May 28, 1981, at 2, *per* C. Campbell（カナダで船から脱走したポーランド人について、「自国の法に違反し、その結果に直面しなければならなくなったとしても、難民になるわけではない」）。ただし、*Stanislaw Julian Jodlowski,* Immigration Appeal Board Decision V81-6166, June 18, 1981, at 6-7, *per* D. Daveyの、もう少しリベラルな判断も参照（「［条約上の理由により］自国から避難した者が、……委員会において、不法に出国したために報復されるおそれがあるという追加的恐怖を主張することは正当である。ただし、このような行動をとったこと自体を理由として、その者が条約難民となるわけではない」）。
[258] Immigration Appeal Board Decision V80-6220, C.L.I.C. Notes 30.11, March 16, 1981.
[259] 世界人権宣言（前掲注71）23条4項、自由人権規約（前掲注71）22条、社会権規約（前掲注226）8条。
[260] *Supra,* note 258, at 4, *per* W. Hlady.
[261] *Id.,* at 12, *per* B. Howard.

属する関心事項として「相対的政治犯罪」がある。Atle Grahl-Madsenの定義によれば、次のとおりである。

> 殺人、強盗、住居侵入のような「普通犯罪」ではあるが、個人的利得のためではなく政治的動機から行われたもの……。これらの犯罪の行為者は、普通犯ではなく政治犯として分類するのが正しいと考えられることが多い[262]。

このような犯罪の一般法上の性質は政治的意図によって減殺されるものではないとする論者もあるが[263]、Grahl-Madsen[264]にしてもGuy Goodwin-Gill[265]にしても、適当な状況においては、政治的動機に基づく普通犯罪を理由として難民保護へのアクセスが妨げられるべきではないことを認めている。もちろん、次のような点について検討することは適当であろう。すなわち、当該行為の政治的目的は真正なものであったか(個人的利得のようなより一般的な犯罪の動機とは区別されるものであったか)。行われた行為と追求された政治的目的との間にどの程度の関連性があったか。そしておそらくは最も重要な論点として、当該犯罪を通じて達成しようとした効用は、それによって生じた危害との関連で比例性を有していたか[266]。真正な動機に基づく行為で、信頼に足る戦略が採用され、かつ、偶然に生じた危害が真摯に追求された目標との関連で容認可能なものであったならば、そ

---

[262] A. Grahl-Madsen, *supra*, note 254, p.84.
[263] たとえば、次の文献を参照：C. Pompe, "The Convention of 28 July 1951 and the International Protection of Refugees", [1956] Rechtsgeleerd Magazyn Themis 425, published in English as U.N. Doc. HCR/INF/42, May 1958, at 9; K. Zink, quoted in A. Grahl-Madsen, *supra*, note 254, p.221; and F. Marino-Menendez, "El concepto de refugiado en un contexto de derecho internacional general" (1983), 35(2) Revista espanola de derecho internacional 337, at 355-56.
[264]「難民条約は、自分自身の過失がないにもかかわらず政治的迫害を受けると思われる者を保護しようとしているのである。この点に関して、特定の政治的信念のために闘うことは、過失ではなく自然法上の権利とみなされる」(A. Grahl-Madsen, *supra*, note 254, p.223)。
[265]「国際社会は既存の政府を維持するために存在しているのではなく、政治犯罪を例外とすることは国際社会のダイナミックな質にとって有益と考えることができる」(G. Goodwin-Gill, *The Refugee in International Law*, p.38 (1983))。
[266] *Id.*, at 60-61. 政治的動機に基づくテロリズムにこのような分析を適用することができるかどうかについては、McMullen v. I.N.S., 788 F. 2d 591 (U.S.C.A., 9th Cir. 1986), at 597を参照：「このような行為は保護の対象である『政治犯罪』の範囲を超えている。これらの行為は社会的混乱をもたらすことだけを目的としており、最終的に国が崩壊するとしてもそれは間接的結果として意図されているにすぎない。……国の軍隊または公的機関に対して向けられるテロ行為と、『社会的混乱を引き起こす』ためだけに一般市民に対して向けられる無差別的暴力行為との間には、有意味な区別が存在する」。問題は、標的の明確な攻撃が抑圧をやめるための十分な動機づけにならない場合に、どの程度の裁量の幅を設けるのが適当かという点である。

れはより基本的には犯罪行為ではなく政治的行為とみなし[267]、難民申請の実体評価を行うことが合理的である[268]。

カナダでは伝統的に、相対的政治犯罪という概念に対しては冷淡な見解がとられてきた。*Musial v. Minister of Employment and Immigration*事件[269]で、連邦控訴裁判所は次のように判示している。

> 一般的に適用される普通法に違反したことを理由として処罰される者は、自らが行った犯罪について処罰されるのであって、犯罪を行うきっかけとなった可能性がある政治的意見について処罰されるのではない（傍点引用者）[270]。

同様に、*Surujpal v. Minister of Employment and Immigration*事件[271]において連邦裁判所は、自国における一党独裁に反対し、政府の選挙ポスターを破損し、その結果、不衛生で不健康な環境下で刑務所に1週間拘禁されたガイアナ市民の申請を審理した。裁判所は本件の政治的意味合いを否定し、次のように判示している。

> これは、申請者自身も認めるように法律に従った逮捕および拘禁であって（当時、申請者はそのことを自覚していなかったかもしれないが）、迫害を受けるおそれがあるという十分に理由のある恐怖を立証するものとはなりえない[272]。

出入国不服審査委員会も、多くの機会に相対的政治犯罪の概念を拒絶してきたのは同様であり、エルサルバドル国籍の革命家[273]や、チリのピノチェト独裁に反対していて武器の不法所持で摘発された者[274]から出された申請について、その実

---

[267]「告発された行為が［政治犯罪の概念に］該当するというためには、当該行為が政治的目的の付随行為として、またはこれを追求する過程で行われたものでなければならない」（G. LaForest, *supra,* note 250, p.63）。ある犯罪が政治的性質のものであるというためには、その目的と動機が中心的検討対象であるとした、*Schtraks v. Government of Israel,* [1964] A.C. 556 (H.L.)も参照。
[268] この問題については各国間で幅広い見解の相違がある。たとえばアメリカ出入国不服審査委員会は、このような衡量を行うことの妥当性を否定してきた（*Matter of Rodriguez-Coto,* Interim Decision 2985, February 21, 1985, at 3）。たとえばG. Goodwin-Gill, *supra,* note 265, pp.31 ffも参照。
[269] (1981), 38 N.R. 55 (F.C.A.).
[270] *Id.,* at 60, *per* Pratte J.
[271] (1985), 60 N.R. 73 (F.C.A.).
[272] *Id.,* at 74, *per* MacGuigan J.

体評価を十分に行ってこなかった。そのなかには、投票箱を盗むことで腐敗選挙を打倒できると信じたガイアナ国籍の純真な若者[275]までいたのである！　いずれの事件も、一見したところ犯罪の問題が争点として浮上するのは事実であるが、申請者の行動の根底に政治的主張があることを踏まえればいずれも相対的政治犯罪の範疇に入るのであり、難民申請の実体審理を十分に行うことがふさわしい対応である。

　相対的政治犯罪の概念は、カナダ法においてわずかな足がかりを得ていないことはない。1982年、出入国不服審査委員会は*Mohammad Mushtag*事件[276]において、公の平穏を乱したことを理由にパキスタンで申請者に対する逮捕状が出ていることは、訴追されるという恐怖にとどまらず、迫害を受けるおそれがあることを立証するものであると認定した。同様に、*Nana Kwasi Yeboah*事件[277]でも申請者有利の決定が言い渡されている。本件では、ガーナ国籍の申請者が、ローリングズ独裁に反対する人々を同国から秘密裡に出国させたことについて「密出国」の罪に問われていた。おそらく最も重要な*Tayshir Dan-Ash*事件決定[278]では、次のような認定が行われている。

　　ある国の法律に定められた犯罪を行ったことを理由とする訴追は、難民条約にいう迫害には相当しない。ただし、当該犯罪が政治的目的で行われたのであれ

---

[273]「Lazo Cruz氏は、自分は革命家の闘士であると述べる以外に、自己の政治的哲学または意見についての証拠を提出しなかった。……同人がエルサルバドルに帰還することを恐れているとすれば、……その恐怖は、……『難民』の定義を超える暴力的犯罪活動に由来するものである」(*Jose Antonio Lazo Cruz,* Immigration Appeal Board Decision V80-6004, C.L.I.C. Notes 18.12, January 16, 1980, at 3, *per* C. Campbell)。
[274]「申請者は、当局があらゆる武器の引渡しを求めていたことを承知しており、引渡しの機会にもことかかなかった。……これに応じなかったことについて、とくにクーデターが短命に終わると考えていたこと、次に当該武器がかつて何らかの違法な活動に用いられたのではないかと恐れていたことを理由に挙げているのは、迫害を受けるおそれがあるという十分に理由のある恐怖ではなく、武器の不法所持を理由として訴追されるのではないかという恐怖を示すものである」(*Jorge Pizarro Parada,* Immigration Appeal Board Decision V87-6004, January 26, 1988, at 12, *per* A. Wlodyka. 連邦控訴裁判所が他の事由により維持。Federal Court of Appeal Decision A-696-88, April 3, 1989)。
[275]「申請者は選挙終了時に投票箱を盗んだのであり、同人がどのような理由でその正当化を図ろうとするにせよ、これは同人が応答責任を果たさなければならない犯罪行為である」(*Azam Faceed Narine,* Immigration Appeal Board Decision V79-6140, C.L.I.C. Notes 15.15, December 5, 1979, at 5, *per* C. Campbell)。
[276] Immigration Appeal Board Decision M81-1122, C.L.I.C. Notes 47.6, October 26, 1982.
[277]「2名の者をガーナから密出国させたことについて、同国がこれを犯罪とみなすことはありうるが、今日の非民主的政府の下で同国に蔓延している状況においては、申請者が自国に送還されれば重大な結果に直面する可能性がある」(Immigration Appeal Board Decision T81-9165, C.L.I.C. Notes 42.9, May 11, 1982, at 4-5, *per* U. Benedetti)。
[278] Immigration Appeal Board Decision M86-1420, October 20, 1986.

ば、それを処罰することは迫害とみなされる場合がある。……訴追および処罰が難民条約にいう迫害に相当するかどうかは、法律の趣旨および目的、当該法に違反した個人の正確な動機、当該個人が主張する「利益」ならびに処罰の程度によって左右される[279]。

この決定を審査した連邦控訴裁判所は、カナダ法において相対的政治犯罪の概念が発展していく余地を残したが、実のところそのような発展を支持したわけではない。

委員会は、控訴人も認めたシリア政府に対するスパイ行為について、これは同人の政治的意見によって鼓舞された政治的行為であり、したがって同人は難民として認定される資格を有するとの見解をとった。そうである可能性があるとして (ただし裁判所としてこのような判断をとるものではない)、また十分な報酬を得て行われた当該スパイ行為が、控訴人のいう政治的意見が明確に現れた唯一の行為であることを踏まえれば、委員会のとった立場が、控訴人が信頼できる証人であるという認定に依拠するものであることは明らかである[280]。

絶対的、相対的政治犯罪のいずれであれ、その実体的犯罪性について疑わしさが残る事例以外に、その他の面では正当かつ適切な訴追において、手続が政治的に歪められるという可能性もある。このような干渉や偏見のために、市民的または政治的地位によって定義される者が直面する危険の水準に差異がもたらされる限りにおいて、「訴追」が迫害の領域へと移行する場合もある。このような歪みとしては、次の3種が挙げられよう。

第1に、カナダ法においては、政治的選択による訴追の不当性が認められている[281]。Douglas Grossが次のように説明するとおりである。

---

[279] *Id.*, at 10, *per* J.-P. Cardinal. ここで引用した判断基準は、G. Goodwin-Gill, *supra*, note 265, p.35からとられたものである。ここで定式化された基準では、目的と手段の比例性の問題が明示的に取り上げられていない。これは、政治的目的を追求するという利益のために刑事法上の基準に違反することが認められるか否かを判断する際の、きわめて重要な事項である。
[280] *Minister of Employment and Immigration v. Tayshir Dan-Ash*, Federal Court of Appeal Decision A-655-86, June 21, 1988, at 3, *per* Hugessen J.

自国の政府に反体制派として認知されている外国人が、自分はある犯罪を理由として処罰されたのに対し、他の者は同じように有責であるのに処罰されなかったと主張したとする。……［このような状況においては、］当該外国人はその政治的意見を理由として真に迫害されていると推定するのが公正である[282]。

たとえばSaam Yagasampanthar Murugesu事件[283]において、出入国不服審査委員会は、申請者がその政治的活動に対する報いとして地元当局により不適切な形で容疑をかけられたことを示唆して、申請者が犯罪を行ったとされる事実を等閑視した[284]。同様の懸念はSo Wo Li事件[285]でも表明されている。

Li氏が［中国に］帰還または送還されていれば、過去に同人を苛んでいた者らが、権力の座にある官吏に接触できる立場を利用して、この［不法出国］罪を理由として同人にきわめて過酷な扱いをした可能性が高い。このような取扱いは、一見すると犯罪の訴追とみなされるかもしれないが、このようにLi氏をとくに選び出し、同人が過去に虐待者らへの協力を拒んだことを理由として徹底した訴追を行うことは、当職の見解では実際の迫害に相当する[286]。

選択的訴追に加えて、政治的抑圧を果たしまたは支持する目的で公正の基本的基準を無視するような裁判手続も、刑事手続の正当性を損なう場合がある。Grahl-Madsenが次のように述べるとおりである。

政治犯罪を実際に行った者もしくはその疑いをかけられている者、または何らかの理由で官吏の怒りを買った者が司法手続で裁判にかけられず、「行政措置」の対象とされた場合、……政治犯罪を実際に行った者と……完全に無実の者

---

[281]「一般的に適用される非政治的性質の犯罪を理由とする処罰を恐れている者は、［難民として］認められないのが通例である。もちろん、この解釈原則は絶対的なものではなく、……刑事訴追が［列挙されたいずれかの事由に］基づく、国による選択的処罰のひとつの形態として用いられた場合、これを理由として申請が認められる可能性はある」(C. Wydrzynski, *Canadian Immigration Law and Procedure,* p.323 (1983)).
[282] D. Gross, "The Right of Asylum Under United States Law" (1980), 80 Columbia L.Rev. 1125, at 1146.
[283] Immigration Appeal Board Decision M82-1142, July 13, 1982 and September 30, 1983.
[284] *Id.,* at 3-4(1983年9月30日の決定) 参照。
[285] Immigration Appeal Board Decision V88-0066X, September 23, 1988.
[286] *Id.,* at 9, *per* D. Anderson.

とを区別しようとすることにはほとんど妥当性がない。……政府がこのような法外の、または少なくとも非司法的な措置に訴えるのであれば、政治的犯罪を理由とする訴追というよりも政治的迫害というほうがしっくりくるように思われる。裁判所が独立性を失っており、実際には行政府の権力の延長にすぎない場合も同様である[287]。

このような立場は、「普通裁判所において法的に訴追されること」(傍点引用者)[288]を恐れる者のみ難民認定の対象から除外しようとする、伝統的なカナダの関心とも整合するものである。たとえば*Shane Gregory Brannson*事件[289]において、出入国不服審査委員会は、アメリカでは人種によって異なる訴追対応がとられているという訴えに対し、長文を費やして明確に答えようとしている。同様に、*Krishnapillai Easwaramoorthy*事件[290]では、委員会は、申請者への告発を審理するために適用されるであろう司法手続が十分なものか否かを判断したうえではじめて[291]、スリランカ国籍の申請者には確かに迫害を受けるおそれがあると認定した。この原則が最も核心を突く形で表明されたのは、おそらく、チリ国籍の申請者が申し立てた*Jesus Enrique Retamal Sanchez*事件[292]であろう。委員会は、司法制度が政治的独立性を欠いている状況下で申請者が刑事告発に応答しなかったことは重視できないとして、申請者を擁護している。

申請者は、まぎれもなく愚かで邪悪な茶番劇の被害者であり、そのためにあらかじめ有罪と認定されていることを承知していたゆえに、自国を離れて他に庇

---

[287] 1 A. Grahl-Madsen, *The Status of Refugees in International Law,* p.83 (1966). また、K. Petrini, "Basing Asylum Claim on a Fear of Persecution Arising from a Prior Asylum Claim" (1981), 56 Notre Dame Lawyer 719, at 727も参照。
[288] *Louis-Paul Mingot* (1973), 8 I.A.C. 351, at 356, *per* J.-P. Houle.
[289] Immigration Appeal Board Decision 80-9078, March 3, 1980. 連邦控訴裁判所による認容後 (Federal Court of Appeal Decisions A-213-80, June 5, 1980, A-161-80, October 9, 1980, and A-537-80, October 29, 1980)、最終的に出入国不服審査委員会が却下 (1980年10月30日)。
[290] Immigration Appeal Board Decision T82-9736, June 18, 1984. 連邦控訴裁判所も維持 (Federal Court of Appeal Decision A-874-84, February 7, 1986)。上告許可申請はカナダ最高裁判所により却下された (1986年5月26日)。
[291] 「本件においては、当局は申請者に召喚状を発し、出廷して容疑に応えるよう求めた。ここでとられた手続は、Easwaramoorthy氏の従前の逮捕および拘禁の際には司法制度が露骨に無視されていたのに比べ、はるかにすぐれたものである」(*Id.,* at 7, *per* D. Anderson)。
[292] Immigration Appeal Board Decision 79-1110, C.L.I.C. Notes 19.7, April 23, 1980.

護を求める決心をしたのである[293]。

　刑事訴追の正当性を減殺するに足る政治的干渉として3番目に挙げることができるのは、政府に反対する者を迫害する手段として、有罪判決の際に差別的処罰が科されることである。Richard Plenderは次のように述べている。

　現在の判断基準は、犯罪の結果として逃亡者に対して科される可能性のある処罰が、同時期に同じ国で同様の犯罪を行ったが、政治的または宗教的意見は異なる個人に対して科されるであろう処罰よりも、重いか否かというものである[294]。

　カナダにおいてこのような立場が一般的に支持されていることは、次の*David Eugene Thomas*事件判決[295]から推測することができる。

　［難民］条約は正義からの逃亡者である外国人を保護するために設けられたものではないし、申請者が言い渡された刑の宣告を、ジュネーブ条約にいう迫害のための措置であるとみなすこともできない。これは政治的性質を有しない刑だったためである（傍点引用者）[296]。

　要約すれば、刑事訴追を理由としているかのように思われる難民申請であっても、その除外は慎重に行わなければならない。真に犯罪者であることが、保護に値する市民的または政治的地位の形態のひとつでないことは確かだが、刑事法が迫害の手段として操作されるのは珍しいことではないのである。このように、刑事法の実体的目的が歪められる場合――絶対的および相対的政治犯罪――や、その他の面では正当な刑事手続に対し、選択的訴追、懲罰目的による手続的公正の否定もしくは政治的思惑による量刑によって干渉が行われる場合には、申請者が直面しているのは迫害のおそれではなく訴追のおそれであるというのは正確さを欠く。

---

[293] *Id.,* at 7, *per* J.-P. Houle.
[294] R. Plender, "Admission of Refugees" (1977), 15 San Diego L.Rev. 45, at 56. またM. Posner, "Who Should We Let In?" (1981), 9 Human Rts. 16, at 18も参照。
[295] (1974), 10 I.A.C. 44.
[296] *Id.,* at 47, *per* A. Weselak.

したがって、このような申請については定義に従った評価が行われるべきであり、刑事法上の背景が疑われていることを考慮するべきではない。

(2) 軍務の拒否

　軍務の拒否を理由として難民申請を行う者は、それ自体としては難民ではないが、保護から除外されるわけでもない。一般的には次のようにいえる。

　脱走または徴兵忌避の唯一の理由が軍務の嫌悪または戦闘に対する恐怖であるときは、その者が難民でないことは明らかである。しかし、脱走または軍務の拒否が、出国しもしくは国外に留まるその他の関連の動機に付随して行われるとき、または迫害を恐れるその他の理由があり、かつ当該理由が［難民の］定義に該当するものであるときは、その者は難民である場合もある[297]。

　その意味で、軍務の拒否を理由とする難民認定の判断は、たったいま検討したばかりの犯罪性の問題とよく似ている。決定的な問題は、申請者が、脱走または忌避が市民的もしくは政治的地位を理由とするものであることを立証できるか否かであり、立証できなければ申請は認容されないことになる。

　特定の理由もなく軍務を逃れたいと思うだけでは不十分であることは、*Tadeusz Adamusik*事件[298]のような事件で確立されている。出入国不服審査委員会は同事件で、「軍役に就くことはポーランドの市民全員の義務であり、したがって委員会は、Adamusik氏がこの理由だけで難民であるとみなすことはできない」[299]とだけ述べて、ポーランド国籍の兵役忌避者による申請を却下した。このような一般的立場は、*Victor Fathy Kamel*事件[300]で指摘された、「難民条約には、軍からの脱走者または良心的兵役拒否者を［とくに］取り上げた条項はない」[301]という考え方から派生

---

[297] UNHCR, *supra*, note 42, at 40.
[298] Immigration Appeal Board Decision 75-10405, January 15, 1976（連邦控訴裁判所も (1976), 12 N.R. 262により維持）。
[299] *Id.*, at 3, *per* U. Benedetti. また、チリ国籍の申請者について、「軍役から逃れたいという理由だけで難民と認める」ことはできないとした*Teresa del Carmen Opazo Opazo*事件も参照（Immigration Appeal Board Decision V81-6067, March 5, 1981, at 2, *per* B. Howard. 連邦控訴裁判所も維持。Federal Court of Appeal Decision A-170-81, September 24, 1981）。
[300] Immigration Appeal Board Decision 79-1104, C.L.I.C. Notes 15.11, August 1, 1979.
[301] *Id.*, at 5, *per* R. Tremblay.

している。簡単に言うと、恐怖の対象である危害と市民的または政治的地位との間につながりが存在しないということである。

ただし、難民条約の適用範囲から軍務の忌避または脱走が除外されることに関しては例外もある。第1の例外は、正当かつ合法的な目的を有する役務のための徴兵であっても、それが差別的な方法で行われる場合、または、忌避、脱走を理由とする訴追もしくは処罰のあり方が、難民条約上の5つの保護事由のいずれかとの関係で偏向している場合である[302]。これは基本的に、前述した差別的目的による一般刑事法の歪曲[303]と同様に考えることができる。国の是認を得た危害が、他の面では合法的な制度を歪めることによって加えられるときは、差別的運用に基づいて危害のおそれの性質も変わってくることから、申請が一般的兵役の領域には収まらないと判断される場合もある。たとえば、特定の人種的集団の構成員だけが徴兵の対象とされる場合、特定の政治的傾向を有する者に対して軍務の執行がより厳しく行われる場合、忌避または脱走に対する処罰が特定の宗教的集団に対しては異なる形で適用される場合には、難民申請の実体審理が十分に行われるべきである。

この規則が限定される第2の例は、回避の対象となった軍務形態に国際法上の基本的不当性があるという、黙示的な政治的意見が脱走または忌避に反映されている場合である。Gilbert Jaegerは次のように述べている。

民主主義諸国で広く共有されている見方によれば、民主的な立法手続に従って定められ、かつ民主的社会そのものを防衛するために召集される同意に基づく軍務と、独裁政権または準独裁政権の下、受け入れられた人権基準とは関係のない諸制度および政策を防衛するために、あるいはさらに悪ければ対内的もしくは対外的侵略目的で利用するために召集される軍務とは、相当に異なる。……軍務の不当な政治的目的を理由としてこれを拒否することは……国連総会によって正式に認められた権利である。このような拒否を行った個人には、庇護および難民としての地位を与えられる資格がある[304]。

---

[302] UNHCR, *supra*, note 42, at 40参照。
[303] 前掲注281以降の本文参照。
[304] G. Jaeger, "The Definition of 'Refugee': Restrictive versus Expanding Trends", [1983] World Refugee Survey 5, at 7.

絶対的政治犯罪の場合と同様[305]、基本的国際基準に違反するという意味で、端的に許容されない一連の軍事的活動が存在する。基本的人権の侵害を意図した軍事行動、戦争行為に関するジュネーブ諸条約上の基準に違反する行動[306]、自衛目的以外での外国領土への侵入[307]などである。このような基本的基準に違反する軍務を個人が拒否した場合、「脱走または徴兵忌避を理由として処罰することは、[難民の]定義の他のあらゆる要件に照らして、それ自体迫害とみなしうる場合がある」[308]。

　このような例外は、国連総会も、南アフリカのアパルトヘイト実行のために用いられる軍務または警察役務を拒否した者の地位について取り上げた決議33/165[309]においてとくに認めているところである。このような役務は本質的に基本的人権を侵害するものであるので、国連総会は各国に対し、次のような措置を求めることに同意している。

　領域内庇護に関する宣言の精神に則り、軍務または警察役務を通じてアパルトヘイトの実行を援助することへの良心的拒否を唯一の理由として国籍国を離れることを余儀なくされた者に対し、庇護を与え、または他国への安全な通過を保障すること……。……既存の法的文書において難民に付与されているあらゆる権利および利益をこのような者に付与することについて、前向きに検討すること……[310]。

　アメリカ法におけるこのような原則の採用は最近になって覆されたが[311]、カナダ法は引き続き、国際法上の義務に合致しない軍務を拒否することは難民申請の十

---

305 前掲注251以降の本文参照。
306 International Committee of the Red Cross, *The Geneva Conventions of August 12, 1949* (1983)参照。第1条約は傷病者の保護、第2条約は海戦規則、第3条約は戦争捕虜の公正な待遇、第4条約は文民の保護についてそれぞれ扱っている。
307 「すべての加盟国は、その国際関係において、武力による威嚇又は武力の行使を、いかなる国の領土保全又は政治的独立に対するものも、また、国際連合の目的と両立しない他のいかなる方法によるものも慎まなければならない」(国際連合憲章〔59 Stat. 1031, T.S. No. 993, June 26, 1945. 1945年10月24日発効〕2条4項)。この義務は51条の自衛権による制約を受ける。
308 UNHCR, *supra,* note 42, at 40.
309 国連総会決議33/165、1978年12月20日。
310 前掲パラ2〜3。

第5章　市民的または政治的地位との関係　215

分な根拠であると認めている。*Jorge Ardon Abarca*事件[312]は、軍による民間人の迫害を理由に隊を脱走したエルサルバドル国籍の申請者に関わる事件であるが、出入国不服審査委員会は、民間人の非戦闘員を保護するための規則に違反する行動を回避したことは正当であると認めた。

> Abarca氏は、義務的徴兵の思想をむやみに拒絶しているのではない。それどころか、自国の軍隊で働くことについては前向きな姿勢を示してきた。しかし、それが、一般大衆に恐怖と戦慄を植えつけるためだけに無実の人々を組織的に殺害する政府軍の一員とならなければならないことを意味するのであれば、もはや軍務に就きたくはないと考えている。自国の軍隊で働くことを同氏が強く拒否するのは、基本的なものとして承認された国際的人権原則に反する、非戦闘員である民間人への暴力的な迫害行為に参加することを余儀なくされる蓋然性が高いためである[313]。

同じアプローチは*Zacarias Osorio Cruz*事件[314]でもとられている。これは、政治囚の略式処刑に関与し続けたくないために部隊を脱走した、メキシコ国籍の申請者に関わる事件である。

> 申請者は脱走したから難民であるのではなく、政治的意見を理由として迫害を受けるおそれがあるという十分に理由のある恐怖を有していることを実証したから難民なのである。申請者は、その政治的意見のために、最も基本的な国際的行動規則に反する軍事的行為には参加することができない[315]。

軍務拒否を理由とする申請の除外に関する第3の例外は、このような活動に対して原則主義的拒否を行う人々に関わるものである。Guy Goodwin-Gillは次の

---

[311] *M.A. A26851062 v. I.N.S.*事件で、軍務に就かなかったことを理由とする難民申請が認められるのは、「当該軍隊が国際的に非難される暴力行為に従事しており、庇護希望者が……そのような行為に関わりを持ちたくないと心から望む場合」であると判示されている (858 F. 2d 210, at 216 (4th Cir. 1989); 899 F. 2d 304 (4th Cir. 1990) の合議体法廷判決により破棄)。
[312] Immigration Appeal Board Decision V86-4030W, March 21, 1986.
[313] *Id.,* at 6, *per* G. Vidal.
[314] Immigration Appeal Board Decision M88-20043X, C.L.I.C. Notes 118.6, March 25, 1988.
[315] *Id.,* at 3, *per* P. Arsenault.

ように論じている。

> 兵役拒否者は、宗教的、倫理的、道徳的、人道的、哲学的その他の性質を有する良心または信念によって動機づけられている場合がある。……軍務およびその拒否は、国の視点に立てば、国家の核心に関わる問題である。武器を手に取ることの拒否は、いかなる動機に基づくものであれ、国の権力の許容範囲に関わる、本質的に政治的な意見を反映している。それは政治的行為なのである。したがって、「普遍的に適用される法」は、特定の政治的意見を有する者を選び出し、またはこれらの者を差別しているとみなすこともできる[316]。

　国際法に反する軍事的活動への参加拒否を理由として申請が行われる場合とは対照的に、良心的兵役拒否の概念は、法的に許容された軍事的活動への参加が自らの信念と衝突する場合に個人が置かれる苦境に関わるものなのである。
　良心的兵役拒否の権利は国際人権法の中でも新たに浮上してきたものであり、「人々が、その中核的信念に絶対的に矛盾し、これを侵害するような方法で行動することを余儀なくされるのであれば、信念の自由が基本的人権として真に認められたということはできない」[317]という考え方に基づいている。この思想、良心、宗教の自由は世界人権宣言[318]と自由権規約[319]の両方に掲げられていることから、国連人権委員会は良心的兵役拒否の権利を「思想、良心および宗教の自由の権利の正当な行使」と認め、各国に対し、文民的、非戦闘員的性質の代替的役務を用意するよう訴えた[320]。欧州評議会もこのような見解をとっており、良心に従って武器を取らないというやむをえない理由を表明した者については、軍務に代わる役務に就く権利が認められている[321]。したがって、国が良心的兵役拒否者に対する配慮を行わない限りにおいて、難民としての地位に対する原則主義的請求権が確

---

[316] G. Goodwin-Gill, *The Refugee in International Law*, pp.33-34 (1983). 軍務を拒否する動機が宗教的なものか政治的なものかによって区別して論ずる論者もあるが、Grahl-Madsenはこのように異なる取扱いをする論理を論駁している (I A. Grahl-Madsen, *The Status of Refugees in International Law*, p.238 (1966))。
[317] B. Frelick, "Conscientious Objectors as Refugees", in V. Hamilton, ed., *World Refugee Survey: 1986 in Review*, p.31 (1987).
[318] 世界人権宣言(前掲注71)18条。
[319] 自由権規約(前掲注71)18条。
[320] U.N. Doc. E/CN.4/1989/L.10/Add.15, March 9, 1989.
[321] Recommendations R(87)8, Committee of Ministers of the Council of Europe, April 9, 1987. またCouncil of Europe Doc. 88.C55 (1988)も参照。

立される場合がある。

　軍務に就かないことを理由とする難民申請を除外することに対する例外としての良心的兵役拒否の問題は、カナダにおいては、*Felix Salatiel Nuñez Veloso* 事件における1979年の出入国不服審査委員会決定[322]で試験的に提起された。しかし、ほどなくして、連邦控訴裁判所が*Marek Musial v. Minister of Employment and Immigration*事件において画期的決定[323]を言い渡している。これは、「道徳的事情から申請者にとっては忌まわしいものである軍務を回避」[324]したいと望んだポーランド国籍の者による申請を受けたもので、その理由は軍務の内容が「アフガニスタン人民を共産主義支配に従属させること」[325]を含むからであった。裁判所の多数決定は、良心的兵役拒否の問題を完全に無視している。

> 通常の軍務を忌避することにより自国の法律に違反した者は、たとえ当該犯罪のきっかけがその政治的信念であったとしても、政治的意見を理由として迫害を受けるという恐怖を抱いているとはいえないという……委員会の判断は、正しい[326]。

これに対し、Thurlow裁判長の補足意見は、良心的兵役拒否がカナダ法で認められる可能性を残すものである。

> 当職は、［出入国不服審査委員会の］決定理由について、軍の脱走者および良心的兵役拒否者はそれ自体では［難民の］定義に該当しないという意味以上のものであるとは考えない。すなわち、当職の理解によれば、ある者が軍の脱走者または良心的兵役拒否者であるからといって、……その者が条約難民たりえないなどとはまったく言っていないということである[327]。

---

[322] 「申請者は……人間の尊厳に反し、かつ自己の道徳的、宗教的および政治的信念に完全に反する行為の実行および行動方針への参加を、たび重なる脅迫により余儀なくされた」（Immigration Appeal Board Decision 79-1017, C.L.I.C. Notes 11.15, August 24, 1979, at 3, *per* J.-P. Houle）。
[323] (1981), 38 N.R. 55 (F.C.A.) (Immigration Appeal Board Decision V80-6368, November 19, 1980を維持)。
[324] Immigration Appeal Board, *id.,* at 4, *per* B. Howard.
[325] Federal Court of Appeal, *id.,* at 57, *per* Thurlow C.J.
[326] *Id.,* at 60, *per* Pratte J.
[327] *Id.,* at 59, *per* Thurlow C.J.

*Marek Musial*事件の多数意見は数年間そのまま通用していたが、1987年、出入国不服審査委員会の3つの決定によって疑問を呈されることとなった。その最初のものは、エルサルバドル国籍の申請者による*Luis Alberto Mena Ramirez*事件における決定[328]である。申請者はエホバの証人で、戦争と殺人には反対するという理由で強制的徴兵に抵抗していた。Mena Ramirez氏には良心的兵役拒否を表明する機会がなく、そのため、入隊を拒否することを理由として軍からゲリラのシンパのレッテルを貼られた。委員会は同氏を条約難民として認め、次のように述べている。

　このように深く根づいた良心の咎めを抱いている者が、ほかでもない、軍事的活動への参加を求められる可能性だけを理由として迫害を受けるおそれがあるという主観的恐怖を抱く可能性は十分にある。同人が服さなければならない徴兵法および徴兵慣行が、そのような良心の咎めを抱いていない軍役年齢相当の他の若者が服するものと同じであることは、ほとんど関係がない。争点は待遇の平等ではなく、迫害を受けるおそれがあるという恐怖である。……委員会は、宗教を理由とする組織的迫害を認定する。徴募制度の失策によって良心的兵役拒否者の信念を許容する余地が残らないために、恐怖の基盤が形成されるのである。このような失策は、法にいう迫害を受けるおそれがあるという恐怖に相当する[329]。

　良心的兵役拒否の問題はさらに、同じ年、強制的徴兵の対象とされるおそれがあると主張したホンジュラス国籍の若者が申請を行った、*Marco Antonio Valladares Escoto*事件における付随的意見[330]の中であらためて取り上げられた。

　申請を行う唯一の理由が軍務の嫌悪または戦闘に対する恐怖であるときは、その者は難民ではない。しかし、役務に対する異議申立てが、真正な宗教的または道徳的信念に基づいて行われる場合もある。無差別的な徴募の後に不当な

---

[328] Immigration Appeal Board Decision V86-6161, C.L.I.C. Notes 110.15, May 5, 1987.
[329] *Id.*, at 4-5, *per* D. Anderson.
[330] Immigration Appeal Board Decision T87-9024X, July 29, 1987.

取扱いを受けるおそれがあるという訴えについて、委員会がこれは信頼できる一連の事実に基づいて行われたものであると認定できれば、条約難民として認めることもできたであろう[331]。

*Marek Musial*事件の多数意見[332]でとられた絶対主義的立場から遠ざかろうとするこの動きが頂点に達したのは、*Basir Ahmad Ahmaddy*事件における委員会の決定[333]である。本件では、アフガニスタン市民権を有する者が、同国の共産主義政権のために武器を取ることを、自らの主義に従って拒否した。著しく詳細な決定の結論部分で、委員会は*Marek Musial*事件におけるThurlow裁判長の補足意見[334]を引用してこれに賛成し、申請者は良心的兵役拒否を理由とする条約難民であると認定した。

申請者は、信じることができない戦争、罪のない民間人を組織的に殺害するためにほんの子どもにすぎない者を利用しているように思われる戦争において同胞を殺害することについて、個人的にも、またイスラム教への信仰からも、良心に基づく異議を有している。役務を拒否する申請者の行為は、当局による「お目こぼし」はありえない行為である。当局はこれを、当局の意見に反する政治的意見の表明と解釈するであろう。……したがって、申請者は、良心的兵役拒否者として条約難民の定義に該当する[335]。

このような進展は、難民条約の起草以降に採択されてきた国際基準に合致するものであるとともに、良心的兵役拒否を国の正統性に対する黙示的な政治的異議申立てと結びつけることによって、難民条約の内部構造を尊重する結果にもなっている。

要約すれば、軍務を行わないことに関わる申請は、通常は条約上の定義には該当しないものの、3つの状況において難民としての認定につながる場合がある。第1に、軍役制度の設置または運営において差別が行われるときは、それが特定化

---

[331] *Id.*, at 5-6, *per* D. Davey.
[332] 前掲注323。
[333] Immigration Appeal Board Decision T86-10392, December 1, 1987.
[334] 前掲注327の本文参照。
[335] *Supra*, note 333, at 41, *per* S. Bell.

された社会的権利剥奪の手段として機能する可能性があり、したがってその政治的正当性は減殺され、より綿密な吟味の道が拓かれる。第2に、拒否の対象とされた特定の形態の軍務が、それが人権法や人道法の基本的規則または国際公法の一般的原則の違反につながるときのように、根本的に正当性を欠くと考えられる場合もある。役務そのものが政治的に不当であるならば、役務に就くことまたは役務を続けることを拒否したからといって、難民としての保護が妨げられる要因とはなりえない。第3に、良心的兵役拒否の正当性を認めず、戦闘員としての性質を有しない適切かつ相当な代替的役務を用意しないことは、それ自体、人権に対する脅威として、黙示的な政治的意見を理由として難民申請を行う十分な根拠となる場合がある。

(3) 戦争および暴力の被害者

　難民条約は戦争被害者に対応するために構想されたものではあるが、暴力的紛争によって避難を余儀なくされた者がすべて難民としての地位を享受できるようにすることは意図されていなかった。

　　条文は明らかに、自然災害から逃げてきた者には言及していない。たとえば火災、洪水、地震、火山の噴火において、人種、宗教または政治的意見を理由とする区別が被害者の間に生ずるとは考えにくいからである。条文は、人の手による出来事すべてを網羅しているわけでもない。たとえば、戦闘から避難してきた者については、その他の事由によって条約1条の対象となる場合を除き、何らの規定も設けられていないのである(傍点引用者)[336]。

　難民条約の起草過程から抜粋したこの発言により、きわめて重要な2つの点が明らかになる。第1に、戦争や紛争の被害者は、市民的または政治的地位を理由として異なる被害を受ける場合を除き、難民ではない[337]。このことから当然に導き出されることとして、第2に、決定権者は、暴力から避難してきた者の申請を審査することにより、その者が置かれている特定の状況下で、恐怖の対象とされている危害と申請者の市民的または政治的地位との間につながりがあることを示すいず

---

[336] イスラエルのRobinson氏の発言。U.N. Doc. A/CONF.2/SR.22, at 6, July 16, 1951.

れかの証拠が存在するかどうかを確認しなければならない[338]。

　戦争難民の保護に対してこのような選択的アプローチをとることは不適切ではないかという懸念[339]から、地域的基準の作成がアフリカ[340]とラテンアメリカ[341]において進められ、暴力の被害者に対する一般的な権利付与についての規定が置かれた。UNHCRも戦争の被害者に対して援助を行ってきており、各国の実行から、一般化された暴力の被害者に対して一時的保護を与えなければならないという慣習法的規範が発展しつつあると主張することも可能である[342]。とはいえ、難民条約は今日でも依然として、戦争や暴力的紛争の危険にさらされている者のうち一部の下位集団にしか難民としての地位を認めないという考え方を確固として保持している。

　このような一般的命題は、レバノン[343]、エチオピア[344]、チリ[345]における暴力の被

---

[337]「この［条約上の］定義では、……一般的に難民と考えられている多くの人々が除外されている。たとえば、武力紛争の現場から避難してきた人々のほとんどは対象となっていないが、武力紛争は、かなりの規模に達する流入を多く引き起こす顕著な原因である」(D. Martin, "Large-Scale Migrations of Asylum Seekers" (1982), 76 A.J.I.L. 598, at 607)。たとえば、D. Hull, "Displaced Persons: 'The New Refugees'" (1983), 13 Georgia J. Intl. Comp. L. 755; J. Starke, "Major Trans-Frontier 'Flows' of Refugee-Type Civilians" (1983), 57 Australian L.J. 366; R. Hofman, "Refugee-Generating Policies and the Law of State Responsibility" (1985), 45 Zeitschrift Auslandisches Offentliches 694, at 702; M. Gibney, "A 'Well-Founded Fear' of Persecution" (1988), 10(1) Human Rts. Q. 109, at 114も参照。

[338]「今日の難民の大多数は軍事的要素の被害者であり、この要素は、それ自体としては適格性の基準を満たすのに十分ではないものの、難民の流出において重要な補足的役割を果たしている」(Z. Rizvi, "Causes of the Refugee Problem and the International Response", in A. Nash, ed., *Human Rights and the Protection of Refugees under International Law,* p.112 (1988))。

[339]「1951年条約が採択されてからそれほど時を経ずして、全体としては難民と同様の立場に置かれていながら、必ずしも難民の定義を満たすわけではない者の集団およびカテゴリーが存在することは明白となった。場合により、これらの者は、一般的定義に含まれているもの以外の理由、とくに戦争または内戦のために出身国を離れていた」(G. Jaeger, "Status and International Protection of Refugees", in International Institute of Human Rights, ed., *Lectures Delivered at the Ninth Study Session of the International Institute of Human Rights,* p.7 (1978))。J. Starke, *supra,* note 337, at 336も参照：「また、民間人の大規模越境流出というこの危機から得られた教訓のひとつが、国際難民法を徹底的に見直し、より包括的に思われる国際人権法との間に橋をかける必要があるというものであることも、やはり明白である」。

[340]「OAUの定義はより幅広いというだけではない。質的にも異なるのである。従前の定義では、本質的に、しばしば差別的であり、かつ通常は国の公的機関がとる意図的な行為および政策によって惹起される、恐怖および危険の状況が想定されている。これに対し、OAUの定義は全体として、故意および差別の要素が存在しないような状況も想定しているのである。この追加的適格性基準が、……国際的なものか国内的なものかを問わず武力紛争の状況を対象としていることについては、一般的合意が存在する」(G. Coles, "Some Reflections on the Protection of Refugees from Armed Conflict Situations" (1984), 7 In Defense of the Alien 78, at 79)。全般的には前掲第1章4(3)を参照。

[341]『カルタヘナ宣言』は、1969年のOAU『アフリカにおける難民問題の特定の側面を規律する条約』に掲げられた『難民』のより幅広い定義、すなわち……『迫害』の被害者にとどまらず『暴力』や『紛争』の被害者をも対象とする定義を採用している」(Note, "International Protection in Latin America" (1985), 14 Refugees 5, at 5)。全般的には前掲第1章4(4)を参照。

[342] 前掲第1章5参照。

害者から申し立てられたさまざまな事件を通じ、カナダ法でも十分に確立されているところである。さらに、*Elias Iskandar Ishac*事件決定[346]から明らかなように、宗教的または政治的基盤を有する紛争から避難してきたというだけでは、特定の宗教または政治的見解を有する者が異なる危険に直面しているのでないかぎり、関連性を認められない。同事件では、出入国不服審査委員会は、あらゆる宗派の者が概ね同等の危険に直面していると認定し、自国の内戦から避難しようと試みたレバノン市民の申請を却下した。

> 控訴人がそもそも難民であったとしても、同人は自国の内戦からの避難民であって、条約の保護対象としての難民ではない。……内戦は、たとえ宗教的理由によるものであっても、条約が想定する迫害ではない[347]。

ただし、この一般的法則にも2つの重要な例外が認められている。
第1に、内戦または暴力が特定の社会的下位集団に向けられている場合には、

---

[343]「申請者は内戦からの避難民であり、……『条約難民』ではない」(*Zohrab Khoren Meghdessian,* Immigration Appeal Board Decision 79-1204, C.L.I.C. Notes 14.12, November 21, 1979, at 5, *per* J. Scott)。*Mohammed Said Sleiman,* Immigration Appeal Board Decision V79-6125, C.L.I.C. Notes 18.13, April 10, 1980, at 2, *per* C. Campbellも参照:「申請者またはその家族のいずれかの構成員が、同国において、そこに存在する一般的状況の結果として直面する問題以上に、その人種、宗教、国籍、特定の社会的集団の構成員であること、または政治的意見の結果として迫害を受け、または特別な困難に直面したという証拠はない」。

[344]「迫害を受けるおそれがあるという十分に理由のある恐怖を個別の事件ごとに特定するのは困難だが、それは、人々に無差別的に影響を及ぼす一般的状況、たとえば貧困な経済的条件や戦争の結果である事実および状況に関する憂慮とは異なる」(*Ismail Hassan Dembil,* Immigration Appeal Board Decision M80-1018, March 7, 1980, at 2, *per* J.-P. Houle. 連邦控訴裁判所決定. Federal Court of Appeal Decision A-163-80, September 30, 1980が他の事由に基づいて破棄)。*Mahmoud Saddo,* Immigration Appeal Board Decision M80-1123, July 24, 1980も参照。

[345]「申請者は、カナダにやって来たのはチリとアルゼンチンの間に戦争が起こるのではないかと恐れたためであるとする。たとえその恐怖が十分に理由のあるものであったとしても、だからといって難民の定義に基づく難民としての地位の請求権を得られるわけではない。戦争に対する恐怖は、定義に掲げられているいずれかの理由による迫害ではないためである」(*Pedro Enrique Juarez Maldonado v. Minister of Employment and Immigration* (1979), 31 N.R. 34, at 42, *per* McKay D.J.〔反対意見〕)。

[346] Immigration Appeal Board Decision M77-1040, April 25, 1977.

[347] *Id.,* at 2, *per* J. Scott. また次の先例も参照:*Hassan Darwich,* Immigration Appeal Board Decision 77-3038, May 20, 1977(連邦控訴裁判所も (1978), N.R. 462において維持);*Elias El Chedraoui,* Immigration Appeal Board Decision M81-1296, February 10, 1982, at 2-3, *per* R. Tremblay(「難民としての地位の請求権があることを裏づける主な理由として、申請者は内戦に対する嫌悪を挙げる。このような地獄で暮らさなければならない人々に対しては大いに同情するし、かかる事件によって引き起こされる心的外傷は理解するが、条約には、宗教的理由により相争う勢力間の内戦の被害者を難民と認定するための規定は存在しない」)。

人によって異なる危険が生ずる場合がある。これは*Tekeste Kifletsion*事件決定[348]から派生する原則である。同事件では、申請者と同じ人種の者がエチオピア政府によるジェノサイド的紛争の対象とされていることを理由として、エチオピア出身のエリトリア人が条約難民と認定されている。

矛先が国内の少数人種に向けられた、ジェノサイドに近い内戦が人種的迫害の証拠であることは疑いを容れない[349]。

ここでは、申請者が直面しているのは社会のすべての構成員に無差別に影響を及ぼす危害にすぎないと言い切ることはできず、むしろ人種を理由とする具体的危害であるとされた[350]。この例外は、*Adan Jeronimo Alvarenga*事件[351]でも、出入国不服審査委員会によって確認されている。

内戦そのものは、条約が想定する迫害には相当しない。ただし、とくに宗教的集団、または社会的集団を対象とする内戦は、条約の定義上の迫害となろう[352]。

第2に、たとえ一般化された暴力または戦争が背景にあっても、特定の形態の市民的または政治的地位によって定義される者に固有の、重大な危害のおそれが生ずる場合がある。カナダにおける初期の決定では、紛争状況に由来する申請については絶対的に却下するという単純な方針が好んで採用されていたが[353]、*Zahirdeen Rajudeen v. Minister of Employment and Immigration*事件にお

---

[348] Immigration Appeal Board Decision 79-1136, C.L.I.C. Notes 20.3, February 29, 1980.
[349] *Id.*, at 3, per R. Tremblay.
[350] 次の先例を参照：*Kidane Ghebreiyesus,* Immigration Appeal Board Decision 79-1137, C.L.I.C. Notes 20.3, March 21, 1980; *Isaak Afework,* Immigration Appeal Board Decision 79-1139, C.L.I.C. Notes 20.3, May 21, 1980。
[351] Immigration Appeal Board Decision M87-1081, May 20, 1987.
[352] *Id.,* at 3, per G. Loiselle.
[353] たとえば、レバノン国籍の申請者が実際にイスラム教徒のシンパとして標的にされており、したがってより具体的な危険にさらされていた*Hassan Darwich,* Immigration Appeal Board Decision 77-3038, May 20, 1977（連邦控訴裁判所も (1978), N.R. 462において維持）や、レバノン国籍の申請者が政治的中立を保っていたために著しく危険な状況に置かれていた*Muhieddine Abdul Wahab Jonaa,* Immigration Appeal Board Decision T79-9032, C.L.I.C. Notes 7.17, May 8, 1979を参照。いずれの申請も、一般化された暴力との関わりで生じた危険性を反映するものにすぎないとして、却下された。

ける連邦控訴裁判所決定[354]が分水嶺となって、この問題に対するアプローチは修正された。この事件は、シンハリ人の凶徒から保護される必要があったスリランカ国籍のタミール人について、当局がその必要を無視したことに関わるものである。出入国不服審査委員会は、この申請はスリランカで一般化している暴力を反映しているにすぎないとして、申請を却下した[355]。しかし連邦控訴裁判所は、申請者が直面している危害の原因は、実際のところ、申請者の人種および宗教を理由として当局が申請者を積極的に保護しようとしなかったところにあったと認定したのである。

> 申請者が不当な取扱いを受けたのは、スリランカにおける騒乱のためではなく、申請者がタミール人でありイスラム教徒であるためであった[356]。

この決定は、一般化された暴力に苦しむ地域からやって来た申請者については、申請者が置かれているあらゆる状況を検討することが決定的に重要であることを強調するものである。これは、特定の個人または集団が直面している危険が実際のところ市民的または政治的地位に根ざしたものであるか否かを弁別するためであり、そうであるならば難民としての地位が認められる場合がある。

このように、一般的には戦争や暴力の被害者がそれだけで難民と認められることはないが、にもかかわらず、紛争で引き裂かれた国からやって来た者が難民認定請求権を立証できる場合もある。暴力が単純に一般化されているのではなく、市民的または政治的地位によって定義される集団が対象とされているときがこれに該当するし、たとえ戦争または紛争が特定の集団に影響を与えるものではなくとも、申請者が有している恐怖が、出身国の社会における具体的形態の権利剥奪に由来するものであるときも同様である。

---

[354] (1985), 55 N.R. 129 (F.C.A.).
[355] 「スリランカでの出来事が『内戦』に分類できるか否かにかかわらず、確かに騒乱は生じている。しかし、当該騒乱と、その結果としてのRajudeen氏に対する嫌がらせの性質は、同人を条約難民と認定できるようなものではない」(Immigration Appeal Board Decision V83-6091, C.L.I.C. Notes 57.10, July 20, 1983, at 4, *per* B. Howard)。
[356] *Supra*, note 354, at 134, *per* Heald J.

第6章

適用終止と適用除外

　難民条約は、難民としての地位を過渡的事象として位置づけており、これは難民が自国の保護を再び請求できるようになるか、または難民としての地位に代わる形態の持続的保護を得られた時点で終了するとされる[1]。難民法が意図しているのは、意味のある国内的保護が再開または確立されるまで代理的保護を与えることにすぎないので、難民条約は、難民としての地位を終止させることがふさわしいさまざまな状況を明示的に定めている[2]。

　同様に、難民としての地位は、真に迫害を受けるおそれがあるすべての者の権利として構想されたものでもなかった。重大犯罪人[3]や、国連の目的を甚だしく軽視するような行動をとる者[4]は、出身国で迫害を受ける可能性に直面することがあったとしても、難民の定義からは外される。難民条約の適用除外条項[5]は、受入国にとってきわめて危険な存在となりうる者や、人の道にかなう行動に関する基本的規準に自ら違反したために保護を受ける価値がなくなった者を対象外とするような形で組み立てられている。

　難民としての地位の終止および当該地位からの除外の問題は、2つの文脈にお

---

[1] 「恒久的なまたは持続的な解決策とは、難民が自分自身のコミュニティに帰還すること、または新たなコミュニティに統合することを指す。……国際的保護は本質的に一時的性質のものであり、難民が、上述の目的——いずれかのコミュニティにあらためて所属することが達成されるまで、ルフールマンの危険にさらされず、かつ基本的権利および人道的取扱いを享受できる国に受け入れられ、かつ安定した滞在が保障されるようにすることをめざす、あらゆる行動の総体である」(Executive Committee of the High Commissioner's Programme, "Note on International Protection", U.N. Doc. A/AC.96/680, July 15, 1986, at 3).
[2] 難民の地位に関する条約 (189 U.N.T.S. 2545、1954年4月22日発効。「難民条約」) 1条C。難民条約1条Dおよび1条Eは、文言としては適用除外について述べているが、実質的には代理的保護の問題を取り上げているのであって、主たる適用除外条項である1条Fよりも1条C(3)と比較検討するほうが適切である。「難民条約1条Cの適用終止条項で列挙されている条件が網羅的であることは、一般的に合意されている。換言すれば、ある者がいったん条約1条にいう難民となったときには、……これらの適用終止条項のいずれかに該当するようになるまでは難民であり続けるのである」(1 A. Grahl-Madsen, *The Status of Refugees in International Law*, p.369 (1966)).
[3] 難民条約 (前掲注2) 1条F(a)〜(b)。
[4] 前掲1条F(c)。
[5] ここでは、1条Dおよび Eは実質的に適用終止条項に等しいものとして扱う。前掲注2参照。

226　難民の地位に関する法

いて生ずる可能性がある。第1に、1989年に難民条約1条C[6]、EおよびF[7]の規定がカナダ法に編入されて以降、出入国難民委員会は、他の面では難民の定義を満たすいずれかの者が、申請の審理当日時点で終止条項または除外条項の適用対象であると認定することが可能である[8]。このような者は条約難民ではなく[9]、退去強制の対象となる[10]。もう1つは、難民認定後に委員会において適用終止審理が行われる場合である[11]。この段階で適用終止が認められれば、まだ永住者として入国していない難民[12]は退去強制の対象となる。すでに入国している場合、当該個人に対して条約に基づく諸権利の享受が認められ続けてはならない[13](ルフールマンからの保護[14]等)が、これにかかわらず、永住者としての地位の喪失について定めた通常の規則は適用されるべきである[15]。

本章では、市民的もしくは政治的地位を理由として真に重大な危害を受けるおそれがある者または現にそのような危害を受けている者でさえ難民として認められない可能性がある限定的状況を明らかにする観点から、難民条約の終止条項

---

[6] *Immigration Act*, R.S.C. 1985, c. 1-2, ss. 2(1), 2(2), and 2(3) [ss. 2(1) and (2) re-en., (3) en. 1985, c. 28 (4th Supp.), s. 1](以下 "*Immigration Act*" または「移民法」). 難民条約1条Cの文言が移民法で正確に再現されているわけではないが、実質的には区別は不可能である。

[7] *Immigration Act*, at s. 2(1) [am. 1985, c. 28 (4th Supp.), s. 1] and Schedule [en. 1985, c. 28 (4th Supp.), s. 34]. 注目に値するのは、国連機関(UNHCRを除く)の援助を受けている者は除外するという難民条約(前掲注2) 1条Dの規定がカナダ法には編入されていないことである。

[8] たとえば、*Fernando Ferreyra*, Immigration Appeal Board Decision M83-1097, C.L.I.C. Notes 68.5, July 18, 1984, at 19, *per* F. Glogowskiを参照:「難民申請者が、審理の時点で、条約難民として認定されるための要件を何らかの理由でもはや満たすことができないときは、委員会により難民認定を受けることはない。状況によっては、政権の交代がそのような理由となる場合もある」。

[9] 裁定官1名および難民局員1名によって行われる第1回審理の場では、申請者は、少なくとも「難民局が申請者を条約難民として認定する根拠となりうる信憑性のある証拠または信頼に足る証拠」が若干あることを立証すればよい(*Immigration Act*, at s. 46.01(6) [en. 1985, c. 28 (4th Supp.), s. 14])。これに対し、難民局によって行われる正式審理の際には、移民法の規定(*Immigration Act*, at s. 69.1(9) [en. 1985, c. 28 (4th Supp.), s. 18])により、「申請者が条約難民であるか否か」についての判断(移民法2条1項において、適用終止および適用除外の問題に関する検討も求められている)が行われなければならない。

[10]「ある者が難民として正式に認定される前に適用終止条項に該当するとされたときは、……難民としての認定は妨げられると考えられてきた」(A. Grahl-Madsen, *supra*, note 2, p.370)。

[11]「大臣は、本法または規則に基づいて条約難民と認定されたいずれかの者の条約難民としての地位が終止したか否かについて判断を求めるため、難民局に対して申請を行うことができる」(*Immigration Act*, at s. 69.2(1) [en. 1985, c. 28 (4th Supp.), s. 18])。

[12] 移民法の規定(*Immigration Act*, at s. 46.04(1) [en. 1985, c. 28 (4th Supp.), s. 14])に基づき、「本法に基づいて最終的に条約難民と認定されたいかなる者も、定められた期間内に、出入国管理官に対し、同人および申請時にカナダにいた自己の家族構成員の入国を申請することができる」。ただし、当該難民が迫害の行われない国において難民資格を認められている場合にはいくつかの例外規定が適用される。

[13] 難民条約(前掲注2) 3~34条。

[14] 前掲33条1項。

[15] *Immigration Act*, at s. 24, 27(1) [am. 1985, c. 30 (3rd Supp.), s. 4]。

と除外条項の適用範囲について検討する。これらの条項は、その他の点では保護の必要性が一応存在する者との関係においてのみ適用されるものなので、厳格に解釈することが妥当である[16]。とはいえ、他の場所で十分な保護を享受している者や、基本的人権の保障に合致しないような行動を自らとる者に対してまで、国際難民法に基づく国の義務が及ばないこともはっきりしている。

　ここでの議論は3部構成をとる。第1に、難民が出身国の保護を回復し、もはや難民としての地位を必要としなくなったということができるのはどの時点においてか。第2に、これ以外の場合に、どのような状況であれば、国内的または国際的な代理的保護が難民のニーズを十分に満たしていることになるのか。最後に、難民として国際的保護を受けることが真にふさわしくないのは、どのようなカテゴリーに属する者か。

1. 出身国の保護を回復した者

　不本意な移住の解決策として最も望ましいのが、難民の出身国内で保護が再開され、安全に帰還できるようになることであるのは論を俟たない[17]。難民条約上、次のいずれかの状況においては国内的保護が十分であると判断されうる。第1に、出身国の正式な保護を再び受けるようになること、その国籍を再び取得すること、またはその領域内に再び定住することのいずれかにより、難民自身が自らの保護を出身国に委ねることを選ぶ場合である[18]。このような行動は、保護が必要であるという難民の意思表明とは合致しないものとみなされ、地位が終止したという、客観的に反証可能な推定を生ぜしめることになる[19]。第2は、出身国における人権状況が改善され、かつて存在した迫害の真のおそれがもはや現実のものではなく

---

[16]「適用終止条項は消極的性格の規定であり、網羅的列挙により構成されている。したがってこれらの条項は限定的に解釈されるべきであり、難民としての地位の取消しを正当化することを目的として、類推により他のいずれかの理由を掲げることはできない」(United Nations High Commissioner for Refugees, *Handbook on Procedures and Criteria for Determining Refugee Status*, p.27 (1979))。

[17]「自発的帰還の便宜を図ることおよびこれを促進することはいずれもUNHCRの職分に属することがらであり、このような取組みは、自国に戻る権利の存在によって真正面から人権の文脈に位置づけられる。この側面を、そして国籍の概念から生ずる他の法的含意を無視することは、基本的人権を犠牲にして異郷生活の制度化を容認することになろう」(G. Goodwin-Gill, "Refugees: The Functions and Limits of the Existing Protection System", in A. Nash, ed., *Human Rights and the Protection of Refugees under International Law*, p.163 (1988))。

[18] 難民条約(前掲注2) 1条C(1)、(2)および(4)。

なったので、難民が帰還する道が拓かれたと、受入国の公的機関が判断する場合である[20]。

(1) 国内的保護を任意に再び受けるようになること

国内的保護を再び受けるようになることを理由とする終止[21]の場合、一般的には、かつて公式に市民であった国の公的機関から外交的保護または領事保護を得ようとする、難民による努力が考慮されることになる。難民が旅券その他の身分証明書類の発給または更新を求めるのが典型例であるが、より正式な形で介入または申請者の利益の代表を要請する例も、少数ながら存在する[22]。この種の行為は技術的には保護を含意するものとみなされるので、当該難民は自己の福祉を出身国に委ねることについて前向きな姿勢を見せており、したがってもはや国際法上の保護は必要としないと論ずることも可能である[23]。

本条項をこのように解釈することは、保護の概念に関する形式的捉え方を示すものである。Atle Grahl-Madsenが指摘するように、「ある者が、故国の外交部の職員から迫害を受けるおそれがあるという十分に理由のある恐怖を有することはめったにない。したがって、直接関係があるのは、同人が出身国に帰還した場合に迫害を受けることを恐れているという事実である」[24]。国の領事機関の便益を利用することは政治的忠誠または信頼の表れであると推定することは、ごくごく少数の例

---

[19] 「『十分に理由のある恐怖』は、個人の心理状態とは無関係に存在する場合がある。重要なのは、その者が最終的に故国に帰還した場合に迫害を受ける可能性があるかどうかである。……1条C(1)に関しては……客観的基準を適用するのが妥当であると思われる。これは『刑事』規定ではないのであって、保護を再び受けるようにしたことが間違いであったことを自覚し、かつ自分が──依然としてもしくは再び──迫害を受けるおそれがあるという十分に理由のある恐怖を有していることを示す者に対しては、発動されるべきではない」(A Grahl-Madsen, supra, note 2, at 390-91)。C. Pompe, "The Convention of 28 July 1951 and the International Protection of Refugees", [1956] Rechtsgeleerd Magazyn Themis 425, published in English as U.N. Doc. HCR/INF/42, May 1958, at 10-11も参照：「この規定は……『十分に理由のある恐怖』の概念を補完するものであり、決定的な要因は、他国の現状に関する［裁定機関の］判断である」。
[20] 難民条約（前掲注2）1条C(5)〜(6)。
[21] 「Aの規定に該当する者についてのこの条約の適用は、当該者が次の場合のいずれかに該当する場合には、終止する。……任意に国籍国の保護を再び受けている場合……」（難民条約〔前掲注2〕1条C(1)）。この規定は移民法2条2項(a) [re-en. 1985, c. 28 (4th Supp.), s. 1]に対応するものである。
[22] C. Wydrzynski, Canadian Immigration Law and Procedure, p.337 (1983).
[23] たとえば、G. Goodwin-Gill, The Refugee in International Law, p.48 (1983)参照：「ほかに、普通旅券を申請して取得した場合または旅券を更新した場合には、反証がないかぎり、保護を再び受けるようになったと推定できよう。……普通旅券の所持および出身国への渡航は、難民としての地位が終止したことを決定的に明らかにするものであると思われる」。
[24] 1 A. Grahl-Madsen, The Status of Refugees in International Law, p.379 (1966).

外を除き、法的擬制にすぎない。むしろ、生活の中で切迫した実際的事情——旅行、就学、専門職としての認証等——が生じたことにより、迫害を受ける真の危険に直面している者が、必要書類を入手する目的で出身国の在外機関に接触しなければならなくなったにすぎない場合もあろう。また、自分の行為が法的にどのような副次的効果を有するかなどは考えず、慣例として身分証明書類を更新する者も多い。難民条約の起草者らにとっては馴染み深かった法的形式主義と、ほとんどの人々が一般的に有している理解との間には乖離が存在するので、本条項は、難民法が有する保護の使命を損なうことがないよう、厳格に解釈することが求められてきた。

　第1に、正式な保護の要請は任意に行われなければならない[25]。本条項を提案したフランス代表が述べたように、「ある者が難民としての地位を失うのは、それを明示的に望み、かつそのために多くの任意の行為を行った場合のみである」[26]。*Wilfredo Alejandro Zubieta*事件[27]のように、難民が受入国の政令に従おうとしたにすぎない場合[28]や、それどころか有効な旅券その他の地位の維持が期待されているという誤った印象を有していた場合には、それは任意の要請ではない。

　第2に、当該外交的要請は保護を再び受ける行為として行われ、これによって自己の利益は書類発給国によって守ってもらうという意思が黙示されなければならない[29]。これに対し、教育上、職業上の資格認証または個人の出生、婚姻その他の記録へのアクセスを要請する場合など、最もありふれた、純粋に実務的形態をとる外交上の接触は、保護を受けたいという意思からではなく、実際上の必要によってやむをえず行われるものである。この原則は、カナダにおける決定では

---

[25] P. Weis, "The concept of the refugee in international law" (1960), 87 J. de droit international 928, at 974-76.
[26] フランスのRochefort氏の発言。U.N. Doc. E/AC.7/SR.160, at 9, August 18, 1950.
[27] Immigration Appeal Board Decision 79-1034, C.L.I.C. Notes 14.10, October 31, 1979.
[28] G. Goodwin-Gill, *supra*, note 23, at 48参照：「しかし、時として、難民が不本意ながら［出身国の］保護措置を求めなければならないこともある。庇護国で在留許可証を発給してもらうために旅券または旅行書類が必要な場合などである。このような場合に得られた保護は任意のものではないため、難民としての地位の終了につながるべきではない」。
[29] 「出身国の保護を受け入れる意思が申請者にあったか否かという点で決定的要素と思われるのは、どのような動機に基づいて旅券を取得しまたは更新したかということである」(C. Wydrzynski, *supra*, note 22, at 338)。A. Grahl-Madsen, "Protection of Refugees by Their Country of Origin" (1986), 11(2) Yale J. Intl. L. 362, at 393も参照：「その者が依然として迫害を恐れており、かつ、旅券の取得は通常、発給国の保護を受けることを意味するということを理解していない場合、そのような混乱した行為を理由に難民資格を撤回することは明らかに困難である」。

通常は認められてきたが、時に適用されないこともある[30]。その好例である*Carlos Antonio Muñoz Munizaga*事件[31]では、Scott委員長が原則と実行を混同しているのは明らかである。

> 旅券を取得する動機が検討されなければならないとする［フランス］難民控訴委員会の見解——これは「十分に理由のある恐怖」と直接関係するので、非常に賢明なアプローチである——を採用し、われわれはこう問うものである。すなわち、なぜMuñozはバンクーバーでチリの旅券を取得したのか？　スウェーデンに行くためである。本件状況下において、同人は、海外旅行中に自国の保護を得る資格を付与する書類を申請し、取得しかつ使用することにより、国民としての地位から利益を得ようとした。したがって、同人が難民としての地位を有していたにせよ、それは失われたのである[32]。

しかし、Muñozが旅券を求めたのは、カナダよりもスウェーデンのほうが庇護を得られる可能性が高いと助言されたからであって、それを受けて当初、さらに渡航を続けることにしたのである。もちろん、チリの保護を得たいというのとは正反対の動機である！　保護を再び受けるようになったという概念を同じように不適切に適用した例として、*Tarek Mohamed Shafey Wahba*事件[33]がある。本件では、エジプト国籍の申請者が、同国の旅券の紛失をオタワのエジプト大使館に報告した。旅券の再発行は申請せず、渡航に必要な旅券はワールド・サービス・オーソリティから取得したにもかかわらず、出入国不服審査委員会は、旅券の紛失を報告するという単純な行為を、「自国の保護を受けるのもやぶさかではない」[34]ことの表れとみなしたのである。

　これらの決定は、難民が出身国の外交部に接触する真の理由を理解していない。意思決定の任にある者は、とくに、旅行書類を受け取ることは本質的に国内的保護を確保する手段であるという誤った推測に依拠することがしばしばある。

30　A. Grahl-Madsen, *supra*, note 24, at 388.
31　Immigration Appeal Board Decision 79-9358, C.L.I.C. Notes 13.11, November 1, 1979. また *Boguslawa Florkowski*, Immigration Appeal Board Decision 79-9375, C.L.I.C. Notes 19.6, April 14, 1980も参照。
32　*Id*., at 15, *per* J. Scott.
33　Immigration Appeal Board Decision V80-6033, C.L.I.C. Notes 17.9, February 14, 1980.
34　*Id*., at 7, *per* F. Glogowski.

旅券とはそもそも何であるかという点に関する、あまりにも広がり過ぎた――さらには誤った――考え方を、そろそろ払拭すべきであるように思われる。旅券とは、事実上も法律上も、自国民が海外に渡航できるようにするとともに、必要に応じ、訪問先である外国の領事部に対し、旅券の保持者に適当な保護を与えるよう求める目的で、ある国の適正な公的機関が発給する旅行書類以上のものではないのである。旅券を保持していることは、たとえそれが合法的に発給された有効な旅券であっても、保護が与えられることの保証には決してならない[35]。

このような立場は難民条約の起草過程でも認知されていたし[36]、国際公法においても一般的に認められているところである。

自国の在外市民に対して保護を行使する義務は国にはない。保護を行使するかどうかは国の絶対的裁量権にとどまることがらである。……発給国の国内法において、自国民のいずれかに旅券を発給することは、その所持者が海外にいる間、国が保護するということの保証である旨、規定が置かれることはあるかもしれない。しかし、国がその保証を反故にしたとしても国際法違反にはならない[37]。

旅券の発給または更新が自動的に保護の付与につながるわけではないので、旅券を求める真の理由を認定機関が考慮することはきわめて重要である。自己の利益を真に国籍国の保護に委ねることが難民の動機であった場合を除き、終止の必要条件である意図は存在していないことになる。

第3に、本条項は、外交的保護または領事保護が現に与えられている場合でな

---

[35] *Felix Salatiel Nuñez Veloso*, Immigration Appeal Board Decision 79-1017, C.L.I.C. Notes 11.15, August 24, 1979, at 4-5, *per* J.-P. Houle. また *Roberto Luciano Perez Medina*, Immigration Appeal Board Decision M80-1078, C.L.I.C. Notes 38.10, September 9, 1981; and *Wilfredo Alejandro Zubieta*, Immigration Appeal Board Decision 79-1034, C.L.I.C. Notes 14.10, January 31, 1979も参照。
[36] 「何が保護の請求権を構成するか、それを決定するのは著しく困難である。……旅券は、第三国における定住目的で渡航するためだけに必要とされる場合もあり、したがって、旅券の申請は必ずしも当該者がもはや迫害を恐れていないことの表れであるとみなされるべきではない」（アメリカのHenkin氏の発言。U.N. Doc. E/AC.7/SR.165, at 19, August 19, 1950）。
[37] D. Turack, *The Passport in International Law*, p.232 (1972).

ければ適用されない。フランス代表が提案した原案では、出身国の外交的保護または領事保護を得ようとしたいかなる者も難民としての地位を失うと定められており[38]、保護が実際に与えられているか否かは問われていなかった[39]。この厳格なアプローチはイギリス[40]、アメリカ[41]およびペルー[42]の代表によって激しく拒絶されたので、議長介入により、難民としての地位は正式な保護が実際に見込まれる状況に限って終止するものとするという解釈が採用されたのである。

頭書き、……すなわち「条約は、……政府の保護を享受しているいかなる難民に対しても適用されない」という文言は、難民がいかなる請求を行ったのであれ、当該請求がうまくいったことを明確にしているのであって、そうでない場合には政府の保護を享受していることにはならない[43]。

その後、アメリカの修正案により、フランス原案の末尾にあった「任意に……あらためて請求する」の文言が「任意に……再び受けている」と置き換えられ、保護を受けていることが鍵であるという議長の裁定が現実のものとされた[44]。

---

[38] 「この条約は、次のいずれかの理由により政府の保護を享受しているいかなる難民に対しても適用されない。①当該難民が任意に国籍国政府の保護をあらためて請求したこと。……」(U.N. Doc. E/L.82, July 29, 1950)。
[39] 「フランス代表は、決断するのは難民であると考える。難民としての地位を維持しようとしながら同時に国籍国政府の保護を請求することによって、二兎を得ることはできない。難民が領事に保護を求めたことそのものが恐怖を抱くことなく自国に帰還できることの証明であり、このような対応をとったことは、たとえそれが好意的に受け止められなかったとしても、難民としての地位を剥奪するのに十分なものとされるべきである」(フランスのRochefort氏の発言。U.N. Doc. E/AC.7/SR.160, at 22, August 18, 1950)。
[40] 「この規定は、難民が自国の政府の保護を求めたというだけで難民としての地位を剥奪するのに十分であるという意味ではない。これに加えて、その要請が好意的に受け止められなければならないのは当然である」(イギリスのFearnley氏の発言。U.N. Doc. E/AC.7/SR.160, at 22, August 18, 1950)。
[41] 「与えられないかもしれない保護の請求を行ったというだけで、自動的に難民としての地位を失うとされるべきではない」(アメリカのHenkin氏の発言。U.N. Doc. E/AC.7/SR.165, at 18, August 19, 1950)。
[42] 「『任意に……保護をあらためて請求する』という文言は、『再び……保護を確保する』という文言で置き換えるべきだと考える。重要な点は、保護の申請ではなく、それを得たという事実だからである」(ペルーのCabada氏の発言。U.N. Doc. E/AC.7/SR.165, at 19, August 19, 1950)。
[43] 議長の発言。U.N. Doc. E/AC.7/SR.165, at 20, August 19, 1950.
[44] U.N. Doc. E/AC.7/SR.160, at 22, August 19, 1950. ただし、この点については2つの理由から若干の曖昧さが残る。第1に、英語草案の修正を反映するために仏語草案の「請求する」(se réclamer) を「利益を得る」(se prévaloir) に変更するという合意がなされたにもかかわらず (U.N. Doc. E/AC.7/SR.165, at 22, August 19, 1950)、全権会議で承認された最終版では原案の文言が維持されている。第2に、議長が裁定の際に依拠した頭書きは、皮肉なことに、全権会議で条約が採択される前に削除された(非公式作業部会報告書参照。U.N. Doc. A/C.3/L.131, at 2, November 30, 1950)。にもかかわらず、実際には国籍国の保護を得ることに成功しなかった難民の権利剥奪の問題については、それ以上議論が行われていない。

任意性、特定の意図および保護の成就が必須要素とされたことにより、任意に国籍国の保護を再び受けていることを理由とする終止は、それほど頻繁には行われないこととなる。しかし、本条項の適用をこのように慎重に制限することは、在外公館職員と純粋に形式的にまたは実際的理由から接触したことによって難民が再び迫害を受ける危険にさらされかねないことに鑑みれば、妥当である。

(2) **国籍を任意に再び回復すること**

大使館または領事館の役務を利用することの法的意味は曖昧であるかもしれないが、難民が迫害を恐れていた国の市民権をあらためて取得することにした場合、その後も当該難民を保護し続ける必要性があるのかという問題がより端的な形で生ずる[45]。国籍は国と市民との間に忠誠の絆があることを含意すると広く理解されているので[46]、出身国の市民権をあらためて取得した難民は、自国に安全に帰還できるはずであるという推定に対して反証を示さなければならない[47]。したがって、本条項に基づく終止については、特定の意図は必要条件とはされない。ただし、前項で取り上げた任意性および保護の成就の要件はここでも同様に適用される。

1条C(1)の規定と同様、ここで検討する規定の主たる存在理由は、出身国の公的機関との関係を正常化させるため、またはその国の国民であることによる国際法上または国際礼譲上の利益を得るための積極的措置を故意にまたは十分な理由もなくとった者について、その難民としての地位を終止させるための手段たることである。1条C(2)は、他のカテゴリーの難民に対してはきわめて抑制的に適用されるべきであり、疑念が残る場合には、迫害を受けるおそれがあるという十分に理由のある恐怖が引き続き存在しているか否かが最優先に考慮されなければならない[48]。

---

[45] 「Aの規定に該当する者についてのこの条約の適用は、当該者が次の場合のいずれかに該当する場合には、終止する。……国籍を喪失していたが、任意にこれを回復した場合……」（難民条約〔前掲注2〕1条C(2)）。カナダ法は単に「任意に国籍を回復した者」を挙げている。回復といえば国籍を喪失していたことが含意されるが、これは同じ原則をより簡明な形で定式化したものである(*Immigration Act*, at s. 2(2)(b) [re-en. 1985, c. 28 (4th Supp.), s. 1])。
[46] R. Plender, *International Migration Law*, p.39 (1988) 参照。
[47] 「説明の余地ないし酌量すべき情状の範囲はより少なくなる。ほとんどの場合、個人の意図および行為の実効性があれば十分である」(G. Goodwin-Gill, *The Refugee in International Law*, p.50 (1983))。
[48] 1 A. Grahl-Madsen, *The Status of Refugees in International Law*, p.395 (1966).

したがって、たとえば婚姻その他の行為に伴う法律適用の結果として国籍の回復が行われた場合、任意性の要件を満たさず[49]、難民からその地位を剥奪する十分な条件とはならない場合がある[50]。難民が従前の市民権を回復できたはずであったことが立証されても、現に回復できていない場合には保護の行為が成就されていないので、やはり十分ではない[51]。最優先の考慮事項は、市民権の回復という行為があったか否かであり、それが難民とその出身国との関係の正常化を真に示しているか否かである。

この終止条項の適用範囲は、文言上も、狭い範囲の難民に限定されている。難民として過ごしている間、出身国の正式な市民であり続けた者は、当然、その国の国籍を取得する立場にはない。また、この終止条項は国籍の回復に関わるものなので、出生時から無国籍であった者にも適用されない。いずれかの時点で国籍を喪失し、または市民権の放棄に成功した者であって、その後に市民としての地位を回復した者にのみ適用される。

(3) 迫害のおそれがあった国に任意に再び定住すること

出身国に再定住することは、自分はもはや危険にさらされていないと難民自身が考えていることを、おそらく最もはっきりと示す行為であろう[52]。自らを避難に追い込んだ国に任意に居を構えることによって、難民は、これ以上直接的な方法はないだろうと思われる形で、自己の福祉をその国に委ねる積極的意思を明らかにするのである。

難民条約は、単なる帰還ではなく、自由に選択された再定住の後にはじめて終

---

[49]「法律適用の結果としてのまたは命令による国籍の付与は、その国籍が明示的または黙示的に受け入れられたのでないかぎり、任意の回復を意味するものではない。……法律適用の結果として従前の国籍が付与される場合であって、これを拒否する選択権が与えられているときに、難民がそのことを十分に承知しながらこの選択権を行使しない場合には、任意の回復とみなされよう。ただし、当該難民が、実際には従前の国籍を回復する意図がなかったことを示す特別な理由を援用できるときには、この限りではない」(UNHCR, supra, note 16, p.30)。
[50] A. Grahl-Madsen, supra, note 48, at 393-95参照。
[51]「ある者は、選択によって従前の国籍を回復することが可能であったという理由だけで難民でなくなるわけではない。ただし、この選択が現に行使されたときはこの限りではない」(UNHCR, supra, note 16, p.30)。
[52]「Aの規定に該当する者についてのこの条約の適用は、当該者が次の場合のいずれかに該当する場合には、終止する。……迫害をうけるおそれがあるという恐怖を有するため、定住していた国を離れ又は定住していた国の外にとどまっていたが、当該定住していた国に再び任意に定住するにいたった場合……」(難民条約〔前掲注2〕1条C(4))。カナダの終止条項も実質的には同一である(Immigration Act, at s. 2(2)(d) [re-en. 1985, c. 28 (4th Supp.), s. 1])。

止を発動させることを求めている。本条項の原案では、「従前の国籍国に帰還した」いかなる者についても難民としての地位を取り消す旨が定められていたが[53]、これはアドホック委員会によって拒否された。出身国に無理やり送還された者や、一時的に出身国に戻ることにしたにすぎない者まで対象とされるおそれがあったためである[54]。これに代えて、迫害のおそれがあった国に任意に再び定住することを終止の基準とする文言[55]が採用されたことは、したがって、出身国に積極的に再定住した者以外は難民としての地位の終止の対象とならないようにするためであった。Paul Weisが次のように記しているとおりである。

> ある者が出身国に一時滞在のために帰還し、再び定住することなく、難民として認められている国に戻ってきた場合に、これ自体が難民としての地位の喪失につながるべきではない[56]。

再び定住しているというためには単に物理的にそこにいるだけでは十分ではないし[57]、出身国に対する傾倒（commitment）[58]にも、たとえば病床にある親に面会するため[59]、または親族、友人を連れ出しもしくは財産を持ち出すため[60]の一時的帰還によって表明される以上のものがなければならない。しかし、休暇、商用等を目的としてより長期にかつ頻繁に出身国を訪れることについては、いずれかの時点で再定住と認定するに足る結合の度合いが生ずる可能性もあるので、慎重な検討を行うことが妥当である。たまの訪問で数週間程度滞在するぐらいでは、一

---

[53] U.N. Doc. E/AC.32/L.4, at 3, January 18, 1950.
[54] たとえばIRO事務局長の発言 (U.N. Doc. E/AC.32/L.16, at 2, January 30, 1950) を参照。
[55] アメリカのHenkin氏の発言 (U.N. Doc. E/AC.7/SR.165, at 16, August 19, 1950)。修正案は賛成13、反対0、棄権2で採択され (U.N. Doc. E/AC.7/SR.165, at 18, August 19, 1950)、正規の国籍を有する者と無国籍者の双方の状況を取り扱うものとされた。
[56] P. Weis, "The concept of the refugee in international law" (1960), 87 J. de droit international 928, at 978.
[57] A. Grahl-Madsen, *supra*, note 48, p.371; G. Goodwin-Gill, *supra*, note 47, p.51.
[58] 「『再び……定住する』の文言を、その国に留まるという明示的または黙示的意思を伴う居住形態として定義するとともに、長期の滞在（数年以上）によってそのような意思は含意されると推定するのは、おそらく正しい」(A. Grahl-Madsen, *supra*, note 48, p.372).
[59] ただし、Immigration and Refugee Board Decision V89-00618, August 1989, R.L.R.U. Cat. Sig. 10395, at 5, per H. Neufeldも参照。本件は、祖父の病気のために呼び戻されたレバノン国籍の申請者に関わる事件である。一時的帰還の理由としては明らかに妥当なこのような理由があるにもかかわらず、委員会は、「レバノンに帰還し、1987年6月から8月まで同国で生活したことにより、申請者がその当時迫害を恐れていなかったと推定することは、反証がないかぎり合理的である」と判示した。
[60] P. Weis, *supra*, note 56, at 978; A. Grahl-Madsen, *supra*, note 48, p.372.

時的すぎて地位の終止の正当な根拠とはならないが[61]、1年のうち相当の期間、常態的に出身国に滞在する場合[62]、保護を継続する必要はないのではないかということが一応推定される[63]。このような場合、自分は出身国において基本的人権の保護から利益を受けることが客観的に不可能であり、したがって依然として難民であることを証明する責任は、申請者が負うべきである。

　ただし、出身国の「様子見」のために帰還した難民を実質的に不利に扱うような形でこの終止条項を解釈するのは適当ではない[64]。一般的には難民問題の最も望ましい解決策であるとみなされている自発的帰還[65]を試みるよう難民に奨励するのであれば、故郷が実際には安全ではなかった場合に難民としての地位を再開できるという何らかの保証が必要である[66]。したがって、任意の再定住を理由として終止の認定を行う前に、最初に難民として認定された際の申請の事実関係と、再定住後の諸要素の両方が考慮されなければならない。将来的に迫害を受ける真のおそれがあることが証拠全体によって明らかにされるときは、この終止条項を理由に難民としての認定の継続が妨げられることはない。

---

[61]「訪問することまたは単にそこにいること以上の何かが必要である。個人は恒久的な再定住を考慮していなければならないし、出国の意思を明らかにしていてはならない」(G. Goodwin-Gill, *supra*, note 47, p.51)。A. Grahl-Madsen, *supra*, note 48, p.371も参照：「商用または娯楽で短期間海外に滞在したとしても、事情は変わらない」。ただし、Immigration and Refugee Board Decision T89-00565, May 1989, R.L.R.U. Cat. Sig. 10016も参照。本件では、エルサルバドル国籍の申請者が家族と友人を訪ねるため6カ月間自国に戻った結果、エルサルバドルの保護に依拠する積極的意思を示したものと判示された。これが1度きりの訪問であったことに鑑みれば、再定住の概念に固有の常態的滞在の要素が実際に存在していたかどうかは疑問である。
[62] たとえば、*Jose Raul Morales*, Immigration Appeal Board Decision V86-6277, April 16, 1987, at 8, *per* D. Anderson参照：「Morales氏が……1983年にグアテマラを頻繁に訪問したことは、恐怖を有していたという当時の同人の主張とは相容れない」。
[63]「高齢のまたは病気の親を訪問することは、難民が従前の故国と有する関係という面で、休暇を過ごすためにまたは取引関係を確立するためにその国を定期的に訪問することとは異なる意味合いを持つ」(UNHCR, *supra*, note 16, at 29)。
[64] 逆に、Immigration and Refugee Board Decision V89-00618, August 1989, R.L.R.U. Cat. Sig. 10395, at 5, *per* H. Neufeldは、「この申請に認容される余地があるとすれば、申請者が最も最近レバノンから出国した後に生じた出来事を理由として申請が行われなければならない」と判示して、申請者が当初の申請の事実関係に依拠することを禁ずることにより、申請者を不利に扱っている。
[65] たとえば、国際的専門家による最近の会合では、「難民問題の最善の解決策は基本的に自発的帰還であること、および、この解決策の重要性を強調し、かつこれを実行するための国際協力を発展させることが望ましく、かつ時宜を得たものであることが再確認」されている(Executive Committee of the High Commissioner's Programme, "Note on Voluntary Repatriation", U.N. Doc. EC/SCP/41 (1985))。
[66]「難民は、(たとえば恩赦法の布告を受けて)状況が改善したことにより迫害を恐れる必要がなくなったことを希望して、または政権に対する地下活動に参加したいという理由で故国に帰還する場合がある。その楽観的観測に根拠がないことが明らかになった場合、または不法な活動による訴追の脅威を受ける場合には、再び国を離れることが望ましいと判断することもあろう」(A. Grahl-Madsen, *supra*, note 48, p.378)。

第6章　適用終止と適用除外

⑷　状況の変化

　これまで論じてきた、難民の自発的行為がきっかけとなるいくつかの形態の終止とは異なり、状況の変化による終止は庇護国の特権であって、難民の出身国で再び保護が可能になったと庇護国が判断した場合に行われる[67]。この条項は、故国の政府が非自発的国外在住者の権利を適切に保障できるようになったと判断された場合に、国が保護の「負担」を取り除けるようにすることを意図したものである。

> 難民の「中心層」に属する高齢者を例にとると、民主主義の正道に復帰した国の政府がこのカテゴリーに属する難民の負担を引き受けるべきではないなどという合意は、到底成立しないだろう。……［フランスは、］援助が必要であるかぎり、このような難民を引き続き援助する用意が十分にある。しかし、その国が民主主義的体制に復帰したのであれば、このような難民を援助する義務が否応なくフランス政府に課されるなどということはあるべきではない。……フランスとしては、出身国の保護を求めることが可能な難民に対して援助を提供し続ける義務は負いたくないと言っているだけである[68]。

　起草者らが民主主義への復帰に焦点を当てていたことは、終止の検討が妥当であると判断する前にどれほど大規模な変化が生じていなければならないかを浮き彫りにするものである。第1に、その変化は実質的な政治的重要性を有するものでなければならない[69]。すなわち、迫害が行われる真の可能性を生み出していた権力構造がもはや消滅していなければならない。迫害を行っていた政権の崩壊に加え、真に自由かつ民主的な選挙が実施されること[70]、人権保障の決意を有する政府が政権を担うこと[71]、前政権の敵対勢力が恩赦等により公正に取り扱われ

---

[67] カナダ法は国際法上の義務を直接的文言で言い換え、「ある者は、……同人が離れた国または滞在していない国において迫害を受けるおそれがあるという恐怖の理由が存在しなくなったときには、条約難民ではなくなる」と定めている（*Immigration Act*, at s. 2(2)(e) [re-en. 1985, c. 28 (4th Supp.), s. 1]）。難民条約（前掲注2）1条C(5)および(6)参照：「Aの規定に該当する者についてのこの条約の適用は、当該者が次の場合のいずれかに該当する場合には、終止する。……難民であると認められる根拠となった事由が消滅したため、国籍国の保護を受けることを拒むことができなくなった場合。……国籍を有していない場合において、難民であると認められる根拠となった事由が消滅したため、常居所を有していた国に帰ることができるとき。……」。
[68] フランスのRochefort氏の発言。U.N. Doc. A/CONF.2/SR.28, at 12-14, July 19, 1951.
[69] UNHCR, *supra*, note 16, p.31; A. Grahl-Madsen, *supra*, note 48, p.401; G. Goodwin-Gill, *supra*, note 47, p.51参照。

ることが保証されること[72]などの条件が整えば、状況が意味のある形で変化したことを示す適切な指標と見ることができる。これに対し、依然として抑圧的な政治構造に支配されている国において相対的に平穏な状況が回復されたというだけでは、終止を検討するのは時期尚早であろう[73]。同様に、地方・地域レベルで民主的かつ安全な政府が確立されたとしても、中央政府が依然として難民を脅かしかねない存在であるかぎり、それだけでは十分ではない[74]。

　第2に、その実質的な政治的変化が真に実効性のあるものであると信ずるに足る理由がなければならない[75]。*Ruiz Angel Jesus Gonzales*事件[76]の反対意見が指摘するように、「誓いと実行との間にはしばしば大きな隔たりがある」[77]ので、形

---

[70] たとえば、次の先例を参照：*Ruben Eduardo Val*, Immigration Appeal Board Decision T83-10592, October 15, 1985, at 5, *per* E. Teitelbaum（「ペルーには現在、民主的に選挙された政府が存在する」）; and *Carlos Aneselti*, Immigration Appeal Board Decision T84-9584, C.L.I.C. Notes 83.12, October 29, 1985, at 2, *per* J. Weisdorf（「ウルグアイでは1984年後半に民主選挙が実施された」）。

[71] 「委員会は、……ベラウンデ大統領が、1980年7月28日の就任演説において、新憲法を全面的に実施し、かつ人権の全面的遵守を促進するつもりであると述べたこと、……ペルーが、自由権規約委員会に対する個人通報について定めた、市民的及び政治的権利に関する国際規約の選択議定書を1980年10月3日に批准したこと……に留意する」(*Ruiz Angel Jesus Gonzales*, Immigration Appeal Board Decision T81-9746, C.L.I.C. Notes 50.7, November 8, 1982, at 5, *per* U. Benedetti）。

[72] たとえば、次の先例を参照：*Carlos Aneselti*, Immigration Appeal Board Decision T84-9584, C.L.I.C. Notes 83.12, October 29, 1985, at 2, *per* J. Weisdorf（「トゥパマロスおよび都市ゲリラを含む活動禁止者は全員釈放され、……政党も現在ではすべて合法とされている」）; Immigration and Refugee Board Decision M89-01323, R.L.R.U. Cat. Sig. 10200, November 1989, at 10-11, per M. Vo（「この点で、ポーランド共和国国会 (Sejm) が、1989年5月30日、1980年以降に行われたすべての『政治犯罪』について包括的恩赦を行ったことは重要である」）。

[73] 「それほど根本的ではない変化の場合、難民としての地位に影響が生じるべきではない。……本規定が、このような [抑圧的] 政権の政策の変化を大なり小なり額面どおりに受け入れるよう、ある者に強要するような形で解釈されるべきではないのは明らかである。それどころか、難民に対し、自分を迫害していた者または迫害するぞと脅かしていた者に服従するよう期待することなどあってはならない」(1 A. Grahl-Madsen, *The Status of Refugees in International Law*, p.401 (1966))。ただし、たとえば*Venkateswaran Nadarajah*, Immigration Appeal Board Decision T84-9662, March 18, 1986, at 4, *per* U. Benedettiも参照：「コロンボに帰還することに対する申請者の恐怖は、十分に理由のある恐怖ではない。コロンボの状況は1983年7月以降平穏化しており、申請者の家族も何ら困難には直面していないからである」。

[74] たとえば、*Saini Singh*事件において委員会は地域的保護が十分であるか否かについて検討を行っているが、妥当である：「Saini氏は、審理において、パンジャブ州では選挙を受けてアカリ党が政権の座に就いていることを認めた。しかし同氏は、すべての権限はヒンズー教徒が支配する中央の国民会議派政府が握っているという確信を明らかにし、したがって、自分はシーク教徒であり、かつアカリ党で活発な政治的活動を行っていたことを理由として危険にさらされるとしている」(Immigration Appeal Board Decision T83-9050, March 21, 1985, at 3, *per* G. Tisshaw)。ただし、申請者の主張を検討した委員会は、中央政府は実際には申請者の安全を脅かすものではないと認定した。これに対し、*Nirmal Sagoo Singh*事件決定では、地方政府または地域政府の交代が実効性を有するものであるか否かという問題は検討されていない：「パンジャブ州ではシーク教徒系の主要政党が1985年7月に選挙で政権の座に就き、合理的に考えれば申請者がパンジャブ州への帰還を恐れる理由は取り除かれたにもかかわらず、申請者はカナダに留まることを選び、この出来事の1年後に条約難民であることを主張している」(Immigration Appeal Board Decision T87-9841X, January 13, 1988, at 1-2, *per* J. Weisdorf)。

式的変化が直ちに必ず実効性を有するという推定がなされてはならない。

［ウルグアイでは］1985年3月1日に自由選挙が行われ、12年間の軍事政権に終止符が打たれた。［アメリカの国別報告書］によれば、民主主義の再建は完了している。当職としては、軍事独裁政権による人権侵害からの回復が1年か2年という期間で可能になるのかという疑問を表明しても許されるのではないかと感じているところである。もちろん善意は存在するのかもしれないが、当職は、不幸な事態が偶発的に生ずることもないなどとは信じない[78]。

形式的な政治的転換は事実として実行に移されなければならず、それによって難民を保護する真正の能力と積極的意思がもたらされなければならない。たとえば事実上の行政権限がかつての抑圧者の手中に残っている場合には、終止はふさわしくない。

1980年から81年にかけてペルーで「公明正大な」選挙が実施され、さまざまな政党、党派の構成員が議会に送り込まれたからといって、自国に帰還することについての十分に理由のある恐怖を申請者が有していないことの証明にはならない。同国は依然として、行政権限に関するかぎり、反対を一切許容しない軍事独裁下にある。これは、新しい瓶に古いぶどう酒が詰められたもうひとつの事例にほかならない[79]。

また、警察または軍事機構が民主主義および人権尊重の命ずるところにいまだ全面的に従っていない場合にも、状況の根本的変化が真に生じたということはできない。

---

[75] この問題については、*R. v. Secretary of State for the Home Department, ex parte Sivakumaran*事件の貴族院決定において次のように取り上げられている（[1988] 1 All E.R. 193 (H.L.), at 196, *per* Lord Keith of Kinkel）：「そのような状況が消失したか否かという問題については、当該者の国籍国で現在広がっている新たな状況を踏まえて、客観的に判断すること」。
[76] Immigration Appeal Board Decision T81-9746, C.L.I.C. Notes 50.7, November 8, 1982.
[77] *Id.*, at 12, *per* E. Teitelbaum.
[78] *Juan Pedro Diaz*, Immigration Appeal Board Decision M87-1417X, July 27, 1987, at 3, *per* M. Durand.
[79] *Raul Garcia Zavala*, Immigration Appeal Board Decision 81-1222, C.L.I.C. Notes 45.10, June 29, 1982, at 4, *per* J.-P. Houle.

申請者が出国してから政権交代があったので、もはや故国に戻ることを恐れる必要はないとの主張があった。しかし申請者からは、政権交代があったとはいえ、ペルーの警察および軍の構成員はいまなお人権を侵害しており、したがって新政権の統制下にあるようには思われないことを示す証拠が提示されたところである[80]。

換言すれば、保護に対する難民の権利は、真の人権尊重に向けた進展があったという理由だけで損なわれてはならない[81]。これは、このような移行の国際的検証が可能な場合にも同様である[82]。出入国難民委員会が1989年中盤に行った2つの決定（それぞれポーランドとスリランカに関するもの）には、形式的な権力移行が真の影響をもたらした証拠を見出そうという、適切な配慮が現れている。

自主労組「連帯」の計算によると、共産党はおよそ90万人の任命を直接間接に統制している。……ノーメンクラトゥーラが影響力を振るっているのである。換言すれば、政権が交代したからといって［必ずしも］多くが変わるわけではない。委員会は、ポーランドにおける変化はいまなおあまりにも不確実であるという申請者の恐怖は証拠書類によって裏づけられているという見解に立つ[83]。

---

[80] *Richard Cid Requena Cruz*, Immigration Appeal Board Decision T83-10559, April 8, 1986, at 6, *per* G. Vidal. 次の先例も参照：*Saad Uddiz Ahmed*, Immigration Appeal Board Decision T86-10366, August 26, 1987, at 6, *per* E. Teitelbaum（「バングラデシュの状況に関して……提出された証拠を考慮し、……委員会としては、軍事政権の行動が、1986年の選挙の前後または最中に、同政権に対する申請者の態度を変更させるに足るものであると合理的に判断できるほど重要な形で変化したとは認められない」）; and Immigration and Refugee Board Decision T89-00417, R.L.R.U. Cat. Sig. 10051, June 1989, at 8, *per* F. Kapasi（「［ポーランドにおける］合意は民主主義に向けた一歩であると思えるが、委員会としては、これによって、……国家治安機構が最近のこれらの変化を容易に尊重し、受け止めることは保証できないとの見解に立つ」）。

[81] ただし、*Mahibur Rahman Chowdhury*, Immigration Appeal Board Decision T83-10497, C.L.I.C. Notes 90.8, February 6, 1986, at 5, *per* G. Voorheesも参照：「申請者は公認政党の党員である。その政党は1973年の選挙で勝利し、1979年の選挙では40名の当選を果たし、戒厳令の廃止のためにいまなお活発に活動している」。

[82] ただし、Immigration and Refugee Board Decision T89-01056, R.L.R.U. Cat. Sig. 10349, July 1989, at 10, *per* J. Goldmanも参照：「国家治安機構が最近の変化を受け入れ、尊重するようになるまでに若干の時間がかかることは間違いない。専門家証人が述べたように、［ポーランドにおける］合意前に発生した人権侵害の一部は、より小規模かつ見えにくい形で継続する可能性がある。しかし、［申請者の故郷である］グダニスクは自主労組『連帯』発祥の地である。そこは『連帯』の本拠地であり、世界の目が注がれることになろう。したがって、『連帯』での活動を理由に迫害を受けるおそれがあるという申請者の恐怖に妥当な根拠があるとは考えない」。

[83] Immigration and Refugee Board Decision T89-00903, R.L.R.U. Cat. Sig. 10287, September 1989, at 6, *per* G. Howson.

インド平和維持軍と「解放の虎」との軍事衝突の規模はここ数カ月間で縮小してきたとされるが、タミール人戦闘集団との間には、同地域および住民の支配権をめぐる激しい対立がいまなお存在する。われわれは、正常化プロセスによってもスリランカの政治的安定と和平はいまだ達成されていないという弁護人の主張に同意するものである[84]。

第3に、状況の変化が持続的であることが示されなければならない。地位の終止は、政治的展望が一時的に変化したことを理由に軽々しく決定してよいものではなく[85]、むしろ、権力構造の積極的転換が持続する可能性が高いと信ずるに足る理由がある状況に限って行われるべきである[86]。このような条件は、難民の定義の未来志向的性質[87]に合致しており、また安全が束の間の例外的事態にすぎない可能性のある状況での保護の崩壊を回避することにもなる。

難民条約は、1951年以前の難民であって、「過去における迫害に起因するやむを得ない事情」[88]のために帰還しないことを主張できる者については、状況の変化を理由とする地位の終止から免除する旨を定めている[89]。起草者らの意図は2つあった。1つの目的は、迫害の被害者が、自らの不当な取扱いについて責任を有する国に送還された場合に直面するであろう、心理的苦境の正当性を認めることである[90]。もう1つは、過去の蛮行の被害者を、政治構造と足並みを揃えて姿勢が変わったとはかぎらない私人の手による危害から被害者を保護することである[91]。

---

[84] Immigration and Refugee Board Decision M89-01026, R.L.R.U. Cat. Sig. 10379, June 1989, at 3, per S. Wolfe.
[85] UNHCR, *supra*, note 16, at 31. ただし、*Palwinder-Kaur Gill*, Immigration Appeal Board Decision V86-6012, July11,1986, at 8, per dissenting member D. Andersonも参照（反対意見、連邦控訴裁判所決定。Federal Court of Appeal Decision A-476-86, January 22, 1987により維持）：「ある者が、ある週には条約難民の定義を満たしていながら、翌週には、数千キロ離れた場所で起きた政治的出来事のために定義を満たさなくなるということもありうる。2週間後に再び定義を満たすようになるということも、完全に想定可能である」。*Darshan Lottay Singh*, Immigration Appeal Board Decision V86-6328, February 4, 1987も参照。
[86] ただし、1年後に不利な選挙結果が出る可能性があることについて、無関係であるとして退けられた*Dorothy Robb*, Immigration Appeal Board Decision M84-1364, June 19, 1987, at 4も参照。
[87] 前掲第3章1参照。
[88] 難民条約（前掲注2）1条C(5)および(6)。
[89] 免除が適用されるのは難民条約（前掲注2）1条A(1)にいう難民のみである。本条項の目的は、「ドイツまたはオーストリアの出身で他国に住んでいる［ユダヤ人］難民が、出身国で民主主義体制が回復した結果、難民資格を奪われる可能性を回避するところにある。……フランスとしてはこの見解を支持するが、当該規定が、他の難民集団に有利な形で拡大解釈される可能性は回避したいと切望するものである」（フランスのRochefort氏の発言。U.N. Doc. A/CONF.2/SR.28, at 10, July 19, 1951）。これに対し、1989年1月1日現在施行されているカナダ法では、このような免除がすべての難民に適用される（*Immigration Act*, at s. 2(3) [en. 1985, c. 28 (4th Supp.), s. 1]）。

難民条約のこの免除条項は、したがって、家族の事情や病弱のような要因に基づいて一般的な人道的救済を提供するという構造にはなっておらず[92]、むしろ、過去の迫害と関連するやむをえない[93]状況に正面から焦点を当てたものである。Atle Grahl-Madsenの提起によれば、難民とかつての故国との間に心理的距離が存在すること、難民の見解や個人的特性が出身国で依然として好まれていないこと、または難民と出身国との間の家族的、社会的その他のつながりが切断されていることなどは、帰還を免除するにふさわしい事情とされる[94]。これに対し、本質的に経済的な動機や自己都合の考慮などでは十分ではない[95]。

カナダ法はこれらの一般的原則を採用するとともに、これを現代の難民にも適用している[96]。したがって、出身国における政治構造の変化が正式な、実効的なかつ持続的なものであることが認定されたかぎりにおいて、委員会は、当該難民

---

[90] 「難民条約の起草者らは、かつての迫害の存在と関連する心理的要素を考慮に入れなければならなかった。ある国の政府から迫害されたことのある難民は、その国そのものに対する一定の不信感と、国民としてその国と結びつけられることへの嫌悪感を有するようになる可能性もある」(N. Robinson, *Convention relating to the Status of Refugees: Its History, Contents and Interpretation*, p.60 (1953))。A. Grahl-Madsen, *supra*, note 73, p.410も参照:「難民条約の起草者らが念頭に置いていたのは、自分とその親族が経験した蛮行の現場に戻ることおよび自分たちをそれほどひどく扱った国の保護を受けることを望まない、ドイツおよびオーストリア出身の難民の状況であった」。

[91] 「自国で政権交代があったからといって、住民の姿勢が、また難民の過去の経験を鑑みれば難民自身の気持ちが、完全に変わるとはかぎらない」(UNHCR, *supra*, note 16, p.31)。N. Robinson, *supra*, note 90, p.61も参照。

[92] これに対し、難民条約の前身であるIRO憲章の免除条項においては、「従前の迫害……から生ずる家族のやむをえない事情」に焦点が当てられていた(P. Weis, "The concept of the refugee in international law" (1960), 87 J. de droit international 928, at 980)。難民条約の起草者にはこのような定式化をリベラルすぎると考える者もいたため、免除の範囲が現行規定のように縮小されたものである:「難民が滞在国である種の家族的つながりを成立させたとして、これをやむをえない事情とみなすことができるだろうか。また、家族との別離は、この規定の適用上、やむをえない事情とみなされるだろうか。……家族のやむをえない事情が十分な正当化事由になるというのは、承服しかねる」(フランスのRochefort氏の発言。U.N. Doc. A/CONF.2/SR.28, at 10-11, July 19, 1951)。

[93] この形容詞 ("compelling") は、免除条項の適用範囲を制限する目的で、イスラエルの提案を限定するためにとくに挿入されたものである(スウェーデンのPetren氏の発言。U.N. Doc. A/CONF.2/SR.28, at 10, July 19, 1951)。

[94] A. Grahl-Madsen, *supra*, note 73, p.410-11.

[95] このことは、IRO憲章(「純粋に経済的な事情」)とUNHCR規程(「自己都合以外の理由」)の双方に含まれている、より狭く定義されている除外要件が難民条約の起草者らによって受け入れられず、現行の基準が採用されたことからも明らかである。A. Grahl-Madsen, *supra*, note 73, p.407-10参照。

[96] 「ある者は、……迫害を理由として同人が離れた国または滞在していない国の保護を受けないことについて、従前の迫害から生ずるやむをえない理由があることを立証できるときは、条約難民としての地位を終止されない」(*Immigration Act*, at s. 2(3) [re-en. 1985, c. 28 (4th Supp.), s. 1])。このような適用範囲の拡大はUNHCRの勧告にも合致している:「[難民条約における] 1条A(1)への言及は、この例外条項が『法定難民』に適用されることを示している。1951年条約の起草時には、これが難民の大多数を占めていた。しかしこの例外条項はより一般的な人道主義的原則を反映しているのであって、法定難民以外の難民にも適用可能である」(UNHCR, *supra*, note 16, p.31)。

が過去の迫害の影響に引き続き苦しんでいるか否かの検討に進まなければならない[97]。苦しみが継続している場合、地位の終止は控えられるべきである。

2. 国内的または国際的な代理的保護の利益を受けている者

難民条約の目的は、保護を真に必要とする者にだけそれを提供するところにあるので、国内的または国際的な代理的保護を受けることに成功した者は難民の定義に該当しない。国籍国または元の常居所国の保護に復した者と同様、意味のある代理的保護を受けている者は、国際法上、十分な対応を受けているとみなされるのである。

この一般的カテゴリーは3つの異なる状況に対応している。第1に、国連そのものの専門機関から持続的な保護または援助を受けている者が存在する。第2に、難民によっては新たな国の市民権を取得する場合がある。第3に、正式な保護は受けていない者でも、新たな国の事実上の保護を、その国の国民と実質的に同等の条件で享有している場合がある。これらのいずれの状況においても、すでに存在する諸権利で十分であるとして、難民としての地位が否定されまたは取消されることがある。

(1) 国連による保護または援助

難民条約のこの条項[98]は、UNHCR規程[99]の採択に向けて並行して進められていた議論から派生したものである。UNHCR規程を起草していた時点で、すでに2つの難民救済専門機関が存在していた。国連パレスチナ難民救済事業機関（UNRWA）[100]と国連韓国復興事業団（UNKRA）[101]である。この除外条項には、

---

[97] 「状況の変化の効果に対して例外を設けることの目的は、明らかに、出身国で最も深刻な苦しみを経験した者の保護を継続するところにある。……被迫害者は被害の継続的性質に苦しむことが多いが、これこそ、例外条項をリベラルに適用すべき理由である」(G. Goodwin-Gill, *The Refugee in International Law*, p.52 (1983))。
[98] 「この条約は、国際連合難民高等弁務官以外の国際連合の機関の保護又は援助を現に受けている者については、適用しない。これらの保護又は援助を現に受けている者の地位に関する問題が国際連合総会の採択する関連決議に従って最終的に解決されることなくこれらの保護又は援助の付与が終止したときは、これらの者は、その終止により、この条約により与えられる利益を受ける」(難民条約〔前掲注2〕1条D)。
[99] 国際連合難民高等弁務官事務所規程(国連総会決議428(V)付属文書、1950年12月14日。「UNHCR規程」)。
[100] UNRWAは国連総会決議302(IV)(1949年12月8日)によって設置された。その権限が及ぶ領域はヨルダン、シリア、レバノンおよびガザ地区である。
[101] UNKRAは国連総会決議410(V)(1950年12月1日)によって設置された。

UNHCRとこれら既存機関の権限の重複を防止するという意図もあった[102]。しかし、より根本的には、これはアラブ諸国が強く抱いていた見解に由来するものである。パレスチナ難民の苦境は国連自体がイスラエルの建国を認めたことの結果であるので、その福祉については国連がより直接的かつ明確な責任を負うべきであると、アラブ諸国は考えていた[103]。

> パレスチナ難民は……他のあらゆる難民とも異なる存在である。他のあらゆる事例においては、人々は国連の諸原則に反する行為の結果として難民となったのであり、国連はこれらの人々に対して道義上の義務を負っているにすぎない。他方、パレスチナ難民の存在は、国連自体が、その結果がどうなるかを十分に承知したうえで行った決定によって、直接もたらされたものである。したがって、パレスチナ難民に対しては国連が直接の責任を負っているのであって、それを難民の一般的カテゴリーに含めることはその責任を裏切ることにほかならない[104]。

アラブ諸国は、パレスチナ人の苦境が顕著な形で目立たなくなることにつながり、したがってパレスチナ人の帰還を実現しようとする政治的意思を損なう可能性があるいかなる動きにも抵抗した。

> 総会がパレスチナ難民を難民の一般的定義に包含してしまえば、パレスチナ難民は埋没してしまい、それほど重要ではない立場に追いやられてしまうだろう。

---

[102] 「高等弁務官は、国連の他の機関の権限内にある難民状況に対応するべきではない」(アメリカのRoosevelt夫人の発言。5 UNGAOR at 363, November 29, 1950)。また、N. Robinson, *supra*, note 90, p.64; D. Fowler, "The Developing Jurisdiction of the United Nations High Commissioner for Refugees" (1974), 7 Human Rts. J. 119, at 126; and S. Aga Khan, "Legal Problems Relating to Refugees and Displaced Persons", [1976] Recueil des cours 287, at 299も参照。ただし、専門機関による保護の利益が、提案されていたUNHCRの保護機能とまったく同一というわけではなかったことも注目に値する：「アラブ難民に対する国連の援助は物質的援助であって、高等弁務官による法的保護と比較することはできない」(フランスのRochefort氏の発言。5 UNGAOR at 391, December 4, 1950)。
[103] 「この地域をめぐる駆引きと関連した政治的考慮により、国連は [UNRWAを] 設置、維持してこなければならなかった」(S. Aiboni, *Protection of Refugees in Africa*, p.31 (1978))。ただしUNHCR, *supra*, note 16, p.34も参照：「パレスチナ出身の難民であって [UNRWAの活動] 地域外にいる者は本条項に規定するような援助を享受しておらず、1951年条約の基準に基づく難民認定の検討対象となる場合もある」。A. Grahl-Madsen, *supra*, note 114, p.265; G. Goodwin-Gill, *supra*, note 97, p.57も参照。
[104] レバノンのAzkoul氏の発言。5 UNGAOR at 358, November 27, 1950.

アラブ諸国は、これらの難民に対してはその帰還まで援助が与えられることを望むものであり、帰還こそがその問題を真に解決する唯一の手段であると考えるものである。……一般的定義を受け入れることは、帰還を強調する立場を放棄することになろう[105]。

結果的に、UNHCR規程においては、国外在留中のパレスチナ人のニーズがUNRWAによって満たされているかぎり、その難民資格は暫定的に停止されることが定められた[106]。

難民条約の起草者らは、難民としての正式な地位を認めることはパレスチナ難民の移動を暗に意味し、したがってパレスチナ人共同体の帰還を阻害する可能性があるというアラブ諸国のこだわり[107]への配慮を忘れなかった。アラブ諸国の懸念[108]は、皮肉なことに、パレスチナ人による難民申請の可能性を回避しようとする一部西側代表団の決意と一致していた。たとえばフランスの代表は次のように述べている。

[フランス代表は、]彼らの問題は欧州における難民のそれとはまったく異なっていると考えるものであり、締約国が、自国の義務を拡大し、……新たな大集団の難民までその対象とするような条文に拘束されることについてどのようにすれば合意できるのか、理解できない[109]。

実際、アメリカの代表は、パレスチナ人を含めることは「締約国に不確定な問題を提示することにつながり、そのため条約に調印できると考える欧州諸国の数を減らすことになろう」と警告している[110]。これらの懸念を反映する形で、代表団ら

---

[105] サウジアラビアのBaroody氏の発言。5 UNGAOR at 359, November 27, 1950. エジプトのAzmi Bey氏の発言 (5 UNGAOR at 358, November 27,1950) も参照。
[106] 「高等弁務官の権限は、次の者には及ばない。……国際連合の他の機関の保護又は援助を受け続ける者……」(UNHCR規程〔前掲注99〕第2章(7)(c))。
[107] 帰還の妥当性に対して揺るぎない焦点が当てられていたことは、Azmi Beyエジプト代表の次のような発言から明らかである:「[パレスチナ] 難民の現状が一時的なものであること、また関連の総会決議においてパレスチナ難民は故郷に帰還するべきであると述べられていることが……留意されるべきである」(U.N. Doc. A/CONF.2/SR.19, at 16, November 26, 1951)。
[108] 「フランス代表は、パレスチナ出身のアラブ人難民が難民高等弁務官の権限から除外されたのは総会第5会期におけるアラブ諸国の代表団による行動の結果であることを、正しく想起された」(エジプトのMostafa Bey氏の発言。U.N. Doc. A/CONF.2/SR.20, at 8, November 26, 1951)。
[109] フランスのRochefort氏の発言。U.N. Doc. A/CONF.2/SR.19, at 11, November 26, 1951。

の前には、「国際連合の他の機関から保護または援助を現に受けている者」[111]を難民条約の定義から恒久的に除外する[112]草案が提出された。アラブ諸国は、このような条項ではUNRWAが活動を終止すればパレスチナ人が援助または保護をまったく受けられなくなることに気づき[113]、専門機関によるパレスチナでの救援活動が終了した段階で自動的に「将来的包摂」[114]がなされることを確保した。とはいえ、国連がパレスチナ人自身の地域での援助を続けるかぎり、難民条約を基盤とする保護体制にパレスチナ人がアクセスすることは否定しようという意向をアラブ諸国と西側諸国が共有していたことは、起草過程から明らかである。

より具体的には、この除外条項は、自らの故郷でUNRWAの援助を受ける資格を有しているすべてのパレスチナ人に適用される[115]。パレスチナに留まっている者のみならず、外国で庇護を求めている者も同様に除外対象である[116]。この除外条項の影響を受けるのはパレスチナ人に限られる。その適用範囲は、国連の援助ま

---

[110] アメリカのWarren氏の発言。U.N. Doc. A/CONF.2/SR.19, at 23, November 26, 1951. イギリスがこれと反対の立場をとったことは注目に値する:「欧州へのそのような流入が生じたとして、これまで難民に対して一定の最低限の権利を認めてきた欧州諸国が、たとえ条約が存在しないとしても、新たにやって来た者たちに対してより少ない権利しか認めないなどということは考えられるだろうか」(イギリスのHoare氏の発言。U.N. Doc. A/CONF.2/SR.19, at 19, November 26, 1951)。

[111] U.N. Doc. A/1751, December 19, 1950.

[112] 「次に、[D] 項に基づいて現在の条約から除外されている難民カテゴリー、たとえばパレスチナ系アラブ人についてであるが、現在提案されている条項は、除外を恒久的なものとする効果を有しているように私には思われる。実際、だからこそエジプト代表は修正案を提出した。……同代表は、将来、当該集団を条約の適用対象に含められるようにしておきたいと考えたためである」(イギリスのHoare氏の発言。U.N. Doc. A/CONF.2/SR.19, at 18, November 26, 1951)。国際刑法学会 (International Association of Penal Law)のHabicht氏の発言 (U.N. Doc. A/CONF.2/SR.19, at 27, November 26, 1951) も参照:「『現に』という表現は、ある特定の時点で国連機関から保護または援助を受けている者に対しては条約が適用されないということを意味している。そのような保護が終止した場合に、当該難民が条約の保護の下に置かれることは意味していない」。

[113] 「パレスチナ問題が決着し、難民がもはや国連の援助と保護を享受しなくなったと同時に……条約の利益を受ける資格を認められることは、まったく正当かつ妥当である」(エジプトのMostafa Bey氏の発言。U.N. Doc. A/CONF.2/SR.20, at 8, November 26, 1951)。「エジプトの修正案が拒否されれば、それによる保護の対象となるはずであった難民が最終的に何らの地位も認められなくなってしまうことは明白である」(イラクのPalchachi氏の発言。U.N. Doc. A/CONF.2/SR.29, at 8, July 19, 1951)。

[114] フランスのRochefort氏の発言。U.N. Doc. A/CONF.2/SR.3, at 10, November 19, 1951.「エジプトの修正案の目的は、パレスチナ出身のアラブ人難民が、現在彼らに保護または援助を提供している国連機関の活動終止時になお難民のままである場合に、自動的に条約の適用対象とされるようにするところにある」(傍点引用者)(エジプトのMostafa Bey氏による、自らの修正案〔U.N. Doc. A/CONF.2/13〕に言及しながらの発言。U.N. Doc. A/CONF.2/SR.29, at 6, July 19, 1951)。1 A. Grahl-Madsen, *The Status of Refugees in International Law*, p.263 (1966)も参照。

[115] 「1条Dが、1951年7月28日の時点でUNRWAから現に保護または援助を受けていた個人のみならず、その後のいずれかの時点でUNRWAの関心対象となった個人 (条約の調印後に生まれた者を含む) に対しても適用されると考えるに足る理由がある。換言すれば、1条DはひとつのUNRWAの権限内にある人々に適用されるのであって、個々の者に適用されるのではない」(A. Grahl-Madsen, *supra*, note 114, p.265)。

第6章 適用終止と適用除外 247

たは保護が、1951年に存在していた（UNHCR以外の）専門機関から受けている者に限られるためである[117]。難民条約の規定上は、UNRWAによる援助の受給資格が立証されると同時に自動的に除外対象となる。

すべてのパレスチナ難民が難民条約の定義の基準を満たすわけではないが[118]、パレスチナ難民を一括して除外することは、真に普遍的な保護システムを築き上げることに対する誓約とは合致しない[119]。幸いなことに、カナダは難民条約の定義のこの部分については適用しないことにしている[120]。その結果、パレスチナ人がカナダで提出した申請は何らの区別もなく評価の対象とされるのである。

(2) 新たな国籍の取得

難民が自国の保護を再開できない場合、これに代わる望ましい対応は、もちろん、当該難民の福祉を効果的に確保できる他国の市民権を取得することである。難民条約の起草中にも、次のような発言が行われていた。

---

[116]「条約草案1条［D］項では『……保護又は援助を現に受けている者』への言及があるが、事務所規程の対応条項は『……受け続ける』難民に言及している。このような文言の違いは結果の違いを含意するものである」（Heuven Goedhart難民高等弁務官の発言. U.N. Doc. A/CONF.2/SR.21, at 12, July 14, 1951）。

[117]「［D］項は、条約が発効した時点で……国連機関から保護または援助を受けている者を除外することを意図したものである」（イギリスのHoare氏の発言. U.N. Doc. A/CONF.2/SR.19, at 20, November 26, 1951）。Committee of Churches on International Affairs, U.N. Doc. A/CONF.2/NGO/10, at 1, July 6, 1951; A. Grahl-Madsen, *supra*, note 114, p.264も参照。この条項は、UNKRAの権限の範囲内にある者にとっては意味を有しない（*supra*, note 101）：「朝鮮戦争難民は韓国では市民とみなされており、したがって難民条約の適用外にあるので、D項が適用されるのは実際には中東のパレスチナ難民のみである」（C. Pompe, "The Convention of 28 July 1951 and the International Protection of Refugees", published in English as U.N. Doc. HCR/INF/42, May 1958, at 12）。

[118]「［パレスチナ人の］帰還の障壁は、故郷に対する不満ではなく、ある国連加盟国が彼らの帰還を妨げているという事実である」（レバノンのAzkoul氏の発言. 5 UNGAOR at 358, November 27, 1950）。UNRWAの資格基準上、パレスチナ人は帰る家を失っているだけで援助の受給資格を認められる。「迫害を受けるおそれがあるという十分に理由のある恐怖」を立証する必要はない。G. Coles, "Some Reflections on the Protection of Refugees from Armed Conflict Situations" (1984), 7 In Defense of the Alien 78, at 83-84参照。

[119] たとえば、S. Aiboni, *supra*, note 103, at 32-33; J. Hathaway, "A Reconsideration of the Underlying Premise of Refugee Law" (1990), 31(1) Harvard Intl. L.J. 129を参照。アメリカのWarren氏の次の発言（U.N. Doc. A/CONF.2/SR.19, at 21, November 26, 1951）も参照：「イギリス代表がなぜ『難民』という文言のより一般的な定義を支持するのか、その理由に関する同代表の明快な説明を大いに興味深く聴かせていただいた。……残念ながら、アメリカ代表はそれを共有することができない。アメリカのアプローチははるかに限定的である」。Gervase Colesが記しているように、「UNRWAの権限は［パレスチナ難民を］援助することのみであって、保護するところまでは及んでいない。パレスチナ難民は、したがって、……いかなる国際的保護からも正式に除外されている世界で唯一の難民集団として、不運な区別の対象とされているのである」（*supra*, note 118, at 105）。

[120]［移民省］大臣に提出された新しい認定制度のあり方に関する報告書では、カナダも難民条約1条Dを適用することが勧告されていたが（W. Plaut, *Refugee determination in Canada: Proposals for a new system*, p.60 (1985)）、改正法ではこの除外条項は編入されなかった。

理論的にも実際上も、帰化によって難民としての地位は終了するものと常にみなされてきた。……難民としての地位は変則的なものであって、絶対的に必要な期間を越えて1日も長く付与されるべきではなく、……［当該難民が］いずれかの国の市民としての権利と義務を真に有するに至ったときには、終了するべきである（または、可能であれば二度と生ずるべきではない）[121]。

したがって難民条約は、難民が庇護国の、または実効的保護を提供しうる他のいずれかの国の市民となったときには、地位が終止する旨を定めている[122]。
新たな国籍の取得が非自発的に生じた場合にも地位の終止に至るかについては、若干の議論がある。一方では、これは難民条約の起草者らが意図したところではなかった。オランダ代表は、新たな国籍の選択にあたっては自発性が重要であることを明示的に認めた修正案[123]を提出したが、そのような変更は必要ないとの説得を受け、納得している[124]。その理由は次のとおりである。

［終止条項は、］外部の公的機関による国籍の押しつけではなく、難民による、迫害国の国籍以外の新たな国籍の取得に関わるものである。3号は、特定の避難国にいる難民が別の国に短期訪問し、そこで利用可能な便宜に乗じて当該国の国籍を取得したような事案への対応を目的としている。このような者が避難国に戻った場合、避難国は同人が新たな国籍を取得したという事態に直面することになろう[125]。

全権会議に参加した各国代表団が、市民権の非自発的な取得も終止の理由となるという点には同意せず[126]、終止は国籍を自発的に取得した場合に限られるという理解に立ってこの条項を採択したことは明らかである。
他方、この条項は確かに、1条Cに掲げられた前後の条項とは異なり[127]、終止

---

[121] Heuven Goedhart難民高等弁務官の発言。U.N. Doc. A/CONF.2/SR.23, at 11, July 16, 1951.
[122] 「この条約の適用は、当該者が次の場合のいずれかに該当する場合には、終止する。……新たな国籍を取得し、かつ、新たな国籍国の保護を受けている場合……」（難民条約〔前掲注2〕1条C(3)）。
[123] 「［C］節3項に代えて次の2つの項を設ける：(3a) 新たな国籍を自発的に取得した場合；［または］(3b) 新たな国籍を非自発的に取得したにもかかわらず、新たな国籍国の保護を受けている場合」(U.N. Doc. A/CONF.2/73, July 12, 1951)。
[124] オランダのvan Boetzelaer男爵の発言。U.N. Doc. A/CONF.2/SR.23, at 19, July 19, 1951.
[125] イギリスのHoare氏の発言。U.N. Doc. A/CONF.2/SR.23, at 19, July 19, 1951.

の条件が自発的行為であることを明示的に定めてはいない。また、1条A(2)の二重、多重国籍規定との実体的対称性を考えれば、自発性を考慮する余地はないということにもなろう。そのため、学説[128]においてもUNHCRの勧告[129]においても、関連する唯一の問題は新たな国籍の実効性であって、その取得の経緯ではないとされている。具体的には、難民が、新たに市民権を取得した国に入国し、退去強制または送還からの保護を得ながらその国に居住し[130]、かつ、基本的人権が全面的に尊重されるという合理的期待を抱くことができなければならない。このような状況においては十分な代理的保護が存在しており、難民としての地位は当然に終止するべきである。

(3) 国民としての権利および義務を有する形での居住

この除外条項[131]のそもそもの意図は、中・東欧出身で第2次世界大戦中またはその後にドイツに居住するようになったすべてのドイツ系難民を国際的保護の対象から外すことにすぎなかった[132]。この規定は、これらの移民に対してはドイツが道義的責任を負っており[133]、同国は実際、彼らを自国民に同化させることによって、たとえ正式なドイツ国籍が常に付与されるわけではないにしても、そのニーズを満

---

[126]「実際、新たな国籍を自動的に取得させることは迫害のひとつの形態になりかねず、その対象とされた者は別の国に避難することを余儀なくされるかもしれない。……したがって、個人に無理やり新たな国籍を取得させることはできないというのが私の見解である」(フランスのRochefort氏の発言。U.N. Doc. A/CONF.2/SR.23, at 17, July 16, 1951)。また、ベルギーのHerment氏は、「受入国で……保持したくない国籍を押しつけられた難民に関する規定を設けることが望ましいと考える」とした (U.N. Doc. A/CONF.2/SR.23, at 18, July 16, 1951)。N. Robinson, *Convention relating to the Status of Refugees*, p.59 (1953)も参照。
[127] 難民条約(前掲注2) 1条C(1)、(2)および(4)参照。
[128]「1条C(3)は、その適用が自発性の条件に服さないという点で、1条Cのこれまでに取り上げてきた規定とは異なる。したがって本規定は、厳密な意味での帰化(申請による付与)、婚姻または何らかの法律適用の結果のいずれによるものであっても、当該者が新たな国籍をどのように取得したかにかかわりなく適用されるものである」(A. Grahl-Madsen, *supra*, note 114, pp.395-96)。
[129] オーストリアに存在した種々のカテゴリーのドイツ系難民に対しては、ドイツ連邦共和国の法律により、1955年2月22日にドイツ国籍が付与された。該当者は1年間の期限でドイツ市民権の放棄が認められ、放棄しなかった場合、法律に従って市民権が確定したものとみなされた。UNHCR執行委員会は、これらの者はこのようにしてドイツ市民権を取得したことにより難民ではなくなったという勧告的意見を出している (U.N. Doc. A/AC.79/37, at para. 129, cited in P. Weis, "The concept of the refugee in international law" (1960), 87 J. du droit international 928, at 978)。
[130] G. Goodwin-Gill, *The Refugee in International Law*, p.50 (1983).
[131]「この条約は居住国の権限のある機関によりその国の国籍を保持することに伴う権利及び義務と同等の権利を有し及び同等の義務を負うと認められる者については、適用しない」(難民条約〔前掲注2〕1条E)。
[132]「この規定は、ドイツ連邦共和国に在住するドイツ系の難民および追放者であって、基本法116条により『基本法にいうドイツ人』とされ、かつ、ドイツ国籍は保持していないものの、ドイツ国民であるかのように扱われている者を除外することが主たる目的であった」(P. Weis, *supra*, note 129, 982)。

たそうとしている[134]という考え方の反映である。難民条約においてドイツにとくに言及することが外交的に賢明かどうかという懸念[135]から、民族的または文化的つながりを有するある国の居住者であって、国民に提供されているのと同一の保護を受けている者について、一般的表現で除外するという定式化が行われた[136]。

皮肉なことに、この「政治的に配慮した」一般的用語法が国連総会における相当の議論につながったのである。メキシコ代表は、同国に入国したスペイン難民やフランスのスペイン系バスク人が除外されるとみて、これに反対した[137]。サウジアラビア代表は、より一般的に、「隣国への避難を余儀なくされた者が、その国の住民が似たような人種的、文化的特質を有していることから、条約上の保護も高等弁務官事務所による保護も否定されることになる」と論じた[138]。この条項が対象としているのはドイツ系少数民族のみであるとフランスが保証した[139]にもかかわらず、原案は否決された[140]。総会に提出された修正案では、「国境の変更による住民の大規模な移動に巻き込まれた者であって、現居住国の住民と同一の権利を有している者」[141]のみを除外の対象にすることとされたが、さらに修正が加えられ、民

---

[133]「私は、ドイツ政府が、彼らに対するすべての責任を国連に転嫁するよう奨励されるべきではないと考える」(アメリカのHenkin氏の発言。U.N. Doc. E/AC.32/SR.3, at 9, January 26, 1950)。イスラエル代表はさらに、このような除外を因果応報として位置づけるに至っている:「このような者の多くは、ドイツ在住のドイツ人よりもさらにヒトラーの政策遂行に手を貸していたことが知られている。もともとのドイツ国籍を保持しつつ、新たな国籍を隠れ蓑として行動することができたためである。彼らは召集を受ければためらうことなくドイツ軍に入隊したのであって、おそらく彼らの間にこそ最も熱狂的なナチス党員がいたであろう。したがって、国際難民としての地位を付与されることがまったくふさわしくないこの手の個人のために、人道主義的原則を援用する必要はない」(イスラエルのRobinson氏の発言。U.N. Doc. E/AC.32/SR.15, at 10, January 30, 1950)。
[134]「この項が意図しているのは、かつてドイツ国外にいたドイツ系少数民族の構成員であって、ドイツに帰還し、避難または送還され、かつ現にそこに住んでいる者を、条約の受益者から除外するところにある。この項は、これらの個人はドイツ共同体に同化されるべきであり、現に同化されつつあるのであって、難民とみなすのは適切ではないという見解を反映したものである」(U.N. Doc. E/AC.32/L.38, at 16, February 15, 1950)。
[135]たとえば、フランスのRochefort氏の発言(U.N. Doc. E/1703/Add.5, at 5, June 26, 1950)を参照。同氏は、この除外条項について、「たまたま多くの国が外交関係を結んでいる政府を名指し[しなくとも]……その目的は果たされるであろう」と述べている。ベネズエラのPerez Perozo氏の発言(U.N. Doc. E/AC.32/SR.43, at 4, September 28, 1950)も参照。
[136]国連総会の検討対象とされた同条項は、「その国の国民と緊密な民族的および文化的近縁関係を有しており、かつ、当該近縁関係を理由として、その国の国籍を保持した場合に通常与えられる権利および特権を享受する国に入国した者」を除外する旨、規定していた(U.N. Doc. A/C.3/L.131, at 2, November 30, 1950)。
[137] メキシコのNoriega氏の発言。5 UNGAOR at 376-77, December 1, 1950.
[138] サウジアラビアのBaroody氏の発言。5 UNGAOR at 376, December 1, 1950.
[139] フランスのRochefort氏の発言。5 UNGAOR at 376, December 1, 1950.
[140] 5 UNGAOR at 380, December 1, 1950.
[141] アメリカのRoosevelt夫人の発言。5 UNGAOR at 389, December 4, 1950. メキシコのNoriega氏の発言(5 UNGAOR at 390, December 4, 1950)およびイギリスのLequesne氏の発言(5 UNGAOR at 390, December 4, 1950)も参照。

族的または文化的近縁関係への言及を完全に削除するとともに、国民に対して与えられているものと真に同等の保護が存在しているかどうかに正面から焦点を当てることとなった[142]。

このような流れを踏まえて解釈すれば、事実上の国籍を理由とする除外は、難民を対象とする受入国への法的同化が実効的に完了しているという、まったくの例外的事態において適用されるものである[143]。この条項では実効的国籍を付与する意思がある国での在住が要件とされているため、保護を受ける権利が未確定な場合や、物理的には在留しているものの継続的居住というには足りない場合には、除外を正当化する根拠としては十分ではない[144]。

さらに、事実上の国籍は、いずれかの国における長期の居住とも質的に区別される[145]。国籍取得の結果として、当該難民に対し、少なくとも条約難民の場合と同等の有利な条件で諸権利が保障されなければならないからである[146]。最も決定的な要件として、入国の権利および退去強制、追放からの自由に対する権利が明確に付与、尊重されなければならない[147]。この点は、連邦控訴裁判所が、

---

[142] 最終文言を提案するにあたり、ニュージーランド代表は、権利義務の真の同等性に関するサウジアラビア代表の懸念に応えたいと考えていることを認めた（ニュージーランドのDavin氏による、サウジアラビアのBaroody氏の発言〔5 UNGAOR at 392, December 4, 1950〕に言及しながらの発言。5 UNGAOR at 376-77, December 1, 1950）。

[143] 正式な帰化は必要とされないものの、事実上の市民ということは国民としての権利義務を有しているということである（N. Robinson, supra, note 126, p.65）。UNHCR, supra, note 16, p.34も参照。

[144]「この条項は当該国に『居住』している者を対象としている。これは、単なる訪問ではなく継続的居住を含意している」（UNHCR, supra, note 16, p.34）。

[145] このことは出入国難民委員会の一連の決定で確認されてきた。たとえば、次の諸決定を参照：M89-01318（ソマリア国籍の申請者がアメリカに3年間滞在。July 1989, R.L.R.U. Cat. Sig. 10262）；M89-00697（スリランカ人がナイジェリアに6年間居住。July 1989, R.L.R.U. Cat. Sig. 10218）；M89-00436（ガーナ人がイスラエルに5年間滞在。April 1989, R.L.R.U. Cat. Sig. 10396）；T89-00190（ソマリア人がエチオピアに8年間滞在。April 1989, R.L.R.U. Cat. Sig. 10092）；and V89-00866（アフガニスタン出身の難民がサウジアラビアで6年間、非合法に居住、就労していた。March 1990, R.L.R.U. Cat. Sig. R.L.R.U. Cat Sig. 10462）。いずれの場合にも、他国での長期の在留が申請に不利な要素とみなされることはなかった。

[146]「1条Eに掲げられた規定は難民条約に置かれるのにふさわしいものである。……これほど広範な権利を享受している者は、難民条約によって与えられうる地位を必要としない。……1条Eに基づく除外の対象とされる場合、該当者にはあらゆる面で条約『難民』のそれに劣らない地位が認められていなければならない。そうでなければこの規定は濫用される可能性がある」（1 A. Grahl-Madsen, *The Status of Refugees in International Law*, p.270 (1966)）。この判断基準はImmigration and Refugee Board Decision T89-00374, R.L.R.U. Cat. Sig. 10047, June 1989で採用された。ただし、条約難民としての地位でさえも、全面的参政権を保障しているわけではない。たとえばUNHCRは、トルコ系ブルガリア人がトルコへの入国を認められ、トルコ市民としての市民的権利をすべて付与されつつも、参政権は帰化しなければ認められなかった事例について、この条項に基づく除外の対象になるとの見解をとった（P. Weis, supra, note 129, at 982-84, citing U.N. Docs. A/AC.36/Rev. 1 and A/AC.36/20, at para. 31）。

[147] G. Goodwin-Gill, *The Refugee in International Law*, p.58 (1983); UNHCR, supra, note 16, p.34.

*Waclaw Antoni Michael Hurt v. Minister of Manpower and Immigration*事件[148]と*Kammy Boun-Leua v. Minister of Manpower and Immigration*事件[149]のいずれにおいても強調したところである。また、デンマークで事実上の難民としての地位を認められているイラン人を除外の対象とした最近の決定でも述べられているように、「申請者が［実効的国籍国］において享受している権利および保護が１条Ｅの適用範囲に該当する」かどうかも判断されなければならない[150]。その後、出入国不服審査委員会はこの要件についての見解をさらに詳しく展開し、難民条約および国際人権章典に基づく申請者の権利が尊重されていることに加えて、「市民になり、したがって国政選挙で投票しかつ公職に立候補できるようになる可能性があること」までも含めるに至った[151]。このような厳格な条件が満たされれば、新たな代理的国籍が正式にではなくとも実質的に存在していることになり、難民法による保護は必要とされなくなる。

3. 保護に値しない者

　難民条約の起草者らは、戦争犯罪人に対しても、庇護国の国内安全保障を脅かす可能性がある個人に対しても、難民としての地位を付与しないようにすることにこだわっていた。これらの者についてはたとえ出身国で真に迫害を受けるおそれがあっても除外するという決定は、国際的道義を促進することに対する決意[152]と、望まれない難民まで保護するよう求める体制に拘束されることについて各国が合

---

[148] この事件で大臣は、ポーランド国籍の申請者が西ドイツに５年間居住していたことを挙げ、１条Ｅに基づいて難民としての地位は否定されると主張した。連邦裁判所は次のように判示している：「控訴人の主張によれば、同人は一時査証によってしか西ドイツに滞在することはできず、永住者としての地位も取得することができなかったし、ドイツ側としては同人をポーランドに送還したいと考えており、……一時査証の更新も認められないだろうとの説明を受けていた。当職としては、これらの証拠は、控訴人が西ドイツ国籍に付随するものと同様の諸権利を有していたという主張を確認するよりもむしろ否定するものであると考える」((1978), 21 N.R. 525 (F.C.A.), at 529, *per* Heald J.; Immigration Appeal Board Decision T77-9105, March 29, 1977を破棄)。
[149] 「本件においては、申請者は難民としてフランスへの入国を認められ、同国から発給を受けた旅行許可証が有効なかぎりフランスに戻ることが可能である。……同人の国籍国ではなく、またはその生命もしくは自由が脅かされることのないフランスに戻ることが可能である以上、大臣には、同人に対してカナダにおける在留を許可する義務はない」(Federal Court of Appeal Decision A-578-79, June 17, 1980, at 7, *per* Urie J.)。
[150] Immigration and Refugee Board Decision T89-00919, August 1989, at 11, *per* E. Rotman.
[151] Immigration and Refugee Board Decision M90-01972, August 1990, *per* L. Gilad (Federal Court of Appeal Decision 90-A-2406, October 12, 1990により上告許可を得た)。この決定はGrahl-MadsenおよびGoodwin-Gill双方の見解を明示的に検討対象とし、事実上の難民としてデンマークに居住するスリランカ人にどのような権利が保障されているか、徹底的に検討したものである。

意する可能性は低いという実際的認識[153]の、双方に由来するものである。難民条約は、世界人権宣言の禁止規定にならって[154]、「非政治犯罪又は国際連合の目的及び原則に反する行為」を原因とする訴追の対象とされている者に対しては庇護を与えないこととし[155]、次の3種類の者については義務的除外の対象とすべきことを定めている。すなわち、平和および安全保障に対する犯罪を行った者、普通法上の重大な犯罪を行った者、国連の目的および原則に反する行為を行った者である。

この禁止規定はいかなる例外にも服さないが[156]、難民申請者が除外条項の適用対象であるか否かを決定するのは締約国自身である。

世界政府や独立の国際司法裁判所が存在しない以上、真の難民および避難国の双方にとって必要不可欠な保証となるこのような裁量権は、否応なしに国に委ねられざるをえない。実際的な唯一の解決策は、受入れの意思がある国々を信頼することである[157]。

庇護国は、申請者が除外条項にいうような犯罪者であると「考える相当な理由」[158]を有していればよい。当該申請者が正式な告発または有罪判決を受けてい

---

[152] フランスのRochefort氏の発言。11 UNESCOR (406th mtg.), at 276 (1950). 同氏はさらに次のように主張している:「目的は、受け入れられない状態に置かれた個人に対してそれぞれの国がどのような待遇を与えるべきか、条約の中で具体的に定めることではなく、ある国が、そのような個人に難民としての地位を付与するにあたり、高等弁務官および国際連合の責任においてそうする資格を有するか否かを明らかにすることである」(U.N. Doc. E/AC.7/SR.166, at 4, August 22, 1950)。
[153] 「避難国の権利は難民の権利と同様に守られるべきである」(*Id.*)。
[154] 事実、この条項の初期の草案では「前述の宣言の14条2項が適用される者は、難民として認められない」と規定されていた (U.N. Doc. E/AC.32/L.3/Corr.1)。
[155] 世界人権宣言(国連総会決議217A(III)、1948年12月10日)14条2項。
[156] アメリカは、重大な犯罪を行った者を受け入れるか拒否するかについては国の裁量権を認めるよう主張したが (アメリカのHenkin氏の発言〔U.N. Doc. E/AC.7/SR.17, at 9, February 6, 1950〕参照)、イスラエルとフランス (イスラエルのRobinson氏の発言〔U.N. Doc. E/AC.7/SR.17, at 9, February 6, 1950〕およびフランスのRain氏の発言〔U.N. Doc. E/AC.7/SR.18, at 3, February 8, 1950〕参照)は、除外は義務的とされるべきであるとの見解を受け入れさせることに成功した (Report of the Working Group, U.N. Doc. E/AC.32/L.32, at 3, February 9, 1950参照)。N. Robinson, *Convention relating to the Status of Refugees: Its History, Contents and Interpretation*, p.67 (1953)も参照:「F節の規定の仕方は無条件である。……したがって、ある者がこの節に該当すると考えるに足る十分な理由があるといったん判断されれば、認定を行う国は、その者に難民としての地位を付与することを禁じられる」。
[157] フランスのRochefort氏の発言。U.N. Doc. E/AC.7/SR.166, at 6, August 22, 1950. 除外についてUNHCRが判断するよう主張した非政府組織の発言については、何ら反応がなかった。Friend's World Committeeの発言 (U.N. Doc. A/CONF.2/NGO.7, at 3, July 6, 1951) 参照。

ること[159]はもちろん、その犯罪性を司法手続によって「合理的な疑いを超えて」立証できることさえ、要件としては求められない[160]。「[申請者が]当該犯罪について有罪であると推定するに足る十分な証拠」を認定機関が有していれば足りる[161]。

(1) 平和および安全に対する犯罪

　難民条約の起草者らは、戦争犯罪人は難民としての地位を請求する権利を認められるべきではないという点では一致した見解をとっていたが[162]、2つの点について意見を異にしていた。第1に、アメリカは、国は戦争犯罪人を難民として扱うよう強制されるべきではないが、そのような対応をとることは認められるべきであると主張した[163]。しかしほとんどの代表は、このような裁量を認めれば難民としての地位の廉潔性(integrity)が損なわれてしまうと強く考えた[164]。第2に、ドイツは、国際軍事裁判所憲章(「ニュルンベルク原則」)からとられた戦争犯罪人の定義を編入することに反対し、これに代えて、ジュネーブ諸条約共通147条に掲げられた「重大な違反」の基準に言及することを提案した[165]。ニュルンベルク原則の下で進められてきた実行によってすでに判例上の見解は明確になっており、これを保

---

[158] この基準の曖昧さに対しては、イギリスのLequesne氏から批判が出されている：「『相当な理由』という文言は、重大な決定を正当化するにはあまりに曖昧である。選択には困難が伴う。司法決定が必要となる場合については政府が行政上の決定を行うことを認めるか、……犯罪者が紛れ込む危険を冒すかのいずれかが必要である」(5 UNGAOR (334th mtg.) at 390, December 4, 1950)。
[159] A. Grahl-Madsen, supra, note 146, p.277.
[160] イギリスのMacDonald卿が述べるように、この条項は「行政府に対し、本質的には司法的性質を有する決定を行う権限を与えるものである。……このような権限を行政府に委ねることは危険である」(5 UNGAOR (325th mtg.) at 670, December 14, 1950)。チリのBernstein氏の発言 (U.N. Doc. E/AC.7/SR.165, at 24, August 29, 1950) も参照。
[161] N. Robinson, supra, note 156, p.67.
[162] たとえばフランスのRain氏の発言 (U.N. Doc. E/AC.32/SR.4, at 8, January 26, 150)、ユーゴスラビアのMakiedo氏の発言 (U.N. Doc. A/CONF.2/SR.3, at 7, July 13, 1951) およびドイツ連邦共和国のvon Trutzshler氏の発言 (U.N. Doc. A/CONF.2/SR.24, at 8, July 17, 1951) 参照。
[163] それどころかアメリカは当初、「処罰されていない戦争犯罪人はもはや存在しないので、戦争犯罪人を例外扱いする必要はない」と主張していた (アメリカのHenkin氏の発言。U.N. Doc. E/AC.32/SR.5, at 5, January 30, 1950)。その後Henkin氏は立場を後退させ、「国が戦争犯罪人を匿うことを妨げる規定は設けられる[べきではない]。基本的問題は、ある者が戦争犯罪人であることを決定するのは誰かということについて判断することである。この点は受入国の裁量に委ねてもよいのではないか」と提案した (U.N. Doc. E/AC.32/SR.17, at 9, February 6, 1950)。
[164] 「調印国が保護の範囲を戦争犯罪人にまで拡大することは、条約上の義務を超えた行為である。しかしそれは、……望ましくない範疇に属する人物に特別な恩恵を与えることになろう」(イスラエルのRobinson氏の発言。U.N. Doc. E/AC.32/SR.17, at 9, February 6, 1950)。ベルギーのCuvelier氏の発言 (U.N. Doc. E/AC.32/SR.18, at 2, February 8, 1950) およびフランスのRain氏の発言 (U.N. Doc. E/AC.32/SR.18, at 3, February 8, 1950) も参照。

護することが重要であるという理由で、この提案は反対を受けた[166]。

　妥協案として浮かび上がったのが、「平和に対する犯罪、戦争犯罪または人道に対する犯罪に関して規定する国際文書の定めるこれらの犯罪」を行った者を、どのようなカテゴリーがこれに該当するかについては定めることなく、義務的除外の対象とするというものである[167]。戦争犯罪人を匿うことに対して強い態度をとりたいと考える代表団の大多数は、この提案に納得した[168]。アメリカは、定義が十分に曖昧なので国内的裁量を導入する余地が生まれたことに満足した[169]。そしてドイツは、政治的に中立な定式化が採用されたことで慰撫された[170]。

　したがって、慣習的解釈どおり、この除外条項では、それぞれ異なる3種の犯罪を行った者を難民として認めることが禁止される[171]。第1に「平和に対する犯罪」であり、これは不法な戦争を計画することまたはそのような戦争に参加することである。第2に、「戦争犯罪」とは戦争法の違反であって、文民や戦争捕虜の不当な取扱いや、戦争中、財産に対して不当な損害を加えることが含まれる。第3は「人道に対する犯罪」であり、これは、政治的、人種的、宗教的その他の偏見に根ざしていることの多い、根本的に非人道的な行為を指す。ジェノサイド[172]、奴隷制、拷問、アパルトヘイト[173]などは、このカテゴリーに属する犯罪の例である。

---

[165]「あの憲章は、先の戦争に参加した限られた数の国によって1944年に採択されたものであり、この会議に出席している国々のうち相当数は調印も［何らかの］立場の表明もしていない。したがって、［難民］条約案でこの文書に言及することは適当ではないように思われる。……本会議の活動をジュネーブ諸条約と結びつけることにより、条約の基調となるべき人道主義的目的が強調されることになろう」（ドイツのvon Trutzshler氏の発言。U.N. Doc. A/CONF.2/SR.19, at 26, July 13, 1951）。
[166]「ジュネーブ諸条約もジェノサイド条約も、国際軍事裁判所の、そしてニュルンベルク憲章6条の規定を適用してきた他の裁判所の判例によって『ニュルンベルク原則』が獲得してきた堅固な基盤は有していない」（ベルギーのHerment氏の発言。U.N. Doc. A/CONF.2/SR.21, at 10, July 14, 1951）。
[167] 難民条約（前掲注）1条F(a)。
[168]「アメリカ代表のように、対応の済んでいない戦争犯罪人はもはや残っていないと述べるのは楽観的にすぎよう。私はそうではないと確信しており、戦争犯罪人に［難民］条約上の保護を与えるべきとするのは容認できない」（フランスのRain氏の発言。U.N. Doc. E/AC.32/SR.5, at 16, January 30, 1950）。
[169]「この規定の目的は、戦争犯罪人に対して国連による保護および国際法上の難民としての地位を否定するところにあるが、戦争犯罪人について定義することは困難であり、この文言を厳密に用いない国もあることから、判断は当該締約国に委ねられることになろう」（アメリカのHenkin氏の発言。U.N. Doc. E/AC.7/SR.159, 13, August 16, 1950）。
[170]「ロンドン憲章が明示的に取り上げているのは、人道に対する犯罪のうち『戦争前または戦争中』に行われたものであるので、その後に行われた当該犯罪は除外される。したがって、適用範囲が限定的であることは争う余地がない文書への言及を［難民］条約に含めるべきでないのは、当然であるように思われる」（ドイツのvon Trutzshler氏の発言。U.N. Doc. A/CONF.2/SR.24, at 7, July 17, 1951）。
[171] たとえば1 A. Grahl-Madsen, *The Status of Refugees in International Law*, p.274 (1966); UNHCR, *supra*, note 16, pp.35-36を参照。
[172] A. Grahl-Madsen, *supra*, note 171, p.276.

国際的な平和および安全に対するこのような犯罪について定義、説明した国際文書[174]はいまや夥しい数に上るが、1947年以降、これに代わる文書の起草作業が国際法委員会によって進められてきた。実際、難民条約の起草者らがこれらの犯罪の詳細な定義を置かないことにしたのは、国際法委員会による発表が予定されていた「平和および人類の安全に対する犯罪規則」を尊重してのことでもある[175]。まだ完成には至っていないが、規則案は、この除外条項に掲げられた諸犯罪を定義するための概念的枠組み[176]と、限られた範囲ではあるもののこれらの犯罪との関連で援用可能な説明[177]を提示してくれている。

　平和および安全に対する犯罪の本質については、1987年に国際法委員会が詳しい見解を明らかにしている。これは重大性の基準に焦点を当てたものである。

　　これらの犯罪は人間社会の基盤そのものに影響を及ぼすものである。重大性は、当該行為の性質（残虐さ、極悪非道さ、野蛮さ等）、その影響の程度（大規模であること、被害者が人民、住民または民族的集団であること）もしくは加害者の動機（たとえばジェノサイド）から、またはこれらの要素が複数存在することから導き出すことができる[178]。

　このような犯罪では犯意が必要である（ただし、ジェノサイドやアパルトヘイトのような大規模かつ組織的な犯罪の場合には犯意が黙示されているとする法律専門家もいる[179]）。この故意要件があるために、国際法委員会の草案では、一般的責任原則に対する3つの限定的例外が提案されている。

　第1に、国の指導者は、「自国に対する侵略行為への対応として遂行を命じた行為または自ら行った行為について」正当防衛を主張できる場合がある[180]。この

---

[173] G. Goodwin-Gill, *The Refugee in International Law*, p.60 (1983).
[174] UNHCRはとくに、国際軍事裁判所憲章、ジェノサイド条約およびジュネーブ諸条約を参照することを提唱している(*supra*, note 16, p.89)。カナダ刑法(Criminal Code, R.S.C. 1985, c. C-46)も、7条(3.76)において「人道に対する犯罪」と「戦争犯罪」の明示的定義を定めている [en. 1985, c. 30 (3rd supp.), s. 1]。
[175] A. Grahl-Madsen, *supra*, note 171, p.276; N. Robinson, *supra*, note 156, pp.66.
[176] 国際法委員会が1987年に暫定的に採択した1条草案参照。*Report of the International Law Commission to the General Assembly on the Work of its Thirty-Ninth Session* II(2), U.N. Doc. A/CN.4/SER.A/1987/Add.1 (Part 2), at 13 (1987).
[177] 「責任原則の例外」と題された9条草案は、国際法委員会で議論されたことはあるものの、採択には至っていない。*Id.* At Part 1, at 7-9参照。
[178] *Supra*, note 176, at 13.
[179] *Id.*

第6章　適用終止と適用除外　257

例外は伝統的な「平和に対する犯罪」のカテゴリーに属する犯罪のみに関わるものとして解釈されるべきであり、紛争への関与が厳密に自衛的な状況においては力の使用を禁じた規則に違反する真正の意図はないと認めたものである[181]。

　第2に、威迫、必要性または不可抗力を援用することができる[182]。この例外は、基本的には、個人が重大かつ切迫した危険を避けることのみを動機として当該行為を行った場合には犯意が存在しないことを認めたものである。当該危険は、「合理的な人物であれば、正義を選択しかつ悪を退ける自由が奪われるほど物理的に切迫した危険に直面していると考える」ようなものでなければならない[183]。さらに、当該苦境は形成途上のものであってはならないし、この例外を援用しようとする者の意思に合致したものであってもならない[184]。最も重要なこととして、このような理由で加えられる危害は、威迫を主張する者がそのような対応をとらなかった場合に受けたであろう危害を超えるものであってはならない[185]。

　これらの制約があることを考えれば、チリで拷問を行っていた*Felix Salatiel Nuñez Veloso*を出入国不服審査委員会が免責したこと[186]は妥当ではなかった可能性がある。申請者は、指示どおりにしなければ処刑すると脅されて人道に対する犯罪に参加したが、これは「自己の道徳的、宗教的および政治的信念に完全に反する」ものであった[187]。その行動は強迫されて行ったものだったので、1条Fに基づく除外の対象とはされるべきではないと判断されたものである。しかし委員会は、Nuñez Velos氏によって引き起こされた苦痛が同氏自身の福祉に対する危険を上回るものではなかったか否かという点について、これが威迫説に基づく無罪証明のためには必要不可欠な認定であるにもかかわらず、検討を行わなかった。

　第3に、自分が行った行為の不法性を知らなかったという意味で法の錯誤（error of law）を主張できる可能性もある[188]。もちろん、ほとんどの「人道に対する犯罪」

---

[180] *Supra*, note 177, at 7.
[181] これは国際連合憲章（1945年6月25日調印、1945年10月24日発効。59 Stat. 1031.「国連憲章」）51条にも合致している。
[182] *Supra*, note 177, at 7.
[183] *Id.*, at 8. アメリカ軍事裁判所の*High Command*事件からの引用。American Military Tribunals, case no. 12, vol. XI, at 509.
[184] *Id.*, at 8. アメリカ軍事裁判所の*Krupp*事件からの引用。American Military Tribunals, case no. 10, vol. IX, at 1439.
[185] *Id.*, at 1445-446.
[186] Immigration Appeal Board Decision 79-1017, C.L.I.C. Notes 11.5, August 24, 1979.
[187] *Id.*, at 3, *per* J.-P. Houle.
[188] *Supra*, note 177, at 8.

の場合にはこのような主張はできない。奴隷制や絶滅のような行為は明らかに不法なものとして分類されうるからである。他方、戦争法の具体的適用には曖昧さが残る余地がある。個人が「良心の発動」を行ったにもかかわらず当該行為の不法性を確認できなかった場合には、除外の前提条件である犯意は存在しなかったことになる[189]。

出入国不服審査委員会は、*Zacarias Osorio Cruz*事件[190]でメキシコ軍の脱走兵の主張を認めた。申請者は、政治的動機に基づく処刑に5年間でおよそ20回、積極的に参加したことを認めたが、「政治的および道徳的良心の目覚め」を理由にやがて隊から大胆な逃亡を果たし[191]、カナダで難民申請を行ったものである。委員会は、申請者の主張を認めるにあたり、この種の犯罪において法の錯誤が認められるか否かという問題は取り上げなかった。まして、委員会が「国際法上の基本的な行動規則のほとんどに反している」と適切に認定した[192]行為に参加する前に、申請者が真に「良心の発動」を行ったか否かについてはまったく検討していない。

しかしこの事件は、無罪証明のもうひとつの形態として功利主義に根ざした認定が妥当であるかという問題を、きわめて端的な形で提起するものである。委員会は、Osorio Cruzが、メキシコ軍が行った人道に対する犯罪を初めて明るみに出した人物であったことを重視した。

軍から脱走して、メキシコ政府の吏員が行った残虐行為についての話をこれまでにない形で世界中に明らかにしたことにより、Osorio Cruz氏は忠誠の誓いを裏切り、また強い政治的意見の相違があることを示すために一部メキシコ当局の目には裏切り者と映ることになった。同氏を待っていたのが、好ましくない政治的意見を有する受刑者を対象とした最悪の刑罰であったことは間違いない。これが同氏の恐怖の理由である[193]。

Osorio Cruzが人道に対する犯罪に延々と参加していたことは言語道断であり、

---

[189] *Id.*, at 8. Entscheidungen des Bundesgerichtsofes in Strafsachenにおけるドイツ連邦裁判判決からの引用。German Federal Court, vol. 3 (1953), at 365-66.
[190] Immigration Appeal Board Decision M88-20043X, C.L.I.C. Notes 118.6, March 25, 1988.
[191] *Id.*, at 10, *per* P. Arsenault.
[192] *Id.*, at 11.
[193] *Id.*, at 10.

いかなる理由による無罪証明も妥当ではないと判断されるかもしれない。他方、それほど確信的ではない犯罪者については、これまで明るみに出されることがなかった非人道的行為を明らかにした功績により、罪を認めた犯罪者を保護してはならないという一般的規則の例外が認められるのではないかと判断するのが合理的となる場合もあろう。国際人権法の執行は公然化と道徳的試練によってはじめて可能となるので、平和および安全に対する犯罪に終止符を打ち、または抑制することを可能にした個人については、たとえ本人にも有責性があるとしても、司法上は免責するのが賢明とも考えられる。もっとも、このような立場はいまのところ法的に受け入れられるところとはなっていない。

国際法委員会の草案に付されている評釈では、「上官命令」による例外も、具体的な形では提案されていない（ただし、命令に従って行動する兵士その他の者が上述した威迫または法の錯誤の考え方を援用できる可能性もあることは、指摘されている[194]）。対照的に、出入国不服審査委員会は、司法決定を装った、政治的動機に基づく処刑に参加したガーナの銃殺執行隊員の主張を認めるにあたり、「申請者はガーナ軍の一兵卒であり、職務の一環として人々を殺害したのであるから、1条Fにいうような人物ではない」[195]と述べた。平和および安全を脅かす行動について刑事責任を問うことは、命令に従う立場にある者が権利の不当な行使について疑問を持たざるをえないようにするためのものであるから、「上官の命令」を理由とする抗弁を認めれば所期の効果は果たせないことになろう[196]。

要約すれば、平和および安全に対する犯罪を定義するのはその重大性であって、当該行為そのものの性質、その影響の度合いまたは加害者の動機は問題とされない。このような行為を行った者は、正当防衛、威迫または法の錯誤を理由とする例外の厳格な解釈基準が満たされないかぎり、責任を免れない。さらに、平和および安全に対する犯罪について認められているあらゆる例外的免責は、当該事実関係が国際法の強行規範に違反しているとき、加害者の過失に由来するとき、または保護される利益よりも犠牲となる利益のほうが大きいときは、無効となる[197]。

---

[194] *Supra*, note 177, at 9.
[195] Immigration and Refugee Board Decision T89-00198, July 1989, at 6, *per* J. Gilberger.
[196] 最近のある委員会の決定では、「戦争犯罪への参加は、たとえ自らの意思によるものではなかったとしても、［申請者を］……1条F(a)に基づいて除外する根拠となりうる」ことが認められており、有益である（Immigration and Refugee Board Decision T89-01690, January 1990, at 11, *per* I. Liebich）。
[197] *Supra*, note 177, at 7.

最後に取り上げておくべき問題は、どの程度の関与があれば刑事責任を正当に問うことができるかという点である。犯行現場にいたというだけでは訴因とはならないかもしれないが[198]、「当該個人が……個人的に迫害を命令し、扇動し、幇助またはその他の形でこれに参加したことが証拠により立証される場合」には除外が妥当である[199]。たとえば*Fernando Alfonso Naredo Arduengo*事件[200]において、出入国不服審査委員会は、チリの秘密警察に雇われていた申請者らの難民資格を認めなかった。

　Naredo夫妻は、拷問や殴打を伴う監視、逮捕および尋問に従事した、4つか5つの卑劣な部隊に所属していた。いずれも、自分たちの任務は見張りと記録であって、被害者らを個人的に殴打したり拷問したりしたことはないと主張した。Naredo氏の主張によれば、同氏はそのような活動に18回から20回参加し、うち10回は被害者が死亡している。……夫妻の行動が人権侵害であることはあまりにも明白であり、夫妻は庇護を求めることが正当な人々の範疇には入らない[201]。

　他人が平和および安全に対する犯罪に参加することを可能にした者についても同様である。

　Giraud氏が直接殺害した者はいなかったとしても、これは免責事由にはならない。同氏は被害者を死に至らしめる条件を整えたのであり、その責任は問われるというのが当職の見解である。……Giraud氏は、当職の見解では……人道に対する犯罪を行ったことになる[202]。

(2) 重大な非政治犯罪

　普通法上の犯罪を行ったことを理由とする除外[203]は、真正のかつ重大な犯罪を

---

[198] *Fedorenko v. United States*, 449 U.S. 490 (U.S.S.C. 1981).
[199] *Laipenicks v. I.N.S.*, 750 F. 2d 1427, at 1431 (U.S.C.A. 9th Cir. 1985).
[200] Immigration Appeal Board Decision T80-9159, C.L.I.C. Notes 27.13, November 20, 1980.
[201] *Id.*, at 11-14, *per* D. Davey.
[202] *St. Gardien Giraud*, Immigration Appeal Board Decision T81-9669, C.L.I.C. Notes 48.10, October 28, 1982, at 5, *per* E. Tetelbaum(連邦控訴裁判所が他の事由により破棄。Federal Court of Appeal Decision A-1080-82, September 30, 1983).

行ったために他国で制裁に処されるべき立場にあり、難民としての地位を主張することによって正当な刑事責任を逃れようとする者について、その請求権を否認するものである。この除外条項は、避難国で行われた行為について普通法上の適正な刑事手続の適用を回避するための手段でもなければ[204]、他国で相対的に軽微な性質の法律違反しか行っていない者の保護のニーズを無視するための口実でもない[205]。むしろ、これは犯罪人引渡法の基本的原則に難民法を一致させるための手段にすぎず[206]、そのために、正義からの重大な逃亡者が、法律に従って処罰を科される可能性のある国の管轄から逃れられないようにしようとしているのである。

世界人権宣言14条は庇護に対する権利に関わるものであり、2項は1項の一般的規定に対する但書となっている。その2項は……非政治犯罪を理由とする訴追のために別の国から逃亡してきた者への適用を意図していたように思われ、その効果により、14条の規定は具体的な犯罪人引渡しの義務に優越するものではないと思われる。……難民条約は庇護に対する権利にも犯罪人引渡しの原則にも触れていない。これとの関係で、国の行動は犯罪人引渡しにとくに関わる諸条約によって規律されるのであるから、ある事件において、そのような条約に基づく自国の義務に照らして適当な行動をとるのは国次第である[207]。

このような狭い目的に鑑み、普通法上の犯罪に関する除外条項はいくつかの重

---

[203]「この条約は、次のいずれかに該当すると考えられる相当な理由がある者については、適用しない。……難民として避難国に入国することが許可される前に避難国の外で重大な犯罪（政治犯罪を除く。）を行ったこと」（難民条約〔前掲注2〕1条F(b)）。
[204]「難民条約には裁判所に出廷する権利や財産を所有する権利など通常の個人的権利がすべて含まれており、そこに掲げられた権利をこのような人々に否定する理由はない。最終的に追放することが必要となるかもしれない者を、それまでの間、除け者扱いすることは誤りである」（イギリスのHoare氏の発言。U.N. Doc. A/CONF.2/SR.3, at 15, July 13, 1951）。
[205]「私が非常に気にしているのは、［難民］キャンプで軽窃盗のような罪を犯した難民が、それを理由として難民条約の適用範囲から永久不変に外されるべきではないということである。開明的取扱いの原則からしてこのようなことは起こらないと主張されたが、だとすれば、そのような原則を難民条約で法的に認めることに反対する理由はないのではないか」（イギリスのHoare氏の発言。U.N. Doc. A/CONF.2/SR.24, at 8, July 17, 1951）。
[206]「犯罪人引渡しの対象となる普通法上の犯罪者の例外は、引き続き適用されるのが当然である」（アメリカのHenkin氏の発言。U.N. Doc. A/AC.32/SR.5, at 5, January 30, 1950）。フランスのRochefort氏の発言（U.N. Doc. A/AC.7/SR.166, at 4, August 22, 1950）も参照。実際、この条項が経済社会理事会で採択された際には、「犯罪人引渡条約の規定の対象となる犯罪を行ったと考える相当な理由がある」者は除外することが明示的に定められていた（11 UNESCOR (325th mtg.) at 670, December 14, 1950）。A. Grahl-Madsen, *supra*, note 2, at 272-73参照。

要な例外に服する。

第1に、これが犯罪人引渡しと関連していることからして、犯罪とされる行為のうちこの条項の適用に関わるのは避難国の外で行われたものだけである[208]（出身国[209]で行われたものか、庇護国への移動中[210]に行われたものかは問わない）。この条項に関する投票の直前に、カナダ代表も次のように述べている。

> 争点の中心となっているのは時間的要素、すなわち、難民申請を行う前に受入国の領域外で犯罪を行ったのかということである[211]。

他方、避難国における犯罪行為は法の適正手続を通じて裁くのが適当である[212]。その結果、難民が安全を脅かすと認定された場合は追放または送還という手段に訴えることができる[213]。

第2に、除外条項の存在理由が犯罪人引渡しを基盤としていることからして、当該犯罪はそれが行われた国で裁判の対象となるものでなければならない[214]。申請者が刑に服し終え、無罪の認定を受け、恩赦の利益を享受し、またはその他の

---

[207] イギリスのHoare氏の発言。U.N. Doc. A/CONF.2/SR.29, at 14, July 19, 1951. ベルギーのHerment氏の発言も参照：「国際法に基づき、普通法上の犯罪について有罪判決または告発を受けた難民は必要的にその出身国の当局に引き渡さなければならないということにもなりうる。したがって、問題となっている規定を含めることは不可欠である」(U.N. Doc. A/CONF.2/SR.24, at 9, July 17, 1951)。
[208] 「私がとくにこだわっているのは、避難国で犯罪を行った者については［難民］条約の適用から除外されるべきではないという点である」（イギリスのHoare氏の発言。U.N. Doc. A/CONF.2/SR.24, at 13, July 17, 1951)。スウェーデンのPetren氏の発言 (U.N. Doc. A/CONF.2/SR.29, at 16, July 19, 1951)、フランスのRechefort氏の発言 (U.N. Doc. A/CONF.2/SR.29, at 18, July 19, 1951) およびベルギーのHerment氏の発言 (U.N. Doc. A/CONF.2/SR.29, at 24, July 19, 1951) も参照。この原則の具体的編入を提案したのはユーゴスラビア代表である(U.N. Doc. A/CONF.2/SR.29, at 20, July 19, 1951)。
[209] もちろん、迫害の目的を達成するために刑法が歪められた場合には除外の対象とはならない。前掲第5章6(1)参照。ベルギーのHerment氏の次の発言 (U.N. Doc. A/CONF.2/SR.29, at 14, July 19, 1951) も参照：「ベルギー代表としては、出身国で普通法上の犯罪により有罪判決を受けたという理由だけで難民としての地位を否定できるとは考えない。いずれにしても、懸念の対象となっている出身国と、それらの国々で司法がどのように運営されているかはよく知られているところである」。
[210] この点に関する会議の議長の質問 (U.N. Doc. A/CONF.2/SR.29, at 21, July 19, 1951) に答えて、オランダ代表は、庇護国への入国前に行われた犯罪はすべて妥当するのではないかと述べた (*id.*)。
[211] カナダのChance氏の発言。U.N. Doc. A/CONF.2/SR.29, at 26, July 19, 1951. ユーゴスラビアのBozovic氏の発言も参照 (*id.*)。
[212] 「E項が対象とするのは難民が国外で行ったいずれかの犯罪であり、難民が庇護国に同化したと同時にその規定の適用は終止する」（イギリスのHoare氏の発言。U.N. Doc. A/CONF.2/SR.29, at 24, July 19, 1951)。UNHCR, *supra*, note 16, at 36も参照。
[213] 前掲注233以降の本文参照。
[214] 1 A. Grahl-Madsen, *The Status of Refugees in International Law*, p.291-92 (1966).

方法で刑法上の義務を果しているかぎり、引渡しの対象となるおそれはなく、難民としての地位から除外されるべきではない。Paul Weisが次のように指摘するとおりである。

> 難民となる前に重大な犯罪で有罪判決を受け、刑に服した者がどうして難民としての地位を永久に禁じられなければならないのか、その理由を理解することは……困難である。そのような規則は、ある犯罪について処罰された者は当該犯罪を理由とするそれ以上の損害を受けるべきではないという、一般的に認められた刑法上の原則に反するように思われる[215]。

実際、国連領域内保護会議に参加した各国代表は、犯罪を理由として申請を却下されるのは「いまなお訴追または刑罰の対象である」と考えられる者に限るべきであるという点で一致することができたのである[216]。

第3に、難民条約の起草者らは、迫害を受けるおそれがある者の保護を拒否することの重大性を認識していたので、犯罪を理由とする例外の対象を、引渡し対象犯罪のなかでも重大な犯罪を理由とする訴追または刑罰を受けるおそれがある者にあえて限定した[217]。イギリス代表は、除外について狭く解釈することを強く主張し、非政治犯罪を理由とする除外について定めた世界人権宣言の条項を単純に編入することに対して反対している。

> しかし、ある者が訴追対象に該当するとみなすというのはどういうことなのだろうか。訴追され、有罪判決を受けた者はもちろんこれに該当するように思われる。したがって、(b)項が現状の規定のままでは、政治犯罪でないかぎり……どんなに軽微な罪であっても何らかの犯罪を行った難民も含まれることとなり、そのためこのような難民は［難民］条約の利益を自動的に受けられなくなってしまうだ

---

[215] P. Weis, "The concept of the refugee in international law" (1960), 87 J. de droit international 928, at 984-86.
[216] U.N. Doc. A/CONF.78/12, February 4, 1977, cited in A. Grahl-Madsen, *Territorial Asylum*, p.209 (1980).
[217] フランス代表のRochefort氏は、「犯罪は軽罪と同じものではなく、世界人権宣言で用いられている意味での『犯罪』は重大な犯罪を意味する」と指摘した (U.N. Doc. A/CONF.2/SR.29, at 18, July 19, 1951)。このような理解がとりわけ重要なのは、この条項の最終的文言はフランス語の条文案をもとに採択され、その後に英語に翻訳されたためである (U.N. Doc. A/CONF.2/L.1/ADD.10, at 3, July 20, 1951)。

ろう。このような命題が擁護できないものであることは、誰の目にも明らかなはずである[218]。

犯罪人引渡条約の中には十分に重大ではない犯罪を理由とする退去強制を予定しているものもあるというこのような懸念により、各国代表は、除外の対象は明らかに「重大な」犯罪に限定しなければならないと考えるに至った[219]。たとえばベルギー代表は次のように述べている。

「犯罪人引渡条約の規定の対象である」犯罪に言及するよりも、……「重大な犯罪」という文言のほうが望ましい。……犯罪者が引渡しの対象とされうる犯罪のなかには、刑期がわずか3カ月にすぎず、したがって明らかに重大ではないものも存在する[220]。

Atle Grahl-Madsenはこの条項について、迫害を受けるというおそれを相殺するに足るほど重大なのは刑期が数年以上のものだけであると解釈している[221]。UNHCRは、殺人、強姦、子どもへの暴行、傷害、放火、麻薬取引、武装強盗といった、人に対する相当の暴力を伴う犯罪を挙げることによって重大性を定義している[222]。通常、これらの犯罪に対しては厳しい刑罰を科すことが相当であり、保護の対象とすることを控えるのは真に忌まわしい過ちを犯した者だけにとどめるという、難民条約の決意が明確となる。

第4に、その犯罪は普通法上の普通犯罪でなければならず[223]、その訴追および処罰のあり方も差別的なものであってはならない。第5章で指摘したように[224]、「犯罪」が絶対的もしくは相対的政治犯罪である場合、またはその他の面では正当な刑事手続に対し、選択的訴追、懲罰目的による手続的公正の否定もしくは政治

---

[218] イギリスのHoare氏の発言。U.N. Doc. A/CONF.2/SR.29, at 11, July 19, 1951.
[219] この修正案はスイス代表のSchruch氏が提案し（U.N. Doc. A/CONF.2/SR.29, at 17, July 19, 1951）、フランスのRochefort氏が正式な動議として提出したものである（U.N. Doc. A/CONF.2/SR.29, at 20, July 19, 1951）。
[220] ベルギーのHerment氏の発言。U.N. Doc. A/CONF.2/SR.29, at 20, July 19, 1951.
[221] A. Grahl-Madsen, *supra*, note 214, p.297.
[222] G. Goodwin-Gill, *The Refugee in International Law*, p.62 (1983).
[223] たとえば、ユーゴスラビアのBozovic氏およびフランスのRochefort氏の発言（U.N. Doc. A/CONF.2/SR.29, at 17, July 19, 1951）を参照。
[224] 前掲第5章6(1)参照。

的思惑による量刑によって政治的干渉が行われた証拠がある場合は、申請者が直面している危険が刑法の通常の適用であるということは不正確である。

　最後に、そして最も重要な点として、難民としての地位からの除外と関連する危険は、申請者を送還して訴迫または処罰に直面させた場合に生ずる危害を上回るものであってはならない。たとえ申請者が重大な犯罪者であったとしても、出身国で想定される迫害が凶悪な性質のものである場合には、犯罪人引渡しの考え方に基づく送還の論理に反する[225]。難民条約の起草者らはこの可能性を抜け目なく承知していた。

> 重大な結果をもたらさない犯罪を行った難民について、その者を迫害する可能性のある政府から引渡しの要請を受けた国は、きわめて困難な決定に直面することになろう。他方で、死刑に相当する犯罪を行った者に対し、その者がたまたま同時に、それほど重要ではない政治的活動のために相対的に軽微な危険にさらされているからという理由だけで庇護を与えるよう、各国に期待することもできない。関連するあらゆる考慮事項を適切に衡量しなければならない[226]。

　危害を衡量しなければならないというこの要件は、普通法上の犯罪者を除外する際にとるべきアプローチについての、会議の議長によるまとめにも反映されている。

> 前科のある者が難民としての庇護を求める場合、その者がどのような犯罪を行ったかということと、迫害を受けるおそれがあるという恐怖がどの程度十分な理由のあるものであるかということを衡量するのは避難国の判断である[227]。

　このため、意思決定を担当する者は申請の事実関係を考慮しなければならない[228]。申請者が恐れている危害の重大性が申請者の犯罪行為の重大性を上回っ

---

[225]「ある者が最終的に出身国に送還されると同時に、政治的理由による確実な死、終身刑、重大な身体的傷害等の対象になるおそれがあるとすれば、……たとえ真に重大な非政治犯罪について有罪であると考えられるにしても、実際のところ、難民として認めることが公正であるように思われる」(A. Grahl-Madsen, *supra*, note 214, p.298)。
[226] デンマークのLarsen氏の発言。U.N. Doc. A/CONF.2/SR.24, at 13, July 17, 1951.
[227] 議長発言。U.N. Doc. A/CONF.2/SR.29, at 23, July 19, 1951.

ている場合、この条項に基づく除外の対象とすることは不適当である[229]。

　難民条約1条Fに基づく普通法上の重大な犯罪者の除外と、33条2項に従って危険な難民を追放しまたは送還する国の権利はしばしば混同されている[230]。1条Fは、難民が大規模に流入しやすいと考えている国々の強い主張によって挿入された規定であり[231]、相対的に低い立証基準（「……と考える相当な理由」）に基づいて[232]、かつ刑法上の容疑について評価するために正式な裁判を行うことなく、入国前の除外を行う可能性を残すためのものである。このような手段の便宜主義的性質は、その適用範囲がきわめて狭いことによって均衡がとられている。すなわち、この条項が適用されるのは、依然として裁判の対象となる重大な犯罪を入国前に行った者だけであり、当該犯罪の重大性が、想定される迫害の重大性を上回る場合に限られる。

　他方、33条2項は当初から置かれていた[233]、適用範囲もより幅広い犯罪者条項である。この規定により、たとえば避難国で犯罪を行った難民[234]、または避難国もしくはその他の国における犯罪歴から判断して（たとえ重大な形態の迫害に直面

---

[228]「実務上、難民申請を黙殺できることはめったにない。行われたと推定される犯罪の性質と、恐怖の対象となっている迫害の程度を衡量しなければならないためである」（G. Goodwin-Gill, *supra*, note 222, pp.61-62）。この衡量原理の先例はアメリカの判例に見られるが（M. McAndrew, "The Dictator Dilemma: A Comparison of United States and French Asylum Procedures" (1986), 19 N.Y.U.J. Intl. L. and Policy 1087, at 1089-090参照）、アメリカ出入国不服審査委員会（Board of Immigration Appeals）の決定では、このようなアプローチは拒否されている（たとえば、*Matter of Rodriguez-Coto*, Interim Decision 2985, February 21, 1985, at 3参照）。

[229] UNHCR, *supra*, note 16, at 37; P. Weis, *supra*, note 215, at 986.

[230]「難民であって、当該締約国の安全にとって危険であると認めるに足る相当な理由があるもの又は特に重大な犯罪について有罪の判決が確定し当該締約国の社会にとって危険な存在となったものは、［ノン・ルフールマンの］利益の享受を要求することができない」（難民条約〔前掲注2〕33条2項）。たとえば、出入国難民委員会が1条F(b)を不適当な形で適用し、入国前に行われた犯罪とカナダで行われた犯罪（いずれについても服役済み）をあわせて考慮して申請人の申請を却下したImmigration and Refugee Board Decision T89-0245, September 1989を参照。本件は32条2項の基準に照らして評価を行うのが合理的であった。基準が満たされれば、申請者は難民としての地位は引き続き有しながら、ルフールマンから保護される利益は喪失することとなったはずである。

[231]「フランスがこの問題についてこれほど断固たる立場をとるのは、庇護権への対応を、国境で移民を慎重にふるいにかけられる立場にある国よりもはるかに困難な条件下で行わなければならないためである」（フランスのRochefort氏の発言。U.N. Doc. A/CONF.2/SR.24, at 13, July 17, 1951）。ユーゴスラビアのMakiedo氏の発言（U.N. Doc. A/CONF.2/SR.24, at 18, July 17, 1951）も参照。これらの国々は、入国を許可された難民が再定住する可能性を阻害したくないと考えていた：「難民としての地位が犯罪者に与えられるということになれば、移民国はその価値に疑義を呈さざるをえなくなろう」（フランスのRochefort氏の発言。U.N. Doc. A/CONF.2/SR.19, at 7, July 13, 1951）。

[232] 1 A. Grahl-Madsen, *The Status of Refugees in International Law*, p.289 (1966).

[233] 実際にイギリスからは、33条2項に鑑みて犯罪者除外条項を設ける必要はないとの主張も行われた（イギリスのHoare氏の発言。U.N. Doc. A/CONF.2/SR.24, at 4, July 1971, 1951）。オランダのvon Boetzelaer男爵の発言（U.N. Doc. A/CONF.2/SR.29, at 12, July 19, 1951）も参照：「普通法上の犯罪者が庇護の権利を享受できるべきではない。しかしこのような考慮に対する配慮はすでに……条約案［33］条で行われている」。

する可能性があるとしても）望ましくない在留者であると考えられる難民[235]を追放しまたは送還する手段が、国に用意されている。ただし、その立証基準はより厳しい。単にある者が犯罪者であると「考える相当な理由」があるだけではなく、とくに重大な犯罪について有罪の判決が確定していなければならないのである[236]。また、行われた犯罪も「重大」であるだけでは十分ではなく、「とくに重大」であって、当該犯罪者が「社会にとって危険な存在」となったという認定を正当化するようなものでなければならない[237]。

(3) 国際連合の原則および目的に反する行為

この最後の除外条項[238]はもともと、平和および安全に対する犯罪を行った者に関わる規定案に組み込まれていたものである[239]。当該除外条項が一般的文言で規定し直された[240]ため、国際連合の原則および目的に対する言及は前のほうに移され、世界人権宣言14条2項に範をとった普通法上の犯罪者条項に組み込まれた[241]。最終的には世界人権宣言の規定からも離れた表現が採用され[242]、国際連合の原則および目的を遵守しないことが独立の除外条項として設けられるに至ったものである。

この規定の諸解釈は、その起草過程の混乱ぶりをそのまま反映している。1つの立場は、この条項は第2次世界大戦の対敵協力者を排除するためのものであり[243]、したがって現在ではほとんど関連性を有しないというものである。国際連合

---

[234] たとえば、*I. v. Belgium* (1987), 46 Revue du droit des étrangers 200参照。本件は、重窃盗で3年の収監刑を言い渡された難民をベルギーが33条2項に基づいて送還した事件である（cited in (1989), 1(3) I.J.R.L. 392)。問題は、窃盗を「とくに重大な犯罪」と考えることが適当かどうかというところにある。1条F(b)の除外条項の適用上、窃盗は「重大な犯罪」とさえみなすことができないはずだからである。前掲注221～222の本文参照。
[235] 「現在の除外条項が言及しているのは『難民として避難国に入国することが許可される前に』行われた犯罪であり、居住国において重大な犯罪を行った者は依然として難民であるが、一定の条件下においては庇護を否定され、出身国に送還される可能性もある（難民条約33条2項）」(P. Weis, *supra*, note 215, at 984)。
[236] *Supra*, note 230.
[237] *Id.*
[238] 「この条約は、次のいずれかに該当すると考えられる相当な理由がある者については、適用しない。……国際連合の目的及び原則に反する行為を行ったこと」(難民条約〔前掲注2〕1条F(c))。
[239] 作業部会の草案参照 (U.N. Doc. E/AC.32/L.32, at 3, February 9, 1950)：「いかなる締約国も、国際軍事裁判所ロンドン憲章VI条に定められた犯罪または国際連合憲章の目的および原則に反するその他の行為を行ったといかなる者に対しても、この条約の利益を適用しない」。
[240] 前掲注167の本文参照。
[241] 前掲注155参照。
[242] これはユーゴスラビアのBozovic氏の提案によるものである。U.N. Doc. A/CONF.2/SR.29, at 20, July 19, 1951.

の原則および目的の違反は基本的に平和および安全に対する犯罪と完全に一致しているとする論者もいる[244]（ジェノサイド[245]や戦争犯罪[246]等）。一方で、この条項で含意されているのは庇護国の転覆を試みようとしない義務であるとする見方もある[247]（難民の出身国の転覆さえこれに含める見解もある[248]）。第4の説では、国際連合の原則および目的を尊重しない者を難民として認めることが禁じられるのは、基本的人権に一致しない方法で行動する者を除外しようとしたものであるとされる[249]（たとえば差別行為に参加したり[250]自決権に反対したり[251]すること等）。最後に、この条項は、国際連合の主要な活動（人権の尊重のみならず、ハイジャックや人質をとる行為との闘いのような大義も含まれる）を尊重しない者には権利を認めないものであるとする主張もある[252]。

可能な解釈がこのように複数存在することは、この条項の曖昧さが誤った解釈または濫用の余地を残すことになるといういくつかの国の代表の懸念[253]を証明す

---

[243] アメリカのHenkin氏の発言。U.N. Doc. E/AC.7/SR.160, at 16, August 18, 1950. P. Weis, *supra*, note 215, at 986も参照。

[244] 「わが国代表団としては、当該表現は戦争犯罪人、普通法上の犯罪者、および、戦争犯罪について有罪とされてはいないものの国際連合の原則に反する同様に重大な行為、換言すれば人道に対する犯罪を行った可能性がある者に適用される——したがってこれらの者は除外の対象となる——と理解する」（フランスのRochefort氏の発言。U.N. Doc. E/AC.7/SR.166, at 4, August 22, 1950）。

[245] フランスのRochefort氏の発言。U.N. Doc. E/AC.7/SR.160, at 15, August 18, 1950.

[246] スイスのSchurch氏の発言。U.N. Doc. A/CONF.2/SR.29, at 17, July 19, 1951. C. Pompe, "The Convention of 28 July 1951 and the International Protection of Refugees", published in English as U.N. Doc. HCR/INF/42, May 1958, at 13も参照：「この最後の表現が——別に挙げられている戦争犯罪以外に——何を意味していると理解すべきかについては、難民条約らの起草者らは明らかにしていない」。

[247] イギリスのHoare氏の発言（U.N. Doc. A/CONF.2/SR.24, at 4, July 17, 1951）およびカナダのChance氏の発言（U.N. Doc. A/CONF.2/SR.24, at 16, July 17, 1951）。

[248] 「各国は、国際法上、他国の安全を危険に陥れる可能性があるいずれかの行為がその管轄領域内で行われることを防止する義務を負っている。これにより、各国は当然、その領域内にいる難民が自分の国の政府に反対する政治的活動に従事することを防止する義務を負うことになる」（K. Kawahara, "Analysis of Results of the First Session of the International Conference on Territorial Asylum" in International Institute of Humanitarian Law, ed., *Round Table on Some Current Problems of Refugee Law*, p.26 (1978)）。

[249] 「一般的な人権尊重義務は具体的には世界人権宣言と1966年の国際人権規約を通じて発展してきたものであるから、他の者の人権を否定しまたは制約した者はこの例外に該当するとも主張できよう」（G. Goodwin-Gill, *The Refugee in International Law*, pp.63-64 (1983)）。

[250] インド代表のDesai氏は、「……認可旅館を経営している難民が有色人種の宿泊を拒否した事例」を知っていると述べ、「このような場合、当該難民個人は[国連]憲章の目的および原則に反して行動していることになり、[難民]条約の保護を享受するべきではない」とした（U.N. Doc. E/AC.7/SR.160, at 17, August 18, 1950）。フランスのRochefort氏の発言（U.N. Doc. E/AC.7/SR.160, at 20, August 18, 1950）も参照：「インド代表が挙げた事例のように、人種差別を実行した難民は、それによって庇護国の寛容を濫用していることになろう」。

[251] この可能性を提起したのはチリ代表のBernstein氏である。U.N. Doc. E/AC.7/SR.160, at 18, August 18, 1950. G. Goodwin-Gill, *supra*, note 249, p.65も参照。

[252] *Id.*

るものである。そのうえ、これらのいずれの解釈も実質的には問題をはらんでいる。対敵協力者、戦争犯罪人および人道に対する犯罪について有罪と認められた者の除外は1条F(a)で実現可能であり[254]、したがって「原則および目的」理由とする除外条項は必要がない。庇護国の転覆を意図する者に関する懸念に対しては33条2項で対応が可能であるし[255]、難民を生み出した国の政権を打倒しようとする努力を理由とする除外は、国際連合が人権と自決権を重視していることを考えれば筋違いであるように思われる[256]。人権規準に違反した者や国際社会のその他の目標を支持しない者を除外することについてはより説得力があるが[257]、これらの基準が幅広く、詳細かつ相対的に曖昧なものであるため、一般的には自分の義務を理解するために国内法しか参照しない平均的市民の場合には相当な困難が生じることになろう。

国際連合憲章は、この機構の目的を4つ掲げている。国際の平和および安全を維持すること、諸国間の友好的かつ相互尊重的な関係を発展させること、社会経済的および文化的問題を解決することについて国際協力を達成すること、および、これらの目的の達成に向けた行動を調和するための中心となることである[258]。これらの基本的目的は、2条に掲げられた一連の原則を通じて加盟国を拘束している。その原則には、主権平等の原則の尊重、義務の誠実な履行、紛争の平和的解決、他国の領土保全または政治的独立に対する武力行使の自重、国際連合の活動の促進などが含まれる[259]。これらの原則が基本的に各国政府に向けられたものであること[260]、またほとんどの個人は、平和および安全に対する犯罪または重大な刑事犯罪の遂行以外の手段によっては、これらの目的および原則の精神にさえ違反

---

[253]「フランス代表の善意を疑うものではないが、暴君が政敵を収監するにあたり、彼らが国際連合または民主主義の敵であるという口実を用いた例もあることを、私は想起する。……委員会としては、濫用の余地を残す制限的文言は避けるべきである」(U.N. Doc. E/AC.7/SR.160, at 19, August 18, 1950)。パキスタンのBrohi氏の発言 (U.N. Doc. E/AC.7/SR.160, at 16, August 18, 1950)、カナダのMeagher女史の発言 (U.N. Doc. E/AC.7/SR.165, at 23, August 19, 1950) およびチリのBernstein氏の発言 (id.) も参照。
[254] 前掲第6章3(1)参照。
[255] Supra, note 230.
[256] Sam Aiboniは、自由の戦士を支持するさまざまな国連決議を引用しながら、「したがって、これらの諸運動の活動が国際連合の目的および原則に反しているということは到底できない。むしろその逆こそが真である」との結論を述べている。S. Aiboni, Protection of Refugees in Africa, p.141 (1978).
[257]「ここで言及されている原則は、国際連合憲章と世界人権宣言において定義されている。人道に対する犯罪は行わなくとも、たとえば差別を行うことによって人権を侵害した者は、『国際連合の目的及び原則に反する行為』を行ったとみなしえよう」(事務局のGiraud氏の発言。U.N. Doc. E/AC.7/SR.166, at 9, August 22, 1950)。
[258] 国連憲章(前掲注181) 1条。
[259] 前掲2条。

することができないことは、明らかである。このように、この除外条項にどのような独自の有用性があるのかはややわかりにくい。

しかし、難民条約の起草過程では、この除外条項は、国連憲章の要件を尊重しながら権力を行使しないことによって「権限のある立場を濫用した」者への対応であることが示唆されていた[261]。

この規定は一般市民ではなく、国家元首、閣僚、高級官僚のような、政府の職にある者に対して向けられたものである。……事態の変化により、迫害を行っていた者自身が難民となる可能性もある。……［その場合には］国に庇護の提供を強制することはありえないし、国連憲章または世界人権宣言の権威にかけて、そのような庇護が提供されることはあってはならない[262]。

より具体的には、懸念されたのは次のような点である。

二流の暴君が、人道に対する犯罪を行った後、国連に対する犯罪が当たり前の行為と思われている出身国で訴追されないということもありうる。……したがって、世界政府や独立の国際司法裁判所が存在しない以上、……このような［裁量］権は、否応なしに国に委ねられざるをえない[263]。

したがって、この条項の賢明かつ目的主義的な解釈として国連が提唱する[264]のは次のようなものである。すなわち、この規定の意図は、各国が、受け入れられる国際的行動についての基本的規範を、それを当然に理解および尊重すべき政府職員に対して行使するにあたって国際社会の代理人として効果的に行動できるよ

---

[260]「国際連合の加盟資格は主権国家に限られているのであって、国際連合憲章の目的および原則に反する行為を個人がどのようにして行えるのか、理解しがたい」(チリのBernstein氏の発言。U.N. Doc. E/AC.7/SR.160, at 15, August 18, 1950)。ただし、フランスのRochefort氏の発言(U.N. Doc. E/AC.7/SR.166, at 5, August 22, 1950) も参照:「国際連合憲章の目的および原則に反する行為についていえば、最初に生ずる問題は、そのような行為を個人が行いうるか否かというものである。世界人権宣言14条および30条により、この問題に対しては肯定の答えが出されている」。国際刑法上の個人責任に依拠した事務局のGiraud氏の発言 (U.N. Doc. E/AC.7/SR.166, at 8, August 22, 1950) も参照。
[261] カナダのMeagher女史の発言。U.N. Doc. E/AC.7/SR.166, at 10, August 22, 1950。
[262] フランスのRochefort氏の発言。U.N. Doc. E/AC.7/SR.166, at 6, August 22, 1950。
[263] *Id.*
[264] UNHCR, *supra*, note 16, p.38.

うにするとともに、自らの政治的権限を誤用して個人、国家または国際社会の福祉を危険にさらした者を受け入れて保護することによって、難民としての地位が貶められることがないようにするところにある[265]。

---

[265] I A. Grahl-Madsen, *The Status of Refugees in International Law*, p.286 (1966)参照。

第7章

利己的世界における人道的保護の課題

　国家間の移動の自由に対する権利はない。国際法の一般的原則では、自国を離れ、かつ自国に戻る権利は認められているものの、入国を許可する義務が他国に課されているわけではない。国際権利章典が認めているのも個人が庇護を求める権利のみであって、実際にそのような要請に応じるという、当該権利に対応する義務を国は負っていない。

　難民法は、出入国管理政策に関する自決権を認めたこのような規範に対する小さな例外にあたる。難民法は、出入国管理をめぐる利己的統制権を手放したくないという各国の一般的意思を、強制された移住の現実と両立させるための、政治的実際性を備えた手段である。今世紀［20世紀］初頭以降、各国政府は、出入国管理に対する統制権を全般的に維持しようとするのであれば、特別な緊急事態を理由とする入国の要求に応じなければならないということを認識するようになった。それを怠れば、より広範な管理政策が破壊されることになる。法律や制度的体制など、重大な危害から避難してきた人々が必死に発揮する創造性の敵ではないからである。国際的移動の自由を求める人々のうち限られた一部に対応することにより、難民法は保護主義的規範の存立を正当化、維持する機能を果たしている。

　各国にとっての課題は、常に、難民としての地位——原則に対する例外——をどのように定義するかということであった。それは、移動の必要性が疑いえない人々を対象にできるよう十分に幅広いものでなければならないが、同時に、庇護国が有している利己的こだわりに応じられるよう、難民という集団の範囲を制限できるものでなければならない。難民条約は、おそらくそれがこのような作業を国際政治の場で試みた最初の難民協定であることにより、各国が自ら定義する利益の保護に対して強い関心を示している。難民条約を採択した全権会議にオブザーバーとして参加した、ある非政府組織の代表の発言に見られるとおりである。

　会議では、もう少しで「難民」という言葉の法的定義が採択されそうであった。

しかし、会議がこれまでに完遂した作業の過程で、この言葉は推論によって定義されたにすぎず、真理と正義の観点に照らせば、これまでに形成された一般的印象は修正されるべきであろう。……会議が行ってきた諸決定は、時として、これは邪悪な難民から無力な主権国家を保護するための会議なのかという印象を与えるものであった。条約案は、時に、難民にとっては高価なレストランのメニューのように映るものになりかねない危機にさらされた。それはあらゆるコースが線で消されたメニューで、残っているのはせいぜいスープぐらい、そして場合によってはスープでさえ出すことができないこともあるという注が付されている類のものである[1]。

作業の結果は、保護の視点に立てば、多くの点で嘆かわしいものとなった。それは次のような点からも明らかである。難民条約が、自国の管轄から成功裡に逃げ出せた者にしか焦点を当てていないこと。危険に関わる客観的基準を満たした者にしか庇護を提供していないこと。人間の全面的解放ではなく、重大な危害の回避にこだわっていること。実効的な国内的保護を尊重していること。危険を評価するにあたり、何らかの形態の差別または差異化が存在していなければならないとしていること。そして、もちろん、難民として認定される必要がない、もしくはそれにふさわしくないと庇護国が判断した者に対して、難民としての地位を否定していることなどである。難民条約の構造は、明らかに、人間の尊厳の諸保障を実効性のあるものにすることに対し、各国が最小限の決意しか示さなかったことから成り立っている。今日では各国政府がより寛容に行動する傾向を見せつつあるなどとはほとんど思えないことから、本書の第1の目的は、どのようにすれば人道的保護の理念を現状の定義の枠組みに合理的に当てはめることができるかを提起するところに置かれた。

　難民条約が引き続き現実適用性を維持していくうえでの第2の課題は、冷戦の終焉に伴い、条約が当初対応していた欧州中心の政治的風景が変化したことから生じている。保護をめぐる現代的関心が戦後の欧州のそれとはますます異なったものとなりつつあるため、難民条約上の定義が単なる法的時代錯誤になってし

---

[1] 国際ボランタリー団体協議会 (International Council of Voluntary Agencies) のRees氏の発言。U.N. Doc. A/CONF.2/SR.19, at 4, November 26, 1951.

まうおそれは現実のものとなっている。もちろん、難民に関する地域的取決め、制度的プログラム、各国の裁量的取組み、慣習法的基準の発展を通じ、条約上の定義が有する概念上の瑕疵の重大性はある程度緩和されてきた。とはいえ、難民条約には世界の3分の2以上の国々が調印しており、また条約をモデルとして自国の保護体制を構築している国があまりにも多いことから、条約上の定義は歴史的重要性を有するにとどまるものではない。少なくとも中期的には、条約上の定義を公正にかつ状況に応じて適用することこそ、避難を余儀なくされた人々の安全を守るという国際社会の法的決意にとって最大の希望である。本書が第2にめざしたのは、したがって、難民条約の中核的規則が、人々の移住を余儀なくする国家的権利剥奪の新たな態様にあわせて修正しうることを明らかにするところにあった。難民法が有する実体的関心を、人間の基本的尊厳に関する一般国際法上の基準と結びつけることによって、現代の難民が有する保護のニーズと、難民条約の起草者らがその苦境を承知していた難民の保護のニーズとを効果的に対置することが可能になる。

　もちろん、難民条約の中核的規則のうち現代でも妥当する諸規則をいくら人道的に解釈しても、難民法の前提となっている脆弱な政治的合意が無期限に維持できるという保証はない。現行制度は両立しえない可能性がある課題に直面している。1つは関心の領域がかつてないほど狭まっている各国政府の対応から、もう1つは、最も基本的な保護の義務さえ国が果たさないために避難を余儀なくされている人々の増加から生ずるものである。この利害衝突は保護の機構の再検討に至ることを運命づけられているように思われるし、より幅広く定義された一群の非自発的移住者のニーズを満たそうとするのであれば、難民としての地位を、ただでさえ限定されている現行の庇護概念よりもさらに狭めなければならない可能性もある。難民法は、結局のところ、基本的には利己的な国民国家が創り出したものであるので、庇護へのアクセス権を現在のそれよりも寛容な形で定義することは結局不可能であることが証明されるかもしれない。

A

Adelman, Howard. "Refuge or Asylum: A Philosophical Perspective" (1988), 1 J. Refugee Studies 7.

Aga Khan, Sadruddin. "Legal Problems Relating to Refugees and Displaced Persons", [1976] Recueil des cours 287.

Aiboni, Sam. *Protection of Refugees in Africa* (1978). Uppsala: Svenska inst. for internationell ratt, Uppsala University.

Alston, Phillip. "The Universal Declaration at 35: Western and Passé or Alive and Universal?" (1983), 31 I.C.J. Rev. 60.

Anker, Deborah. "Defining a 'Social Group'." (1983), 6 Imm. J. 15.

_____. "American Immigration Policy and Asylum" (1987), 38(4) Harvard L. Bull. 4.

_____. "Discretionary Asylum: A Protection Remedy for Refugees Under the Refugee Act of 1980" (1987), 28(1) Virginia J. Intl. L. 1.

Anker, Deborah and Carolyn Blum. "New Trends in Asylum Jurisprudence" (1989), 1 Intl. J. Refugee L. 67.

Anker, Deborah and Michael Posner. "The Forty Year Crisis: A Legislative History of the Refugee Act of 1980" (1981), 82 San Diego L. Rev. 1.

B

Beyer, Gunther. "The Political Refugee: 35 Years Later" (1981), 15 Intl. Migration Rev. 26.

Blum, Carolyn. "Who is a Refugee? Canadian Interpretation of the Refugee Definition" (1986), 1 Imm. J. 8.

_____. "Legal Perspectives on U.S. Jurisprudence Regarding Central American Refugee Claims" (1987), 7(1) Refuge 12.

Botelho, Angela. "Membership in a Social Group: Salvadoran Refugees and the 1980 Refugee Act" (1985), 8 Hastings Intl. Comp. L. Rev. 305.

Brill, Kenneth D. "The Endless Debate: Refugee Law and Policy and the 1980 Refugee Act" (1983), 32 Cleveland State L. Rev. 117.

Burke, Scott W. "Compassion Versus Self-Interest: Who Should Be Given Asylum in the United States?" (1984), 8 Fletcher Forum 311.

C

Chamberlain, Margaret D, "The Mass Migration of Refugees and International Law" (1983), 7 Fletcher Forum 93.

Chemille-Gendreau, Monique. "Le concept de réfugié en droit international et ses limites" (1981), 28 Pluriel 3.

Coles, G.J.L. "Some Reflections on the Protection of Refugees From Armed Conflict Situations" (1984), 7 In Defense of the Alien 78.

_____. "The Human Rights Approach to the Solution of the Refugee Problem: A Theoretical and Practical Enquiry", in A. Nash, ed., *Human Rights and the Protection of Refugees under International Law,* p.195 (1988). Montreal: Canadian Human Rights Foundation.

_____. "Approaching the Refugee Problem Today", in G. Loescher and L. Monahan, eds., *Refugees and International Relations,* p.373 (1989). Oxford: Oxford University Press.

Cox, Theodore N. "Well-Founded Fear of Being Persecuted: The Sources and Application of a Criterion of Refugee Status" (1984), 10 Brooklyn J. Intl. L. 333.

D

DeVecchi, Robert P. "Determining Refugee Status: Towards a Coherent Policy", [1983] World Refugee Survey 10.

Dirks, Gerald E. "The Green Paper and Canadian Refugee Policy" (1975), 7(1) Cdn. Ethnic Studies 61.

_____. *Canada's Refugee Policy: Indifferences or Opportunism?* (1977). Montreal: McGill-Queen's University Press.

_____. "A Policy Within a Policy: The Identification and Admission of Refugees to Canada" (1984), 17 Cdn. J. Pol. Sci. 279.

E

Evans, Alona E. "Political Refugees and the United States Immigration Laws: Further Developments" (1972), 66 A.J.I.L. 571.

F

Fish, Hamilton, Jr. "A Congressional Perspective on Refugee Policy", [1983] World Refugee Survey 48.

Foighel, I. "Legal Status of the Boat People" (1979), 48 Nordisk Tidsskrift for Intl. Ret. 217.

Fong, Chooi. "Some Legal Aspects of the Search for Admission into Other States of Persons Leaving the Indo-Chinese Peninsula in Small Boats" (1981), 52 British Y.B. Intl. L 53.

Fowler, Dulcey. "The Developing Jurisdiction of the United Nations High Commissioner for Refugees" (1974), 7 Human Rts. J. 119.

Fragomen, A. T., Jr. "The Refugee: A Problem of Definition" (1970), 3 Case Western Reserve J. Intl. L. 45.

Frelick, Bill. "Conscientious Objectors as Refugees", in V. Hamilton, ed., *World Refugee Survey: 1986 in Review* (1987). U.S. Committee for Refugees.

G

Gagliardi, Donald P. "The Inadequacy of Cognizable Grounds of Persecution as a Criterion for According Refugee Status" (1987-88), 24 Stanford J. Intl. L. 259.

Garvey, J. "Toward a Reformulation of International Refugee Law" (1985), 26 Harvard Intl. L. J. 483.

Ghoshal, A. and T. Crowley. "Refugees and Immigrants: A Human Rights Dilemma" (1983), 5 Human Rts. Q. 327.

Gibney, Mark. "A 'Well-Founded Fear' of Persecution" (1988), 10(1) Human Rts. Q. 109.

Gibney, Mark and M. Stohl. "Human Rights and U.S. Refugee Policy', in Mark Gibney, ed.,

Open Borders? Closed Societies? The Ethical and Political Issues (1988). New York: Greenwood Press.
Gilbert, Geoffrey S. "Right of Asylum: A Change of Direction" (1983), 32l. C. L. Q. 633.
Goodwin-Gill, Guy. *International Law and the Movement of Persons Between Status* (1978). Oxford: Clarendon Press.
_____. "Entry and Exclusion of Refugees: The Obligations of States and the Protection Function of the Office of the UNHCR" (1980), Michigan Y.B. Intl. L. Studies 291.
_____. *The Refugees in International Law* (1983). Oxford: Clarendon Press.
_____. "Non-Refoulement and the New Asylum Seekers" (1986), 26(4) Virginia J. Intl. L. 897.
_____. "Refugees: The Functions and Limits of the Existing Protection System", in A. Nash, ed., *Human Rights and the Protection of Refugees under International Law,* p.149 (1988). Montreal: Canadian Human Rights Foundation.
Grahl-Madsen, Atle. "Further Development of International Refugee Law" (1964), 34 Nordisk Tidsskrift for Intl. Ret. 159.
_____. *The Status of Refugees in International Law* (1966, 1972). Leyden: A. W. Sijthoff.
_____. *Territorial Asylum* (1980). Stockholm: Almqvist & Wiksell International.
_____. "International Refugee Law Today and Tomorrow" (1982), 20 Archiv des Völkerrechts 411.
_____. "The League of Nations and the Refugees" (1982), 20 A.W.R. Bull. 86.
_____. "Identifying the World's Refugees" (1983), 467 Annals A.A.P.S.S. 11.
_____. "Protection of Refugees by Their Country of Origin" (1986), 11(2) Yale J. Intl. L. 362.
Greatbatch, Jacqueline. "The Gender Difference: Feminist Critiques of Refugee Discourse" (1989), 1(4) Intl. J. Refugee L. 518.
Greig, D.W. "The Protection or Refugees and Customary International Law" (1983), 8 Australian Y. B. Intl. L. 108.
Grey, Julius H. *Immigration Law in Canada* (1984). Scarborough, Ontario: Butterworths.
Gross, Douglas. "The Right of Asylum Under United States Law" (1980), 80 Columbia L. Rev. 1125.

H

Hailbronner, Kay. "Non-Refoulement and 'Humanitarian' Refugees: Customary International Law or Wishful Legal Thinking?" (1986), 26(4) Virginia J, Intl. L. 857.
Hathaway, James C. "The Evolution of Refugee Status in International Law: 1920-1950" (1984), 334 I.C.L.Q. 348.
_____. "'Irregular' Asylum Seekers: What's All the Fuss?" (1988), 8(2) Refuge 1.
_____. "Selective Concern: An Overview of Refugee Law in Canada" (1988), 33(4) McGill L.J. 676.
_____. "A Reconsideration of the Underlying Premise of Refugee Law" (1990), 31(1) Harvard Intl. L.J. 129.
Hathaway, James C. and Michael Schelew. "Persecution by Economic Proscription A New Refugee Dilemma" (1980), 28 Chitty's L.J. 190.

Helton, Arthur C. "Persecution on Account of Membership in a Social Group as a Basis for Refugee Status" (1983), 15 Columbia Human Rts. L.Rev. 39.

Henkin, L. "International Human Rights and Rights in the United States", in Theodor Meron, ed., *Human Rights in International Law: Legal and Policy Issues* (1984). Oxford: Clarendon Press.

Heyman, M. "Redefining Refugee: A Proposal for Relief for the Victims of Civil Strife" (1987), 24 San Diego L.Rev. 449.

Hofman, Rainer. "Refugee-Generating Policies and the Law of State Responsibility" (1985), 45 Zeitschrift Auslandisches Offentliches 694.

Holborn, Louise W. *The International Refugee Organization: A Specialized Agency of the United Nations: Its History and Work, 1946-1952* (1956). Oxford: Oxford University Press.

Howard, Rhoda. "Contemporary Canadian Refugee Policy: A Critical Assessment" (1980), 6(2) Cdn. Public Policy 361.

Hull, David. "Displaced Persons: 'The New Refugees'" (1983), 13 Georgia J. Intl. Comp. L. 755.

Huyck, Earl E. and Leon F. Bouvier. "The Demography of Refugees" (1983), 467 The Annals Am. Academy 39.

Hyndman, Patricia. "Refugees Under International Law with a Reference to the Concept of Asylum" (1986), 60 Australian L.J. 148.

_____. "The 1951 Convention Definition of Refugee: An Appraisal with Particular Reference to the Sri Lankan Tamil Applicants" (1987), 9 Human Rts. Q. 49.

I

Independent Commission on International Humanitarian Issues. *Refugees: The Dynamics of Displacement* (1986). London: Zed Books.

_____. *Winning the Human Race?* (1988). London: Zed Books.

Indra, Doreen. "Gender: A Key Dimension of the Refugee Experience" (1987), 6(3) Refuge 3.

Iognat-Prat, Michel. "L'évolution du concept de réfugié: Pratiques contemporaines en France" (1981), 28 Pluriel 13.

J

Jackson, J. "Measuring Human Rights and Development by One Yardstick" (1985), 15 California W. Intl. L.J. 453.

Jaeger, Gilbert. "Status and International Protection of Refugees", in International Institute of Human Rights, ed., *Lectures Delivered at the Ninth Study Session of the International Institute of Human Rights* (1978). Strasbourg: International Institute of Human Rights.

_____. "The Definition of 'Refugee': Restrictive versus Expanding Trends", [1983] World Refugee Survey 5.

Jennings, R.Y. "Some International Law Aspects of the Refugee Question" (1939), 20 British Y. Intl. L. 98.

Johnson, Anders. "The International Protection of Women Refugees: A Summary of Principal Problems and Issues" (1989), 1(2) Intl. J. Refugee L. 221.

Joyce, James Avery. *The New Politics of Human Rights* (1978). New York: St. Martin's Press.

Julien-Laferrière, François. "Réflexions sur la notion de réfugié en l978" (1978), l7 A.W.R. Bull. 30.

_____. "Bulletin de jurisprudence française"(1984), 3 Clunet 119.

K

Kawahara, Kenichi. "Analysis of Results of the First Session of the International Conference on Territorial Asylum", in International Institute of Humanitarian Law, ed., *Round Table on Some Current Problems of Refugee Law* (1978). San Remo: International Institute of Humanitarian Law.

Keely, Charles B. and Patricia J. Elwell. *Global Refugee Policy: The Case for a Development-Oriented Strategy* (1981). New York: Population Council.

Krenz, Frank E. "The Refugee as a Subject of International Law" (1966), 15 I.C.L.Q. 90.

L

LaForest, Gerald. *Extradition to and from Canada* (1977). Toronto: Canada Law Book Co.

Lamar, Sandra J. "Those Who Stand at the Door: Assessing Immigration Claims Based on Fear of Persecution" (1983), 18 New England L. Rev. 395.

Lapenna, Enrico. "Territorial Asylum – Developments from 1961 to 1977 – Comments on the Conference of Plenipotentiaries" (1978), 16 A.W.R. Bull. 1.

Le, Tang and Michael Esser. "The Vietnamese Refugee and U.S. Law" (1981), 56 Notre Dame Lawyer 656.

Leduc, François. "L'Asile territorial et Conférence des Nations Unies de Genève, Janvier 1977" (1977), 23 Ann. Française de droit intl. 221.

Lentini, Elizabeth J. "The Definition of Refugee in International Law: Proposals for the Future" (1985), 5 Boston College Third World L.J. 183.

Loescher, Gilbert D. and J. Scanlan. "Human Rights, U.S. Foreign Policy, and Haitian Refugees" (1984), 26(3) J. Interamerican Studies 313.

M

Marino-Menendez, Fernando. "El concepto de refugiado en un contexto de derecho internacional general" (1983), 35(2) Revista española de derecho internacional 337.

Marrus, Michael. *The Unwanted: European in the Twentieth Century* (1985). New York: Oxford University Press.

Martin, David A. "Large-Scale Migrations of Asylum Seekers" (1982), 76 A.J.I.L. 598.

Martin, David A., in C. Sumpter. "Mass Migration of Refugees – Law and Policy" (1982), 76 A.S.I.L.P.13.

Maynard, P. "The Legal Competence of the United Nations High Commissioner for Refugees" (1982), 31 I.C.L.Q. 415.

Mbaya, Etienne-Richard. *La communauté internationale et les mouvements des populations en Afrique* (1985). Abidjan: Editions Yaba.

McAndrew, Melissa. "The Dictator Dilemma: A Comparison of United States and French Asylum Procedures" (1986), 19 N.Y.U.J. Intl. L. and Policy 1087.

Melander, Goran. "The Protection of Refugees" (1974), 18 Scandinavian Studies in Law 153.

_____. "Refugees in Orbit" (1978), 16 A.W.R. Bull. 59.

Mushkat, R. "Hong Kong as a Country of Temporary Refuge: An Interim Analysis" (1982), 12 Hong Kong L.J. 157.

N

Nash, Alan. *International Refugee Pressures and the Canadian Public Policy response* (1989). Institute for Research on Public Policy.

Nathan-Chapotot, R. *La qualification internationale des réfugiés et personnes déplacées dans le cadre des Nation Unies* (1949).

Nicolaus, Peter. "La notion de réfugié dans le droit de la R.F.A." (1985), 4 A.W.R. Bull. 158.

P

Patrnogic, J. "Refugees – A Continuing Challenge" (1982), 30 Annuaire de droit international medica173.

Petrini, Kenneth R. "Basing Asylum Claims on a Fear of Persecution Arising from a Prior Asylum Claim" (1981), 56 Notre Dame Lawyer 719.

Pick, Grant. "People Who Live on Hope – and Little Else" (1983), 11 Student Lawyer 12.

Plaut, W. Gunther. *Refugee determination in Canada: Proposals for a new system* (1985). Ottawa: Minister of Supply and Services Canada.

Plender, Richard. "Admission of Refugees: Draft Convention on Territorial Asylum" (1977), 15 San Diego L.Rev. 45.

_____. *International Migration Law* (1988). Dordrecht, Netherlands: Martinus Nijhoff.

Pompe, C.A. "The Convention of 28 July 1951 and the International Protection of Refugees", [1956] Rechtsgeleerd Magazyn Themis 425, published in English as U.N. Doc. HCR/INF/42, May 1958.

Posner, Michael. "Who Should We Let In?" (1981), 9 Human Rts. 16.

R

Rickard, Delia. "The Rhetoric and the Reality" (1986), Legal Services Bull. 214.

Rizvi, Zia. "Causes of the Refugee Problem and the International Response", in A. Nash, ed., *Human Rights and the Protection of Refugees under International Law,* p.107 (1988). Montreal: Canadian Human Rights Foundation.

Roberts, Brian. "Can the Boat People Assert a Right to Remain in Asylum?" (1980), 4 U. Puget Sound L.Rev. 176.

Robinson, N. *Convention relating to the Status of Refugees: Its History, Contents and Interpretation* (1953). New York: Institute of Jewish Affairs.

Roth, David. "The Right of Asylum Under United States Immigration Law" (1981), 33 U. Florida L.Rev. 539.

Ryan, Michael C. P. "Political Asylum for the Haitians?" (1982), 14 Case Western Reserve J. Intl. L. 155.

S

Saari, V. and R. Higgins Cass. "The United Nations and the International Protection of Human

Rights: A Legal Analysis and Interpretation" (1977), California W. Intl. L.J. 591.
Scott, C. "The Interdependence and Permeability of Human Rights Norms: Towards a Partial Fusion of the International Covenants on Human Rights" (l989), 27(4) Osgoode Hall L.J. 769.
Sexton, Robert C. "Political Refugees, Nonrefoulement and State Practice: A Comparative Study" (1985), 18 Vanderbilt J. Transnt1.L. 731.
Shacknove, Andrew E. "Who is a Refugee?" (1985), 95 Ethics 274.
Shimada, Yukio. "The Concept of the Political Refugee in International Law" (1975), 19 Japanese Ann. Intl. L. 24.
Sieghart, Paul. *The International Law of Human Rights* (1983). Oxford: Clarendon Press.
Simmance, A.J.F. "Refugees and the Law", [1981] New Zealand L.J. 550.
Simpson, J. *Refugees: Preliminary Report on a Survey* (1938).
_____. *The Refugee Problems* (1939). Oxford: Oxford University Press.
Sinha, S.P. "Human Rights: A Non-Western Viewpoint" (1981), 67 Archiv für Rechts und Sozial Philosophie 76.
Smith, Rogers M. "Refugees, immigrants and the claims of the nation-state", [1987] Times Literary Supplement 1422 (December 25-31, 1987).
Starke, J.G. "Major Trans-Frontier Flows'of Refugee-Type Civilians" (1983), 57 Australian L.J. 366.

T

Thomas, J., in A. Woods, ed., "Refugees: A New Dimension in International Human Rights" (1976), 70 A.S.I.L.P. 58.
Tompkin, Cheryl. "A Criminal at the Gate: A Case for the Haitian Refugee" (1982), 7 Black L.J. 387.
Trubek, D. "Economic, Social, and Cultural Rights in the Third World: Human Rights Law and Human Needs Programs", in Theodor Meron, ed., *Human Rights in International Law*, p.205 (1984). Oxford: Clarendon Press.
Tsamenyi, B.M. "The 'Boat People': Are They Refugees?" (1983), 5 Human Rts. Q. 348.
Turack, Daniel. *The Passport in International Law* (1972). Lexington, Mass.: Lexington Books.

U

United Nations High Commissioner for Refugees. *Handbook on Procedures and Criteria for Determining Refugee Status* (1979). Geneva: Office of the United Nations High Commissioner for Refugees.

V

van der Veen, Job. "Does Persecution by Fellow-Citizens in Certain Regions of a State Fall Within the Definition of 'Persecution' in the Convention Relating to the Status of Refugees of 1951?" (1980), 11 Netherlands Y.B. Intl. L. 167.
Vernant, Jacques. *The Refugee in the Post-War World* (1953). London: Allen & Unwin.
Vierdag, E. "The Country of 'First Asylum': Some European Aspects", in D. Martin, ed., *The New Asylum Seekers: Refugee Law in the 1980s* (1988). Dordrecht, Netherlands: Kluwen

Academic Publishers.

W

Watson, J. "Legal Theory, Efficacy and Validity in the Development of Human Rights Norms in International Law" (1979), 3 U. Illinois L. Forum 609.

Weis, Paul. "Legal Aspects of the Convention of 25 July 1951 relating to the Status of Refugees" (1953), 30 British Y. Intl. L. 478.

_____. *Nationality and Statelessness in International Law* London: Stevens & Sons Ltd.; repr. of 1956 ed. (1979). Westport, Conn.: Hyperion Pr., Inc.

_____. "The concept of the refugee in international law" (1960), 87 J. du droit international 928.

_____. "Convention Refugees and De Facto Refugees", in G. Melander and P. Nobel, eds., *African Refugees and the Law* (1978). Uppsala: Scandinavian Institute of African Studies.

_____. "The Draft United Nations Convention on Territorial Asylum" (1979), 50 British Y.B. Intl. L. 151.

Wildes, Leon. "The Dilemma of the Refugee: His Standard for Relief" (1983), 4 Cardoza L. Rev. 353.

Woods, Patricia A. "The Term 'Refugee' in International and Municipal Law: An Inadequate Definition in Light of the Cuban Boatlift" (1981), ASILS Intl. L.J. 39.

Woodward, Peter. "Political Factors Contributing to the Generation of Refugees in the Horn of Africa" (1987), 9(2) Intl. Relations 111.

World Peace Through Law Centre. *Toward the Second Quarter Century of Refugee Law* (1976). Washington, D.C.

Wydrzynski, Christopher J. "Refugees and the Immigration Act (1979), 25 McGill L.J. 154.

_____. *Canadian Immigration Law and Procedure* (1983). Aurora, Ontario: Canada Law Book.

Y

Young, Stephen. "Who is a Refugee? A Theory of Persecution" (1982), 5 In Defense of the Alien 38.

Z

Zimmer, Jana. "Political Refugees: A Study in Selective Compassion" (1978), 1 Loyola L.A. Intl. Comp. L. Ann. 121.

Zolberg, Aristide R. "The Formation of New States as a Refugee-Generating Process" (1983), 467 The Annals Am. Academy Pol. Soc. Science 24.

A

Abarca, Jorge Ardon, I.A.B.D. V86-4030 W, March 21, 1986 216
Abdurahaman, Farah Shire, I.A.B.D. T82-9419, C.L.I.C. Notes 50.8, Nov. 3, 1982., affd. on
　　other grounds (1983), 50 N.R. 315 (*sub nom.* Abdurahaman v. M.E.I.) (F.C.A.) 64
Abubeker, Teum Mehamed, I.A.B.D. V76-6125, Aug. 26, 1977 81
Acevedo, Juan Antonio Quereillac, I.A.B.D. M85-1398, Oct. 7, 1987 103
Acheampong, Morgan Otuo, I.A.B.D. T84-9275, C.L.I.C. Notes 68.4, May 29, 1984 196
Acosta, Matter of, Interim Decision 2986, U.S. Bd. of Imm. App., March 1,1985 .... 184, 189, 198
Adamczenko, Leszek, I.A.B.D. 80-9339, Nov. 20, 1980 49
Adamusik, Tadeusz, I.A.B.D. 75-10405, Jan. 15, 1976; affd. (1976),12 N.R. 262 (*sub nom.*
　　Adamik v. M.M.I.) (F.C.A.) 172, 213
Adetuyi, Jones Adeniji, I.A.B.D. 79-9057, March 5, 1979 168
Adjei, Joseph v. M.E.I. (1989), 7 Imm. L.R. (2d) 169 (F.C.A.) 87, 97, 115, 117
Adjei, Yaw Owusu, F.C.A.D. A-498-81, Feb. 25, 1982 183
Adoma Frimpong, Nana v. M.E.I., F.C.A.D. A-765-87, May 12, 1989 99
Afework, Isaak, I.A.B.D. 79-1139, C.L.I.C. Notes 20.3, May 21, 1980 .... 47, 224
Aguilar Vides, Jose Mariano, I.A.B.D. M83-1009, Feb. 3, 1983 .... 87, 122, 128, 133
Aguillar Martinez, Noe, I.A.B.D. M80-1145, Nov. 20, 1980 134
Ahmad, Owais Uddin, I.A.B.D. 79-1197, Nov. 21, 1979 168
Ahmaddy, Basir Ahmad, I.A.B.D. T86-10392, Dec. 1, 1987 220
Ahmed, Saad Uddiz, I.A.B.D. T86-10366, Aug. 26, 1987 241
Ajodhia, Vidya, I.A.B.D. M85-1709, Nov. 12, 1987 .... 106, 146
Ajwal Singh, Shaugin, I.A.B.D. V87-6244X, June 16, 1987 122
Ali, Abdi Mohamed, I.A.B.D. T87-9585, Feb. 14, 1989 104
Almeida, Graciano de Jesus de, I.A.B.D, T87-9819X, Jan. 7, 1988 103
Al-Shanti, Tawfiq Mohammed Tawfik, I.A.B.D. 79-9055, April 5, 1979 91
Alvarenga, Adan Jeronimo, I.A.B.D. M87-1081, May 20,1987 .... 133, 224
Amara de Carvalho, Carlos Fernando, I.A.B.D. 77-1071, May 19, 1977 75
Amayo Encina, Luis Rene, F.C.A.D. A-720-80, Feb. 27, 1981; revg. I.A.B.D. T80-9349, Oct. 2,
　　1980, which revd. [1982], I.F.C. 520 (C.A.) (*sub nom.* Amayo v. M.E.I.) 129, 143, 183
Amazan, Jean Robert, I.A.B.D. M87-1502X, Dec. 7, 1987 198
Amjadishad, Rouzbeh, I.A.B.D. M85-1935, May 13, 1987 .... 87, 89
Amoah, Charles Kwado, I.A.B.D. M87-1500X, Nov. 2, 1987 134
Aneselti, Carlos, I.A.B.D. T84-9584, C.L.I.C. Notes 83.12, Oct. 29, 1985 239
Appiah Asamoah, Anthony, I.A.B.D. T87-9902, Jan. 19, 1988 .... 63, 201
Aranda Diaz, Romilio Dictmart, I.A.B.D. V80-6225, C.L.I.C. Notes 23.7, July 30, 1980;
　　affd. on other grounds F.C.A.D. A-588-80, March 20, 1981 .... 135, 180
Araya Heredio, Juan Alejandro, I.A.B.D. 76-1127, Jan. 6, 1977 .... 64, 134, 144, 175
Arqueta v. I.N.S., 759 F.2d 1395 (9th Cir. 1985) 184
Arriagada Lopez, Mireya del Carmen, I.A.B.D. 77-9216, May 31, 1977 80

Arshad, Ghouse Mahmood Khan, I.A.B.D. 81-9474, Sept. 18, 1981 ·································146
Asnake, Askale, I.A.B.D. M80-1020, C.L.I.C. Notes 31.10, Feb. 23, 1981 ···························195
Attakora, Benjamin v. M.E.I., F.C.A.D. A1091-87, May 19, 1989; revg. I.A.B.D. T86-10336X, Oct. 14, 1987 ·· 57, 99, 104
A.G. Canada v. Patrick Francis Ward, F.C.A.D. A-1190-88, March 5, 1990; revg. I.A.B.D. T89-10967X, Dec. 2, 1988; leave to appeal to S.C.C. Nov. 8, 1990
···75, 76, 153, 164, 186, 189, 191, 199
Augustyn, Teresa, I.A.B.D. T8l-9103, March 18, 1981 ···172

B

Bahamondes Peralta, Moise Danilo, I.A.B.D. 79-1082, C.L.I.C. Notes 18.9, Dec. 12, 1979
··· 121, 183
Bakr Mohamed, Adel Mohammed, I.A.B.D. V87-6168, Nov. 18, 1988 ································171
Baksh, Oumar, I.A.B.D. T83-10588, Jan. 18, 1984 ···168
Bala, Leczek Franciszek, I.A.B.D. V81-6136, May 11, 1981 ···172
Baltazar, Jorge Marcal, I.A.B.D. T87-9226X, Oct. 1, 1987 ···174
Barra Velasquez, Maria Mabel de la, I.A.B.D. V80-6300, C.L.I.C. Notes 39.7, April 29, 1981
···196
Batth Singh, Charan, I.A.B.D. V86-6189, April 10, 1987 ···49
Belfond, Obertz, (1975), 10 I.A.C. 208 ···186
Bellefleur, Joseph Vester, I.A.B.D. M87-1593X, Sept. 1, 1987 ·······································112, 118
Benhene, Charles, I.A.B.D. M87-1609X, Jan. 20, 1988··95
Bhopal Singh, Santok, I.A.B.D. V87-6245X, Aug. 17, 1987 ··47, 68
Bilaspuri Singh, Boota, I.A.B.D. V87-6150X, May 19, 1987 ···173
Billias, Panagiotis, I.A.B.D. 79-1166, C.L.I.C. Notes 27. 10, July 7, 1980 ····························173
Bolanos, Hernandez v. I.N.S., 767 F. 2d 1277 (9th Cir. 1985) ·······························117, 183, 184
Boun-Leua, Kammy v. M.E.I., F.C.A.D. A-578-79, June 17, 1980 ··253
Brannson, Shane Gregory, I.A.B.D. 80-9078, March 3, 1980., affd. F.C.A.D. A-213-80, June 5, 1980; A-161-80, Oct. 9, 1980; A-537-80, Oct. 29, 1980; dismissed by Board Oct. 30, 1980 ··211
Buk, Boguslaw, I.A.B.D. V80-6188, June 12, 1980 ···174

C

Cardoza-Fonseca. ·· I.N.S. v. Cardoza-Fonsecaを参照
Carneiro de Oliveira, Luis Folhadela, I.A.B.D. 75-10382, April 20, 1976 ·····························197
Casado Molina, David Ignacio, I.A.B.D. M83-1028, April 13, 1983 ······································122
Chang Tak Hue, Marcel Simon v. M.E.I., F.C.A.D. A-196-87, March 8, 1988; revg. I.A.B.D. M87-1079X, March 25, 1987 ···64, 91
Chaudri, Tahir Ahmad Nawaz v. M.E.I. (1986), 69 N.R. 114 (F.C.A.); revg. I.A.B.D. T82-10012, Oct. 23, 1984 ··46, 109, 184
Chaudry, Amjad Ali, I.A.B.D. M82-1160, Sept. 29, 1982 ··87
Chonta Gallegos, Gilberto, I.A.B.D. M83-1588, Jan. 25, 1984 ··87
Chowdhury, Akrimul Huque v. Deputy A.G. Canada. F.C.A.D. A-468-87, May 12, 1988 · 175, 183

Chowdhury, Mahibur Rahman, I.A.B.D. T83-10497, C.L.I.C. Notes 90.8, Feb. 13, 1986
.... 204, 241
Chopra, Raman Kumar, I.A.B.D. M83-1196, Nov. 7, 1983 135
Colima Acuna, Jaime Vladimiro, I.A.B.D. 80-9125 104
Contreras Guttierez, Hector Eduardo, I.A.B.D. V80-6220, C.L.I.C. Notes 30.11, March 16, 1981 .... 107, 135, 178, 205
Corcuera Guzman, Grimaldo Remigio, I.A.B.D. M82-1265, Sept. 30, 1983 136
Cordova Segnel, Fernando Alejandro, I.A.B.D. 76-1157, Aug. 11, 1977 .... 111, 133, 134
Coriolan v. I.N.S., 559 F. 2d 993 (5th Cir. 1977) 53, 184
Correia, Antonio, I.A.B.D. 75-10245, April 5, 1976 164
Costa, Antonio Pereira, I.A.B.D. T87-9107X, July 16, 1987 100
Costa de Carvalho, Jose Manuel, I.A.B.D. T77-9040, Feb. 10, 1977 75
Cripaul, Daniel, I.A.B.D. M81-1106, June 4, 1981 150
Cruz, José Manuel Elias da, I.A.B.D. T87-9255X, Oct. 27, 1987 103
Cruz, Oscar Roberto, I.A.B.D. V83-6807, June 27, 1986 .... 106, 192
Cuevas Fuente, Juan de la Cruz, I.A.B.D. 79-1117, Aug. 28, 1979 150
Cylien, Marc Michel, I.A.B.D. 73-12462, March 21, 1974 .... 139, 179

D

da Costa, Americo Antonio, I.A.B.D. 76-9401, Aug. 26, 1976 75
Dan-Ash, Tayshir, I.A.B.D. M86-1420, Oct. 20, 1986; revd. on procedural grounds F.C.A.D. A-655-86, June 21, 1988 .... 183, 208, 209
Dankha, Esshak, Conseil d'Etat de France, Decision No. 42.074, May 27, 1983 150
Dankha, Mikieal L., I.A.B.D. V82-6160, C.L.I.C. Notes 46.10, Aug. 12, 1982 .... 172, 173
Darko, George Goka, I.A.B.D. T87-9173X, June 16, 1987 204
Darwich, Hassan, I.A.B.D. 77-3038, May 20, 1977; affd. (1978), 25 N.R. 462 (sub nom. Darwich v. M.E.I.) (F.C.A.) 223, 224
Delva, Jean-Claude, I.A.B.D. 74-1091, Dec. 31, 1974 55
Dembil, Cumhur, I.A.B.D. M82-1275, Jan. 6, 1983 95
Dembil, Hassan Ahmed Ali, I.A.B.D. 80-1026, May 21, 1982 74
Dembil, Ismail Hassan, I.A.B.D. M80-1018, March 7, 1980; revd. on other grounds F.C.A.D. A-163-80, Sept. 30, 1980; I.A.B.D. May 21, 1982 .... 74, 114, 223
Dembil, Zahara Hassan, I.A.B.D. 80-1025, May 21, 1982 74
Demir, Orhan, I.A.B.D. M82-1274, Jan. 6, 1983 .... 107, 172, 173
Desir v. Ilchert, 840 F. 2d 723 (9th Cir. 1988) 143, 184
Dhaliwal Singh, Banta, I.A.B.D. M87-6103X, April 30, 1987 92
Dhaliwal Singh, Jit, I.A.B.D. T85-9358, June 8, 1987 148
Dhillon Singh, Harjinder, I.A.B.D. T84-9040, Oct. 21, 1985 .... 63, 68, 90
Diaz, Juan Pedro, I.A.B.D. M87-1417X, July 27, 1987 240
Diaz Duran, Oscar Manuel, I.A.B.D. 80-9116, April 16, 1980; affd. on other grounds (1982), 42 N.R. 342 (sub nom. Diaz Duran v. M.E.I.) (F.C.A.) 59, 71, 90
Diaz Fuentes, Guillermo Lautaro, (1974), 9 I.A.C. 323; affd. on other grounds (1974), 52 D.L.R. (3d) 463 (F.C.A.) (sub nom. M.E.I. v. Fuentes)(F.C.A.) 89, 106, 140

Drouskas, Theodosius, I.A.B.D. 79-1055, C.L.I.C. Notes 11.18, Oct. 11, 1979 ················· 173
Drozd, Viatcheslav, and Drozd, Tatiana, I.A.B.D. T79-9395 and T79-9395, C.L.I.C. Notes
    18.12, March 6, 1980 ·· 56
Duarte, Agostinho de Oliveira, I.A.B.D. 76-9051, Feb. 6, 1976 ································ 75
Dytlow, Boleslaw, I.A.B.D. V87-6040X, July 7, 1987; affd. F.C.A.D. A-569-87,April 13, 1988
    ··· 167, 168
Dytlow, Robert, I.A.B.D. V87-6521X, Jan. 5, 1988 ··· 168
Dytlow, Stanislaw, and Pawlowska, Krystyna, I.A.B.D. V86-6268/6270, Dec. 28, 1988·· 167, 168
Dytlow, Sylvia and Patrycya, I.A.B.D. V87-6361X, Oct. 29, 1987 ······················· 88, 167, 168

E

Easwaramoorthy, Krishnapillai, I.A.B.D. T82-9736, June 18, 1984; affd. F.C.A.D. A-874-84,
    Feb. 7, 1986; leave to appeal to S.C.C. refused May 26, 1986 ······················· 168, 211
El Arabi, Rashed Mohamed Mahmoud, I.A.B.D. 74-10409, Jan. 29, 1975 ······················· 111
El Chedraoui, Elias, I.A.B.D. M81-1296, Feb. 10, 1982 ·· 223
Espinosa Astudillo, Leonardo Arturo v. M.E.I. (1979), 31 N.R. 121 (F.C.A.); setting aside
    I.A.B.D. 78-9178, Nov. 16, 1978 ··· 182, 194
Esteves, Dionisio Nunes, I.A.B.D. T87-9304X, Sept. 15, 1987 ·································· 165
Ezambe, Henrie, I.A.B.D. M87-1106, June 9, 1987 ·· 104

F

Fedorenko v. United States, 449 U.S. 490 (U.S.S.C. 1981) ······································ 261
Fernandez Ortigoza, Mario Arturo, I.A.B.D. V83-6704, Jan. 26, 1987 ························ 183
Ferreyra, Fernando, I.A.B.D. M83-1097, C.L.I.C. Notes 68.5, July 18, 1984 ··············· 227
Ficciella Munizaga, Jose Salvador, I.A.B.D. 79-1222, C.L.I.C. Notes 14.14, Dec. 13, 1979···· 141
Florkowski, Boguslawa, I.A.B.D. 79-9375, C.L.I.C. Notes 19.6, April 14, 1980 ············· 231
Fogel, Rebecca v. M.M.I. (1976), 7 N.R. 172 (F.C.A.) ·· 204
Forbes, Lloyd Oswald v. M.E.I., F.C.A.D. A-655-83, Nov. 8, 1983 ···························· 68
Frimpong, Joseph Manso, I.A.B.D. T87-10043X, Oct. 29, 1987 ································ 100
Fuentes Leiva, Mario Benito, I.A.B.D. 79-9101, April 5, 1979; C.L.I.C. Notes 27.12, Nov. 13,
    1989 ·· 90, 103

G

Gabriel, Emeline, I.A.B.D. M86-1128, C.L.I.C. Notes 105.13, March 10, 1987 ·········· 186, 199
Galvis de Cardona, Marina, I.A.B.D. 77-1120, Aug. 2, 1978 ··································· 177
Garcia Zavala, Raul, I.A.B.D. 81-1222, C.L.I.C. Notes 45.10, June 29, 1982 ············ 90, 240
Ghebreiyesus, Kidane, I.A.B.D. 79-1137, C.L.I.C. Notes 20.3, March 21, 1980 ······· 47, 133, 224
Ghuman Singh, Jagir, I.A.B.D. T82-9689, Oct. 25, 1982 ·· 105
Gill, Palwinder-Kaur, I.A.B.D. V86-6012, July 11, 1986; affd. F.C.A.D. A-476-86, Jan. 2, 1987
    ··· 70, 242
Gill Singh, Bakhshish, I.A.B.D. V87-6246X, July 22, 1987 ···················· 59, 69, 70, 89, 180
Gill Singh, Harpal, I.A.B.D. T83-10185, Dec. 12, 1983 ··· 133
Gill Singh, Jagdish, I.A.B.D. V86-6351X, April 22, 1987 ·· 89

Gill Singh, Lakhbir, I.A.B.D. V83-6279, Feb. 13, 1986 47
Gillen, James Patrick, I.A.B.D. T83-9750, Aug. 15, 1984 76
Giraud, St. Gardien, I.A.B.D. T81-9669, C.L.I.C. Notes 48.10, Oct. 28, 1982; revd. on other
    grounds F.C.A.D. A-1080-82, Sept. 30, 1983; I.A.B.D. March 20, 1986 .... 68, 261
Golder v. United Kingdom (1975), 1 E.H.R.R. 524 127
Gonzales, Ruiz Angel Jesus, I.A.B.D. T81-9746, C.L.I.C. Notes 50.7, Nov. 8, 1982 .... 239, 240
Gonzalez Galindo, Francisco Humberto v. M.E.I., [1981] 2 F.C. 781(C.A.) 107, 183
Gozdalski, Tomasz, I.A.B.D. M87-1027X, April 23, 1987 .... 144, 174
Grochowska, Urszula, I.A.B.D. V84-6217, Oct. 24, 1984 146
Gudiel Medina, Mario Roberto, I.A.B.D. V83-6313, C.L.I.C. Notes 69.2, March 28, 1984 183
Guerra Morales, Carlos Armando, I.A.B.D. 76-1057, March 10, 1977 48

H

Haidekker, Magdolna, (1977), 11 I.A.C. 442 80
Harmaty, Gregor Steven (1976), 11 I.A.C. 202 80
Heer Singh, Karnail, I.A.B.D. V87-6167X, June 3, 1987; affd. F.C.A.D. A-474-87, April 13,
    1988 204
Hernandez, Gladys Maribel, I.A.B.D. M81-1212, Jan. 6, 1983; revg. F.C.A.D., May 20, 1982
    .... 122, 179, 199
Hernandez Ortiz v. I.N.S., 777 F. 2d 509 (9th Cir. 1985) 184
Hidalgo, Fernando Segundo, I.A.B.D. 74-10354, Jan. 29, 1975; revd. on other grounds
    F.C.A.D. A-71-75, May 26, 1975; rejected by Board Sept. 16, 1975 63
Horbal, Frantisek, I.A.B.D. T77-9138, April 27, 1977 56
Hossan, Mohamed Anwar, I.A.B.D. M84-1277, Nov. 14, 1984 111
Hossein, Abu Sayeed Mohammed Jabed, I.A.B.D. M87-1040X, April 30, 1987 104
Hubicki, Slawomir Krzystof, I.A.B.D. 81-6325, Oct. 19, 1981 52
Hui, Hua Kien, I.A.B.D. V87-6081X, July 21, 1987 145
Hurt, Waclaw Antoni Michael v. M.M.I., [1978] 2 F.C. 340, 21 N.R. 525 (C.A.); revg.
    I.A.B.D. T77-9105, March 29, 1977 .... 72, 253

I

Ictensev, Ethem, I.A.B.D. T87-9494X, Oct. 19, 1987 202
I.N.S. v. Cardoza-Fonseca, 467 U.S. 407 (U.S.S.C., 1987) 95, 97
Inciriyan, Zekiye, I.A.B.D. M87-1541X, Aug. 10, 1987 192
Inzunza Orellana, Ricardo Andres, and M.E.I., Re (1979), 103 D.L.R. (3d) 105 (F.C.A.) .. 181, 182
Irrarrazabal Olmedo, Ana Vilma, I.A.B.D. T80-9327, Sept. 22, 1980; affd. F.C.A.D. A-650-80,
    April 8, 1981 122
Ishac, Elias Iskandar, I.A.B.D. M77-1040, April 25, 1977 223
Islam, Muhammad Shahidul, I.A.B.D. M82-1278, C.L.I.C. Notes 72.5, June 4, 1984 ...... 101, 104
Ismailovski, Irfam, I.A.B.D. 75-10266, June 8, 1976 48

J

Jakubowski, Tadeusz, I.A.B.D. V79-6197, Oct. 4, 1979 142

Jankowski, Lech, I.A.B.D. V80-6410, C.L.I.C. Notes 26.11, Jan. 5, 1981 ········ 49, 52, 55, 171, 205
Jean-Philippe, Julner, I.A.B.D. 75-1081, Aug. 28, 1975 ·· 111
Jerez Spring, Angel Eduardo, v. M.E.I., F.C.A.D. A-361-80, Dec. 4, 1980; affg. I.A.B.D.
    M79-1170, C.L.I.C. Notes 21.9, May 26, 1980 ·· 182
Jiminez Ormeno Pizarro, Maria Angelica, I.A.B.D. V87-6004, Jan. 26, 1988; affd. (1990), 8
    Imm. L.R. (2d) 223 (F.C.A.) ·· 195
Jodlowski, Stanislaw Julian, I.A.B.D. V81-6166, June 18, 1981 ································· 55, 205
Jonaa, Muhieddine Abdul Wahab, I.A.B.D. T79-9032, C.L.I.C. Notes 7.17, May 8, 1979 ····· 224

K

Kamel, Victor Fathy, I.A.B.D. 79-1104, C.L.I.C. Notes 15.11, Aug. 1, 1979 ····················· 213
Kang, Jiwan Kaur, I.A.B.D. V86-6183, April 13, 1987 ·· 173
Kantanka, Gabriel Sarfo, I.A.B.D. M87-1598X, Sept. 16, 1987 ······································· 95
Kapur, Anil, I.A.B.D. T81-9450, Aug. 26, 1981 ·· 204
Katnoria Singh, Malkit, I.A.B.D. V84-6133, April 30, 1987 ·· 70
Kebede Fernandes, Almaz Isebella, I.A.B.D. 77-1036, Oct. 6, 1977 ································ 46
Khan, Omar, I.A.B.D. V80-6223, C.L.I.C. Notes 25.9, July 24, 1980 ··························· 136
Khouri, Joseph, I.A.B.D. T82-9804, Oct. 2, 1984 ··· 58
Kifletsion, Tekeste, I.A.B.D. 79-1136, C.L.I.C. Notes 20.3, Feb. 29, 1980 ················ 47, 224
Komisarski, Henryk Stanley, I.A.B.D. V81-6162, May 28, 1981 ·························· 55, 142, 205
Kovac v. I.N.S., 407 F. 2d 102 (9th Cir. 1969) ··· 143
Kovar, Jiri (1973), 8 I.A.C. 226 ··· 80
Kroszkini, Edmund, I.A.B.D. 75-10374, Dec. 15, 1975 ·· 56
Kubi, Godfred Appiah, I.A.B.D. T87-9053, June 10, 1987 ·· 203
Kumar, Rajinder, I.A.B.D. T83-9484, March 31, 1987 ·· 69
Kwiatkowsky v. M.M.I., [1982] 2 S.C.R. 856, 45 N.R. 116, 142 D.L.R. (3d) 385; affg. (1981),
    34 N.R. 237 (F.C.A.); affg. on other grounds I.A.B.D. M79-1220, C.L.I.C. Notes 18.10,
    Dec. 13, 1979 ··· 94, 97, 144

L

Laguerre, Geda, I.A.B.D. M87-1511X, Aug. 24, 1987 ··· 113
Laipenicks v. I.N.S., 750 F. 2d. 1427 (9th Cir. 1985) ·· 261
Lazo Cruz, Jose Antonio, I.A.B.D. V80-6004, C.L.I.C. Notes 18.12, Jan. 16, 1980 ·········· 208
Le, Thi Chien, I.A.B.D. 77-1099, June 20, 1977 ··· 80
Lee, Wai Chee, I.A.B.D. V87-6512X, Dec. 21, 1987 ··· 177
Lemoine Guajardo, Mauricio Esteban v. M.E.I., F.C.A.D. A-623-30, April 2, 1981; setting
    aside I.A.B.D. V80-6284, C.L.I.C. Notes 41.9, Dec. 1, 1981 ······························· 177
Li, So Wo, I.A.B.D. V88-00066X, Sept. 23, 1988 ··· 210
Liedtke, Zdzislaw, I.A.B.D. V80-6383, Dec. 10, 1980 ·· 142
Ligas, Josef, I.A.B.D. 75-10390, Dec. 19, 1975 ·· 142
Lira Pastene, Raul Rodolfo, I.A.B.D. M79-1132, March 28, 1980 ································· 181
Litter, Gizella, I.A.B.D. M77-1051, April 25, 1977 ··· 55
Litwinski, Jaroslaw Jozef, I.A.B.D. V81-6322, Oct. 8, 1981 ·· 142

Lottay Singh, Darshan, I.A.B.D. V86-6328, Feb. 4, 1987 ········ 242
Lugano v. M.M.I., [1976] 2F. C. 438, 13 N.R. 322 (C.A.) ········ 94
Lundy, Philomene, I.A.B.D. M87-1496X, Nov. 26, 1987 ········ 133

M

M.A. A26851062 v. I.N.S., 858 F. 2d 210 (4th Cir. 1989); revd. 899 F. 2d 304 (4th Cir. 1990)
········ 216
Maejima, Miwako, I.A.B.D. 80-1072, June 5, 1980 ········ 73
Mahadeo, Ramesh, I.A.B.D. T83-10420, Dec. 20, 1983 ········ 111
Mahouachi, Mohamed Heidi, I.A.B.D. M84-1036, Sept. 11, 1986 ········ 183
Majad, Malik Abdul, I.A.B.D. T76-9507, Dec. 17, 1976 ········ 70
Mak, Yim Shing, Immigration Appeal Board Decision V87-6640X, May 17, 1988 ········ 104
Maldonado, Pedro Enrique Juarez v M.E.I., [1980] 2 F.C. 302, 31 N.R. 34 (C.A.) ········ 58, 103, 223
Maldonado Verga, Maria Beatriz, I.A.B.D. 79-9002, C.L.I.C. Notes 6.16, March 22, 1979 ········ 88
Malek, Jerzy, I.A.B.D. 76-9092, March 10, 1976 ········ 56
Manasse, Joseph Alexis, I.A.B.D. M87-1634X, Sept. 9, 1987 ········ 197
Mangal, Nankisore, I.A.B.D. T82-9141, April 22, 1982 ········ 149
Mangra, Benaiserie, I.A.B.D. T83-10491, Jan. 5, 1984 ········ 168
Matuszewski, Andrzej, I.A.B.D. V80-6058; revd. on other grounds F.C.A.D. A-163-80,
 Sept. 30, 1980 ········ 142
Mazur, Jerzy, I.A.B.D. 76-9327, June 29, 1976 ········ 56
McMullen v. I.N.S., 658 F. 2d 1312 (9th Cir. 1981); 788 F. 2d 591 (9th Cir.1986) ········ 156, 206
Medina Aragon, Lionel, I.A.B.D. 77-1084, May 26, 1977 ········ 88, 107
Meghdessian, Zohrab Khoren, I.A.B.D. 79-1204, C.L.I.C. Notes 14.12, Nov. 21, 1979 ········ 223
Mena Ramirez, Luis Alberto, I.A.B.D. V86-6161, C.L.I.C. Notes 110.15, May 5, 1987 ········ 173, 219
Mensah, Jim Martin Kwesi, I.A.B.D. V79-6136, Aug. 7, 1979; revd. on other grounds
 F.C.A.D. A-527-79, May 2, 1980; affd. (1981), 36 N.R. 332 (sub nom. Mensah v.
 M.E.I.) (F.C.A.) ········ 111, 136, 180
Meryse, Meril, I.A.B.D. M73-2608, April 30, 1975 ········ 49, 136, 179
Miller, Steven. ········ R. v. Immigration Appeal Tribunal,. ex parte Steven Millerを参照
Mingot, Louis-Paul, (1973), 8 I.A.C. 351 ········ 88, 139, 201, 211
Miranda Cuellar, Jesus Antonio, I.A.B.D. 80-9204, C.L.I.C. Notes 26.9, Nov. 20, 1980 ········ 199
Mogharrabi, Matter of, Interim Decision 3028, U.S. Bd. of Imm. App., June 12, 1987 ········ 49
Mohamed, Serag Bozkal Mehmet, I.A.B.D. M83-1011, Jan. 25, 1983 ········ 89, 107
Mohan, Riknauth, I.A.B.D. T82-9251, May 4, 1982 ········ 104
Molina Riquelme, Mario Angel, I.A.B.D. 79-9363, C.L.I.C. Notes 22.6, July 9, 1980 ········ 105
Moly, Jean Maxene, I.A.B.D. M87-1836X, April 5, 1988 ········ 103
Morales, Jose Raul, I.A.B.D. V86-6277, April 16, 1987 ········ 237
Moreira, Jose Maria da Silva, I.A.B.D. T86-10370, April 8, 1987 ········ 153
Moszczynski, Adam Bohdan, I.A.B.D. V87-6285, March 7, 1988 ········ 179
Mouryoussef, Mascime, I.A.B.D. 80-1036, C.L.I.C. Notes 21.8, March 24, 1980 ········ 122
Mpagi, Joseph Maria, I.A.B.D. V80-6254, Aug. 13, 1980 ········ 168, 172, 173
Muñoz Munizaga, Carlos Antonio, I.A.B.D. 79-9358, C.L.I.C. Notes 13.11, Nov. 1, 1979 ········ 231

Murugesu, Saam Yagasampanthar, I.A.B.D. M82-1142, July 13, 1982; revd. F.C.A.; accepted
    I.A.B.D. M82-1142, Sept. 30, 1983 .... 150, 183, 210
Mushtaq, Mohammad, I.A.B.D. M81-1122, C.L.I.C. Notes 47.6, Oct. 26, 1982 .... 46, 208
Musial, Marek, I.A.B.D. V80-6368, Nov. 19, 1980; affd. (1981), 38 N.R. 55 (sub nom.
    Musial v. M.E.T.) (F.C.A.) 108, 207, 218-220

N

Nadarajah, Venkateswaran, I.A.B.D. T84-9662, March 18, 1986 239
Nalliah, Monoranchitarassa, I.A.B.D. M84-1642, Oct. 20, 1987 106
Naredo Arduengo, Fernando Alfonso, I.A.B.D. T80-9159, C.L.I.C. Notes 27.13, Nov. 20,
    1980; revd. on other grounds (1981), 130 D.L.R. (3d) 752 (sub nom. Naredo and
    M.E.I., Re), rejected by Board April 15, 1985 .... 95, 107, 164, 184, 261
Narine, Azam Faceed, I.A.B.D. V79-6140, C.L.I.C. Notes Dec. 5, 1979 .... 180, 208
Nassiribake, Shahram, I.A.B.D. V87-6134, April 23, 1987; affd. on procedural grounds
    F.C.A.D. A-272-87, April 14, 1988 .... 58, 183
Nuh, Gelil, I.A.B.D. T81-9273, July 5, 1981 75
Nuñez Veloso, Felix Salatiel, I.A.B.D. 79-1017, C.L.I.C. Notes 11.15, Aug. 24, 1979
    .... 128, 218, 232, 258

O

Obeng Fosu, Gyeabour Stephen, I.A.B.D. V80-6032, Feb. 14, 1980; affd. F.C.A.D. 81-A-12,
    Oct. 20, 1981 180
Olearczyk, Helena, I.A.B.D. M87-1897X, Feb. 9, 1988; affd. (1990), 8 Imm. L.R. (2d) 18
    (sub nom. Olearczyk v. M.E.I.) (F.C.A.) 112, 142, 143
Olguin Herrara, Hector Ivan, I.A.B.D. T80-9358, Oct. 14, 1980; affd. [1981] 2 F.C. 801
    (sub nom. Olguin v. M.E.I.) (C.A.) 111
Olszak, Jacek Marian, I.A.B.D. T87-9085X, Oct. 26, 1987 53
Opazo Opazo, Teresa del Carmen, I.A.B.D. V81-6067, March 5, 1981; affd. F.C.A.D.
    A-170-81, Sept. 24, 1981 213
Opuku-Gyamfi, Yaw, I.A.B.D. V80-6253, Aug. 13, 1980; affd. on other grounds F.C.A.D.
    80-A-67 91
Osorio Cruz, Zacarias, I.A.B.D. M88-20043X, C.L.I.C. Notes 118.6, March 25, 1988 .... 216, 259
Ovakimoglu, Aram v. M.E.I. (1983), 52 N.R. 67 (F.C.A.); revg. I.A.B.D. T82-9976, Jan. 25,
    1983; rejected by Board Jan. 6, 1984 .... 103, 144, 151
Owusu Ansah, Charles Kofi, v. M.E.I., F.C.A.D. A-1265-87, May 19, 1989; revg. I.A.B.D.
    T87-9386X, Nov. 10, 1987 .... 65, 66, 99
Oyarzo Marchant, Alfredo Manuel v. M.E.I., [1982] 2 F.C. 779 (C.A.) 107, 129, 144, 183
Ozdemir, Tezcan, I.A.B.D. M83-1304, C.L.I.C. Notes 77.12, Dec. 18, 1984 152
Pacheco Martinez, Mauricio Eliseo, I.A.B.D. M87-1506X, Sept. 9, 1987 .... 112, 118
Parmar Singh, Mohinder, I.A.B.D. V87-6247X, Aug. 10, 1987 47
Penha, Francisco Jorge Carvalho, I.A.B.D. T87-9305X, Dec. 16, 1987 171
Perez Gomez, Jose del Rosario, I.A.B.D. M79-1179, June 2, 1980 .... 128, 133, 134
Perez Medina, Roberto Luciano, I.A.B.D. M80-1078, C.L.I.C. Notes 38.10, Sept. 9, 1981 232

Perlera-Escobar v. E.O.I.R., 884 F. 2d 1292 (11th Cir. 1990) ································· 184
Permanand, Ganganee Janet, I.A.B.D. T87-10167, Aug. 10, 1987 ····················· 148, 168
Permaul, Christolene, I.A.B.D. T83-9310, April 13, 1983; previously considered (1983), 53
    N.R. 323 (F.C.A.) ·· 140, 180
Pers, Emil, I.A.B.D. M86-1634X, Feb. 17, 1987; affd. on other grounds F.C.A.D. A-123-87,
    Jan. 12, 1988 ··· 176
Persaud, Harri Chandra, I.A.B.D. T84-9035, May 30, 1984 ···································· 95
Pillmayer, Jeno, I.A.B.D. V84-6254, C.L.I.C. Notes 100.17, Nov. 20, 1986 ············· 63, 69
Pizarro Parada, Jorge, I.A.B.D. V87-6004, Jan. 26, 1988; affd. on other grounds F.C.A.D.
    A-696-88, April 3, 1989 ·· 88, 89, 208
Plattform 'Artze Fur Das Legen' v. Austria, Series A, No. 139, June 21, 1988, reported at
    (1988), 3(2) Interights Bulletin 19 ·· 156
Polak, Charles, I.A.B.D. 81-3009, April 23, 1981 ·· 150
Popovich, Slobodan, I.A.B.D. M76-1081, March 4, 1977 ·· 75
Pula, Matter of, Interim Decision No. 3033, U.S. Bd. of Imm. App., Sept. 22, 1987 ········ 68

Q

Quintanilla Ruiz, Guadalupe, I.A.B.D. V87-6662X, April 26, 1988 ·························· 63
Quinteros Hernandez, Leonel Eduardo v. M.E.I., F.C.A.D. A-506-81, Feb. 12, 1982;
    revg. I.A.B.D. V80-6192, C.L.I.C. Notes 35.11, Aug. 18, 1981 and Jan. 31,
    1985 ··· 100, 102, 180, 184

R

R. v. Immigration Appeal Tribunal, ex parte Steven Miller, [1988] Imm. A.R. 1 ············ 61
R. v. Secretary of State for the Home Dept., ex parte Sivakumaran, [1988] 1 All E.R.
    193 (H.L.); revg. [1987] 3 W.L.R. 1047 (C.A.) ································ 92, 97, 98, 240
Rahman, Mahmuour, I.A.B.D. M86-1507X, Nov. 5. 1986 ·· 95
Rahman, Shafiqur Mohammed, I.A.B.D. M84-1073, C.L.I.C. Notes 74.4, Sept. 11, 1984 ······ 122
Rai Singh, Harbans, I.A.B.D. T82-9359, C.L.I.C. Notes 44.7, July 8,1982 ················ 76
Rajanayagam, Arulverajah, I.A.B.D. M84-1390, Dec. 31, 1984 ························ 121, 152
Rajudeen, Zahirdeen v. M.E.I. (1985), 55 N.R. 129 (F.C.A.); revg. I.A.B.D. V83-6091, C.L.I.C.
    Notes 57.10, July 20, 1983 ··· 121, 151-153, 165, 224
Ramirez Cordero, Bernarda Lucia, I.A.B.D. M79-1211, C.L.I.C. Notes 28.10, Dec. 12, 1980 · 195
Ramirez Rojas, Roberto Osvaldo, I.A.B.D. M80-1010, Jan. 29, 1980 ······················· 71
Ramkissoon, Jainarine Jerome, I.A.B.D. T84-9057, June 21, 1984 ·················· 158, 168
Ramsarran, Naresh Persaud, I.A.B.D. T83-9371, April 25, 1983 and Feb. 4, 1985 ············ 146
Ramsingh, Cleopatra, I.A.B.D. M86-1138, Sept. 15, 1987 ··································· 195
Rashid, Abdul, I.A.B.D. M87-1023X, April 16, 1987 ·· 174
Ravindiran, Ayadurai Gerard, I.A.B.D. V86-6067, March 26, 1987 ··························· 88
Requena Cruz, Richard Cid, I.A.B.D. T83-10559, C.L.I.C. Notes 95.10, April 8, 1986;
    I.A.B.D. Feb. 8, 1984 ··· 188, 195, 241
Retamal Sanchez, Jesus Enrique, I.A.B.D. 79-1110, C.L.I.C. Notes 19.7, April 23, 1980 ······ 211
Reyes Ferrada, Luis Omar, I.A.B.D. T81-9476, Sept. 18, 1981; affd. F.C.A.D. A-572-81,

May 31, 1982 .... 64, 91, 122
Rina Rivera, Maria Alva, I.A.B.D. M85-1453, Sept. 22, 1987 .... 183, 184
Robb, Dorothy, I.A.B.D. M84-1364, June 19, 1987 242
Rodrigues Salinas Araya, Maria Veronica, I.A.B.D. 76-1127, Jan. 6, 1977 133
Rodriguez-Coto, Matter of, Interim Decision 2985, U.S. Bd. of Imm. App., Feb. 21, 1985
.... 207, 267
Roland, Fritz, I.A.B.D. M87-1587X, Nov. 9, 1987 149
Rosario Estrella, Manuel Antonio, I.A.B.D. M85-1097, C.L.I.C. Notes 83.13, Aug. 19, 1985 ... 49
Rubin v. Paraguay, Case No. 9642, March 28, 1987, reported at (1987), 2 (3/4) Interights
Bulletin 34 156
Rubio v. Colombia, Communication 161/1983, Nov. 2, 1987, reported at (1987), 2 (3/4)
Interights Bulletin 36.1 156

S

Saddo, Mahmoud, I.A.B.D. M80-1123, July 24, 1980; revd. on other grounds F.C.A.D.
A-574-80, Jan. 19, 1981; rejected by Board Feb. 25, 1981 .... 63, 223
Sagoo Singh, Nirmal, I.A.B.D. T87-9841X, Jan. 13, 1988 239
Saini Singh, Baldev, I.A.B.D. T83-9050, March 21, 1985 239
Salamat, Moustafa, I.A.B.D. M86-1142, April 13, 1987 68
Salibian, Vajie v. M.E.I., F.C.A.D. A-479-89, May 24, 1990 118
Salvatierra Villarroel, Alfredo Nelson, I.A.B.D. T78-9173, Oct. 31, 1978; affd. on other
grounds (1979), 31 N.R. 50 (*sub nom.* Villarroel v. M.E.I.) (F.C.A.) 63, 103
Sanchez Trujillo v. I.N.S., 801 F. 2d 1571 (9th Cir. 1986) 191, 193
Sandor, Maria, I.A.B.D. 79-9145, C.L.I.C. Notes 9.16, May 14, 1979 205
Sanes Suarez, Carlos Alberto, I.A.B.D. M86-1587X, Sept. 30, 1987 .... 89, 110
Sangha Singh, Kinder, I.A.B.D. V87-6263X, Sept. 23, 1987 173
Satiacum, Robert, I.A.B.D. V85-6100, July 10, 1987; revd. F.C.A.D. A-554-87, June 16, 1989
.... 95, 97, 153
Schtraks v. Government of Israel, [1964] A.C. 556 (H.L.) 207
Schwarz, Paul Valdez, I.A.B.D. 84-9787, C.L.I.C. Notes 84.8, March 17, 1987 183
Sévère, Marc Georges (1974), 9 I.A.C. 42 .... 88, 89, 95, 121, 164, 180
Shahabaldin, Modjgan, I.A.B.D. V85-6161, March 2, 1987 183
Sharma, Rajinder Prashad, I.A.B.D. V82-6401, Jan. 27, 1984; revd. on other grounds
F.C.A.D. A-1255-82, Jan. 27, 1984 .... 63, 68
Sheikh, Ashfaq Ahmad, I.A.B.D. 77-3021, Sept. 6, 1977; affd. on other grounds F.C.A.D.
A-167-78, Oct. 27, 1980; revd. on other grounds [1981] 2 F.C. 161 (sub nom. Sheikh
v. M.E.I.) (C.A.) 70, 73
Siedmiogrodzki, Miroslaw Henryk, I.A.B.D. 80-1100, June 19, 1980 95
Silva, Bento Rodrigues da, I.A.B.D. T86-9740, Dec. 10, 1986 .... 158, 172, 173
Silva, Joao Machado da, I.A.B.D. T87-9612X, Oct. 5, 1987 172
Singh *et al.* v. M.E.I., [1985] 1 S.C.R. 177, 58 N.R. 1, 17 D.L.R. (4th) 422, 12 Admin. L.R.
137, 14 C.R.R. 13 .... 95, 102
Singh, Ajit, I.A.B.D. T81-9741, Jan. 6, 1988 103

Singh, Ajit, I.A.B.D. T83-9208, Oct. 15, 1987 165
Singh, Darshan, I.A.B.D. T84-9443, Oct. 3, 1984 174
Singh, Jasbir, I.A.B.D. T83-9400, April 14, 1983 .... 63, 91
Singh, Jaswant, I.A.B.D. T87-9326, Sept. 28, 1987 105
Singh, Jatinder, I.A.B.D. T83-10505, Feb. 26, 1986 180
Singh, Karnail, I.A.B.D. M83-1189, C.L.I.C. Notes 62.4, Nov. 14, 1983 158
Singh, Lottay, I.A.B.D. V84-6176, Feb. 11, 1988 103
Singh, Rajmati, I.A.B.D. T84-9608, Nov. 15, 1984 174
Singh, Swaran, v. M.E.I., F.C.A.D. A-1346-83, Dec. 3, 1984 100
Sivakumaran. ....R. v. Secretary of State for the Home Dept., *ex parte* Sivakumaranを参照
Sivanesan, Karthigesu, I.A.B.D. M84-1513, Jan. 7, 1985 135
Sleiman, Mohammed Said, I.A.B.D. V79-6125, C.L.I.C. Notes 18.13, April 10, 1980; affd.
　　F.C.A.D. A-437-80, Sept. 30, 1980 .... 111, 223
Sokol, Matija, I.A.B.D. 77-3022, April 29, 1977 111
Srikanthan, Thillainathan, I.A.B.D. T83-10351, May 23, 1985 47
Staniszewski, Andrzej, I.A.B.D. M87-1024X, April 22, 1987 134
Stojka, Vladimir, I.A.B.D. 74-10198, Sept. 12, 1974 56
Suarez Cleito, Oscar, I.A.B.D. M81-1219, Dec. 8, 1981 .... 89, 95
Suleiman, Munir Mohamad Adem, I.A.B.D. V81-6246, July 23, 1981; revd. on other grounds
　　F.C.A.D., Oct. 6, 1982; rejected by Board Nov. 16, 1983 .... 63, 89, 140, 150
Sumera, Radovan, I.A.B.D. V81-6161, May 28, 1981 .... 171, 172
Surujpal, Khemraj v. M.E.I. (1985), 60 N.R. 73 (F.C.A.) 68, 69, 152, 153, 207
Sylvestre, Waldeck v. M.E.I., F.C.A.D. A-34-78, June 12, 1978 107

T

Tegegne, Kidane, I.A.B.D. M80-1034, Feb. 25, 1981 47
Teklehaimanot, Abeba, v. I.A.B., F.C.A.D. A-730-79, Sept. 8, 1980 141
Thind Singh, Ranjit v. M.E.I., F.C.A.D. A-538-83, Nov. 27, 1983 103
Thomas, David Eugene, (1974), 10 I.A.C. 44 212
Toha Seguel, Luis Enrique, I.A.B.D. 79-1150, C.L.I.C. Notes 28.8, Nov. 13, 1980
　　... 101, 121, 128, 146, 195
Torres Quinones, Manuel Jesus, I.A.B.D. V81-6153, May 11, 1981; revd. on other grounds
　　(1982), 45 N.R. 602 (*sub nom.* Quinones v. M.E.I.) (F.C.A.) 180
Torres Reyes, Manuel Jesus, I.A.B.D. 75-1063, Oct. 23, 1975; revd. on other grounds by F.C.A.
　　Oct. 28, 1976; rejected by Board Dec. 20, 1976 .... 164, 199
Tranco Arias, Victor Manuel, I.A.B.D. T84-9334, Feb. 5, 1986 105
Trujillo Barraza, Oscar, I.A.B.D. 77-9449, March 23, 1978 199
Tshibola, Pierre Katanku Tshiabu, I.A.B.D. M84-1074, May 30, 1985 168

U

Urur, Mohamed Ahmed v. M.E.I., F.C.A.D. A-228-87, Jan. 15, 1988; affg. on other grounds
　　I.A.B.D. M86-1601X, April 8, 1987 48

V

Val, Ruben Eduardo, I.A.B.D. T83-10592, Oct. 15, 1985 ··· 239
Valenzuela Ponce, Guillermo Sergio Francisco, I.A.B.D. 81-1231, C.L.I.C. Notes 38.12,
　　Nov. 12, 1981 ·· 81
Valladares Escoto, Marco Antonio, I.A.B.D. T87-9024X, July 29, 1987 ······················ 193, 219
Valverde Cerna, Francisco Edulfo, I.A.B.D. V87-6608X, March 7, 1988 ···························· 105
Velasquez Rodriguez v. Honduras, Series C, No. 4, July 29, 1988, reported at (1989),
　　28 I.L.M. 291, 4(2) Interights Bulletin 21 ·· 156
Vera Jiminez, Pedro Ignacio, I.A.B.D. 81-9344, Nov. 12, 1981 ·· 145
Verma, Surinder Kumar, I.A.B.D. M82-1115, March 28, 1983; revd. F.C.A.D. A-481-83,
　　Oct. 27, 1983 ·· 149
Veysey, Timothy v. Correctional Service of Canada (1989), 29 F.T.R. 74, 44 C.R.R.
　　364 (T.D.); affd. F.C.A.D. A-557-89, May 31, 1990 ·· 193

W

Wahba, Tarek Mohamed Shafey, I.A.B.D. V80-6033, C.L.I.C. Notes 17.9, Feb. 14, 1980 ······ 231
Washir Singh, Harbhajan, I.A.B.D. T79-9454, Dec. 7, 1982 ·························· 91, 140, 149
Williams, Anthony Andre, v. M.E.I., F.C.A.D. A-57-81, June 16, 1981; revg. I.A.B.D.
　　81-9029, Jan. 28, 1981 ··· 109, 149

Y

Yaliniz, Tacir v. M.E.I. (1989), 7 Imm. L.R. (2d) 163 (F.C.A.) ·· 106
Yeboah, Nana Kwasi, I.A.B.D. T81-9165, C.L.I.C. Notes 42.9, May 11, 1982 ······················ 208
Yilmaz, Nezihi, I.A.B.D. 80-9123, C.L.I.C. Notes 18.14, April 16, 1980 ····························· 150

Z

Zariczniak, Jan Waclaw, I.A.B.D. T81-9160, C.L.I.C. Notes 31.11, April 24, 1981 ············· 174
Zastawny, Wladyslaw, I.A.B.D. 77-1125, July 2, 1977 ·· 121
Zavilla Bonilla v. I.N.S., 730 F.2d 562 (9th Cir., 1984) ··· 117
Zbedat, Ebrahim, I.A.B.D. 86-9954, C.L.I.C. Notes 106.17, Oct. 30, 1986; affd. F.C.A.D.
　　A-693-86, Oct. 8, 1987 ··· 103
Zubieta, Wilfredo Alejandro, I.A.B.D. 79-1034, C.L.I.C. Notes 14.10, Oct. 31, 1979
　　·· 199, 230, 232

索引

Bステータス　*事実上の難民を参照*

ア

アクセスの要件　43
アパルトヘイトを理由とする恐怖　27, 116, 163注21, 170, 179, 215, 256
アフリカ統一機構　28-32
アメリカ、—法　36, 49, 55, 67-68, 94-96, 103注134, 117, 143注170, 同注177, 155, 183注145, 184, 189-191, 193注192, 206, 215, 267注228
新たな国籍の取得　*国籍を参照*
イギリス、—法　35, 96-97
移住法　*出国と帰国の権利を参照*
以前の常居所　*常居所を有していた(国)を参照*
一般化された危害または抑圧　110-118; 22-23, 30, 32-37, 165, 225
一般犯罪者　*犯罪を参照*
移動、国内—、—の自由　130, 134
衣服に対する権利　131
違法行為　*犯罪を参照*
医療への権利　*ヘルスケアの権利を参照*
「選び出される」という要件　*一般化された危害または抑圧を参照*
欧州　14-22, 62, 92-93, 123
　　—人権裁判所　127注54, 156
　　—評議会　33, 34, 124, 217
恩赦　238, 263

カ

カーストを理由とする恐怖　198
階級を理由とする恐怖　189-190
外国人であること　*出身国の外にあることを参照*
外国人であることを理由とする恐怖　169
外交的保護　229-234
外国による支配を理由とする恐怖　27, 29, 32, 162
改宗を理由とする恐怖　172
家族
　　—の保護の権利　131
　　—を理由とする恐怖　194-196; 27, 100, 163注21, 191注182

「仮定の除外」テスト　*市民的または政治的な差別の要件を参照*
カルタヘナ宣言　*米州機構を参照*
環境的要因による難民　112-118; 29, 161, 163, 221
慣習国際法　34-40
帰化　*国籍を参照*
危害の危険　*迫害を参照*
帰還
　　出身国への—　*任意に出身国に再び定住することによる(難民の地位の)終止を参照*
　　—に対する保護　*ノン・ルフールマン原則を参照*
　　—の権利　*出国と帰国の権利を参照*
帰還法(イスラエルの)　61
棄教を理由とする恐怖　171注75
議定書、難民の地位に関する—　22-23, 60, 116
客観的恐怖の要件　*迫害を参照*
教育上の地位を理由とする恐怖　198-199
教育の権利　131, 138, 146
共和国からの逃亡　54注64
クーデター　46, 109, 116注198
苦難　*経済的権利を参照*
国の共謀　*迫害の主体を参照*
組合の構成員であること、—の権利　130; 117, 178注115, 199, 204-205
軍隊　148-149, 240-241
軍務、—遂行の拒否　213-221; 173, 183, 259-260
経済移民　139-141, 161, 163, *複数の動機も参照*
経済的階級　*階級を理由とする恐怖を参照*
経済的権利　137-147; 114-115, 123, 131-132, 136
経済的追放　143-146
警察　148-149, 240
経由　*「直接渡航」原則を参照*
結社の自由　128-130, 133
言語を理由とする恐怖　170
原理主義　171注73
言論　*表現の自由を参照*
強姦を理由とする恐怖　133注109, 192
抗議行動への参加を理由とする恐怖　177注112
攻撃からの自由　*身体の不可侵に対する権利を参照*

296　難民の地位に関する法

構成員原則　*市民的または政治的な差別の要件を参照*
後発的申請　45-52; 70注134
拷問からの自由　128-129; 133, 256-258
国際人道法に関するジュネーブ条約　215-216, 255
国際避難民機関　17-18, 79, 83-86, 119, 243注92, 同注95
国際法委員会　257-260
国際連合
　—による保護による(難民の地位の)除外　244-248
　—の原則及び目的に反する行為による(難民の地位の)除外　268-272
国際連盟　15-17, 119, 139注151, 159-160
国籍　72-74
　新しい—の取得による(難民の地位の)終止　248-250
　—を再び任意に回復することによる(難民の地位の)終止　234-235
　—を理由とする恐怖　169-170
　事実上の—による(難民の地位の)除外　250-253; 61-62
　実質的—　76-77, 250
　二重—と多重—　74-77, 250
国内難民　41-45, 156-158
国民の権利と義務を有する常居所(国)　*国籍を参照*
国連韓国復興事業団(UNKRA)　244, 248注117
国連自由権規約委員会　156
国連人権委員会　217
国連難民高等弁務官(UNHCR)　44
　—規程　243注95, 244-246, 248注116
　—執行委員会
　　—結論15号(庇護国のない難民)　60-63
　　—結論39号(難民の女性)　191
　　自発的帰還についての—注意　237
　—による援助　25, 40, 44, 222, 247-248
　—の権限　24-25, 37-38
国連パレスチナ難民救済事業機関(UNRWA)　244-248
国家安全保障　253-255, 267-268
国境　*出身国の外にあることを参照*
個別証拠ルール　*一般化された危害または抑圧を参照*
雇用上の地位　*職業を理由とする恐怖を参照*
雇用の権利　*労働を参照*
婚姻　235, 250注128
婚姻上の地位に基づく恐怖　192

サ

再教育、政治的—　145注183
財産権　132, 141-142, 196-198
財産剥奪、恣意的な—からの自由　132, 142, 196-198
査証　70-71, 92注61
査証規制　38, 73
差別の要件　*市民的または政治的な差別の要件を参照*
恣意的な逮捕または拘禁からの自由　127, 130, 133
ジェノサイド　116, 133注108, 224, 256, 269
ジェンダー　42
　—を理由とする恐怖　191-193; 183
時間的制限　21-22
事実上の国籍　*国籍を参照*
事実上の難民　33
自然災害　*環境的要因による難民を参照*
思想、良心および宗教の自由　128-129; 114注191, 123, 133, 216-218
失業からの自由　132
執行委員会　*国連難民高等弁務官(UNHCR)を参照*
私的な迫害　*迫害の主体を参照*
自発的帰還　228, 237, 245-248
市民権　*国籍を参照*
市民的権利　123, 129-130, 132-137
市民的または政治的な差別の要件　159-165
社会権　131-132, 135-147
社会参加の権利　131
社会保障に対する権利　131
集会の自由　128-130, 133, 156
宗教
　—の自由　*思想、良心および宗教の自由を参照*
　—を理由とする恐怖　170-175
住居に対する権利　131, 142
終止条項　226-253
自由のための闘争者　270注256

索引　297

十分に理由のある恐怖　*迫害*を参照
主観的恐怖の要件　*迫害*を参照
主権　13-14, 43-44, 126, 254, 273-275
出国
　援助された—　*出国、秩序立った出国*—を参照
　　出身国からの合法な—　57-60
　　出身国からの不法な—　53-57; 186注157
　　秩序立った—　44, 59
出国後の活動　*後発的申請*を参照
出国と帰国の権利　53, 130, 204
出国の外にあること　41-81
出身国への訪問　*任意に出身国に再び定住することによる(難民の地位の)終止*を参照
出入国管理　13-14, 273-275
出入国管理上の違反　*庇護国への入国*を参照
準拠国　72-81
上官命令による(難民の地位の)除外に対する例外　260-261
状況の変化
　—による終止　238-244; 73注150, 85-86, 107
　—を理由とする後発的主張　45-47
常居所を有していた(国)　78-81, 170
将来的危険の評価　*迫害*を参照
除外条項　253-272; 60, 189注174
職業を得る権利　146注192, *労働*も参照
職業を理由とする恐怖　199
植民地主義を理由とする恐怖　27, 163注21, 179
食糧への権利　131, 142-143, 146-147
処刑からの自由　*生命に対する権利*を参照
女性　*ジェンダー*を参照
処罰を理由とする恐怖　211-213
人権　20, 43, 87, 124-125, 134-137, 147, 160, 226-228, 260, 269-270
　—侵害、申請の根拠としての人権侵害　112-118; 32-40, 111-118, 163, 187-188, 204-205
　—の効力停止　129-130, 204
　—の尊重の証拠　99-102, 238
深刻な違反　*犯罪*を参照
人種差別を理由とする恐怖　27, 163注21, 269注250, *アパルトヘイトを理由とする恐怖*も参照
人種を理由とする恐怖　166-169
申請者の証言　89-91, 102-106
親族関係　*家族*を参照

身体の不可侵に対する権利　128注56, 130, 133
人道的難民　*事実上の難民、一般化された危害または抑圧*を参照
信憑性　103-106; 63-66, 69-72, 90-91
性　*ジェンダー*を参照
生計を立てるために働く権利　*労働*を参照
政治参加の権利　130
誠実の要件　47-52
政治的意見
　行動によって暗に示される—　179-185; 53, 54
　—の権利　128-130; 17-18, 133, 203-213
　—を理由とする恐怖　175-185; 214-221
　表明されない—　175-179
政治的活動
　出身国外での—　47-52, 185-186
　出身国内での—　179-185; 175, 203-213
政治的権利　129-130, 132-137
政治的地位を理由とする恐怖　169
政治犯罪　*犯罪*を参照
性的攻撃　*強姦を理由とする恐怖*を参照
性的指向を理由とする恐怖　193-194
生命に対する権利　123, 127-129, 133, 135, 156
世界人権宣言　126-132; 53, 60-61, 137注138, 194, 254, 271注260
絶対的政治犯罪　*犯罪*を参照
戦争　*一般化された危害または抑圧*も参照
　—を理由とする恐怖　113-118; 20-21, 161, 221-225
　内戦を理由とする恐怖　113-118; 32-40, 155, 158注261, 161, 223-225
戦争犯罪　*犯罪*を参照
相対的政治的犯罪　*犯罪*を参照
訴追、迫害と区別される—　*犯罪、迫害*を参照
ソビエト社会主義共和国連邦　170

タ

「第一庇護」原則　*「直接渡航」原則*を参照
対敵協力者　268-270
代理的指標、危険の—　*同様の状況にある人々への危害の証拠*を参照
代理保護　*保護*を参照
多重国籍　*国籍*を参照
地域的保護の欠如　*保護*を参照

中間国　「直接渡航」原則を参照
中立性を理由とする恐怖　182-183, 224注353
徴兵忌避　軍務を参照
徴兵制度、差別的な―　214
「直接渡航」原則　60-66, 90-91
地理的制限　21-22
追放からの自由　134注116
追放からの保護　ノン・ルフールマン原則を参照
適正手続、刑事手続における―への権利　130
デモへの参加　48
テロリズムによる(難民の地位の)除外　206注266
転覆活動による(難民の地位の)除外　269-270
ドイツ、―法　193, 194注197, 258-259
同性愛　性的指向を理由とする恐怖を参照
逃亡犯罪人引渡し　202注241, 203-204, 261-266
同様の状況にある人々への危害の証拠　108-110
同類解釈則　189-190
独裁者の(難民の地位の)除外　271
特定の社会的集団の構成員であることを理由とする恐怖　185-200
奴隷状態からの自由　129, 133, 256

ナ

内戦　戦争を参照
難民申請
　　政治的意見としての根拠のない―　52
　　他国における―　70注136
　　―の審問を受ける権利　94-95, 102-103
　　―の遅延　69-72, 90-91, 161
難民であることを理由とする恐怖　169
難民の地位に関する条約(難民条約)　18-22
　　28条　79注185
　　31条　69注127, 70, 128注57
　　32条　67注119
　　33条(1)　67注119, 128
　　33条(2)　267-268
難民旅行証明書　79注185
二重国籍　国籍を参照
ニュルンベルク原則　255
任意団体の構成員であることを理由とする恐怖　198-200; 191注182, 194注199
任意に出身国に再び定住することによる(難民の地位の)終止　235-237

乗り継ぎ　「直接渡航」原則を参照
ノン・ルフールマン原則　26, 37-40, 64, 76

ハ

背景を理由とする恐怖　187注163
ハイジャック　269
迫害　119-125; 19-21, 34, 147-148
　　過去の―　106-108; 83-86, 119, 242-244
　　―としての経済的制約　経済的権利を参照
　　―としての訴追　200-213; 27
　　―の恐怖、―の要件　83-93, 241
　　―の十分に理由のある恐怖の要件　93-99
　　―の要件として選び出されること　一般化された危害または抑圧を参照
　　―の理由　159-225
迫害の主体　148-156
　　公務従事者　148-149
　　私人による危害の容認　149-150
　　私人による危害を統制する能力の欠如　150-156; 242
パレスチナ人　170, 244-248
犯罪
　　重大な非政治的―　200-213
　　　　差別的処罰　212
　　　　政治的選択による訴追　209-210
　　　　絶対的政治―　204-205
　　　　相対的政治―　205-209
　　　　―が裁判の対象であること　263-264
　　　　―の重大性　264-265; 262注205
　　　　庇護国外での―　267
　　　　庇護国内での―　263, 267-268
　　　　比例性の原則　206, 266-267
　　　　不公正な裁判手続　210-211
　　遡及的処罰からの自由　129
　　平和と安全に対する―　255-261
　　　　人道に対する―　256
　　　　戦争―　256
　　　　犯意　258
　　　　―の例外　257-260
　　　　―への関与の程度　261
　　　　平和に対する―　256
庇護
　　国際―条約　26-28

索引　299

―国の選択　「直接渡航」原則を参照
庇護国への入国　66-72; 91注60, 103
非差別　市民的または政治的な差別の要件を参照
人質をとる行為　269
人として認められる権利　129
避難所　住居に対する権利を参照
皮膚の色　人種を理由とする恐怖を参照
表現の自由　47-52, 128-130, 135-136, 172, 175-178, 203-213, 政治的活動も参照
「標的」要件　一般化された危害または抑圧を参照
平等な保護を求める権利　130, 150注218
比例原則　犯罪を参照
貧困　137-141, 197-198
不可抗力（除外条項の例外）　258
不可侵性への攻撃　134注119, 136
複数の動機　124注38, 139-141
「不正規な」難民申請者　62, 67
負担の分担　34-37, 42, 62, 238, 251注133
不変または生来の特質を理由とする恐怖　189-190
不法出国　出国を参照
不法な難民の入国　庇護国への入国を参照
プライバシーの権利　130, 133
フランス、一法　35, 150, 231
文化的権利　131, 137-147, 181-182
文化を理由とする恐怖　170
兵役忌避　軍務を参照
米州機構　32-33
米州人権裁判所　156
平和および人類の安全に対する犯罪規則　257-260
ヘルスケアの権利　131, 138, 146
暴力を理由とする恐怖　一般化された危害または抑圧、戦争を参照
保護
　　国家による―の義務　124-137, 147-151, 231-232
　　国連の―による（難民の地位の）除外　244-248
　　他国による―　72, 79-81
　　―の欠如の要件　15-16, 124-125, 147-158, 226-228
　　―の地域的欠如　156-158; 30-33
　　―を再び受けていることによる（難民の地位の）終止　229-234

保護しないこと　迫害の主体を参照
保護しようとする意思がないこと　迫害の主体を参照
保護する能力がないこと　迫害の主体を参照

マ

民族自決の権利　269-270
民族性　人種を理由とする恐怖を参照
無国籍者　77-81
無国籍者の地位に関する条約　78
無国籍を理由とする恐怖　169
無差別的危害　一般化された危害または抑圧を参照
申立人による濫用　申立人による偽罔を参照
申立人による欺罔　49-52, 66-67, 70

ヤ

優先的保護　保護を参照

ラ

ラテンアメリカ　米州機構を参照
立証責任　74注155, 100, 237
領域的基準　出身国の外にあることを参照
領事業務　15, 229-234
良心の拒否　軍務を参照
良心の自由　思想、良心および信教の自由を参照
旅券　15-16, 57-60, 68注124, 73-74, 76, 229-234
旅行　出国と帰国の権利を参照
旅行証明書　旅券、査証を参照
冷戦　119-121, 190注177, 274
礼拝の権利　思想、良心および信教の自由を参照
連合国救済復興機関（UNRRA）　19注35
労働
　　―の性質を理由とする恐怖　職業を理由とする恐怖を参照
　　庇護国における違法―　68, 91, 140注158
　　―の権利　131-132; 114注191, 138, 142-144, 164, 経済的追放も参照
労働組合の構成員であること　組合の構成員であることの権利を参照

難民の地位に関する法

2008年5月20日 第1版第1刷発行

著　者　ジェームス・C・ハサウェイ
訳　者　平野裕二＋鈴木雅子
発行人　成澤壽信
編集人　西村吉世江
発行所　株式会社 現代人文社
　　　　東京都新宿区四谷2-10 八ッ橋ビル7階（〒160-0004）
　　　　Tel.03-5379-0307(代) Fax.03-5379-5388
　　　　henshu@genjin.jp（編集部）hanbai@genjin.jp（販売部）
　　　　http://www.genjin.jp/
発売所　株式会社 大学図書
印刷所　株式会社 ミツワ
装　丁　加藤英一郎

検印省略　Printed in JAPAN
ISBN4-87798-376-5 C3032
The Law of Refugee Status by James C. Hathaway

©2008 by James C. Hathaway
Japanese translation rights arranged directly with the author through Tuttle-Mori Agency, Inc., Tokyo

本書の一部あるいは全部を無断で複写・転載・転訳載などをすること、または磁気媒体等に入力することは、法律で認められた場合を除き、編著者および出版者の権利の侵害となりますので、これらの行為を行う場合には、あらかじめ小社または編著者宛てに承諾を求めてください。